청중 심리를
파고드는 설교

청중심리를 파고드는 설교
청중욕구 순서를 따른 16가지 설교구성법 개정증보판

2000년 2월 28일 제1판 1쇄 발행
2009년 3월 20일 제2판 1쇄 발행
2019년 9월 30일 제2판 6쇄 발행

지은이 | 박영재
펴낸이 | 이요섭
펴낸데 | 요단出版社

      07238 서울특별시 영등포구 국회대로 76길 10
기 획 | (02) 2643-9155
영 업 | (02) 2643-7290-1 Fax. (02) 2643-1877
등 록 | 1973. 8. 23. 제13-10호

ⓒ 박영재 2009

정가 15,000원
ISBN 978-89-350-1215-2 03230

이 책의 저작권은 저자가 소유하고 있습니다.
저자와 출판사의 사전 승인없이 책의 내용이나 표지 등을 복제, 인용할수 없습니다.
요단인터넷서점 http://www.jordanbook.com

청중 심리를
파고드는 설교

박영재 지음

요단

■ 추천사

미래를 향한 역동적인 변화 기대

　설교자들을 위한 두 권의 베스트셀러를 저술하여 설교자들에게 흥미로운 새 바람을 일으킨 박영재 목사님이 세 번째 저서인 『청중 심리를 파고드는 설교』를 통해 다시 한번 설교자들에게 도전해 주심을 기뻐하지 않을 수 없습니다.
　목회자들이 신학교 시절 설교학을 통해 배운 전통적 설교 작성 방법에 따라 설교하다 보면 한번 습관이 된 설교 형식을 계속해서 반복하게 되는 경향이 있습니다. 그러면 같은 메시지라도 또 다른 형태로 설교할 수 있다는 가능성을 거의 배제한 채 설교가 고착화되어, 성도들은 늘 같은 형식의 설교만 들으며 답답함을 느끼게 됩니다.
　한번 출발한 설교 형식은 두고두고 그 목사를 지루하고 재미없고 변화없는 목사로 만들 수 있으며, 성도들의 영혼을 위축시키는 결과를 초래하기도 합니다. 한편 일찍부터 설교구성 형식을 잘 갖추고 출발한 목회자는 성도들에게 대단한 호감을 주기도 합니다. 그러나 그 형태는 언제나 한 가지 뿐일 때가 많습니다.
　이번 박영재 목사의 저서는 화석화되어가는 목회자들의 설교에 충격을 주어 미래를 향해 역동적인 변화를 일으킬 수 있는 기회를 마련한 것이라고 하겠습니다. 이미 너무 오랫동안 전통적인 방법 한 가지로 습관이 밴 설교자들이 자신의 익숙한 방법을 금세 바꿀 수는 없겠지만, 같은 메시지라도 새롭고 다양한 접근 방법을 습득하여 이제라도 변화있는 설교를 꾀할 수 있다면 성도들에게는 그야말로 큰 도움이 될 것입니다.

박 목사님 자신이 매주 목회 현장에서 그 이론대로 설교를 구성하고 말씀을 선포하고 있다는 점에서 한층 더 의미가 있다고 생각합니다.
　이 책을 통해서 전국의 설교자들이 설교의 새로운 길을 모색할 수 있기를, 특히 한국 교회의 신학생들과 젊은 목회자들이 많은 유익을 얻어 21세기 한국 교회에 다양하고 풍성한 설교를 전해 주기를 바랍니다. 그래서 도전적인 새 시대에 더 많은 신세대를 교회로 끌어들이는 역할을 하게 되기를 바랍니다.

횃불트리니티 신학대학원 명예총장
김상복 목사

■ 서문

우리의 설교는 새롭고 신선합니까?

　급변하는 현대 사회에서 사람들의 생각이나 의식은 매우 빠른 속도로 바뀌고 있습니다. 또 저마다 살아가는 방법과 기술을 터득하는 데 걸리는 시간도 점점 빨라지고 있습니다. 이렇게 빠른 시대를 살아가다 보니, 많은 사람들이 시대에 뒤쳐지지 않기 위해서 그저 안간힘을 쓰고 있는 형편입니다. 그러면 21세기를 맞이한 지금, 우리의 설교는 어떻습니까? 삶의 방식이나 표현은 새롭게 재편되어가고 있는데 설교의 전개방식도 거기에 맞추어서 발전하고 있느냐는 것입니다.
　지금 우리의 설교는 새롭고 신선합니까? 아니면 늘 사용하는 옛날 패턴(pattern) 한두 가지로 청중들에게 지루한 감만 주고 있지는 않습니까? 몸은 비록 교회에 와 있지만, 청중들이 설교 시간에 졸기 일쑤라거나 의도적으로 설교를 듣지 않으려 한다는 사실을 아십니까? 왜일까요? 아마도 그건 설교가 청중의 의식 수준이나 기대치에 미치지 못하기 때문일 겁니다. 그들에게 설교의 가치란 주머니 속에 구겨 넣은 휴지조각에 불과하게 되었습니다.
　우리의 설교도 재조명해보아야 합니다. 신선한 설교 전개를 위해서 이젠 고정관념의 틀을 깨고 다양한 설교 전개법을 익힐 때입니다. 단조롭고 구태의연한 옛 방법을 거부하는 현대인들의 가슴에 감동을 전할 수 있는 신선하고도 다양한 설교 전개법을 적극 활용해야 합니다.
　이 책은 필자가 그동안 설교하면서 갈등하고 고민했던 내용을 총정리한 것입니다. 몇 년 전까지만 해도 필자는 저마다 특징 있고 색깔 있는 본문을 똑같은 패턴(pattern)으로 설교했습니다. 언제나 같은 형태로 말입니다. 예를 들면, 한국 설교의 전통이라고 할 수 있는 '삼대지 설교'와 같은 방법으로 설교를 전개했던 것입니다. 이런 단조로운 설교 형태가 제겐 언제나 큰 부담으로 작용했습니다. 그래서 새로운 방법이 없을까 진지하게 고민해온 결과, 본문의 특성을 살리는 설교 전개방식을 고안해내게 되었습니다. 마치 프리즘을 통과한 여러 빛깔처럼 다양한 방법으로 설교를 전개할 수 있는 방법을 말입니다. 이에 대한 도움을 얻기 위해서 일반 연설가들이 청중을 설득하는 패턴도 살펴보았습니다. 놀랍게도 그들의 전개방식은 우리 설교자들의 그것보다 훨씬 더 세련되었고 설득력 있다고 느꼈습니다. 청중을 감동시키는 데 거의 천재적이더군요. 그들은 효과적인 전달을 위해 이미 상당한 정보를 확보하고 있었고 이를 실천하고 있다는 것을 알게 되었습니다.

그들에 반해 우리 설교자들은 어떻습니까? 대부분의 설교자들은 성경의 본문 흐름에만 지나치게 의존하여 원리(개요) 전달 위주의 설교를 전개해왔습니다. 청중을 감동시키려는 것이 아니라 개요(지식) 전달 위주의 설교였다고 할 수 있습니다. 청중의 마음을 열게 만들고 그들의 가슴을 뭉클하게 만드는 설교가 아니라, 마치 고등학교 교육처럼 일방적인 주입 설교로 일관했습니다. 결국 이런 단조로운 설교 전개법이 우리 설교를 위기에 직면하게 한 원인이 되었습니다.

그래도 이 땅에 훌륭한 설교자들이 많이 있는 것은 퍽 다행스러운 일입니다. 얼마나 많은 목회자들이 뛰어난 지도력을 발휘하여 교회를 힘있게 성장시키고 좋은 설교로 성도의 삶에 변화를 일으키고 있는지 모릅니다. 그러나 아쉽게도 그 훌륭한 설교자들 중 대부분이 천편일률적인 패턴으로 설교합니다. 그들은 오직 설교자 자신의 영성과 인격으로, 혹은 많은 정보의 활용과 본문의 핵심을 짚는 통찰력으로 설교의 질을 높여왔습니다. 설교의 다양한 구성 방법과 전개방식을 활용한다든지 하는 적극인 노력이 미치지 못한 것이 사실입니다.

예전과는 달리 갈수록 전도하기가 어려워지고 불신자들의 마음을 돌이키기는 일이 정말로 힘들어진 이때, 발전하지 않는 설교 전개방식은 정말이지 더 이상 설득력을 발휘할 수 없게 되었습니다. 이제 설교자의 훌륭한 인격, 설교할 본문과 청중의 삶을 예리하게 분석하는 날카로운 통찰력에 더하여 설교를 다양하고 신선하게 전달하는 구성을 활용할 수 있으면 참 좋겠습니다. 이런 점에서 이 책은 발전하는 세상, 변해가는 청중에게 복음을 좀더 효과적으로 소개하는 데 꼭 필요한 방법론을 담았다고 감히 말씀드립니다.

이 방법론을 위해 저는 크게 두 가지에 관심을 가졌습니다. 첫째는 성경 본문이 담고 있는 독특한 의미를 최대한 살리면서, 둘째로는 연설가들이 사용하는 설득적인 전개방식을 활용한다는 것입니다. 본문의 독특성을 살린다는 말은 성경 저자의 의도를 정확히 드러내는 데 최선을 다한다는 말입니다. 동시에 설득적인 전개방식이란 청중이 편안하게 진리를 받아들일 수 있도록 하는 자연스런 전개과정을 말하는 것입니다. 바로 이 두 가지가 조화를 이루는 모범적인 실례를 보여주는 것이 저의 관심이자 이 책의 주제입니다.

저도 저의 설교 사역에서 좀더 다양한 설교의 구성을 위해 이 둘을 적극 활용하게 되었습니다. 이렇게 본문의 특성을 잘 좇다보면 설교 전개가 다양해지고, 결국 청중들에게 들려지는 설교가 더 신선하고 흥미로운 것이 되리라고 확신합니다. 놀라운 것은 성도들이 먼저 설교를 매우 재미있고 진지하게 듣게 되었다는 사실입니다. 다양한 설교구성을 해보려고 한 저의 시도와 노력이, 하나님께서 교회 안에 성령의 역사를 일으키시는 데 조금의 도움이라도 됐다면 더한 영광이 없겠습니다. 아무쪼록 본서로 말미암아 많은 목회자들이 설교구성법에 새로운 눈이 떠지기 바랍니다. 또 본서에서 다룬 구성법을 자유자재로 활용하는 데에 이르러, 설교 사역에 새로운 이정표를 세우고 더 알차고 능력 있게 쓰임 받게 되기를 바랍니다.

이번에도 이 책이 만들어지기까지 수고한 많은 손길들이 있습니다. 우선 제 두 권의 책, 「설교자가 꼭 명심할 9가지 설득의 법칙」과 「설교가 전달되지 않는 18가지 이유」를 통해서 저의 설교이론에 공감하며 격려를 아끼지 않은 많은 목회자들이 저의 가장 큰 후원자요 격려자입니다. 그분들의 후원이 아니었다면 이 책은 결코 태동하지 못했을지도 모릅니다. 그만큼 그분들의 후원은 저작의 동기를 북돋우고 그 필요를 절감하게 하는 데 큰 힘이 되었으며, 제가 또 다른 시도를 할 수 있도록 만든 중요한 격려자였다고 감히 고백합니다. 이미 이 두 권의 저서가 장기간에 걸친 베스트셀러이자 여러 학교에서 필독서 내지는 교과서로 쓰이고 있다니, 독자 여러분들께 감사할 뿐입니다. 본 졸저가 존경하는 동역자 여러분들에게 설교의 또 다른 영역인 설교구성법에 대해 새로운 도전과 도움이 된다면 더 이상 바랄 것이 없겠습니다.

끝으로 이 책이 나오기까지 끊임없이 저를 후원하고 조언을 아끼지 않은 아내 서혜영에게 감사합니다. 목회하며 글을 쓰느라 함께 많은 시간을 나누지 못한 아버지를 언제나 존경하며 묵묵히 따라주는 사랑하는 아들, 민혁과 민우에게도 감사합니다. 또 저의 설교에 언제나 귀를 기울이고 그것을 즐기며 감동을 받고 말씀대로 실천하려고 노력하는 효성교회 성도들에게 더할 나위없는 감사를 드립니다. 게다가 이 책을 위해 아름다운 추천사를 써주신 김상복 목사님과 한국 교단 신학교의 교수님들께 감사드리며, 한국 교회에 훌륭한 설교 모범을 지속적으로 보여 주시는 목사님들께 깊은 감사를 드립니다. 무엇보다 이 책의 출간을 기다려온 전국의 목회자와 신학생들에게 다시 한번 깊은 감사를 드립니다. 우리의 설교의 자원이신 하나님께 이 모든 영광을 돌립니다.

효성교회 목양실에서
박영재

추천사 김상복 · 4

서문 · 7

책을 여는 글 · 15

1부 청중의 욕구 순서를 따르라

1부의 개요: 청중의 욕구 순서를 따르는 유익 · 23

1장 부정적 문제를 제기한 후에 해결책을 찾아라 | 부정 문제 해결형 설교구성법 · 28

2장 긍정적 문제를 제기한 후에 해결책을 찾아라 | 긍정 문제 해결형 설교구성법 · 48

3장 문제 제기, 원인 분석, 해결책을 찾아라 | 방송 뉴스 보도형 설교구성법 · 68

4장 결과를 밝히고 이유를 찾아라 | 이유 모색형 설교구성법 · 97

5장 결과, 목적, 방법을 밝혀라 | 주제 목적 강조형 설교구성법 · 118

6장 결과, 목적, 방법을 밝힌 후 누가를 질문하라 | 소명 강조형 설교구성법 · 138

7장 누가, 무엇을, 언제, 어디서, 왜(어떻게)를 질문하라 | 육하원칙 제시형 설교구성법 · 155

2부 논리의 기본 원칙을 따르라

2부의 개요: 논리적 흐름이 곧 설교의 목적을 드러낸다 · 179

8장 꼬리에 꼬리를 물라 | 논리 연결형 설교구성법 · 182

9장 계단을 밟고 올라가라 | 단계적 논리 전개형 설교구성법 · 205

10장 가벼운 것에서 비중 있는 것으로 옮겨가라 | 논리 심화형 설교구성법 · 226

11장 부정을 밝히고 긍정으로 끝맺으라 | 논리 대비형 설교구성법 · 243

12장 삼대지를 밝혀라 | 전통적 삼대지형 설교구성법 · 260

3부 수사 구성을 따라 전개하라

3부의 개요: 연설의 기초, 수사학을 응용한 설교구성법 · 281

13장 변증법을 활용하라 | 수사학적 변증형 설교구성법 · 283

14장 단계적으로 그림을 그려라 | 일관적 논리 순서형 설교구성법 · 297

15장 논쟁으로 시작해서 순종으로 끝맺으라 | 합일점 도출형 설교구성법 · 315

4부 문학 구성을 활용하라

16장 시적 특성을 살려라 | 문학적 감동 제시형 설교구성법 · 337

5부 논리로 단순화하라

17장 필요성, 중요성을 밝히고 해결책을 찾아라 | 필요성 강조형 설교구성법 · 355

18장 중요성, 필요성을 밝힌 후 해결책을 찾아라 | 중요성 강조형 설교구성법 · 370

19장 부정 문제 제기, 원인, 반대 개념 및 유익들, 해결책을 찾아라

　| 반대 논리 발전형 설교구성법 · 383

부록 설교자가 좋은 설교를 위해 꼭 기억해야 할 사항 · 397

부록 그 외의 평이한 구성들 · 399

에필로그

각주

■ 책을 여는 글

본문 특성에 따라 자연스럽게 설교를 구성하라

많은 설교학자들이 설교의 형태를 강해설교, 본문설교, 주제설교 등으로 나눈다. 알다시피 이 설교 형태들은 저마다의 장단점이 있다. 가령 강해설교의 장점은 본문으로부터 설교 아이디어를 끄집어낸다는 것이다. 그리고 본문이 말하고자 하는 것을 충분하게 설명하면서 본문을 해석한다. 그리고 그 본문의 내용을 현대를 사는 성도, 즉 청중의 삶에 날카롭게 적용한다. 흠이 있다면 자연스럽지 못한 본문일 경우, 그 본문에 지나치게 의존하여 설교 흐름이 자연스럽지 못하고 맥이 끊길 수 있다는 점이다. 더 안타까운 점은, 어설픈 강해 설교자들은 본문의 내용을 모두 다 전하려고 하기 때문에 주제가 복잡해지는 위험에 빠질 수 있다는 것이다.

본문설교는 짧은 구절을 본문으로 정하고 본문 속의 단어나 주제를 살려 설교 아이디어를 확대시켜나간다. 본문설교의 장점은 몇 개의 단어나 아이디어만을 집요하게 다룸으로써 저자의 의도대로 설교 주제를 확대시켜나갈 수 있다는 점이다. 그러나 설교 본문의 내용이 설교자의 선호도나 지식, 능력의 한계에 따라 제한된 채 설교로 나갈 수 있다는 단점이 있다. 게다가 본문이 청중의 욕구 순에 따라 배열되어 있지 않을 때, 설교의 흐름도 청중들에게 자연스럽게 와닿지 않거니와 전개의 흐름이 끊길 수 있다.

주제설교는 정해진 주제를 발전시킬 목적으로 한 본문을 정하고 그 본문의 핵심을 주제와 연계하여 전개해나간다. 주제설교는 한 가지 주제를 다루기 때문에 청중들이 쉽게 이해할 수 있다. 또 설교의 흐름도 본문 순서를 따르지 않고 논리의 흐름을 따르기 때문에 설교 전개가 자연스럽다. 그러나 본문이 말하고자 하는 원래의 의도를 밝혀내려는 의지가 약하다보니 성경이 성경을 말하게 하려는 것이 아니고 자신의 의지를 말하려는 오류에 빠질 수가 있다.

그러나 설교의 구성법을 공부하면 이와같이 설교의 형태를 세 가지로만 나눈다는 것이 무의미해진다. 왜냐하면 본문의 특색에 따라 설교 구성을 만드는 전개방식이 더 정교하기 때문이다.

나는 이 책을 통해 다음과 같은 질문에 답을 찾아보려고 했다. "이 세 종류의 설교의 모든 장점을 합친 설교구성법은 없을까? 즉, 강해설교처럼 본문의 내용을 충실히 드러내어 성경이 성경을 말하게 하고, 본문설교처럼 본문의 핵심 주제를 집중적으로 확대시켜나가고, 주제설교처럼 주제가 선명하면서 청중의 가슴에 자연스럽게 전달하는 방식은 없을까?" 이렇게 더 이상 설교를 형태별로 나눌 필요 없이, 그야말로 성경적 설교의 모범을 찾고자 했던 것이 본서에서 기울인 일관된 노력이라 하겠다.

성경적 설교의 모범답안을 찾으려 할 때 형태별 설교 분류는 무의미하다. 데이빗 버트릭(David Buttrick)이 강조한 것처럼[1] 결국 성경적 설교란 본문을 충실히 설명함으로써 성경이 성경을 말하게 하는 기회를 부여하고, 본문의 핵심을 정확하게 드러내어 설교 아이디어를 발전시키는 것이다. 아이디어를 발전시키는 데에는 무엇보다 자연스런 전개를 위해 최선을 다하는 일이 중요한데 이를 위해서는 청중의 욕구 순서를 살피는 심리학의 도움을 얻는 게 좋다. 이런 관점에서 청중의 심리를 안다는 것은 설교에서 매우 중요하다(John Killinger의 'Fundamentals of Preaching', Fortress Press, 32-41).

나는 얼마 전 어느 유명한 목사님의 설교를 연속적으로 들을 기회가 있었다. 설교를 들으면서 그분의 뛰어난 성경 지식, 훌륭한 인격, 깊은 영성에 탄복하지 않을 수 없었다. 하지만 아쉬운 점이 하나 있었다. 그것은 설교의 전개방식이 낡은 형태 그대로였다는 것이다. 그래서인지 설교 전개가 자연스럽게 이어지지 못해 끊기곤 했다. 마치 평지를 내달리듯 단조로웠다. 게다가 어디서나 들을 수 있는 삼대지 전개방식이었다. 대지 세 개만 알면 무엇을 설명하게 될지 성도들도 이미 다 아는 내용이었다. 신선하고 참신한 것을 기대할 수 없는, 단조로우면서도 결과가 뻔히 예상되는 설교였다. 다양하고 역동적인 전개방식으로 설교를 펼치지 못하는 것이 못내 안타까웠다. 즉, 설교의 효과를 극대화 시키기 위해서는 설교를 좀더 자연스럽게 흐르게 해야 했는데 그렇지 못한 것이 매우 안타까웠다는 말이다.

좀더 폭넓게 생각해보자. 하나님은 우매한 인생들에게 진리를 전달하실 때 지루하고 단편적인 방법이 아닌 다양하고 역동적인 방법을 사용하신다. 우리가 알다시피, 성경 말씀은 우리에게 천편일률적으로 다가오지 않고 다양한 표현으로 나타난다. 본문이 이야기 형식이면, 하나님은 등장 인물이나 이야기의 사건 속에서 진리를 전달하고 계신다. 또 하나님께서는 시(詩) 본문으로는 시적 감동을 불러일으키며 진리를 전달하시고, 역사서에서는 역사의 사건과 교훈을 통해 진리를 전달하신다. 또 잠언이나 전도서 혹은 서신서 본문을 통해서 직설적인 훈계와 가르침으로 진리를 전달하신다. 결국 성경 독자들은 성경에 나타난 다양한 문학의 특성에 따라서 하나님이 전달하시는 진리를 맛보게 되는데, 그 전달 방법이 다양하고 독특해서 말씀이 늘 새롭고 신선하게 느껴진다.

그런데 안타까운 것은, 이 다양하고 독특하며 역동적인 성경 본문이 정작 설교자를 통하면 단순하고 천편일률적인 패턴으로 바뀌어 전달된다는 사실이다. 그래서 청중들에게 설교가 지루하고 진부하게 느껴진다. 예를 들어 전통적인 삼대지 설교가 그러하다. "저는 오늘 본문에서 하나님의 사랑이 무엇인지 세 가지로 생각해보고자 합니다."라는 내용의 서두는 초장부터 성도를 질리게 만들어버린다. 게다가 본론에서 "첫째, 하나님의 사랑은 끝이 없다는 것입니다."라고 시작해서 "둘째로 하나님의 사랑은 진실합니다." 그런 다음 "셋째, 하나님의 사랑은…"이라는 식의 뻔한 전개과정을 통해서 설교를 진행하는 것이 보통이다.

만약 목사님이 "첫째, 하나님의 사랑은 끝이 없다는 것입니다." 하고 첫째 개요를 설명한 뒤 20분이 지나서야 둘째 개요를 말하기 시작한다면, 청중들은 시계를 쳐다보며 '어휴, 세 개가 다 끝나려면 아직도 40분이나 남았네.' 하고 듣기도 전에 마음의 문을 닫아버릴 수 있다. 청중들은 이미 지루함을 느꼈기 때문이다. 이 같은 방법으로 오랫동안 설교했다고 가정해보자. 성도들이 습관적으로 얼마나 지루해 할지, 아마도 설교를 듣기 전부터 마음 문을 닫아걸고 들으려 하지 않는 태도를 취할 게 뻔하다. 불행한 일이다.

　이런 전달방법이 시대적으로 얼마나 뒤떨어졌는가는 일반 연설가들의 연설패턴과 비교해보면 더욱 분명하게 알 수 있다. 현대의 연설가가 자신이 연설하는 주제를 전달하려는 기법에서 대개의 설교자들보다 매우 세련되어 있음은 두말할 필요가 없다. 게다가 청중의 가슴을 파고는 방법 또한 매우 자연스럽지 않은가? 이에 반해 설교자들은 세련되기는커녕 자연스럽지도 못한 부분이 많다. 시대에 뒤떨어진 구태의연한 방법으로 설교를 전개하기 때문이다. 그럼에도 우리 설교자들은 정작 발전시켜야 할 부분에 대해서는 나태하고 무관심한 채 성령의 역사만 운운해왔다.

　우리가 진정 좋은 설교를 하고자 한다면, 즉 우리의 설교 가운데 성령이 강하게 역사하길 바란다면 설교자가 할 수 있는 최선의 방법, 곧 참신하고 세련된 방법으로 설교하려고 노력해야 한다. 그런 후 결과를 성령께 맡겨야 한다. 그래야 설교에 감동이 있다. 본서는 바로 이 부분, 설교자가 참신한 구성을 활용하는 방안, 즉 설교를 자연스럽게 흐르도록 하는 방법에 대해서 집중적인 관심과 노력을 기울이고자 한다. 그 방법은 청중의 욕구 순서를 따를 때 찾을 수 있게 된다. "설교를 자연스럽게 흐르게 하라"는 주제에 대한 좀더 상세한 도움을 얻으려 한다면 다음의 도서를 참고하라(박영재『설교가 전달되지 않는 18가지 이유』, 요단.)

청중이 설교를 자연스럽게 받아들이도록 하려면?
답은 간단하다.

청중이 알고 싶어하는 욕구 순서에 따라 전개하면

설교는 자연스러워진다.

청중의 감정 변화의 흐름을 타는 것이다.

설교가 자연스러울 때

청중은 그것을 편안하고 부드럽게 받아들인다.

또 설교의 효과도 극대화된다.

그럴 때 새삼스레 발견하게 되는 놀라운 사실은

성경의 본문도 자연스럽게 전개되어 있다는 점이다.

단지 우리가 발견하지 못했을 뿐….

청중의 욕구 순서를 따르라

 1부

■ 1부의 개요

청중의 욕구 순서를 따르는 유익

얼마 전 서울대학교에 전도하러 간 적이 있었다. 그때 불신 대학원생을 만났는데, 내가 목사라는 것을 알게 되자 그는 다짜고짜 기독교가 독단적이라며 거부감을 나타냈다. 그러더니 교인들이 전도하는 방법도 자신과 같은 불신자를 우습게 여기는 방식이라며 그 태도가 매우 불쾌하다는 반응을 나타냈다. 나는 불신자 입장에서 거부감을 가질 수 있었겠다고 공감을 표시했다. 자신의 말을 다 들어준 내가 고마웠는지 그는 이내 내게 친절해졌다.

이제 내 차례가 되었다. 나는 그가 왜 불쾌할 수밖에 없었는지 그의 입장에서 충분히 해석해주었고, 아마 그도 그런 내 설명에 속이 시원해진 모양이었다. 나는 거기에 이렇게 덧붙였다. "형제님이 참 넓은 마음을 가지신 것 같습니다. … 기독교가 왜 독단적으로 비춰졌는지 잠시 설명을 하자면…" 하면서 기독교가 왜 그에게 독단적으로 비쳐지는지, 그리고 전도하는 사람들이 왜 상대방의 입장도 생각지 않고 막무가내로 열심히 전도하는지를, 전도자의 입장에서 설명했다. 그제서야 그는 기독교에 대한 반감을 누그러뜨리는 것 같았다. 그리고 마음이 다소 열리는 것 같아 보였다. 그런 후 나는 그 대학원생에게 기독교의 핵심을 말해주었고, 기독교를 믿을 때 그 유익이 얼마나 큰가에 대해 나의 체험을 통해서 설명했다. 또 객관성을 확보하기 위해서 훌륭한 기독 석학들의 예를 들어 설명했다. 그러자 그는 마침내 내게 다음과 같이 말했다. "제 무례한 언행을 잘 받아주신 목사님, 감사합니다.

속이 다 시원합니다. 목사님의 설명으로 기독교에 대해 매력을 느끼게 됐습니다. 이제부터라도 기독교에 대해 진지하게 고민해보겠습니다."라고 하며 서로 가벼운 마음으로 인사를 하고 헤어졌다.

나는 전도하면서 다음과 같은 전략을 구사한 것이다. 첫째, 먼저 그가 가지고 있는 기독교에 대한 거부감을 없애려고 노력한다. 그러기 위해서 그의 느낌과 생각에 일단 공감을 표한다. 둘째, 공감 표시를 통해서 그의 마음이 열렸을 때 그가 거북해 하던 기독교의 내용을 '내 쪽'에서 설명한다. 진리를 이해시키려는 목적에서이다. 셋째, 그 내용에 신빙성을 더하기 위해서 그가 존경할 만한 석학들을 예로 든다. 이와 같은 3단계를 통해 그가 기독교 진리를 접하도록 하는 것이다. 그가 가진 부정적인 견해가 제거되지 않고서는 기독교에 대해서 마음이 열리지 않을 뿐더러 그의 마음이 열리지 않고서는 기독교의 진리를 진지하게 듣게 되지 않기 때문이다. 또 그가 존경하는, 하나님을 믿는 석학들의 예를 듣기 전까지 그는 기독교 진리에 대한 객관적인 신빙성을 갖지 못했을 것이다. 결국 이런 절차를 밟았기 때문에 그가 기독교를 거부하기 힘들게 됐을 것이라고 생각한다.

중요한 것은 청중이다. 나는 상대방이 알고 싶어하는 욕구 순서를 따라서 복음을 소개했다. 마음 문을 열게 한 후에 진리를 전달하고, 전달된 진리에 객관성과 신뢰성을 덧입히는 순서로 전개했다. 나는 이 방식이 그 불신 학생에게 가장 자연스럽게 진리가 전달된 기회였으리라고 생각한다. 설교에서도 바로 이와 같은 자연스러운 접촉 전략이 필요하지 않을까? 서론에서부터 결론까지 전개하는 과정에서, 우선 청중의 마음 문을 열게 한 다음 진리를 접촉시키고 전달된 진리를 확신으로 연결시키는 일, 그리고 결단하게 하는 순서로 자연스럽게 진리를 받아들이도록 말이다.

청중이 원하시는 순서대로 전합니다.

그러면 청중이 설교를 자연스럽게 받아들이도록 하려면 도대체 어떻게 해야 할까? 답은 간단하다. 청중이 알고 싶어하는 욕구 순서에 따라 설교를 전개하면 설교는 자연스러워진다. 다른 말로 하면 청중의 감정 변화의 흐름을 타라는 것이다. 설교가 자연스러울 때 청중은 그것을 편안하고 부드럽게 받아들인다. 또 설교의 효과도 극대화된다. 그럴 때 새삼스레 발견하게 되는 놀라운 사실은 성경의 본문도 자연스럽게 전개되어 있다는 점이다. 단지 우리가 발견하지 못했을 뿐….

그러면 청중, 즉 대중이 알고 싶어하는 욕구와 그 순서는 무엇일까? 예를 들어보자. 대통령 선거가 치러진 후에 사람들이 제일 먼저 알고 싶어하는 내용은 무엇일까? 그것은 당연히 선거의 결과다. 사람들은 이번 선거에서 누가 대통령에 당선되었는지 가장 먼저 알고 싶어한다. 구체적으로는 대통령 당선자가 타 후보와 몇 퍼센트 차이로 이겼는지, 혹은 지역별로 어느 곳에서 우세했는지 알고 싶어한다. 이것이 모두 선거의 결과에 해당한다. 두 번째로는 대통령 당선자가 어떻게 이겼는지, 그 과정에 대해서 알고 싶어한다. 즉, 승리의 요인이 무엇인지 알고 싶어한다. 타 후보에 비해 도덕적으로 더 참신했다든지, 지역적인 발판이 더 넓었다든지 또는 학연과 지연 등의 인맥이 더 광범위했다든지 하는 이유를 들 수 있게 된다. 이런 이유들이 모두 승리의 원인에 대한 분석으로 나온 결과이다. 그럼 그 다음으로 그들은 무엇을 알고 싶어할까? 그것은 앞으로의 정책 마련이다. 즉, 불안하고 흐트러진 민심을 얼마나 빠른 시일 안에 하나로 모으느냐, 대통령 당선자가 경제를 어떻게 풀어갈 것인가, 많은 사람들은 그런 해결책에 대해 궁금해한다. 그래서 청중들은 이 문제에 대한 해법을 듣고 싶어한다.

이와같이 설명해나가면 청중들은 그 사건에 대해 가장 선명하고 자연스러운 이해를 하게 되고 감정적으로도 자연스러운 변화를 가져온다. 그런데 만약 결과, 원인, 해결책 등의 순서로 대통령 선거를 설명하지 않고 바꾸어서 설명하게 됐다고 생각해 보자. 예를 들어, 선거 승리나 패배의 원인을 먼저 설명하고 난 다음, 선거 결과와 그 결과에 따른 향후 대안을 설명한다면 청중은 어떤 반응을 보일까? 사건을 이해하기가 혼란스럽다고 느낄 것이다. 그러므로 어떤 사건을 설명할 때에 해설자는 그 내용을 듣는 사람들이 우선적으로 알고 싶어하는 내용을 먼저 설명해야 한다. 그렇다면 설교자에게는 설교를 듣는 성도들이 알고 싶어하는 내용이 무엇인지 먼저 알아서 그 순서에 따라 설명해나가는 지혜가 필요하다. 그럴 때 결국 자연스러운 전개가 이루어진다.

청중에 대해서 좀더 생각해 보자. 청중이 어떤 사실(事實)이나 정보(information)를 받아들일 때면, 그것을 무작위로 받아들이는 것이 아니다. 나름대로 일정한 법칙을 가지고 일정한 통로를 거쳐서 받아들인다. 이것을 타고난 감각이라고 보아도 좋다. 어떤 사실이나 정보가 자신에게 익숙한 통로를 통해서 다가오면 청중은 그것을 별 무리 없이 받아들인다. 청주에게 익숙한 통로란 바로 청중이 우선적으로 알고 싶어하는 욕구의 순서이다. 어떤 사실이나 정보를 청중이 알고 싶어하는 순서에 따라 들려줄 수 있을 때, 청중은 가장 자연스럽고 또 가장 부드럽게 그 내용을 받아들이게 되며 가장 오래 기억하게 된다.

청중의 욕구 순서 항목에는 위에서 언급한 내용(결과, 원인, 해결책)만 있는 것이 아니다. 사안에 따라서 그 전개과정은 매우 다양하다. 게다가 성경 본문은 이미 존재한다. 즉, 성경이 무엇을 말하는지는 이미 결정되어 있다. 그렇기 때문에 설교자는 주어진 본문을 기초로 청중의 욕구 순서를 따라 순서를 정하는 일, 즉 어느 것을 먼저 설명해야 할지 자리 매김부터 해야 한다. 물론 어떤 성경 본문은 청중의 욕구 순서에 잘 맞는 것일 수도 있다. 그럴 경우에는 본문을 앞 절부터 순차로 설명해나가면 된다. 그렇지만 어떤 본문은 청중이 알고 싶어하는 욕구 순서대로 쓰여 있지 않다. 이럴 경우에 설교자는 성경 본문의 내용을 청중 심리에 비춰 자연스럽게 이해되도록 청중의 욕구 순서에 따라 재편성하고, 그 순서에 따라서 설교를 전개해야 한다. 그러면 설교가 자연스러워진다. 뿐만 아니라 청중들은 편안한 마음으로 설교를 듣게 되고 설교를 이해하는 것도 쉬워진다. 그럼 이제 청중의 욕구 순서를 다루는 설교구성법 중에서 그 첫번째를 보자.

부정적 문제를 제기한 후에 해결책을 찾아라

부정적인 문제들이 서론에서 제기되면 사람들은 어떤 반응을 보일까? 우선 매우 놀라고 걱정한다. 또 불안해하거나 두려워한다. 이럴 때 사람들에게는 불안에서 벗어나고 싶은 욕구가 발생하는데, 이때 설교자는 청중들이 불안과 염려, 두려움으로부터 벗어나도록 해결책을 제시한다. 해결책을 제시하면 청중들은 비로소 평정을 되찾고 안전에 대해 확신하는 단계에 이른다. 결국 설교는 청중들에게 유익했다는 인상을 주게 된다.

미국 유학 시절인 '88년부터 담임목회를 시작하면서 나는 한 편의 설교에서 문제를 제기해야 한다는 개념을 가지고 있지 못했다. 그러다 보니 단지 설교만으로 청중들을 깜짝 놀라게 할 서론도 만들지 못했고, 날카로운 문제 제기가 되지 않으니 설교의 결론에서도 해결책을 제시하면서 끝맺지 못했다. 게다가 밋밋하게 설교를 시작하기 예사여서 어떤 때는 지루한 설교를 만들어놓곤 했다. 결국 청중들이 들으나 마나 한, 별 도움이 되지 않는 설교를 했던 것으로 기억된다. 그러나 어떤 때는 청중들이 은혜를 받고 기뻐하는 설교를 하기도 했는데 그러면 나는 성도들이 왜 은혜를 받았는지 그 이유를 분석해보는 데 여념이 없다. 물론 이유야 여러 가지였겠지만 그 중 하나는 그들이 직면하고 있는 문제를 직접 다룬 경우, 또 분명한 해결책을 제시했을 때라는 사실을 알게 됐다. 그때부터 문제를 제기하는 법과 해결책을 제시하는 구성법에 대해 관심을 갖게 되었다.

1) 구성의 필요성

　사람들은 많은 문제를 안고 살아간다. 그 문제에 직면해서도 자기가 어떤 문제를 겪으며 살아가는지, 자신들의 언어로도 정의를 내리지 못하는 형편이다. 이때 설교자가 청중의 삶의 문제를 언어로 표현해내면 그들은 그때서야 자신들의 문제를 선명하게 이해한다. 사람들이 겪는 문제의 종류는 참으로 많다. 예를 들어 죽음에 대한 공포, 가정의 평안이 깨질지도 모른다는 불안, 질병에 걸릴지 모른다는 막연한 두려움, 또 직장에서 해고될지 모른다는 염려와 신변 안전을 위협하는 환경 등 이루 헤아릴 수 없는 많은 문제들이 있다. 사람들의 문제에는 부정적인 것만 있지는 않다. 예를 들어, 하나님의 전능한 능력에 대해 의심이 들거나 혹은 그분의 능력에 대한 기대, 대인관계를 잘 유지하고 싶은 희망, 돈을 많이 벌고 싶은 욕심, 영생에 대한 희구 등 이루 헤아릴 수 없이 많다. 이런 문제들이 바로 인간이 해결해야 할 문제들이다. 더 놀라운 사실은 이런 문제들이 성경 속에서도 비일비재하게 존재한다. 바로 이런 문제를 다루고 있는 본문을 가지고 설교하는 것이 '부정적 문제를 제기한 후에 해결책을 찾아라'는 구성이다.
　서론에서 문제의 성격이나 색깔을 제시하는 것이 바로 문제 제기이다. 부정적인 문제들이 서론에서 제기되면 사람들은 어떤 반응을 보일까? 우선 매우 놀라고 걱정한다. 또 불안해 하거나 두려워한다. 이럴 때 사람들에게는 불안에서 벗어나고 싶은 욕구가 발생하는데, 이때 설교자는 청중들이 불안과 염려, 두려움으로부터 벗어나도록 해결책을 제시한다. 해결책을 제시하면 청중들은 비로소 평정을 되찾고 안전에 대해 확신하는 단계에 이른다. 결국 설교는 청중들에게 유익했다는 인상을 주게 된다.

2) 설교 예문

본문 : 마태복음 4:1-11
제목 : 시험이 찾아올 때
문제 제기 : 성도들이 가장 많이 경험하면서도 가장 무관심한 것이 바로 사탄의 시험이다.
설교 목적 : 시험의 정체를 바로 알아서 이를 실생활에서 올바르게 대처해나가는 힘을 기른다.

| 부정적 문제 제기

|삶의 정황| 성경에 나타난 인물 가운데 사탄의 유혹에 넘어가 결국 비참한 최후를 마친 대표적인 사람이 있다면 아마 가룟 유다일 것입니다. 그는 은 30냥이 탐나서 사랑하던 주님을 원수에게 팔아버렸고 결국 죄 없는 주님을 십자가에 못박히게 했습니다. 씻기 어려운 오점을 남겼지요. 전승에 의하면 그는 걷기도 힘들 만큼 몸이 불어나는 병에 걸렸고 그것이 자신의 죄값이라고 생각했다고 합니다. 복음서에는 그가 더 이상 견딜 수 없게 되자 목을 매어 자살했다고 했고, 사도행전에는 창자가 터져 죽었다고 했습니다. 이 두 가지를 종합해볼 때 유다가 나뭇가지에 목을 맸는데 몸이 너무 무거워서 나뭇가지가 부러지면서 결국 땅에 떨어져 창자가 터져 죽은 것이 아닌가 생각됩니다.

사람이 사탄의 유혹에 넘어가면 이처럼 비참한 최후를 맞습니다. 시험하는 것은 사탄이지만 시험에 넘어간 결과에 대한 모든 책임은 시험 당한 당사자가 져야 한다는 데 시험의 심각성이 있습니다. 더 심각한 것은 이 무섭고도 예리한 사탄의 유혹이 지금도 우리를 넘어뜨리려 하고 있다는 것이며, 끊임없이 공격해오고 있다는 사실입니다. 그러나 더 놀라운 것은 그 무서운 사탄의 공격에 넘어가면서도 정작 우리는 그것이 사탄의 공격인지조차 모르고 있다는 데 있습니다.

이 폭탄을 어찌 해결하라는 말인가?

권면 적용 | 성도 여러분, 저는 이 설교를 준비하면서 여러분 중에 누구도 사탄의 유혹에 넘어가 처참한 최후를 맞이하는 사람이 없기를 간절히 기도하는 시간을 가졌습니다. 저와 여러분 모두 사탄의 끊임없고 집요하고 파괴적인 공격에 단 한 사람의 희생자도 없이 너끈히 이겨내는 성도가 되기를 주의 이름으로 축원합니다.

질문 | 그러면 생각해봅시다. 어떻게 해야 파괴적인 사탄의 유혹과 시험을 이겨낼 수 있을까요?

| 문제 해결책 1 - 질문, 본문 설명, 적용, 권면 적용

오늘 본문 말씀이 그 해답을 가르쳐주고 있습니다. 우리가 사탄의 공격 방법을 알면 그 유혹과 시험을 이길 수 있습니다.

본문 설명 | 마태복음 4:2-3에 그 해답이 있습니다. 다 같이 읽어봅시다.

"사십 일을 밤낮으로 금식하신 후에 주리신지라 시험하는 자가 예수님께 나아와서 가로되 네가 만일 하나님의 아들이거든 명하여 이 돌들이 떡덩이가 되게 하라."

우리가 알다시피 예수님의 사명은 메시아, 즉 세상을 구원할 구세주로서의 길을 가는 것입니다. 이를 위해 예수님은 사람들에게 말씀을 전했고, 천국을 알리며, 온 영혼을 구원하시기 위해서 십자가의 길을 걷고 있는 것입니다. 그런 예수님에게 사탄은 '네가 만일 하나님의 아들이어든' 이라고 하면서 예수님의 신분 자체를 의심하도록 만듭니다. 다시 말씀드리면 "너는 하나님의 아들이 아니니까 돌을 떡덩이로 못 만들지?" 하는 비아냥거리는 태도로 놀리는 것입니다. '너는 하나님의 아들이 아닐 수도 있어.' 하는 의심이 들게 만드는 것입니다. 결국 예수님이 하나님의 아들이란 믿음을 뿌리 채 흔들어놓으려는 질문입니다. 두 번째 시험에서도 '네가 만일 하나님의 아들이어든' 뛰어내리라고 유혹합니다. 여기서도 예수님이 하나님의 아들 되심에 대한 사실에 의심이 들게 만듭니다. 이 의심이라는 방법은 사탄이 오래 전부터 쓰던 방법입니다. 이브에게 '하나님이 참으로 너희더러 선악과를 먹지 말라 하더냐?' 고 하면서 하나님의 말씀을 의심하게 만들었던 것을 보면 알 수 있습니다.

적용 | 이처럼 사탄이 우리의 믿음의 뿌리를 근본적으로 뒤흔드는 시험을 합니다. 때때로 하나님의 자녀 됨의 확신, 용서받은 확신, 기도한 대로 응답될 것이라는 확신, 하나님이 날 축복하실 것이라는 확신에 대해서 의심이 들게 합니다. '하나님이 정말로 내 죄를 용서하셨나?' '하나님이 정말로 살아 계신가?' '내가 죽으면 정말 천국에 가는가?' 하는 믿음의 뿌리를 흔드는 의심이 찾아들게 합니다. 즉, 하나님이 이미 주셨고, 이미 확신한다고 고백했던 믿음에 대해 의심이 찾아들게 만듭니다. 이런 의심이 깊어지면 회의에 빠질 수 있고, 회의에

빠지면 시험에 넘어가 하나님을 떠날 수도 있습니다. 우리 주님은 믿음의 근간을 뒤흔드는 시험 앞에서 조금도 요동이 없었습니다. 하나님에 대한 신뢰, 자신이 하나님의 아들이라는 믿음의 태도에 조금도 흔들리지 않으셨습니다. 말씀으로 살아야 한다며 하나님 말씀의 중요성을 기억했고, "주 너의 하나님을 시험치 말라."고 하시면서 하나님과의 관계에 흔들림이 없었음을 보여주셨습니다.

권면 적용 | 사랑하는 성도 여러분, 의심이 찾아들 때가 있습니까? 지금은 그런 의심이 찾아들지 않을는지 모르지만 언제든지 그런 의심이 찾아올지도 모릅니다. 의심이 찾아들 때마다 오히려 "하나님, 내게 확신을 주옵소서." 하며 하나님께 매달리며 간구하시길 바랍니다. 의심이 들 때마다 주께 매달리면 우리 하나님은 다시 한번 확신을 갖게 하고, 그 확신 속에서 잃었던 기쁨과 신앙의 감격을 되찾도록 만드실 것입니다. 의심을 확신으로 바꾸고, 신앙생활이 더 분명하고 확고해지는 저와 여러분 되시길 주님의 이름으로 축원합니다.

문제 해결책 2 - 본문 설명, 예화, 적용, 권면 적용, 삶의 정황

본문 설명 | 사탄은 우리에게 의심이 들게 하면서 시험한다고 했습니다. 이제 사탄의 두 번째 방법을 살펴봅시다. 사탄이 예수님에게 하신 첫 번째 시험은 돌이 떡덩이가 되게 하라는 것이었습니다. 돌을 떡덩이로 만드는 것은 무엇이 문제입니까? 예수님이 진정 하나님의 아들이라면 능력을 발휘하여 돌을 떡덩이가 되게 할 수 있을 테니 그렇게 하라는 것인데, 하나님이 주신 능력을 사명 감당하는 일에 사용하지 않고 지금 당장 예수님 자신의 배고픔을 채우는 일에 우선적으로 사용하라는 시험입니다. 결국 이 시험의 목적은 예수님이 메시아로서 가는 길, 즉 사역의 본질을 호도하려는 의도가 숨어 있는 것입니다. 그리고 우리는 다른 것도 아닌, 예수님이 주리셔서 가장 배고픈 상황을

전략적으로 이용했다는 데 주의를 기울일 필요가 있습니다.

예화| 세 끼를 굶고보니 웬만한 음식은 다 집어삼키겠더라고, 어느 분이 말하는 소리를 들었습니다. 얼마나 배가 고팠으면 그랬을까요? 그런데 예수님의 금식은 이보다 훨씬 심했습니다. 40일간이나 되었으니까요. 게다가 그곳은 광야였습니다. 어느 고고학자가 광야 한가운데서 차가 고장이 났는데 먹을 물이 없어서 이틀만에 죽었다고 합니다. 달걀을 돌 위에 올려놓으면 프라이가 돼버리는 고온에, 숨이 턱턱 막히게 40도를 웃도는 살인적인 폭염 속에서 40일이나 금식을 했으니 주님은 거의 탈진할 수밖에 없었을 겁니다. 주님은 이런 상황에서 극한 배고픔에 시달렸습니다. 이런 주님에게 사탄은 가장 매력적으로 느껴질 수 있는 음식, 곧 예수님에게 지금 당장 가장 필요한 것을 만들라고 주문합니다. 배고픈 물고기가 미끼를 물 듯이 사탄은 배고픈 예수님에게 음식으로 시험의 미끼를 던지고 있습니다. 그 미끼로 정작 예수님이 해야 할 중요한 일을 하지 못하도록 막고 있습니다. 사탄은 예수님의 취약한 부분을 건드려서 넘어뜨리려는 것이었습니다.

적용| 사탄은 지금도 우리의 가장 약한 부분을 유혹합니다. 어떤 분은 신앙생활에서 봉사도 잘하고 대인관계도 좋고 모든 면에서 훌륭한데 물질에 약한 분이 있습니다. 하나님이 "이제는 십일조를 하면서 나를 기쁘게 하라!"는 믿음을 주시는데도 그때마다 일부러 무시해버립니다. 그건 사탄의 방해에 넘어가고 있는 것입니다. 또 어떤 분은 믿음도 좋고 인격도 좋은데 정욕에 약한 분이 있습니다. 어느 성도는 "신앙생활은 잘하겠는데 여자 관계만큼은 어렵더라."고 털어놓기도 했습니다. 그런 분에게는 여자 문제가 다른 사람보다 자주 다가올 수 있습니다. 왜냐하면 그 부분이 제일 약하다는 것을 사탄이 잘 알기 때문이지요. 또 어떤 분은 성격이 불같이 급해서 늘 넘어지곤 합니다. 넘어지고 난 뒤에 꼭 '아, 그때 내가 조금만 더 참을 걸.' 하고 후회합니

다. 사탄이 그 사람을 넘어뜨리려면 다른 것 할 것 없이 자꾸 화낼 일을 만들면 됩니다. 그러면 급한 성격에 참지 못해서 물을 엎지르듯 넘어집니다. 그때마다 시험에 넘어지면 상처가 오래갑니다.

  여러분, 지금 당장 돈이 필요합니까? 결혼 적령기를 넘겨서 급한 마음으로 배우자를 찾고 있습니까? 조심해야 합니다. 돈 혹은 배우자감으로 사탄의 시험이 올 수도 있으니까요. 덥석 받았다가 큰 상처를 입을 수 있습니다. 우리가 외로울 때 사탄은 그 외로움을 채우러 세상으로 가라고 유혹합니다. 삶에 기쁨이 없을 때 그 기쁨을 누리려면 세상으로 가라고 유혹합니다. 하는 일마다 꼬이고 잘 되지 않을 때 사탄은 무속인을 찾으라고 충동질합니다.

권면 적용 | 사랑하는 성도 여러분, 자신의 약점을 통해서 사탄이 시험할지도 모른다는 사실을 기억하고 늘 경계하십시오. 그 부족을 세상적이고 정욕적이며 불신앙적인 태도로 채우도록 시험하기 위해 사탄이 다가올지도 모릅니다. 부족한 것이 있고 필요한 것이 있을 때마다 하나님 앞에 엎드려야 합니다. 기쁨이 없고 외로울수록 하나님 안에서 해법을 찾아봐야 합니다. 일이 안 될수록 더욱더 간절히 하나님께 매달려야 합니다. 간구하면 하나님께 응답 받을 것은 틀림이 없습니다. 그러나 사탄이 주는 것은 그렇지 않습니다. 잠깐 동안은 잘 되는가 싶지만 궁극적으로는 후회스럽게 되며 결국 상처로 남게 됩니다. 그러므로 내게 취약한 부분이 무엇인지 살피십시오. 그 취약한 부분으로 사탄의 시험이 틈탈 수 있음을 늘 경계하십시오. 그리고 그 약점을 보완하기 위해서 영적으로 강한 그리스도의 군사가 되게 해달라고 하나님께 매달리십시오. 그래서 사탄이 우리의 약점을 통해서 추호도 시험하지 못하게 만드는 저와 여러분이 되시길 주님의 이름으로 축원합니다.

| **문제 해결책 3** - 본문 설명, 예화, 적용, 권면적 적용

본문 설명 | 이제 우리가 살펴볼 것은 사탄의 세 번째 시험 방법입니다. 생각해봅시다. 만약 예수님이 돌을 떡덩이로 만들었다면 어땠을까요? 배고픔은 채울 수 있었을지 모릅니다. 또 사탄이 예수님을 대단한 분이라고 인정하는 말을 했을지도 모릅니다. 하지만 그 일로 하나님의 사역을 하는 데 목적이 많이 흐트러졌을 것입니다. 결국 하나님의 일보다는 육신적인 일에 시간과 정열을 낭비하게 됐을 겁니다.

또 만일 예수님이 성전 꼭대기에서 뛰어내렸다면 어떤 일이 생겼을까요? 사탄은 사자들이 수종들 것이라고 말했지만 그것은 하나님을 드러내기보다 자신을 드러내려는 태도입니다. 그렇기 때문에 교만을 싫어하시는 하나님께서 영적 수명을 단축시키거나 무기력하게 만들었을지도 모릅니다. 결국 예수님 자신에게 엄청난 손실인 셈입니다. 사탄의 요구대로 만약 예수님이 사탄을 경배했다면 어떤 일이 발생했을까요? 물론 사탄은 천하만국을 주겠다고 유혹했습니다. 하지만 그게 아닙니다. 사탄의 종으로 죄에 끌려다니는 처참한 죄의 종이 됐을 겁니다.

예화 | 이브에게 사탄이 뭐라고 거짓말합니까? 이 선악과를 먹으면 네 눈이 밝아질 거라고 속였습니다. 하지만 선악과를 먹은 후 어떻게 됐습니까? 눈이 밝아진 게 아니라 하나님의 심판을 받고 하나님과의 아름다운 사귐이 끊어지고 말았습니다. 저주를 받은 셈입니다. 유다가 왜 넘어갔습니까? 주님을 팔면 은 30냥이 생긴다고 단순하게 생각했기 때문입니다. 하지만 미끼를 물었을 때는 이미 늦었고, 그 뒤에 양심에서 치솟는 피 말리는 고통을 몰랐던 것입니다. 그 뒤에 주어질 고통과 상처를 생각지 못했고, 그 일로 자신이 처참한 최후를 맞게 되리라는 것은 더더욱 알지 못했습니다. 결국 사탄의 거짓말에 속아넘어간 것이지요.

미국 달라스에 사는 한 성도가 전 재산을 들여 식품점을 내서 운영해보고 싶다고 목사님께 상의를 했습니다. 목사님은 그러면 신앙생활하기가 힘드니 다른 사업을 해보라고 권했습니다. 그날 밤 그분은 곰곰이 생각해보았습니다. '목사님 말씀이 옳아. 그렇지만 신앙생활도 잘하면 되지.' 결국 그는 사업을 시작했습니다. 처음엔 평소의 믿음대로 주일이면 가게문을 닫았습니다. 하지만 다른 업소들이 문을 닫지 않고 여전히 장사를 하니까 경쟁력이 떨어졌습니다. '이러면 안 되는데.' 하며 고민하다가 기어이 주일에도 문을 열기 시작했습니다. 결국 교회를 나오지 못하게 되었고 목사님과 주위 성도들에게 "화끈하게 돈 좀 벌고 다시 교회에 나가겠다."고 털어놓으면서 교회를 멀리하게 되었습니다.

새벽부터 밤 늦게까지 하루도 쉬지 않고 정말 열심히 일했습니다. 그러던 어느 날, 과로로 쓰러지더니 결국 간암 판정을 받았습니다. 돈이 아까워서 보험도 들지 않고 있던 터라 그분은 즉시 재산을 처분하고 병원비를 대느라 정신이 없었습니다. 꺼져가는 자신의 생명을 지켜보는 목사님에게 그는 "저는 지난 3년 동안 몸까지 버려가며 벌어놓은 돈을 병원비로 다 쏟아부었습니다. 이제 저는 빈털털이입니다. 돈도, 믿음도, 건강도 다 잃었습니다. 목사님 말씀대로 신앙을 택했더라면 지금 이렇게까지는 안 됐을 텐데요." 하고 통한의 눈물을 흘리며 후회했습니다. 결국 그는 죽었고, 그의 장례식에 참석한 사람들은 모두 돌아오는 길에 안타까운 심정으로 한마디씩 건넸습니다. "믿음을 지켰더라면 건강도, 돈도 잃지 않았을 텐데…."라고 말입니다.

적용| 성도 여러분, 이와같이 사탄의 속임은 지금도 우리들의 신앙생활에 늘 접근해오고 있습니다. 하나님은 우리에게 물질보다 영적인 일이 더 중요하다고 말씀하십니다. 하지만 사탄은 영적인 일보다 육신적인 일이 더 중요하다고 거짓말을 합니다. 신앙생활보다는 지금 당

장 필요한 육신의 일을 하라고 유혹합니다. 하나님은 하나님을 섬기며 교회를 섬기는 일을 하면 호수와 같이 잔잔한 평안과 기쁨을 얻을 것이라고 말씀하십니다. 그러나 사탄은 세상에서만 역동적인 기쁨을 얻을 수 있다고 거짓말합니다. 하나님은 말씀을 실천하며 살 때 창조주 하나님을 기쁘시게 하며 풍요로운 인생을 살 수 있다고 가르칩니다. 하지만 사탄은 말씀을 깨고 때론 과감하게 세상에서 모험을 해야 세상 사는 맛이 난다고 속입니다. 사탄은 때때로 우리로 하여금 쓸데없는 일에 염려하게 하고 걱정하게 함으로써 우리를 걱정의 포로, 염려의 포로로 만듭니다. 하지만 하나님은 "마음에 근심하지 말라 하나님을 믿으니 또 나를 믿으라."(요 14:1)고 말씀하십니다. 성도 여러분, 말씀 위에 굳게 서서 사탄의 달콤한 속임수를 분간하는 저와 여러분이 되시길 바랍니다.

권면 적용 | 사랑하는 성도 여러분, 우리는 지금까지 사탄의 시험이 주는 정체에 대해 알아보았습니다. 우리는 이 사탄의 시험에서 몇 가지 교훈을 얻습니다. 시험은 수시로 아무에게나 온다는 사실입니다. 시험을 받는 것은 죄가 아니지만 넘어가면 죄요, 큰 상처를 입는다는 사실입니다. 그러나 시험을 이기면 더 큰 기쁨과 신앙의 감격이 주어진다는 것을 기억하십시오. 주님이 사탄의 시험을 다 물리쳤을 때 사탄이 떠나고 천사가 나와서 수종들더라고 했습니다. 결국 우리가 시험을 믿음으로 물리칠 때 사탄은 떠나갑니다. 물론 다시 오기는 하지만 일단은 떠나갑니다. 우리에게는 평안이 주어집니다. 그리고 천사가 우리를 받듭니다.

세 번째로 우리가 얻은 교훈은 시험의 강도는 갈수록 커진다는 사실입니다. 한번 이겼다고 해서 안심하면 안 됩니다. 더 큰 시험이 옵니다. 사랑하는 성도 여러분, 이제 우리는 사탄을 물리쳐야 합니다. 그러려면 어느 것이 사탄의 시험인지 분간할 수 있어야 합니다. 사탄의 농간이란 사실을 알게 되면 시험에 들기보다 시험을 이길 힘이 생기고 정신이 바짝 들게 되는 것입니다. 그리고 대적하는 것입니다. 그러면 우리는 사탄을 이길 수 있습니다. 우리가 시험을 이기도록, 이미 시험을 받으신 우리 주님이 우리를 도우시겠다고 약속하셨습니다. 그러므로 주님께 도우심을 요청하며 사탄을 이기십시오. 무엇보다 우리가 사탄의 정체를 분간할 수 있는 지혜를 얻게 되기를 바랍니다. 그리고 이런 지혜와 능력으로 사탄의 권세를 단호히 부수고 늘 승리하시는 저와 여러분이 되시길 주의 이름으로 축원합니다.

3) 설교 예문 분석

우선 개요를 분석해보자.

| 부정적 문제 제기   사탄의 유혹이 생각보다 심각하다는 사실을 밝힌다. 시험을 이기고자 하는 청중의 욕구를 극대화시킨다. 그 다음 해결책을 제시한다.

   | 해결책   시험을 이기는 방법은 사탄의 전략을 아는 것이다.
   - 사탄의 첫번째 전략 : 우리가 믿는 신앙의 진리를 의심하게 만든다(본문 설명, 예화, 적용).
   - 사탄의 두 번째 전략: 우리의 취약한 부분을 통해 시험한다(본문 설명, 예화, 적용).
   - 사탄의 세 번째 전략 : 우리가 헛된 것에 속도록 만든다(본문 설명, 예화, 적용).

   | 결론   긍정적인 내용을 절정에 이르게 한다.

위의 설교는 부정적 문제를 제기한 후에 문제의 해결책을 찾는다. 부정적 문제 제기, 즉 사람은 사탄의 지속적인 시험의 올무에 도전받고 있다고 언급한다. 이에 깜짝 놀란 청중들이 시험을 이기고자 하는 강한 욕구를 갖게 만들고 그 다음 시험을 이길 해결 방안을 제시한다. 그러면 청중들은 그 해결 방안을 절실한 마음으로 새겨듣게 된다. 물론 이때 해결책은 본문에서 끄집어내야 한다. 그리고 서론에서 본론으로 넘어갈 때 질문을 던진다. 또 해결책 1에서 해결책 2로, 2에서 3으로 넘어갈 때에도 질문을 던지면서 넘어간다. 이 방법은 자연스런 흐름과 귀납법적인 접근을 위해 주효하다. 보통 삼대지 설교는 개요를 먼저 밝힌 다음 그 개요를 일제히 설명해나가는 데 비해, 나는 개요를 먼저 밝히지 않았다. 핵심을 미리 밝히고 그 핵심을 다시 설명해나가면 주의 집중이 떨어질 수 있기 때문이다. 또 개요를 미리 밝히지 않으면 '무엇을 말할 것인가?' 하는 궁금증이 더해지기 때문에 청중들이 더욱 귀를 기울이게 된다.

각 개요에 대한 설명을 위해서 나는 세 가지 기능적 요소를 수학공식처럼 적용했다. 즉, 본문 설명, 예화, 적용의 순으로. 이 세 가지를 필수 요소로 활용한 것이다. 하지만 예화의 경우는 꼭 필요한 경우에만 사용한다. 세 가지의 해결책이 제시되는 동안 청중들은 그들이 사탄의 시험으로부터 벗어나는 방법을 터득하게 되고, 그대로 실천하고자 하는 욕구를 갖게 되는데, 이점이 본 설교에서 중요하게 생각하는 것이다. 이를 위해 매 해결책마다 일반 적용을 활용하지 않고 권면 적용을 활용했다(일반 적용과 권면 적용의 차이점에 대해서는 용어해설을 참조하라). 우선 일반 적용을 활용하게 되면 설교가 힘이 없다. 그러나 권면 적용을 활용할 때는 설교에 힘이 더해진다. 왜냐하면 그것이 청중을 직접 상대하는 도전이 되기 때문이다.

4) 설교구성법

이 전개방식은 의외로 간단하다. 또 청중들의 시선을 쉽게 끌 수 있는 구성이다. 동시에 청중들에게 구체적인 해결책을 제시한다는 점에서 유익한 구성법이다. 이 방법은 문제를 제기한 후에 곧바로 해결책을 필요로 하는 구성이다. 일단 예를 들어보자. 뚱뚱한 사람들이 모인 곳에서 연설자가 다음과 같이 연설을 한다고 가정해보자.

"여러분, 어제 김 선생이 회사에서 쫓겨난 것은 몸이 너무 뚱뚱하다는 이유 때문이었습니다. 몸이 뚱뚱하면 정상인보다 성인병에 걸릴 확률이 매우 높고 불치의 병에 걸릴 확률 또한 매우 높습니다. 게다가 수명도 훨씬 단축됩니다(부정적인 문제 제기). 존경하는 여러분, 저는 여러분들이 몸이 뚱뚱해서 고통을 겪거나 피해를 보지 않기를 바랍니다. 오히려 앞으로 더욱 건강하고 장수하시길 바랍니다(문제 제기에 대한 권면 적용). 그러면 생각해봅시다. 어떻게 해야 약한 몸을 정상으로 만들고 건강하게 장수할 수 있을까요(해결책으로 가는 질문)? 첫째…."

위와 같이 말하기 시작한다면 뚱뚱한 사람들은 그 해결책에 귀를 기울일 수밖에 없다. 왜냐하면 서론에서의 부정적인 문제 제기로 비만의 심각성을 알았기 때문이다. 비만의 심각성을 깨달으면 사람들은 그 해결책을 얻고자 하는 마음이 간절해진다. 그러므로 해결책에 가서 '첫째, 둘째, 셋째…' 하면 그 말을 마치 복음처럼 듣고 싶은 욕구가 생긴다. '부정적 문제를 제기한 후에 해결책을 찾아라'의 구성은 이처럼 크게 두 구도로 되어 있다.

이제 본문으로 들어가보자. 마태복음 7:15-23의 말씀을 읽자. 서론에서 부정적인 문제 제기를 하라.

| 부정적 문제 제기   신자들 가운데는 신앙생활을 오랫동안 했어도 신앙이 성장하지 못하고 그 결과 하나님께 영광을 돌리지 못하는 분들이 있습니다. 본문에서 열매 맺지 못하는 사람들을 하나님께서 심판에 처하시겠다고 했습니다(본문 설명). 사랑하는 성도 여러분, 저는 우리 모두가 열매 없는 자가 되어 하나님의 준엄한 심판의 대상이 되지 않기를 간절히 바랍니다. 오히려 신앙생활의 알찬 열매를 맺어 하나님께 영광 돌리는 성도가 되시길 주의 이름으로 축원합니다(권면 적용).

여기까지가 부정적인 문제 제기이다. 설교자는 그 다음에 질문을 던진다.

| 해결책   그러면 어떻게 해야 성장하는 믿음, 열매 맺는 성도가 될 수 있을까요? 첫째, 불순물을 걸러내는 순수함이 신앙의 열매를 맺는 데 도움을 줍니다(15절). 둘째, 실천하는 행위가 뒤따르면 신앙의 열매를 맺게 됩니다(21절). 셋째, 심판을 예상하는 신앙생활은 신앙의 열매를 맺는 데 자극제가 됩니다(19절).
| 결론   신앙의 열매를 탐스럽게 맺어 창조주 하나님을 기쁘시게 합시다.

위와 같이 개요를 만들면 서론에서 부정적인 문제 제기로 시작해서 해결책으로 가는 설교가 된다. 해결책은 긍정적인 요소로 만들어야 한다는 것을 기억하라. 물론 각 개요마다 기능적인 요소, 본문 설명, 예화, 적용 등을 활용해야 하는 것은 두말할 필요도 없다. 그리고 각 개

요를 설명하는 '적용'에서는 일반 적용이 아닌 권면 적용을 해야 한다. 그래야 설교에 힘이 있다는 것을 명심하라.

마태복음 6:25-34의 말씀을 기초로 한 설교를 하나 더 살펴보자.

| 부정적 문제 제기   인간은 염려하며 사는 존재입니다. 우리 인간이 잠깐이라도 염려 없이 사는 때가 있는지 돌아보십시오. 염려로 우리의 삶은 피폐해지고 있습니다.

오늘 본문에도 보면 염려는 삶에 아무런 유익이 없다고 말합니다(본문 설명). … 사랑하는 성도 여러분, 저는 우리가 이 세상을 살아가는 동안 지나치게 염려함으로 삶에 손해가 오지 않기를 바랍니다. 오히려 그런 염려와 불안을 믿음으로 이기고 평안을 누리시는 저와 여러분이 되시길 주의 이름으로 축원합니다(권면 적용).

| 해결책   그러면 어떻게 해야 현실 속에서 염려하지 않고 살 수 있을까요? 첫째, 염려는 현실을 극복하는 데 아무런 도움을 주지 못한다는 것을 인식해야 합니다(25, 27절). 둘째, 하나님은 이 세상의 그 어느 것보다도 우리를 귀히 여기신다는 것을 기억해야 합니다(25, 26절). 셋째, 우리의 필요를 채우시는 하나님을 신뢰해야 합니다(28, 30, 32절).

| 결론   그러므로 염려의 겉옷을 벗고 하나님의 의를 이루기 위해 다함께 충성하십시다(33절).

위와 같이 개요를 만들면 서론에서는 부정적인 색깔로 문제를 제기했지만 결국 해결책으로 진행하는 설교가 된다. 해결책은 반드시 긍정적인 색채가 되어야 한다. 각 개요를 설명할 때마다 세 가지 기능적 요소, 곧 본문 설명, 예화, 적용이 들어가도록 만들라. 다시 강조하건대, 각 개요에 대한 적용은 일반 적용이 아닌 권면 적용이 되어야 한다는

사실을 주지하기 바란다. 그리고 그 권면 적용은 다른 개요의 권면 적용의 특성이나 내용과는 선명히 구별되어야 한다.

이번에는 릭 워렌(Rick Warren) 목사의 설교 내용을 살펴보자. 그는 야고보서 1:2-6을 근거로 '문제에서 유익을 얻는 방법'이라는 제목으로 설교했는데 그 개요는 다음과 같다. 우선 서론에서 문제를 제기하는 것, 즉 인간은 삶의 여러 문제에 직면해가며 살고 있다는 점을 강조한다. 그 문제는 '이러이러한 것들이다'라며 문제의 종류들에 대해서 설명하고 다음과 같이 정의를 내렸다.

| 해결책   그러면 이런 문제들을 어떤 자세로 대해야 하는가? 첫째는 기뻐하라(2절). 둘째, 기도하라(5절). 셋째는 긴장을 풀라는 것이다.

위의 개요도 문제를 제기하고 문제로부터 유익을 얻기 위한 해결책을 찾는 형태가 된다. 지금까지 살펴본 '부정적 문제를 제기한 후에 해결책을 찾아라'의 구성에서 해결책이 설교의 중심이 되어야 한다는 점이다. 물론 세 가지 해결책의 순서를 따르는 것이 좋은지 아니면 굳이 순서를 정할 필요가 없는 것인지를 먼저 생각하는 게 중요하다. 만약 개요의 순서가 설교의 힘을 싣는 데에 중대한 영향을 미친다면 개요 순서 설정도 심각하게 고려해야 한다.

5) 구성의 특징

부정적 문제 제기와 긍정적인 해결책으로 가는 구성을 애용하는 설

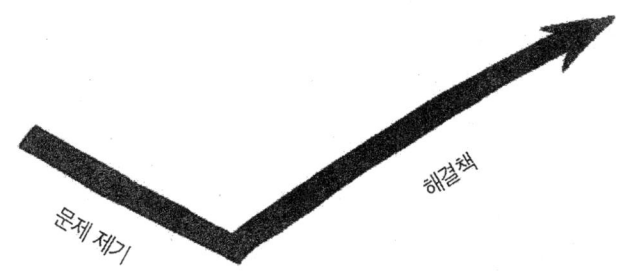

'부정적 문제를 제기한 후에 해결책을 찾아라' 구성의 개념도.

교자 중에는 1900년대 초반과 중반, 미국의 그리스도인을 사로잡았던 포스딕(Harry Emerson Fosdick)이 있고, 현대에 들어서는 새들백교회의 릭 워렌(Rick Warren) 목사가 있다. 이들의 설교구성은 매우 단순하다. 그래서 많은 설교자들이 그들의 설교를 모본으로 삼을 만큼 좋아하고 있다.

성경에는 본문 내용이 부정적인 색채를 띠면서도 분명한 해결책을 제시하는 내용들이 참으로 많다. 예를 들어, 노아와 그의 자녀들의 이야기, 바벨탑 이야기, 아브라함의 남방에서의 실수, 롯의 타락, 요셉의 고난, 오경에 나타난 이스라엘의 불순종, 욥의 고난, 요나의 불순종, 다윗과 사울의 부정적인 측면, 선지서에 나타난 이스라엘의 불순종, 복음서에 나타난 예수님을 대적하는 세력들의 이야기, 계시록의 일곱 교회 이야기(대부분의 교회들) 등의 본문은 부정적인 색채를 담고 있다. 그래서 많은 설교자들이 이런 사건과 주제를 폭넓게 활용하고 있다. 이런 본문을 설교할 때는 서론을 일단 부정적인 색채를 띤 문제로 제기하고 본론에 가서 제기된 문제에 대한 해결 방안을 제시한다. 그렇게 하면 설교는 '부정적 문제를 제기한 후에 해결책을 찾아라'는 구성에 들어맞는 훌륭한 설교가 된다.

이처럼 '부정적 문제를 제기한 후에 해결책을 찾아라.'는 구성으로 설교하기 위해서는 이 구성법에 잘 맞는 본문을 선정하는 것이 중요하다. 또 한편으로는, 삶의 현장에서 부정적인 문제를 직접 찾아내어 설교 주제로 삼을 수도 있다. 예를 들어, 인간이 자주 경험하는 실패, 좌절, 고통, 고난, 불안, 걱정, 두려움, 무기력, 부정적 자기 이미지, 다툼, 화목하지 못한 부부, 불순종하는 자녀, 세속주의, 타락, 죄 등 부정적인 문제들은 이루 말할 수 없이 많다. 이런 주제를 먼저 선정한 후에 적당한 본문을 선택한다. 그 대신 이때의 본문에는 부정적인 문제를 해결할 긍정적인 해결책이 들어 있어야 한다. 그러므로 '부정적 문제를 제기한 후에 해결책을 찾아라.'는 구성은 본문 자체가 부정적인 문제를 제기하는 경우라든지, 혹은 청중들의 삶 가운데 발견하는 부정적 문제를 제기한 후에 그 해결책을 찾는 경우에 유용한 방법이라고 볼 수 있다. 이럴 경우에 이 구성을 활용하라.

6) 구성의 원리

1. 부정적인 문제 제기가 가능한 부정적인 색채의 본문을 택하라. 혹은 삶의 현장에서 부정적인 문제를 찾아내어 본문과 연계시키라.
2. 설교 주제를 나타내는 부정적인 내용을 서론에서 강력히 부각시켜라.
3. 부정적인 문제를 심도 있게 펼쳐서 청중의 평상심을 뒤흔들어놓아라.
4. 문제 제기에 대한 해결책은 세 가지 정도로 하되 해결책이 설교의 중심이 되게 하라.
5. 서론의 문제 제기에 관련된 적용은 반드시 권면 적용이 되게 하라.
6. 각 개요의 적용도 권면 적용이 되게 하라.
7. 해결책 개요 순서는 가벼운 것에서 비중 있는 순서로 나아가라.
8. 한 개요에서 그 다음 개요로 넘어갈 때에는 질문을 던지라.

긍정적 문제를 제기한 후에 해결책을 찾아라

이 구성에서 서론의 내용은 일단 긍정적인 색깔을 지녀야 한다. 또 설교의 방향성이나 주제를 언급하는 것이 되어야 한다. 그러면 청중은 서론에서 밝힌 긍정적인 문제를 검토하면서 자신도 그 문제의 해결책을 얻고 싶다는 충동을 느끼게 된다. 그때 그 긍정의 내용을 청중의 것이 되도록 하는 해결책을 본론에서 밝힌다.

"**아무개** 아들이 명문대를 수석으로 졸업했대." "그래? 정말 부럽군. 그런데 어떻게 그렇게 공부를 잘한대? 어떻게 해야 우리 아들도 그렇게 될 수 있지?" '긍정적 문제를 제기한 후에 해결책을 찾아라'의 핵심적인 전개 예이다. 설교자가 소재를 구하기 쉽고, 청중이 가지고 싶어하는 이상적인 모델을 제시하고 그 모델을 얻을 수 있는 비결을 말하는 방법으로서, 이때의 '비결'이 해결책이 된다.

1) 구성의 필요성

나는 설교 초창기 시절, 청중을 신앙의 영웅으로 만들고는 싶은데 어떤 설교의 내용과 구성이 좋을지 몰라 당황했다. 지금 와서 생각하면 부끄럽기 짝이 없는 노릇이다. 청중을 신앙의 영웅이 되도록 자극하는 설교에는 여러 가지 구성이 있지만, 특별히 이 구성법은 청중을 훌륭한 신앙인이 되도록 자극하는 데 매우 적절한 방법이라고 할 수 있다.

성경은 인간에게 삶의 올바른 방향을 제시하고 인생의 행복을 위한 곧은 가이드라인을 제시한다. 성경은 진정으로 청중의 삶을 알차게 인도하는 방법과 복스런 선언이 담긴 책이다. 설교란 인간의 행복을 위해서, 그들이 무엇을 위해서 살며 어떻게 살아야 하는가에 대한 길을 제시할 수 있는 것이어야 한다. 예를 들어 아브라함처럼 믿음의 조상이 되고 싶은 소망을 주거나, 주기철 목사처럼 순교자로서의 고귀한 신앙인이 되려 하는 열정에 사로잡히게 하거나, 바울처럼 위대한 전도자가 되게 만드는 데 도전을 줄 수 있도록 하기 위해서는 '긍정적 문제를 제기한 후에 해결책을 찾아라'의 구성이 적절하다.

이런 복스런 자극과 도전은 인간의 삶의 질을 높이고 삶의 가치를 함양하는 결과를 가져옴은 물론 신앙 성장을 돕는다. 그러므로 어떤 주제를 전하든지 설교는 청중의 삶의 질을 높이고 그들의 가치를 드높이는 데 공헌할 수 있어야 한다. 설교자가 이런 축복의 대안과 선언을 이 구성법으로 전달할 때 최선의 효과를 보리라 의심치 않는다. 그러므로 설교를 듣는 청중의 현재 신앙생활에 자극을 주어 신앙수준을 향상시키고자 할 때는 '긍정적 문제를 제기한 후에 해결책을 찾아라'의 구성을 활용하라고 권하고 싶다.

2) 설교 예문

본문 : 여호수아 6:1-12
제목 : 삶의 여리고를 점령하라
문제 제기 : 성도들은 자신이 해결하기 어려운 삶의 장애물에 늘 부딪치며 살아간다.
설교 목적 : 성도들이 삶의 문제를 해결하기 위해 하나님의 방법을 실천하게 한다.

| 긍정적 문제 제기 - 삶의 정황, 본문 설명, 권면 적용

삶의 정황 | 모 교회에서 청년부를 맡아 사역하던 시절, 결혼 적령기를 지난 한 자매와 이야기를 나눈 적이 있었습니다. 그 처녀는 불안하고 초조한 듯이 제게 이렇게 말했습니다. "목사님, 제 친구들은 결혼하여 자녀까지 두었습니다. 저는 그들의 결혼이 참 행복하고 아름답게 보입니다. 하지만 저는 여기저기서 들어오는 선도 많이 보았지만 번번이 실패했어요. 이러다가 아예 결혼도 못하고 평생 혼자 살아야 하는 건 아닐까 하고 걱정입니다. 결혼이란 저에게는 정복하지 못할 것만 같은 거대한 여리고 성처럼 느껴집니다."

본문 설명 | 오늘 말씀을 보면 이스라엘 백성도 이와 같았다는 것을 알 수 있습니다. 젖과 꿀이 흐르는 가나안 땅에 입성한 이스라엘 민족, 하지만 그들이 가나안에 정착하기 위해서 여리고 성은 반드시 넘어야 할 과제 같은 것입니다. 여리고를 무너뜨리지 못하면 이스라엘이 가나안에 정착하는 데 큰 문제가 생깁니다. 그러므로 여리고 점령은 그들의 여정 중에서 가장 중요한 일이 되었습니다. 하지만 그들에게는 여리고 군대와 맞서 싸울 만한 군사도 없고, 전쟁을 치를 만한 무기는커녕 아무런 준비도 되어 있지 않았습니다. 그러나 여리고 성에는 힘센 장수들이 득실거렸습니다. 수많은 전쟁에서 혁혁한 공을 세운 경험이 있는 무시무시한 장수들이 모인 곳이 바로 여리고였습니다. 이런 여

좋은 것(?)부터 먼저 던져두고….

리고 성을 점령한다는 것이, 이스라엘 백성에게는 마치 계란으로 바위를 치는 격이라고 느껴졌습니다.

우리도 삶 속에서 여리고를 만날 때가 있습니다. 반드시 해결해야 하지만 내 힘으로 감당하기에는 역부족인 것들을 만날 때, 그것이 바로 우리가 만나는 여리고입니다. 대학에 가야겠는데 실력은 턱없이 부족할 때는, 대학이 여리고입니다. 여기저기 취직 자리를 알아보지만 마땅한 취직 자리가 눈에 띄지 않아 자신감을 잃어갈 때, 사업을 일으켜야겠는데 앞길이 막막하고 길이 전혀 보이지 않을 때, 우리는 여리고를 만났다고 합니다. 아무리 기도해도 불신 남편이, 불신 아내가, 불신 자녀들이 하나님께로 돌아오지 않아 기도하는 사람을 지치게 만들 때, 또 삶의 비전은 분명하게 가졌지만 현재의 여건으로는 그 비전을 이루어갈 가능성이 적어 보일 때 여리고를 만났다고 합니다.

세워놓은 계획과는 상관없이, 우리 삶이 점점 다른 길로 간다고 느껴질 때, 그래서 꿈을 이루기에는 너무 먼 곳까지 온 것처럼 느껴질 때도 우리는 삶의 여리고를 만난 것입니다.

우리 교회의 올 한 해 목표는 장년 출석 200명입니다. 우리 교회 형편으로는 쉽지 않은 목표지만 하나님의 영광을 위해서 반드시 달성해야 할 숫자라고 생각합니다. 그렇다면 이 또한 반드시 정복되어야 할 여리고 성인 것이죠.

오늘 하나님의 말씀은 이스라엘이 난공불락의 요새 여리고 성을 하나님의 도우심으로 단숨에 무너뜨린 사건입니다. 여리고 성 점령은 그들의 힘으로는 분명히 벅찬 것이었습니다. 하지만 그들은 무너뜨리기 어려운 여리고 성을 하나님의 도우심으로 단숨에 점령했습니다. 이 놀라운 사건을 기록한 말씀을 읽으면서 우리는 전율을 금할 수가 없습니다.

권면 적용 | 사랑하는 성도 여러분, 이스라엘이 난공불락의 여리고를 하나님과 함께 단숨에 무너뜨린 것같이 저와 여러분 앞에 놓인 삶의 여리고를 하나님과 함께 무너뜨리시길 바랍니다. 우리가 여리고를 정복하길 바랍니다. 내 힘으로는 불가능하지만 하나님이 베푸시는 지혜와 능력으로 삶의 장애물을 능히 무너뜨리는, 그래서 우리의 앞길이 환히 열리는 축복이 저와 여러분에게 펼쳐지기를 주님의 이름으로 축원합니다.

| **문제 해결책 1** - 질문, 예화, 본문 설명, 권면 적용

질문 | 그러면 어떻게 해야 삶의 여리고 성을 무너뜨리고 승리의 깃발을 꽂을 수 있을까요?

예화 | 여러분, 하나님이 무엇인가 행하고자 하실 때는 언제나 정하신 때를 따라 하신다는 사실을 아십니까? 성경에 보면 하나님이 온 인류

를 구원하시고자 아들을 보내실 때도 "때가 차매"(갈 4:4) 나게 하셨다고 했습니다. 또 요한복음 8:20에 보면 "잡는 사람이 없으니 이는 그의 때가 아직 이르지 아니하였음이러라."고 말씀합니다. 하나님이 정하신 때가 이르지 않았기 때문에 아무도 예수님을 죽이려 하지 않는다는 뜻입니다. 또 주님께서 영광을 얻으실 때가 되어서야 하나님은 주님이 십자가를 지게 하셨습니다. 아무 때나 십자가를 지게 하신 것이 아니라 하나님이 정해놓으신 때에 하게 하셨습니다.

우리를 향한 하나님의 때도 마찬가지입니다. 하나님이 우리를 축복하시되 "때를 따라 비를 내리되 복된 장마비를 내리리라."(겔 34:26)고 하신 말씀을 기억하십시오. 하나님은 이처럼 어떤 일을 행하거나 백성들에게 복을 내리실 때는 언제나 정하신 때에 그 일을 이루셨습니다.

때때로 사람들은 하나님의 때보다 앞서거나 하나님의 때를 믿지 못해서 화를 자초하기도 합니다. 성경의 인물 가운데 사울이 그랬습니다. 그는 하나님의 때를 앞서다가 큰 화를 입었습니다. 사무엘상 13:8 이하를 보면 이스라엘이 길갈에서 블레셋과 싸움을 벌일 때 사울은 모래알보다 더 많은 것 같은 블레셋 족속과의 싸움을 앞두고 그만 마음이 조급해졌습니다. 그래서 기다리라고 하는데도 참지 못하고 사무엘 선지자가 인도해야 할 예배를 직접 주관하고 말았습니다. 그 때 하나님은 왜 앞서가느냐며 하나님의 명을 지키지 않은 사울을, 사무엘을 통해서 책망하셨습니다. 결국 그 일이 있은 이후로 사울 왕은 하나님으로부터 버림을 받아 왕권을 잃고 비참한 최후를 맞게 되었습니다. 하나님의 때를 기다리지 못하고 앞서가다가 그만 낭패를 본 경우입니다.

본문 설명 | 오늘 말씀에서 이스라엘이 난공불락의 요새를 무너뜨릴 수 있었던 것은 그들이 하나님의 때를 기다렸기 때문입니다. 3절과 4절을

봅시다. "너희 모든 군사는 성을 둘러 성 주위를 매일 한 번씩 돌되 엿새 동안을 그리하라 제사장 일곱은 일곱 양각 나팔을 잡고 언약궤 앞에서 행할 것이요 제 칠일에는 성을 일곱 번 돌며 제사장들은 나팔을 불 것이며." 본문을 보면 하나님께서는 여호수아를 통해서 이스라엘 군사더러 일주일을 기다리라고 말씀하셨습니다. 사람들 마음속에는 '아니, 공격을 하려면 지금 공격할 일이지 왜 일주일씩이나 기다리라고 하는가?' 하는 의구심이 들기도 했을 것입니다. 왜 기다려야 하는지 이유도 모르는 채 일주일 동안 기다린다는 것은 동의하기 힘든 부분이었을 겁니다. 하지만 그들은 하나님보다 결코 앞서지 않았습니다. 숨을 죽이며 긴장한 가운데 하나님이 정하신 7일이 경과하기를 기다렸습니다. 이것이 여리고 성을 점령한 첫번째 비결입니다.

권면 적용 | 때로 사업이 어려워지면 당사자들보다도 그의 아내가 더 당황해 하고 더 조급해 합니다. 심지어 아내는 남편에 대한 신뢰를 잃고 은근히 남편을 무시하기까지 합니다. 또 남편이 취직을 하지 못하고 있는 경우라면 그 일로 서운해 하고 우울해 하는 사람도 있습니다. 이것은 다 하나님의 때를 생각지 않고 자신의 계획에만 모든 것을 맞추려는 태도라고 할 수 있습니다.

아직도 기도가 응답되지 않았고, 앞길이 열리지 않았으며, 문제가 해결되지 않았다면, 그것은 여호와의 손이 짧아서 구원하지 못함이 아니요, 능력이 부족해서도 아닙니다. 단지 하나님의 때가 아직 이르지 않았고, 하나님이 역사하실 기회를 갖지 않고 계실 뿐입니다. 그러므로 남편들은 물론 부인들도, 만일 내 배우자가 기도하는 사람이라면 남편을 들어 쓰실 하나님의 때를 기다려야 합니다. 하나님의 때가 다가오고 있음을 믿음으로 바라보고, 오히려 남편에게 자신감을 불어 넣어주는 사람이 되어야 하겠습니다. 용기를 북돋아주는 여유를 가지고 하나님의 때를 기다리라고 말할 수 있길 바랍니다.

여러분 가운데 결혼 적령기를 놓쳤다고 생각되는 분이 있습니까? 낙심하지 마시길 바라며 조급해 하지 않기를 바랍니다. 취직이 안 된 다고, 기도의 목표가 이뤄지지 않는다고 초조한 분들이 있습니까? 불신자처럼 조급해 하거나 불안한 행동을 하지 않기를 바랍니다. 오히려 시간 있을 때 하나님께 더 가까이 가고 하나님의 일을 더 열심히 하면서 기도하고 기다리십시오. 그러면 하나님은 반드시 당신의 때를 일으키실 겁니다. 또한 이 믿음이 생길 때 침착하게 기다릴 줄 아는 여유도 가지시길 바랍니다. 기도제목이 즉각 응답되지 않는다고, 혹은 삶의 목표가 쉽게 이뤄지지 않는다고 실망하는 분들은 없습니까? 더 이상 실망하지 않기를 바랍니다. 갈라디아서 6:9에 "우리가 선을 행하되 낙심하지 말지니 피곤하지 아니하면 때가 이르매 거두리라."고 약속하셨습니다. 그 약속을 믿고 때를 기다리면 언젠가 하나님의 정하신 때에 하나님이 우리를 일으키시고 하나님의 역사를 체험하게 하실 것입니다. 그때를 믿음으로 바라보며 여유를 가지고 하나님의 때를 기다리는 여러분이 다 되시길 주의 이름으로 축원합니다.

| **문제 해결책 2** - 본문 설명, 예화, 적용

본문 설명 | 우리는 이제 삶의 여리고를 무너뜨리기 위해서는 하나님의 때를 기다려야 한다는 것을 알았습니다. 그러나 때만 기다린다고 해서 다 되는 건 아닙니다. 그 다음으로 무엇을 해야 할까요? 하나님은 이스라엘에게 여리고 성을 점령하기 위해 실제적인 첫번째 방법으로 언약궤를 앞세우고 성 주위를 돌라고 말씀하셨습니다. 아시다시피 언약궤는 하나님의 임재를 상징합니다. 그들이 언약궤를 앞세우는 것은 다른 의미가 아닙니다. 난공불락의 요새를 점령하는 데 하나님이 앞서서 인도해주시길 바라며 그 하나님을 의지한다는 것을 의미합니다. 하나님의 명령에 따라 그들은 하나님을 앞세우며 나아가는 믿음이 있

었습니다. 그 믿음으로 성을 돌았을 때, 여리고 성이 와르르 무너지게 하시는 하나님의 능력을 목도할 수 있었습니다. 무엇을 말하고 있는 겁니까? 하나님을 앞세울 때 하나님은 결코 우리를 실망시키지 않으신다는 것입니다.

그럼에도 불구하고 많은 사람들이 하나님을 앞세우지 못하고 때때로 실패합니다. 여호수아 7장에 보면 이스라엘이 아이 성 침공에 실패하는 장면이 나옵니다. 왜 실패했을까요? 물론 아간이 불순종한 범죄 때문입니다. 하지만 또 다른 이유가 있습니다. 그들이 여리고 성 정복 때처럼 하나님을 앞세우지 않았기 때문입니다. 여호수아는 긴장이 풀린 상태에서 "3천 명 정도만 보내서 아이 성을 치라."고 백성들에게 명령만 내렸을 뿐, 하나님을 의지하고 하나님을 앞세웠다는 말이 없습니다. 자신들이 계획하고 자신들이 주관하고 자신들이 행동하면서 앞서갔던 것입니다. 그래서 어려운 여리고 성은 쉽게 정복하고도, 쉽게 정복할 수 있는 아이 성을 침공하는 데는 어처구니없이 실패하고 만 것입니다.

사랑하는 성도 여러분, 하나님을 앞세우지 않을 때 우리도 이처럼 실패할 수 있습니다. 왜 그렇습니까? 우리는 완벽한 존재가 아닙니다. 불완전한 존재이며 죄의 속성을 지닌 존재입니다. 불완전한 속성을 지녔기에 우리의 계획과 생각이 불완전하고 결국 실패를 맛보기도 하는 것입니다. 그러나 하나님은 불완전한 우리를 그대로 내버려두지 않으셨습니다. 하나님을 앞세울 때 우리의 불완전한 속성이 완전함으로 채워지게 되고 승리하게 됩니다.

예화 | 성경에 보면 하나님의 이름을 앞세우고 나가는 사람들은 언제나 승리했다는 것을 알 수 있습니다. 사무엘상 17장을 보십시오. 이스라엘 군인들 가운데는 블레셋의 거대한 장군 골리앗과 맞서 싸울 만한 장수가 아무도 없었습니다. 그저 괴물 같은 골리앗 앞에서 두려워 벌

벌 떨고 있었을 뿐입니다. 그 광경을 지켜보던 소년 다윗은 매우 분개했습니다. 사울 왕에게 허락을 받은 다윗이 돌 몇 개를 들고 나아갑니다. 그리고 골리앗에게 이렇게 말합니다. "너는 칼과 창과 단창으로 내게 오거니와 나는 만군의 여호와의 … 이름으로 네게 나아가노라" (삼상 17:45). 어린 다윗은 그때 기적적인 승리를 이루어냅니다. 하나님을 앞세우며 나아갔을 때 다윗은 자신감에 넘쳤습니다. 결국 하나님은 그 전쟁을 승리로 이끌어주셨습니다. 시편 23편에 보면 하나님은 "자기 이름을 위하여 우리를 의의 길로 인도하신다."고 말씀하셨습니다. 그렇습니다. 우리가 하나님을 철저히 의지하고 그 이름을 앞세우고 나아가면 하나님은 자신의 이름을 더럽히지 않기 위해서라도 성도에게 승리를 주십니다.

권면 적용 | 우리 교회가 장년 출석 200명이란 목표를 가지고 나아갈 때 내 힘으로 나아가면 성공할 확률은 50퍼센트입니다. 실패할 수도 있다는 뜻입니다. 그러나 하나님을 앞세우고 나아가면 결과는 반드시 승리뿐입니다. 결혼 적령기를 넘긴 처녀 총각들, 취직하고자 하는 실직자들, 시험을 앞두고 있는 분들, 사업에서 성공하려는 사람들, 모두가 내 뜻대로, 내 생각과 의지를 앞세우지 않고 순간 순간 하나님을 앞세우며 나아가면 목표는 분명히 달성됩니다. 그러면 오히려 예상했던 것보다도 쉽게 목적을 이룰 수도 있을 것입니다.

성도 여러분, 삶의 여리고를, 우리의 목표를, 삶의 계획과 비전을 앞에 두었다면, 내 힘과 지혜나 내 뜻으로가 아니라 오직 하나님을 맨 앞에 세우시기 바랍니다. 그리고 하나님의 인도하심을 따라 나아갑시다. 그래서 반드시 승리하는 것을 목격하시기 바랍니다. 하나님을 앞세움으로 삶의 여리고를 정복하는 저와 여러분이 되시길 바랍니다.

| **문제 해결책 3** - 문제 제기, 본문 설명, 예화, 적용

그러면 한 번 더 생각해봅시다. 하나님만 앞세우면 삶의 모든 문제에 성공할 수 있을까요? 그렇지는 않습니다. 가장 중요한 한 가지가 남아 있습니다. 성경이 말씀하는 삶의 여리고를 정복하는 마지막 방법이 무엇인지 그 가르침을 살펴보겠습니다. 8절과 9절입니다. "여호수아가 백성에게 이르기를 마치매 제사장 일곱이 일곱 양각 나팔을 잡고 여호와 앞에서 진행하며 나팔을 불고 여호와의 언약궤는 그 뒤를 따르며 무장한 자들은 나팔 부는 제사장들 앞에서 진행하며 후군은 궤 뒤에 행하고 제사장들은 나팔을 불며 행하더라"(수 6:8-9).

문제 제기 | 역대하 26장 이하에는 웃시야라는 왕이 나옵니다. 그는 52년간 왕으로서의 역할을 잘 감당했는데 말년에 그만 문제가 발생했습니다. 어느 날 웃시야 왕이 여호와께 분향하는 일을 하려 했습니다. 그 일은 구별된 제사장이 하는 일로, 그 상황을 목격한 제사장 아사랴가 만류했지만 그는 듣지 않고 고집을 부렸습니다. 더욱이 분향하면서 스스로 화를 내어 결국 하나님의 방법에 불순종한 죄로 문둥병에 걸리고 말았습니다. 하나님의 방법은 제사장이 그 일을 맡는 것이었습니다만 그것을 어기고 자신의 방법대로 하려다가 그만 돌이킬 수 없이 처참한 최후를 맞은 것입니다.

분문 설명 | 그러나 본문에 나오는 이스라엘 백성은 달랐습니다. 본문 11절에 보니까 하나님의 방법은 참으로 독특합니다. 6일 동안 소리 내지 않고 모든 백성이 여리고 성 주위를 하루에 한 차례씩 돌게 했고 마지막 날은 7번을 돌게 했습니다. 그리고 다 돌고 난 후에 모두가 큰 소리로 외치게 했습니다. 이스라엘은 하나님의 구체적인 계획에 아무런 불평 없이 순종했고, 그 결과 여리고 성은 와르르 무너지고 말았습니다. 피 한 방울 흘리지 않고도 여리고 성을 단박에, 쉽게 무너뜨렸습니다. 하나님이 왜 이와 같은 방법으로 행하셨는지 이스라엘도 처

음에는 이해하지 못했을 것이라고 생각합니다. 그럼에도 불구하고 그들은 하나님의 방법에 순종했고, 그 결과로 나타난 것은 여리고 성의 정복이었습니다. 여리고 성의 지반(地盤)을 조사한 고고학자들은 여리고 성이 있던 자리의 지반이 다른 지역보다 매우 약하다는 연구 결과를 발표했습니다. 이 연구가 사실이라면 하나님의 섭리는 참으로 놀랍습니다.

성도 여러분, 우리가 설혹 지금 당장 하나님의 방법이 이해되지 않더라도 순종하면 역사가 일어난다고 성경은 증언하고 있습니다. 하나님의 방법은 사람의 눈으로 보기에는 때때로 어리석어 보일 수도 있습니다. 또 이상해 보이고 안 될 것 같아 보일 수도 있습니다. 그러나 하나님의 방법은 그렇지 않습니다. 비록 우리가 이해하지 못한다고 해도 언제나 정확하고 틀림없습니다.

예화 | 우리 주님이 장님의 눈에 진흙을 발라주고 실로암에 가서 씻으라고 말씀하신 것을 기억하십니까. 비록 장님은 예수님이 왜 그런 방법을 말씀하는지 의아하기도 했지만 그 말씀에 순종하자 눈이 떠졌습니다. 하나님의 사람 엘리사가 문둥병을 고치려고 찾아온 나아만 장군에게 기도는 안 해주고 단지 요단강에 가서 7번 목욕하라고 명령했을 때, 나아만 장군은 자존심도 상하고 이해할 수도 없었지만 순종했더니 문둥병이 씻은 듯이 나았습니다. 갈릴리 가나의 혼인 잔치에서 주님으로부터 먼저 물통에 물을 가득 채우라는 명령을 받은 하인들은, 그들 생각에 그 일이 이상했지만 군소리하지 않고 순종했을 때 물이 포도주로 변하는 기적이 일어났습니다. 하나님의 방법은 때때로 우리의 생각이나 시기와는 다릅니다. 하지만 하나님의 방법을 따르면 역사는 반드시 이뤄집니다.

권면 적용 | 성도 여러분, 정복해야 하고 반드시 넘어서야 할 삶의 여리고 성이 있습니까? 우리 교회가 내년에 장년 출석 200명이라는 목표를

이루려면 하나님의 방법대로 해야 할 줄 믿습니다. 그래야 이뤄집니다. 처녀 총각들의 결혼도 그렇고, 사업을 일으키는 일도 그렇고, 불신 가정을 주님 앞으로 인도하는 것도 그렇고, 삶의 계획과 목표를 이루는 것도 마찬가지입니다. 무슨 일이든지 하나님을 앞세우고 하나님의 인도하시는 방법을 따르면 하나님이 원하시는 때에 삶의 여리고가 무너질 것입니다.

사랑하는 성도 여러분, 그러므로 우리의 더디 응답되는 기도 속에서 오히려 여유를 가집시다. 하나님의 때를 기다리며 하나님의 방법을 가르쳐달라고 기도합시다. 하나님이 앞서서 인도하시길 간구합시다. 무엇보다 하나님의 때에 이루실 것을 믿고, 하나님의 방법이 보여지거든 침착함과 인내로 하나님의 방법에 순종합시다. 그럴 때 우리 삶의 여리고 성을 무너뜨리시는 하나님의 권능을 저와 여러분 모두가 체험하기를 주의 이름으로 축원합니다.

3) 설교 예문 분석

우선 개요를 살펴보자.

|문제 제기 서론에서 설교자는 삶의 여리고가 무엇인지 그 실체를 밝혔다. 동시에 본문에서 이스라엘이 여리고를 무너뜨렸다는 사실을 밝혔다. 이스라엘이 여리고 성을 무너뜨렸다는 것은 긍정적인 문제 제기이다(본문 설명). 그리고 우리도 현실 속에서 삶의 여리고를 무너뜨리자는 제안을 한다(권면 적용).

|해결책   그러면 삶의 여리고를 어떻게 해야 무너뜨릴 수 있는가? 첫째, 하나님의 정하신 때를 긴장 속에서 기다려라.

둘째, 무너뜨릴 삶의 여리고를 향해 하나님을 앞세우라.

셋째, 하나님의 방법으로 삶의 여리고를 향해 전진하라.

| 결론   이제 내용을 살펴보자. 서론에서 청중이 성취하고 싶어 하는 내용, 즉 본문에서 이스라엘이 성공한 내용을 밝힌다. 긍정적인 내용이기에 긍정적인 문제 제기에 해당된다. 그럴 때 청중들도 이스라엘처럼 성공하고 싶은 욕구를 갖게 된다. 이때 삶의 여리고를 무너뜨릴 수 있는 방법을 제시하면 청중들은 그 방법에 관심을 갖게 마련이다. 본론에서는 그 방법과 해결책을 제시했다. 해결책을 위한 3개의 개요는 비중이 적은 것에서 큰 것으로 전개해나갔다. 그리고 각 개요를 설명하는 데 3가지의 기능적 요소인 본문 설명, 예화, 적용을 활용했다. 각 개요의 적용 부분은 일반 적용이 아닌 권면 적용을 한다(권면 적용과 일반 적용과의 차이점에 대해서는 용어 해설 부분을 참조하라). 하나의 개요에서 다음 개요로 넘어갈 때는 질문을 던졌다. 그것은 자연스런 흐름과 귀납법적인 전개를 위해서다.

4) 설교구성법

이 구성은 성도의 삶에 긍정적인 신앙 이미지를 심어주는 데 요긴하게 쓰이는 구성이다. 훌륭한 신앙 모델을 제시하면서 청중들에게 그 모델을 따라오라고 자극한다. 이 구성법은 긍정적인 이미지를 심는 데 적극 활용할 수 있는 구성이다. 예를 들어 증권투자가들에게 연설자가 다음과 같이 연설했다고 가정해보자.

"모 중소기업 사장이 몇 주 전에 사들인 증권을 오늘 팔았는데 그간에 무려 3배의 차익을 남겼다고 합니다. 참으로 놀라운 수익입니다(본문 설명). 사랑하는 주식투자가 여러분, 저는 여러분들이 주식을 투자하는 데 있어서 이 중소기업 사장처럼 많은 이익을 남길 수 있는 투자가가 되시길 진심으로 바랍니다(권면 적용). 그러면 생각해봅시다. 어떻게 해야 이 투자가처럼 단숨에 많은 이득을 남길 수 있을까요? 쉽게 되는 것은 아닙니다. 거기에는 몇 가지 비밀 원리가 있습니다. 그 원리를 따르면 저와 여러분도 즉각 큰 수익을 올릴 수 있습니다. 그분이 사용한 원리는, 첫째…."

이와 같이 말한다면 주식투자가들은 그 말에 귀를 기울이지 않을 수 없게 된다. 결국 서론에서 긍정적인 문제를 제기한 후에 청중들로 하여금 주식투자에 성공하고 싶다는 열망을 불어넣게 한 다음 성공 비결(원리)를 제시하면 그 원리를 듣고자, 청중들은 주의를 기울이게 된다. 결국 그는 전달되는 연설을 하고 있는 셈이다.

'긍정적 문제를 제기한 후에 해결책을 찾아라'의 구성은 비교적 단순하다. 서론에서는 긍정적인 문제를 제기한다. 설교의 주제나 방향성이 내포된 긍정적인 문제다. 그러면 청중은 그 문제의 해결점을 갈망하게 되는 충동이 일게 된다. 본론에서는 보통 3가지의 해결책을 제시한다. 그럼 서론에서 제기하는 긍정적인 문제란 어떤 것이어야 하는가? 서론의 내용은 일단 긍정적인 색깔을 지녀야 한다. 또 설교의 방향성이나 주제를 언급하는 것이 되어야 한다. 그러면 청중은 서론에서 밝힌 긍정적인 문제를 검토하면서 자신도 그 문제의 해결책을 얻고 싶다는 충동을 느끼게 된다. 그때 그 긍정의 내용을 청중의 것이 되도록 하는 해결책을 본론에서 밝힌다.

사무엘상 17:32-49의 말씀을 기초로 서론에서 긍정적인 문제를 제기하는 설교의 예를 들어본다.

| 긍정적 문제 제기   오늘 말씀은 소년 다윗이 골리앗을 대항하는 장면입니다(41-49절). 다윗은 자기보다 몇 배나 몸집이 큰 거인을 향해 조금의 주저함도 없이 돌진하여 그를 단숨에 무너뜨리고 있습니다. 놀라운 사건입니다. 보기만 해도 겁나는 상대를 향해서 두려움 없이 내뿜는 용기가 참으로 놀랍습니다(본문 설명). 사랑하는 성도 여러분, 혹시 골리앗과 같은 커다란 삶의 문제 앞에 직면해 있습니까? 저는 여러분들이 그런 삶의 난제 앞에서 주저하거나 무릎 꿇지 않고 담대히 맞서 싸우는 용기 있는 사람이 되시길 바랍니다. 삶의 현장에서 만나는 여러 가지 문제들, 자기 힘으로는 도저히 해결하기 어려운 난제들 앞에서라도 두려워하거나 물러서지 않는 사람, 다윗처럼 담대하고 용기 있게 맞서 싸워서 마침내 승리를 일궈내시는 여러분들이 되시기 바랍니다(권면 적용).

| 해결책   그러면 어떻게 해야 삶의 난제 앞에서도 포기하거나 물러서지 않고 담대하게 싸울 수 있는 용기 있는 사람이 될 수 있을까요? 첫째, 다윗은 이길 수 있다는 확신이 있었습니다. 그러기에 골리앗 앞에서도 두려워하지 않았습니다(39-40절). "이기리라는 태도로 문제를 대하는 사람이 실패하거나 질 거라는 태도를 가진 사람보다 승산이 2배나 높다."는 사실을 아십니까?

둘째, 다윗은 지금까지 도우신 하나님께서 앞으로도 도우실 것이라는 믿음 때문에 용기를 발휘했습니다(34-37절). 하나님이 과거에 우리에게 베푸신 은혜를 기억할 때, 지금의 삶의 난제 앞에서 담대할 수 있습니다.

셋째, 다윗은 하나님의 이름, 즉 하나님의 영광을 위한 싸움이기에 용기를 낼 수 있었습니다(45절).

하나님의 이름으로 나아간다는 말은 나의 능력이나 지혜보다는 하나님의 능력과 지혜를 더욱 철저히 의지한다는 말입니다. 또 하나님의 영광을 드러내기 위해 싸우는 것을 말합니다.

|결론   하나님을 의지하며 이길 수 있다는 확신으로 삶의 난제를 극복하는 저와 여러분이 되시기를 바랍니다.

위의 예인 서론에서는 긍정적인 색채의 문제를 제기했다. 즉, 어린 다윗이 골리앗을 단숨에 무너뜨린 사건을 밝힌다. 그러면 청중들도 다윗처럼 신앙의 영웅이 되고 싶은 도전을 받게 된다. 이때 적용 부문에서 청중들도 골리앗과 같은 삶의 난제를 단숨에 무너뜨릴 수 있는 용기 있는 사람이 될 수 있다고 축복한다(권면 적용). 그 다음으로 본문을 통해서 삶의 난제를 무너뜨릴 수 있는 방법, 즉 해결책 세 가지를 끄집어낸다. 이때 세 가지 해결책을 제시하되 각 해결책마다 일반 적용이 아닌 권면 적용이 되도록 한다.

하나 더 예를 들어보자. 마태복음 5:1-3의 "심령이 가난한 자는 복이 있나니 천국이 저희 것임이요."라는 본문을 가지고 설교해보자.

우선 긍정적인 문제를 제기한다. 즉, 심령이 가난한 자가 되었을 때에 풍성한 복을 누린 어떤 사람의 경험을 말한다. 그러면 청중들은 심령이 가난해지고 싶은 욕구를 갖게 되고 이때에 설교자는 "그러므로 사랑하는 성도 여러분, 저는 여러분들이 신앙생활 속에서 심령이 가난한 삶을 살면서 하나님이 약속하신 천국을 소유하는 축복의 사람이 되시길 바랍니다."라고 권면 적용한다. 그리고 나서 "그러면 생각해봅시다. 어떻게 해야 천국을 소유하는 가난한 심령이 될 수 있을까요?"라고 질문하고 가난한 심령이 되는 방법 3가지를 언급한다.

첫째, 가난한 심령의 사람은 자신의 영적인 파산 상태를 인식한다.

둘째, 가난한 심령의 사람은 삶의 자원이신 하나님을 절대적으로 의지한다.

셋째, 가난한 심령의 사람은 오직 주 예수님의 영광만을 드높인다.

위와 같이 한다면 이는 가난한 사람이 되기 위해서 어떻게 살아야 하는가를 구체적으로 보여주는 해결책이 된다. 이때 개요 3가지는 긍정적이며 삶 속에서 구체적으로 실천할 수 있는 것이어야 한다. 위의 개요에 살을 붙일 때는 반드시 본문 설명, 예화, 적용 등을 활용한다. 한 가지 꼭 명심해야 할 것은 위의 3가지 개요를 본문에서 이끌어내지 않았다는 점인데, 이 개요는 설교자의 신앙적인 관점에서 나온 것으로서, 심령이 가난한 사람이 되기 위해서 꼭 위의 3가지 개요가 정답이라는 것은 아니다. 더욱더 중요한 것은 설교자의 신앙과 철학을 바탕으로 제기된 개요가 청중들에게 충분한 동감이 될 만한 개요가 되어야 한다는 점이다.

5) 구성의 특징

서론에서 제기하는 부정적인 문제와 긍정적인 문제의 차이점을 살펴보자. 서론에서 부정적인 문제를 제기하면 청중이 불안해 한다. 반면 긍정적인 문제 제기는 청중을 불안하게 만드는 것이 아니라 오히려 그 긍정적인 내용을 청중이 소유하거나 얻고 싶다는 욕구가 일게 한다. 즉, 유익하고 가치 있는 문제에 대해 서론에서 먼저 밝힘으로써 청중도 그렇게 하고 싶거나 그것을 누리고 싶다는 생각이 간절하게 만든다는 것이다. 이때에 어떻게 하면 그 유익을 얻을 수 있을지, 그 방법을 제시하면 청중들은 그 유익을 얻기 위해 해결책에 그만큼 귀를 기울이게 된다.

이 구성에서 보통 설교자는 긍정적인 문제 제기 후 그 원인을 밝히

'긍정적 문제를 제기하고 해결책을 찾아라' 구성의 개념도.

려 하지 않는데, 왜냐하면 문제 제기가 부정적이라면 몰라도 그 자체가 긍정적이기 때문에 원인을 찾을 필요가 없기 때문이다. 이때 청중들은 그런 문제를 제기한 원인을 알고 싶은 마음보다 그 해결책에 더 관심을 갖게 된다. 그러므로 원인을 밝히는 것은 무익하다. 만약 긍정적 문제를 제기한 후에 해결책을 찾지 않고 원인을 3가지로 밝히고자 한다면, 그것은 원인보다는 이유에 해당하는 구성 방법, 즉 다음에 논의할 '결과를 밝히고 이유를 찾아가라'의 구성 방법에 해당된다.

이 '긍정적 문제를 제기한 후에 해결책을 찾아라'는 구성은 긍정적인 신앙의 모델 따르기를 제시할 때 적극 활용될 수 있는 구성법이다. 이 구성법은 앞서 논의한 '부정적 문제를 제기한 후에 해결책을 찾아라'의 구성법과 함께 가장 많이 활용되는 설교 전개방식이다.

대부분의 성경 본문이 문제의 해결 실마리나 그 해결책을 다루고 있는 게 보통이다. 예를 들어보자. '혈루증 앓는 여인'의 기사에서 성경은 한마디로 무엇을 말하고 있는가? 혈루증 앓는 여인이 예수님께 치료받는 과정을 설명함으로써 문제의 해결 방법에 대해 설명하고 있는 것이다. 이런 경우의 설교구성은 '긍정적 문제를 제기한 후에 해결책'을 찾는 구성법을 사용하면 좋다. 성경의 많은 내용이 문제에 대한 해결책을 제시하는 말씀으로 되어 있다. 따라서 설교에도 해결책을 찾아가는 여러 구성법들이 가장 많이 활용될 수밖에 없다.

서론에서 부정적인 문제 제기를 할지 긍정적인 문제 제기를 할지 결정하는 기준은 서론에서 다뤄지는 본문이 긍정인지 부정인지에 달려 있다는 것을 기억하기 바란다.

6) 구성의 원리

1. 긍정적인 색채의 본문을 활용하라.
2. 긍정적인 색채의 내용을 서론에서 문제로 제기하라.
3. 서론에서의 적용은 권면 적용이 되도록 하라.
4. 해결책은 3가지 정도로 하라.
5. 해결책의 각 개요는 일반 적용이 아닌 권면 적용이어야 함을 기억하라.
6. 해결책의 순서는 가벼운 것에서 무거운 것으로, 혹은 시간적 순서로, 혹은 절정을 향하는 순서로 만들라.
7. 설교의 초점은 해결책이 되게 하라.

문제 제기, 원인 분석, 해결책을 찾아라

이 구성법에서 문제 제기는 반드시 부정적인 색채를 띤다. 그러므로 성경에 나타난 부정적인 내용들은 이 구성법으로 다룰 수 있다. 즉, 성경에 나타난 부정적인 사건들을 다룬 대개의 본문은 문제 제기(결과), 문제 원인 분석, 해결의 순서에 따라 이런 방법으로 설교를 만들어 갈 수 있다는 것이다.

방송 뉴스 보도형 설교구성법

TV 뉴스 프로를 보면서 나는 기자들이 어떤 사건을 설명할 때면 늘 똑같은 방법으로 전개한다는 사실을 발견했다. 예를 들어 강도사건, 화재사건, 비행기 추락사건, 공무원 비리사건 등의 부정적인 사건을 다룰 때, 그들은 사건의 결과와 원인에서 시작하여 해결책을 다루는 순서로 설명해나가더라는 것이다. 그리고 그 전개방식이 나를 포함한 청중들에게 매우 편하고 자연스럽게 받아들여진다는 것을 알 수 있었다. 매스미디어 종사자들은 시청자나 청취자와 대화하는 법을 알고 있다. 우리 설교자들이 다소 궁색한 전개방식으로 메시지를 설명하는 동안에도 그들은 청중의 심리를 최대한 활용하는 방법을 개발, 활용하고 있었다. 이 사실을 인지하고부터 나는 '문제 제기, 문제 원인 분석, 문제 해결책'으로 진행하는 구성을 적극 활용하기 시작했고 효과는 대단히 만족스러웠다.

1) 구성의 필요성

 현대인, 특히 지성인들은 생각하고 분석하기를 좋아한다. 현대인은 이미 과학적 사고에 길들어 있다. 과학적 사고란 바로 분석하는 습관이라고 볼 수 있다. 설교자가 성경에 나타난 신앙사건들을 분석할 때 청중은 이를 흥미진진하게 듣게 된다. 왜냐하면 자신들에게 익숙한 방법의 설교를 듣고 있기 때문이다. 분석이 없이 일방적으로 외치는 설교는 그들에게 무가치하게 들려서 외면하게 된다. 그러므로 현대 설교는 분석하는 과정이 반드시 필요하다. 문제는 어떤 방식으로 분석하느냐는 것이다. 이에 '문제 제기, 원인 분석, 해결책을 찾아라'의 분석적 구성이 청중에게도 익숙하고 가장 자연스러우리라 생각한다.

 성경에는 이 구성법을 따라 설교할 수 있는 부정적인 색채의 본문들이 참으로 많다. 물론 이런 본문들도 다른 종류의 구성법으로 전개될 수 있겠으나 '문제 제기, 원인 분석, 해결책을 찾아라' 이 구성법으로 설교하면 설교의 효과를 극대화할 수 있을 것이다. 가령 본문에는 인간의 실패, 좌절, 죄, 열매 없는 신앙 등 이루 말할 수 없이 부정적인 색채의 사건들이 많이 등장한다.[2] 바로 이 사건들을 이 구성법으로 설교할 때 설교의 효과는 커진다.

2) 설교 예문

　　본문 : 느헤미야 1:1-11
　　제목 : 그대에게 이런 심장이 있는가?
　　문제 제기 : 기독교계에 흐르는 영적 기류가 교회를 죽이고 있다.
　　설교 목적 : 성도들이 교회 쇠퇴의 원인을 알게 하여 회복 운동에 참여하도록 한다.

| **문제 제기** - 삶의 정황, 본문 설명, 적용

삶의 정황 | 핀들리 에지(Findly Edge)는 그의 명저 「기독교의 생명력」에서 놀라운 예언을 하였습니다. "미국 교회라는 배가 갑판 위에서는 축제가 벌어져 감미로운 음악이 계속 흐르고 있는지는 모르나, 배 아래에서는 물 새는 구멍이 커져서 많은 물이 배 안으로 밀려 들어와 밤낮을 가리지 않고 펌프로 물을 퍼내야 하는 형국으로서, 점점 침몰해 가는 배와 같다."고 지적했습니다.[3] 이 예언은 미국 교회가 가장 왕성하던 1965년에 선포되었고 지금 적중했다는 사실에 새삼 놀랍습니다. 미국 교회들은 쇠퇴하고 있습니다. 한국교회가 한참 부흥하던 1970년대에도 지각 있는 기독교 지도자들과 현명한 평신도들이 한국 교회의 쇠퇴 가능성을 예고한 바 있었고, 안타깝게도 지금 그 예측이 적중하고 있는 것과 같습니다. 우리는 그 어느 때보다 과학이 발달하고 그 어느 때보다 자유를 만끽하는 시대에 살고 있습니다. 또한 그 어느 때보다 기독교가 빠른 속도로 쇠퇴하는 시기에 살고 있다고 할 수 있습니다. 그래서 불안하고 걱정이 앞섭니다.

본문 설명 | 하나님의 사람 느헤미야도 국가의 영적 쇠퇴를 보고 불안해했습니다. 느헤미야는 조국 이스라엘이 바벨론에 의해 이스라엘 성이 파괴되던 시기에 태어났으며, 그가 장성할 즈음 조국 이스라엘은 바벨론에서 바사의 통치로 넘어가게 되었습니다. 이런 와중에 느헤미야는 바사 왕의 술을 따르는 일을 하고 있었습니다. 왕이 술을 마시거나 음식을 먹기 전에 미리 마시거나 먹어봄으로써 왕의 목숨을 지키는 일이었습니다. 오늘날로 말하면 대통령의 경호실장이나 비서실장쯤 된다고 볼 수 있습니다. 막강한 영향력을 미치는 위치에 있던 사람이었습니다. 낯선 땅에서 외국인이 왕의 총애를 받게 된다는 것은 정말이지 보통 성실하고 믿음직하지 않으면 안 되는 일이었습니다. 그런 점에서 느헤미야는 참으로 신실한 사람이요 믿을 만한 인격의 사람이

문제를 발견했으니 원인과 해결책만 찾으면….

었음을 짐작할 수 있습니다. 저와 여러분도 주변 사람들로부터 이처럼 인정받으며 살 수 있기를 바랍니다.

그런데 오늘 말씀은 느헤미야에 대한 소개로 끝나지 않습니다. 슬픈 이야기로 시작합니다. 훌륭한 인격의 사람 느헤미야가 어느 날 조국을 방문하고 돌아온 친구들로부터 조국의 현실에 관한 이야기를 듣게 됐습니다. 그리고 깜짝 놀랍니다. 본문 3절을 보니 하나니를 비롯한 그의 친구들이 조국의 현실에 대해 이렇게 이야기하고 있습니다. "저희가 내게 이르되 사로잡힘을 면하고 남은 자가 그 도에서 큰 환난을 만나고 능욕을 받으며 예루살렘 성은 훼손되고 성문들은 소화되었다 하는지라." 조국의 실상에 대한 내용은 크게 두 가지라고 할 수 있습니다. 첫째는 많은 하나님의 백성들이 큰 환난을 만났고 능욕을 받았다는 내용이고, 둘째는 예루살렘 성과 성문이 다 훼손되고 소화

되었다는 내용이었습니다. 예루살렘 성이 완전히 파괴되었다는 것은 하나님의 통치와 하나님의 나라가 무너졌음을 말합니다. 종교적인 형식만 남아 있을 뿐 사람들의 마음속에는 하나님이 떠난 것입니다. 하나님 중심의 삶과 신실한 신앙이 사라진 것입니다. 그 결과 나라가 참혹하리 만큼 폐허가 되었습니다.

적용| 한국에도 하나님의 나라가 무너지고 있습니다. 90년대 들어서 기독교의 성장세가 둔화 또는 쇠퇴의 기미를 보이더니 '94년 이후에는 매년 3-4퍼센트 이상 감소하고 있습니다. 매년 2천 개가 넘는 교회가 문을 닫고 있으며, 최근에는 IMF의 영향으로 약 3천여 개의 교회가 문을 닫았다는 분석이 나오고 있습니다. 어느 교회를 가든지 교인들의 기도 소리가 줄고, 새벽예배에 참석하는 교인 수가 줄고, 신앙 모임에 소극적이고 더 나아가 무관심한 양상까지 보이고 있습니다. 특별히 교회에서 젊은이들을 찾아보기가 힘듭니다. 제가 아는 어떤 교회는 천여 명의 교인 가운데 출석하는 청년의 수가 겨우 20명에 불과합니다. 이러한 지경이니 10년 후에 한국교회의 모습은 어떻게 되겠습니까? 그야말로 청년이 거의 없는 교회, 늙어서 아무것도 할 수 없는 껍데기 교회가 될지도 모르는 일입니다. 한국교회가 무너지는 소리가 들리지 않습니까? 무너지는 모습이 보이지 않습니까?

| **원인 분석 1** - 질문, 본문 설명, 적용

질문| 왜 한국 기독교가 이처럼 빠르게 무너지고 있는 겁니까? 왜 하나님나라가 이 땅에서 무너져가고 있는 겁니까? 우리가 한번 생각해보아야 할 일입니다.

본문 설명| 이스라엘의 종교성이 무너진 이유 가운데서 오늘날 한국 기독교가 무너진 이유를 찾을 수 있습니다. 이스라엘의 야훼 종교가 저절로 무너진 것이 아닙니다. 6절에 이스라엘이 범죄했다는 말씀이 나오

고 있습니다. 7절에는 주께서 명하신 계명과 율례와 규례를 지키지 않았다고 했습니다. 이 말씀은 곧 이스라엘의 타락을 의미합니다. 이스라엘의 마지막 왕은 시드기야였습니다. 열왕기하 24:18-25:21에는 주로 시드기야 군대의 패망을 기술하고 있습니다. 그러나 역대하 36장에는 시드기야가 "목을 곧게 하며 마음을 강퍅하게 하여 이스라엘 하나님 여호와께로 돌아오지 아니하였고."(대하 36:13)라고 했습니다. 또 백성들마저도 크게 범죄하였다는 말씀이 나오고 있습니다. 시드기야를 비롯한 이스라엘의 역대 왕들과 백성들은 하나님 앞에서 완악한 불순종과 패역한 일을 일삼았습니다. 이렇게 위정자들과 온 백성들까지 부도덕을 일삼아 죄악이 판을 치게 된 이유는 바로 거짓 선지자들의 출현 때문이었습니다. 거짓을 고발하여 바른 길을 걷도록 선도해야 할 선지자들이 오히려 타협의 길과 옳지 않은 길을 가도록 백성들을 호도했고 결국 백성들의 타락과 불순종이 하나님나라 쇠퇴에 결정적 영향을 미치게 되었습니다.

적용 | 오늘 한국교회가 쇠퇴한 원인도 이와 같습니다. 한국교회는 그 어느 때보다 타락해가고 있습니다. 그 타락의 현장에는 언제나 기독교인이 자리를 차지하고 있었습니다. 몇 년 전 비리 혐의로 검찰에 구속된 모 전 장관도 교회의 장로라고 합니다. 비근한 예로 이번 옷로비 사건만 보아도 관련 인물들이 모두 크리스천임을 자처하는 사람들이지 않습니까. 한 크리스천 검사의 말에 따르면, 일년 동안 해결해야 하는 수백 수천 건의 사건 중에서 기독교인들과 관련된 숫자는 우리나라 기독교 인구 비율을 훨씬 넘어선다고 하니 개탄하지 않을 수 없는 노릇입니다.

요즘 들어 한국도 다섯 쌍이 결혼을 하면 한 쌍은 이혼을 한다고 합니다. 도덕의 근간이요 중심이라고 할 수 있는 가정이 흔들리면서 사회의 타락이 더욱 가속화되고 있습니다. 이런 와중에서 크리스천 가정의 파괴도 늘어나고 있는 형편입니다. 하나님의 사자들이 아무리 외치고 또 외쳐도 사회는 점점 타락해가고 있을 뿐입니다. 성적 타락이 부끄럽거나 죄로 여겨지지 않는 시대가 되었습니다. 그리스도인들조차도 그 범죄의 한 중심에 끼어 있습니다.

'98년 8월호「목회와 신학」을 보고 저는 그만 깜짝 놀랐습니다. 성적으로 타락한 목회자들이 얼마나 많은지 구체적으로 나열된 사례를 보면서 정말 아연실색하지 않을 수 없었습니다. 양심의 최후 보루라고 할 교회의 목회자와 평신도들이 타락해가는 세상을 정화시키는 데 앞장서기보다 오히려 탈선의 현장 가운데 있다니 말입니다. 그리스도인들조차 더 이상 하나님의 음성을 두려워하거나 하나님의 말씀에 순종하려 하지 않고 있습니다. 자신의 입신과 양명, 쾌락을 위해서라면 무엇이든지 가리지 않는 도덕불감증이 그리스도인들 가운데도 만연해 있습니다. 죄를 죄로 인식하지 않습니다. 나에게 좋으면 더 이상 죄가 되지 않는다고 합니다. 내게 좋으면 그저 좋은 것이 되어버렸습니다. 전에는 범죄로 취급하던 것들을 이제는 시대의 유행으로 인정하고 있습니다. 그것이 하나님의 영광을 가리는 것인지 아닌지 상관하지 않고 자기 멋대로 살아가고 있습니다. 이런 타락의 근성 때문에 우리는 스스로 한국 기독교를 무너뜨리고 있다는 말입니다.

| **원인 분석 2** - 본문 설명, 적용

본문 설명 | 한국교회에 하나님나라가 무너진 데는 또 다른 이유가 있습니다. 그것은 이스라엘처럼 이방종교와의 혼합 양상 때문입니다. 6절과 7절의 내용을 더 자세히 살펴봅시다. 이스라엘은 오직 하나님만을 섬기는 백성으로 선택받은 민족이었습니다. 그러나 역대하 36장에 보면 이스라엘은 "하나님 여호와께로 돌아오지 아니하였고 제사장의 어른들과 백성도 크게 범죄하여 이방 모든 가증한 일을 본받아서 여

호와께서 예루살렘에 거룩하게 두신 그 전을 더럽게 하였으며…"라고 기록된 것을 볼 수 있습니다.

이스라엘 백성들은 시드기야 왕 때뿐만 아니라 거의 모든 시대에 걸쳐서 혼합종교를 수용했습니다. 하나님을 믿으면서 동시에 바알을 비롯한 숱한 우상과 이방 신을 섬겼습니다. 자신들에게 복을 준다면 무엇이든지 수용하는 혼합종교의 특성을 나타내면서 결국 하나님께 예배드리는 모습도, 하나님의 음성에 순종하는 신실한 모습도 다 사라지고 말았습니다. 혼합종교의 신앙 행태가 결국 하나님나라를 쇠약하게 만드는 결정적 역할을 했던 것입니다.

적용 | 1960년대와 70년대의 한국 기독교는 기복신앙이 판을 쳤더랬습니다. 복을 받기 위해 하나님을 찾았고 그러다보니 신앙의 핵심인 십자가의 의미는 희석되어, 마치 무속신앙처럼 복의 하나님으로만 인식되었습니다. 신앙이 변질된 것입니다.

지난 '97년 대선에서 후보 중 한 분이 육관도사로 알려진 손○○씨의 도움으로 선산의 묘를 용인으로 옮긴 일이 있었습니다. 이 말대로라면 대통령으로 당선되는 건 하나님의 도움이 아니라 죽은 조상 덕이라고 생각하는 게 아니겠습니까? 묘를 옮긴 직후 세상 사람들은 이 일을 두고 어떤 말들을 했을까요? "아하! 하나님보다 조상의 힘이 더 세구나. 개신교 장로라는 그 부인도 하나님보다 조상을 더 믿지 않는가?"라고 하면서 크리스천들과 하나님을 얼마나 조롱했겠습니까? 일전에 제가 어떤 세미나를 인도하러 갔는데 거기 모인 목사님들이 이 사실에 대해 얼마나 분개했었는지 모릅니다. 복을 끌어들이기 위해서라면 하나님의 영광도, 하나님의 이름까지도 짓밟는 혼합종교가 오늘 우리 기독교의 실상입니다.

결혼하기 전에 궁합을 보는 사람들 가운데 30퍼센트가 기독교인이라는 사실에는 충격을 받지 않을 수 없었습니다. 제가 존경하는 목사님이 "아무리 얘기를 해도, 이사하는 날을 정하기 위해 '손 없는 날'을 고른다든지 집을 살 때 점집을 찾는 성도들이 허다하다."고 걱정스럽게 말하는 것을 들었습니다. 교회에서 기도원 부지를 살 때에도 지관의 힘을 의지하기 예사입니다. 이것은 복을 위해서라면 그 어떤 것도 상관하지 않겠다는 생각이 아니고 뭐겠습니까? 아니 하나님 한 분의 힘으로는 자신의 앞날을 믿고 맡길 수 없다는 불신앙이 아니고 무엇입니까? 이런 믿음으로 어떻게 살아 계신 하나님 한 분만을 섬기며 그 하나님께 영광을 돌릴 수 있습니까? 오직 그분만을 예배하는데 어떻게 생명력 있는 예배를 드릴 수 있겠습니까? 신자들의 이런 우상숭배 행위를 보고 불신자들은 과연 어떤 반응을 보일까요? 그들이 하나님 앞으로 나아오는 길을, 그리스도인들이 스스로 막고 있는 것은 아닙니까? "하나님은 연약한 분이시다. 그분만 의지해서는 안 된다. 믿을 수 없다."는 선전을 하고 있는 것은 아닙니까? 그래서 사람들은 교회를 찾지 않습니다. 그래서 사람들이 하나님을 등지고 있습니다. 그래서 하나님의 나라가 무너져가고 있습니다.

| **문제 해결책 1** - 질문, 본문 설명, 적용

질문| 이럴 때 우리는 도대체 어떻게 해야 할까요?

본문 설명| 느헤미야는 이스라엘 백성이 하나님의 영광을 가리고 그 이름을 짓밟고 있을 때 얼마나 괴로워했는지 모릅니다. 본문 4절 말씀을 다같이 읽어봅시다. "내가 이 말을 듣고 앉아서 울고 수일 동안 슬퍼하며…" 느헤미야는 하나님 임재의 상징인 예루살렘 성이 무너졌다는 소식을 듣고 참을 수 없는 분통과 슬픔에 잠기게 되었습니다. 느헤미야는 무너진 하나님나라를 생각하며 안타까워서 견딜 수가 없었습니다. 그래서 슬피 울었습니다. 울고 또 울었습니다. 아마 소리내어 엉엉 울었을지도 모릅니다. 자기가 잃어버린 보석 때문에 운 것이 아

닙니다. 직장을 잃었거나 꿈이 물거품이 되었다고 해서 운 것도 아닙니다. 느헤미야는 하나님나라가 무너졌다는 사실 때문에 슬피 울었습니다. 하나님의 영광이 땅에 떨어졌다는 사실 때문에 분통했습니다.

적용ㅣ 　성도 여러분, 지금 한국교회의 무너지는 모습을 보면서 통분하지 않으십니까? 행여 타락해가는 이 세상을 바라볼 때 안타까운 마음이 들지도 않고 아무리 울려고 해도 눈물이 나지 않거든 "하나님, 내게 그리스도의 심장을 주시옵소서." 하고 간구하시고 우시기를 바랍니다. 죄악이 만연한 세상 속에서 그 죄의 심각성도 모른 채 죄에 오염되어 살아가고 있는 우리들을 불쌍히 여겨달라고 통곡할 수 있기를 바랍니다. 하나님의 양무리들이 흩어지는 모습이 안타까워 울고, 순수신앙에서 혼합신앙으로 물들어가는 그리스도인들이 안타까워 통곡할 수 있기를 바랍니다. 세상을 향해 매력적인 모습을 보이지도 못하고 세상이 필요로 하는 것을 전혀 줄 수 없는 우리의 무기력을 보고 울 수 있기를 바랍니다. 시들해져가는 하나님나라가 회복되기를 바래서 엉엉 울 수 있는 저와 여러분이 되시길 바랍니다. 야고보서에는 "슬퍼하며 애통하며 울지어다 너희 웃음을 애통으로, 너희 즐거움을 근심으로 바꿀지어다."(약 4:9)라고 했습니다. 무너져가는 하나님나라 때문에 근심하고 그 근심이 지나쳐서 가슴을 찢으며 통곡하는 저와 여러분이 되시길 바랍니다.

| **문제 해결책 2** - 본문 설명, 적용, 예화, 권면 적용

본문 설명ㅣ 　느헤미야는 무너져가는 하나님나라를 바라보며 통곡하는 데서 그치지 않았습니다. 그는 더욱 분명하고 적극적인 자세를 보였습니다. 느헤미야는 이제 입을 열어 기도하기 시작합니다. 본문 4절 하반절에 "하늘의 하나님 앞에 금식하며 기도하여…."라고 말씀합니다. 지금 느헤미야는 무엇을 하고 있습니까? 무너져가는 하나님나라를

회복시킬 수 있는 분은 오직 하나님이시기에 그 하나님께 이스라엘을 회복시켜달라고 간구하고 있습니다.

그러면 그 기도 내용이 무엇인가가 중요합니다. 5절과 6절에서 느헤미야는 이렇게 기도합니다. "가로되 하늘의 하나님 여호와 크고 두려우신 하나님이여 주를 사랑하고 주의 계명을 지키는 자에게 언약을 지키시며 긍휼을 베푸시는 주여 간구하나이다 이제 종이 주의 종 이스라엘 자손을 위하여 주야로 기도하하오며…" 그는 자신의 기도를 들으시는 하나님을 신뢰하고 있습니다. 그리고 6절 하반절부터 이스라엘의 회복을 위해서 더욱 간절히 기도합니다. 그런데 회복을 위해 기도하는 느헤미야의 관점에서 우리는 놀라운 사실을 발견할 수 있습니다. 중보기도 첫머리에 드리고 있는 회개 기도가 우리를 놀라게 합니다. '나와 나의 아비 집이 범죄하였다.'고 자신의 부족과 허물을 회개하고 있습니다.

조국이 황폐해지고 하나님나라가 허물어진 모든 책임이 자신의 죄 때문이라고 고백합니다. 도덕적 타락과 혼합된 종교 속에서 하나님나라가 생명의 빛을 잃어버린 이유가, 다른 사람 때문이 아닌 바로 자신 때문이라고 말합니다. 불신앙과 도덕적 타락, 그리고 영적 간음이 백성들에게만 있었던 게 아니라, 바로 자기 속에도 그런 타락의 요소, 불순종의 요소가 있었고, 그것으로 인해 죄를 지었다고 고백합니다. 백성들의 영적 무기력이 자기에게도 있었고, 또한 그로 인해 죄를 지었다고 고백하는 것입니다.

적용 | 무너진 한국교회가 회복되기 위해서는 오늘날 우리 가운데 이런 회개운동이 일어나야 합니다. 그 운동은 바로 나로부터 시작되어야 합니다. 나는 잘하고 있는데 남이 잘못해서가 아닙니다. 나는 잘하고 있는데 정치가들만 잘못 하고 있는 게 아닙니다. 내 속에는 여전히 향락을 일삼고 싶은 죄성이 흐르고 있고, 사탄이 충동질하면 언제든

지 넘어갈 수 있는 죄의 속성이 강물처럼 그득하게 흐르고 있습니다. 죄가 이끌면 이끄는 대로 끌려가는 허약한 신앙의 모습이 담겨 있습니다. 신앙생활 하다가 앞길이 막힌 것 같고 답답하게 느껴지면 우리도 점집을 찾아가 점을 쳐보고 싶은 불신앙의 모습이 우리에게도 있습니다. 앞길이 열리기만 한다면 지관(地官)을 찾아가 조상 묘를 옮기고 말 것 같은 충동 또한 내재되어 있는 우리들입니다. 확실한 미래를 알고 싶다는 바람에, 하나님보다 무속인을 먼저 찾고 싶은 생각이 들 때도 있습니다.

어떤 성도님이 제게 이렇게 말했습니다. "목사님, 저희 집이 이사가는 날짜를 알게 된 한 불신 친척 분이 저도 몰래 날짜를 보았는데 그 날 이사가면 우리가 불행해진다고 해요. 그래서 처음에는 무슨 헛소리냐고, 우리는 하나님 믿는다고 말했지만 시간이 지나면서 괜스레 불안해지더라구요. 결국 그분이 정해주는 날에 이사하고 말았어요." 이 말을 듣고 저는 깜짝 놀랐습니다. 물론 같은 사람으로 그분의 심정을 이해하지 못하는 것은 아닙니다. 그러나 하나님 편에서 보면 통분을 금할 수 없는 일입니다.

지금 하나님의 백성이 누구의 말에 조종되고 있는 겁니까? 세상의 모든 무속을 다 타파하시고 그 위에 군림하시는 분이 우리 하나님이 아닙니까? 예배 드릴 때는 하나님이 우리를 보호하시고 인도하신다고 믿는다고 고백하면서, 정작 중요한 때는 다른 신을 찾는다면 이것은 얼마나 큰 불신앙이겠습니까? 하나님을 조롱하는 것이 아니고 무엇입니까? 생활 깊숙한 곳에서 하나님을 인정하지 못하는 불신앙이 아니냐는 말입니다. 바로 이런 불신앙의 요소가 저와 여러분에게도 있습니다. 그 불신앙의 요소가 세상이 우리를 향해 뭔가를 요구할 때에 영적으로 무기력해서 아무것도 줄 수 없는 허약한 존재로 만드는 것입니다. 그래서 하나님나라가 무너져가고 있는 것 아닙니까? 우리의 이런 모습 때문에 하나님나라가 무너졌음을 인정하고 나부터 회개하기 시작하는 것, 바로 이것이 하나님나라를 회복시키는 기초요 영적 각성운동의 시작인 줄 믿습니다.

예화 | 1730년대 미국의 메사추세츠 주에 있는 노스햄프톤은 한마디로 영적으로 몰락 일보 직전이었습니다. 청년들은 밤거리를 쏘다니면서 술과 관능과 쾌락에 빠져들었고, 가정의 규율은 완전히 허물어졌습니다. 더구나 이 마을은 서로 앙숙인 두 정당이 오랫동안 정치 싸움을 벌인 곳으로 그로 인해 사람들의 마음이 갈기갈기 찢긴 상처를 가지고 있었습니다. 그러던 1734년 어느 봄날, 이 마을에 살던 두 명의 청년이 연달아 죽는 사건이 일어났습니다. 그러자 사람들은 영적인 문제와 영생의 문제에 대해 심각하게 생각하기 시작했고 그때 조나단 에드워즈라는 분이 등장함으로써 마을 전체가 하나님께로 돌아오는, 놀라운 부흥의 사건이 일어났습니다. 6개월 후에는 1,100명의 주민 가운데 300여 명이 회개하고 하나님께로 돌아왔으며 나중에는 마을 사람들 대부분이 하나님께로 돌아오는 역사가 일어났습니다.

    이 놀라운 사건에 대해서 에드워즈는 이렇게 기록했습니다. "나이가 많든 적든 마을에 사는 사람들은 어느 누구나 할 것 없이 모두가 영적인 문제와 영생의 문제에 관심이 있었습니다. 마을은 하나님의 임재하심으로 충만해졌습니다. 이렇게 사랑과 기쁨으로 충만해져본 적이 없었습니다. 회중들이 드리는 예배는 살아서 꿈틀거렸고, 모든 사람들은 그야말로 자발적으로 예배에 동참했습니다. 찬양 속에는 생기가 넘쳐흘렀으며, 신비한 거룩성 가운데 하나님은 하나님으로서 높임을 받으셨습니다."[4]

    어떻게 해서 이런 일이 일어났습니까? 그것은 다름 아닌 에드워즈 한 사람에게서 비롯한 회개운동 때문이었습니다. 한 사람의 진지한 회개 운동이 그 마을 전체로 퍼져나갔고 결국 미국 전역을 변화시키

는 데까지 확산되었던 것입니다. 한 사람의 진지한 회개는 이렇게 무섭습니다. 이렇게 위대합니다.[5]

권면 적용 | 사랑하는 성도 여러분, 한국교회를 보면서 위기의식을 느끼지 않으십니까? 다시 옛날처럼 성장하는 한국교회, 일어서는 한국교회, 빛을 발하는 한국교회가 되어야 한다고 느끼지 않습니까? 타종교를 압도하고, 세상에 하나님의 권능을 나타내며, 세상이 필요로 하는 것을 줄 수 있는 한국교회가 되어야 하지 않을까요? 무속신앙인들이 하나님의 위대하심에 벌벌 떠는 한국교회, 불신자들이 하나님 앞으로 나오게 만드는 능력 있는 한국교회로 만들어야 되지 않겠느냐는 말입니다.

이 일을 위해서 우선 저와 여러분부터 회개하기 시작합시다. 회개의 운동을 벌여나갑시다. '나 한 사람의 회개가 무슨 도움이 되겠는가?' 하고 생각하실지 모릅니다. 그러나 저와 여러분이 진지하게 회개하여 삶의 변화를 일으킨다면 그 회개의 힘은 아무도 감당치 못할 것입니다. 급속도로 이웃에게 퍼져나갑니다. 동네에서 도시로, 도시에서 한국 전체로 이 회개 운동이 퍼져나가서 마침내 하나님이 우리의 회개를 받으실 것입니다. 그동안 하나님의 능력을 무기력하게 만들었던 죄, 하나님나라의 확장과 하나님의 영광을 드러내는 데 우리의 생애를 드리지 못했던 것을 회개합시다. 오직 우리만을 위한 복을 추구하는 이기적인 신앙생활과 자세를 하나님 앞에 적나라하게 내어놓고 회개합시다.

도덕불감증을 벗어버리기 위해서, 영적 무기력에서 벗어나기 위해서, 우리의 혼합종교 사상을 벗어 던지고 전능하신 하나님께로, 순수신앙으로 돌아갑시다. 그러기 위해서 우리의 허물과 불신의 모습을 다 드러내어 회개합시다. 순수신앙을 사모합시다. 회개로 돌이킵시다. 무너져가는 하나님나라가 온전히 회복될 때까지 "모두가 내 탓입니다. 내 죄를 용서하소서. 불신앙에서 돌아서게 하소서. 우상숭배를 제하소서. 영적 무능에서 일어나게 하소서."라고 소리내어 회개합시다. 이 시간, 하나님이 응답하신다는 확신이 들 때까지 다 같이 진지한 마음으로 통성으로 기도합시다.

3) 설교 예문 분석

지금까지 '문제 제기, 원인 분석, 해결책을 찾아라'의 구성을 따른 설교 한 편을 읽었다. 이제 위의 설교를 분석해보자. 우선 개요를 보도록 한다.

| 문제 제기
현대교회가 타락한 구체적인 현장을 묘사한다(삶의 정황). 본문에서 예루살렘 성벽이 무너진 모습을 묘사한다(본문 설명). 또 한국교회의 어느 부분이 쇠퇴 또는 타락하고 있는지를 묘사한다(적용).

질문을 던지면서 문제의 원인을 파헤친다.

| 문제 원인 분석
1. 도덕적 타락 때문에 - 본문 설명(6,7절),
   적용 - 한국교회의 도덕적 타락을 찾아낸다.
2. 혼합종교사상 때문에 - 본문 설명(6,7절),
   적용 - 한국교회의 혼합종교 사상을 찾아낸다.

그런 다음 또 질문을 던지면서 문제 해결책으로 넘어간다.

| 문제 해결책
1. 하나님의 심장으로 슬퍼운다 - 본문 설명(4절),
   적용 - 성도들도 하나님의 심장으로 세상을 바라보며 울자.
2. 자신으로부터 회개 운동을 시작한다 - 본문 설명(4, 6절),
   적용 - 하나님나라 회복을 위해서 우리도 회개하자.

내용을 분석해보자. 서론은 귀납적 접근을 위해 삶의 정황으로 시작했다. 삶의 정황으로 시작해야 설교가 청중에게 친근하게 기억된다. 친근감이 생기면 청중은 처음부터 더욱 실감나게 설교를 듣게 되며 실제로 자신들의 문제를 다루고 있다고 느낀다. 나는 부정적인 색채의 삶의 정황을 던져줌으로써 처음부터 청중들을 깜짝 놀라게 하는 동시에 흥미를 느끼게끔 했다. 또 설교 중간 중간에 적절한 예화를 넣었음을 주시하라. 예화는 본문 설명과 적용 사이에 위치해 있다. 하지만 예화가 꼭 들어가야만 하는 것은 아니다. 시간이 모자라거나 본문 자체가 이야기식으로 전개되면 예화를 생략할 수도 있겠다. 예화를 넣어야 설교가 살아난다고 판단될 때만 예화를 넣는 것이 좋다. 또 문제 제기에서 문제의 원인 분석으로 넘어갈 때, 그리고 문제 원인 분석에서 해결책으로 넘어갈 때는 질문을 던지며 넘어갔다. 질문을 던지며 넘어갈 때의 장점에 대해서는 「설교가 전달되지 않는 18가지 이유」(규장, 1997)를 참조하기 바란다. 무엇보다 설교의 흐름을 청중이 알고 싶어 하는 욕구를 따라서 전개하는 게 중요하다. 즉, 문제 제기, 문제의 원인, 문제 해결책으로 가는 순서를 따랐다. 결국 설교가 자연스럽게 전개되도록 했고 절정(해결책)을 극대화하려 했다는 점을 밝혀둔다.

4) 설교구성법 (Ⅰ)

| 문제 제기

　문제 제기란 위에서 언급한 인간의 약점, 즉 삶의 문제들을 서론에서 제시하는 일이다. 이때의 문제 제기는 설교자가 무엇을 문제로 제기하고 있는지 청중이 분명하게 이해할 수 있게 해야 한다. 문제 제기의 목적은 청중들을 깜짝 놀라게 하거나 두려워하게 만든다거나 혹은 걱정하도록 만드는 것이어야 한다. 즉, 감정의 변화를 주기 위해 자극이 되어야 한다는 것이다. 가라앉아 있거나 일상적이고 평범한 감정에 일대 충격을 주어서 마음의 문을 활짝 열게 만드는 것인데, 만약 청중이 전혀 놀라지 않는다거나, 두려워하거나 안타까워하거나 염려하는 마음이 들지 않는 문제를 제기한다면 문제 제기로서의 효용이 떨어진다. 즉, 밋밋한 서론이 되고 만다. 에리히 프롬(Erich Fromm)은, 인간은 삶의 문제를 직면할 때에 생각하기 시작한다고 했다. 설교자가 문제를 제기할 때, 청중들은 '아, 바로 저런 문제가 우리 삶에 있었구나!' 하고 깊이 생각할 기회를 갖게 된다. 그러면 구체적으로 어떤 것들을 문제 제기라고 할 수 있을까?

　예를 들어, 누가복음 5:1-11의 본문을 서론에서 인용할 경우이다.

　"오늘 본문에서 밤새도록 한 마리의 고기도 잡지 못한 어부들이 부두에 돌아와 빈 그물을 씻고 있는 모습을 봅니다. 우리도 인생을 살다 보면 수고한 만큼 열매를 얻지 못할 때가 있습니다."라고 했을 때 문제 제기는 무엇일까? 그것은 '인간은 수고한 만큼 열매를 얻지 못할 때가 있다.'는 말이 될 것이다.

　다음은 사사기 16:18-22의 본문을 서론에서 인용할 경우이다.

　"본문에 보니 하나님의 사람 삼손은 그 위대한 능력은 다 어디 가고,

블레셋 족속에 사로잡혀 눈이 빠지고 옥중에서 소처럼 맷돌을 돌리며 그들의 조롱거리가 되어 있는 모습을 봅니다. … 아무리 뛰어난 영적 지도자라도 힘을 잃고 실패하여 처참한 지경에 빠질 수 있습니다."라고 시작했다면 여기서 '실패는 처참한 결과를 가져온다.'는 사실이 부정적인 문제 제기인 셈이다.

결국 이런 부정적인 문제들을 접하게 되면 청중들은 걱정하고 놀라게 된다. 결국 청중의 감정에 변화를 일으키는 결과를 가져와서 마치 고요한 호수에 돌을 던지면 파문이 이는 것처럼, 서론에서 청중이 감정의 변화를 일으키도록 만드는 것이 바로 문제 제기이다. 청중들이 자신의 마음 문을 열게 만들면 '문제 제기'로서의 서론은 일단 성공한 셈이 된다. 그러므로 설교자는 무엇이 문제인지 가능한 한 선명하고 날카롭게 문제를 제기하도록 하라.

| 문제 원인 분석

문제의 원인 분석이란 서론에서 제기된 문제를 자세히 살펴보면서 그 문제 속에 문제를 일으킨 원인을 분석하는 것을 말한다. 여기서의 문제 원인 분석이란 인과적 분석을 말한다. 어떤 사건이 발생하게 된 결과의 이면에는 반드시 원인이 있게 마련이다.[6] 설교자가 성경 속의 사건 혹은 일반 삶 속에 나타난 사건에 대한 원인들을 선명하게 파헤칠 때 설교의 힘은 극대화된다.

예를 들어보자. 위에서 언급한 문제 제기, 즉 "오늘 본문에서 밤새도록 한 마리의 고기도 잡지 못한 어부들이 부두에 돌아와 빈 그물을 씻고 있는 모습을 봅니다. 인생을 살다보면 우리도 수고한 만큼의 열매를 거두지 못할 때가 있습니다."라는 문제 제기는 '인간은 수고한 만큼의 열매를 얻지 못할 때가 있다.'는 것이라고 했다. 그러면 설교자는 이 문제 제기에 대해 다시 질문을 던져야 한다. "왜 인간은 때때로 수고한 만큼의 열매를 얻지 못하는가?" 하고 반문한 다음 그 답을 본문에서 찾아보는 것이다. 즉, 어부들이 밤새도록 고기를 잡지 못한 이유가 무엇인가 생각해본다. 거기에는 여러 가지 원인이 있을 수 있겠으나 그중 하나로 "그들(인간)은 황금어장(열매)이 어딘지 그 장소를 아는 지혜가 부족했기 때문이다."라고 할 수도 있다. 그러면 이것이 문제 제기에 대한 원인 분석이 된다.

또 "본문에 보니 하나님의 사람 삼손은 그 위대한 능력은 다 어디 가고, 블레셋 족속에 사로잡혀 눈이 빠지고 옥중에서 소처럼 맷돌을 돌리며 그들의 조롱거리가 되어 있는 모습을 봅니다. 사람이 영적으로 실패하면 처참하게 됩니다."라고 할 때 문제 제기는 '인간의 실패는 처참한 결과를 가져온다.' 이다. 그러면 이에 대한 질문을 던진다. "인간은 왜 실패하는가?" 그 원인을 본문에서 찾아본다. 즉, "삼손은 하나님의 말씀을 경시하였기에 실패했다."는 것이며, 그것이 문제 제기에 대한 원인이다. 이상의 설명에서 문제 제기와 문제 원인에 대해 분석하는 방법을 생각해보았다. 한 가지 기억할 것은 원인은 한 가지일 수도 있고 여러 가지일 수도 있다는 점인데, 두 가지 이상 넘지 않는 것이 좋다. 만약 세 가지 이상이면 위의 구성법 대신 '결과를 밝히고 이유를 찾아가라' 는 구성법을 따르는 것이 훨씬 좋다. 위의 예처럼 문제 제기에 대한 원인 분석이 결코 쉽지는 않다. 어떤 때는 아무리 찾아도 찾기 힘든 원인들이 있다. 설교자의 영적 통찰력, 그리고 그 수준에 따라 다르기 때문이다.

예를 들어보자. 출애굽기 15:22-27에 보면 이스라엘이 마라에 이르러 모세를 원망하는 장면이 나온다. 그 이유는 무엇인가? 본문에는 마실 물이 없었기 때문이라고 되어 있다. 여기서의 문제 제기라면 인간은 때때로 원망스런 상황에 놓이기도 한다는 것이 될 것이다. 그런데 만약 문제 제기에 대한 분석으로 먹을 물이 없었기 때문이라고 한다면 설교를 전개해나가는 데 문제가 생길 것이다. 즉, 현대인들의 삶에 적용하기에 이 분석은 썩 용이하지 않다는 것이다. 그러므로 더 분명한 이유를 찾아야 한다.

그것은 본문이 가지고 있는 문자 너머의 사실, 즉 이스라엘이 하나님을 신뢰하지 않고 있다는 사실 때문이다. 하나님께서 자신들의 모든 삶을 책임지신다는 사실을 신뢰했더라면 아무리 열악한 환경 속에서도 하나님과 모세를 향해 원망하는 말을 하지 않았을 것이다. 결국 이스라엘의 원망, 즉 문제 제기의 원인 분석은 그들이 하나님을 불신했기 때문에 원망했다는 게 되어야 한다. 이것이 문제 제기에 대한 올바른 원인 분석이다. 설교자가 본문에서 밝히고 있는 원인 분석을 제대로 찾아내지 못할 때는 그 설교를 망치고 만다. 그러므로 문제 제기에 대한 원인을 분석하는 훈련이 중요하다. 이를 훈련하는 좋은 방법은 본문을 펴놓고 그 원인을 찾고자 연습하고 노력하는 것이다.

원인을 분석하는 실력을 갖추기 위해서는 깊게 생각하는 훈련이 바람직하다. 예를 들어 "철수는 컵을 깨뜨렸습니다. 왜냐하면 그는 서툴기 때문입니다."라고 했다면 어떨까? 유진 라우리(Eugene Lowry)는 여기서 드러난 원인이 그리 선명하지 않다고 말한다. "철수는 컵을 깨뜨렸습니다. 왜냐하면 의자에 부딪쳐서 넘어졌기 때문입니다."라고 한다면 좀더 타당하고 분명한 이유가 된다. 또 다른 예를 들어보면 다음과 같다.

"나는 가끔 외출하면서 아들에게 청소를 깨끗이 해놓으라고 부탁하곤 한다. 그런데 돌아와 보면 좀처럼 청소가 되어 있지 않았다. 아들을 불러 세워서 이에 대해 물었다. '너 왜 청소를 안 했니?' 아들은 '깜박

잊었어요.' 하고 대답한다. 그때 나는 어떻게 하는가? '아하 내 부탁을 깜빡했기 때문이구나.' 하고 이해하고 넘어가지는 않을 것이다. 다시 묻는다. '왜 잊었지?' 그러자 아들이 '글쎄요!' 하면서 머리를 긁적인다. 그 이상의 이유가 잘 생각나지 않는다는 반응이다. 그래서 나는 이렇게 말을 잇는다. '그건 네가 내 말을 하찮게 여겼기 때문이야. 네가 내 말을 중요하게 생각했다면 내 부탁을 그렇게 쉽게 잊지는 않았을 것이다. 그렇지?' 그러면 그때서야 아들은 '예' 라고 대답한다. '그러니까 네 잘못은 내 말을 잊었다는 데 있는 게 아니라 나의 말을 하찮게 생각했다는 데 있어. 그래서 청소를 안 한 거야.' 그제서야 아들은 '그렇습니다.' 라고 대답한다."

  여기서 무엇을 말하려고 했는지는 위의 예로 충분히 이해했으리라고 본다. 즉, 원인에 대한 분석이 피상적이면 그만큼 설교가 힘이 없다는 점이다. 그러나 원인을 듣고 '아하, 바로 그 이유 때문이구나!' 하고 청중들이 동감할 수 있을 만큼 분명하고 선명하다면 설교도 그만큼 설득력이 커진다고 할 수 있다. 그러므로 문제의 원인을 어설프게 찾아서는 안 된다. 더욱 분명하고 그럴듯한 원인을 찾는 것이 중요하다.

| 문제 해결책

  문제 제기에서 발생된 그 사건에 대한 원인 분석을 한 후에, 이제는 청중이 정말로 반가워할 문제의 해결책으로 나가야 한다. 청중은 문제가 발생했으면 그 원인을 알고 싶어하고, 그 원인을 분석했으면 이제 그 사건에 대한 해결 방안을 듣고 싶어한다. 해결 방안을 접하기 전까지 청중은 결코 안심하거나 기뻐하지 않는다. 예를 들어보자.

  "오늘 본문에서 밤새도록 한 마리의 고기도 잡지 못한 어부들이 부두에 돌아와 빈 그물을 씻고 있는 모습을 봅니다. 우리도 인생을 살다

보면 수고한 만큼의 열매를 얻지 못할 때가 있습니다."에서 문제 제기는 '인간은 수고한 만큼의 열매를 얻지 못할 때가 있다.'라고 했다. 그리고 문제의 원인은 '그들(인간)은 황금어장(열매)이 어딘지 그 장소를 아는 지혜가 부족하기 때문이다. 우리도 때로는 어느 방향으로 나아가야 열매를 얻을지를 몰라서 종종 헛수고를 하기도 한다.'로 설명한다. 그런 다음 '그러면 어떻게 해야 하는가?'에 대한 질문에 해결책을 찾아가는 단계로 접어들게 된다. 이때의 답도 본문에서 찾을 수 있다. '그들은 예수님이 깊은 곳으로 가자고 했을 때 그 제안을 따랐기 때문에 많은 물고기를 잡을 수 있었다. 우리도 주님의 인도하심을 따를 때 인생의 알찬 열매를 맺게 된다.'가 해결책이 되는 셈이다.

삼손에 관한 예도 살펴보도록 한다. "본문에 보니 하나님의 사람 삼손은 그 위대한 능력은 다 어디 가고, 블레셋 족속에 사로잡혀 눈이 빠지고 옥중에서 소처럼 맷돌을 돌리며 그들의 조롱거리가 되어 있는 모습을 봅니다."라고 했는데, 여기서 '아무리 뛰어난 영적 지도자라도 실패하면 처참한 경우에 빠질 수가 있습니다.'가 문제 제기가 된다고 했다. 그러면 이렇게 질문을 던져보면 어떨까? "인간은 왜 실패하는가?" 그 원인을 본문에서 찾아보면 '삼손은 하나님의 말씀을 경시했기에 실패를 가져왔다. 하나님의 말씀을 무시할 때 우리도 종종 실패를 경험한다.'는 게 된다. "그러면 이제 인간은 실패 속에서 어떻게 해야 승리하거나 성공할 수 있는가?" 하고 반문할 수 있고, 본문에서 답을 찾으면 그것은 '삼손이 회개를 통해서 다시 한번 일어서도록 하나님을 붙들었을 때 실패가 성공으로 바뀌었다. 우리도 실패 속에서 회개하고 하나님께 우리 자신을 다시 드리면 하나님이 일으키실 것이다.'라고 할 수 있다. 이것이 해결책이다.

한 가지 기억할 것은 해결책이 두 가지 이상 넘지 않도록 한다는 점이다. 만약 해결책이 세 가지 이상이라면 이후에 논의할 '문제를 제기한 후에 해결책을 찾아라.'를 사용하는 것이 바람직하다. 지금까지 문제 제기에서 문제 원인 분석으로, 한 걸음 더 나아가 문제 해결책으로 가는 과정을 간단히 살펴보았다.

5) 설교구성법 (II)

일전에 큰아들이 내게 아주 심각하게 물었다. "아빠, 제가 이번에 학급 대표로 웅변대회에 나가게 됐는데요. 주제는 '통일'입니다. 그런데 이 주제를 어디서부터 어떻게 발전시켜나가야 할지 도통 모르겠어요." 하며 난감한 표정을 지었다. 그래서 나는 잠시 생각하다가 "이렇게 전개해보면 어떨까?" 하고 아이디어를 제공했던 적이 있다.

"우선 문제를 제기하라. 예를 들어 통일이 되면 얼마나 좋을지 설명하라. 그러나 현실은 그렇지 않다. 그래서 손해를 본다거나 안타까운 상황 등을 찾아 열거하라. 여기까지가 문제 제기에 해당된다. 그 다음에는 그토록 통일을 열망하면서도 통일이 되지 않는 이유를 분석해보는 것이다. 그 이유로 북한 정부의 무성의라든지 한국 내에 통일을 원치 않는 집단적 이기주의자들의 소극적 태도 때문이라고 하라. 여기까지가 통일이 되지 않는 이유의 분석이다. 문제를 제기하고 문제 원인을 분석까지 했으니 이제는 청중들이 알고자 하는 통일을 위한 해결책이 무엇인지 진단하는 일이 남아 있다. 이를 언급하라. 이 해결책은 문제 원인에 대한 반대 개념도 포함하는 것이어야 한다는 사실도 기억하라."

이렇게 말해주었더니 아들은 다음과 같이 논리의 요지를 만들었다.

| 문제 제기 통일이 되었을 때의 예상 결과 : 국력 신장, 국가 경쟁력의 강화, 한민족의 한의 극복, 즉 행복을 묘사한다. 그러나 현재 상태는 긴장과 대치의 연속이며 국력 낭비인 점을 강조하고, 이산(離散)의 한과 슬픔을 묘사한다.

| 문제 원인 통일을 이루지 못하는 원인들.

- 북한 정부의 무성의를 묘사한다.

- 통일이 되면 손해보게 될 것이 두려워 통일에 대해 소극적으로 대처하는 집단적 이기주의를 묘사한다.

| 해결책 첫째, 북한 정부가 이기적인 태도를 버리고 민족을 먼저 생각하여 통일 국가를 이룰 수 있도록 성의 있는 태도를 촉구함.

둘째, 한국 내에 집단적 이기주의를 버리고 대의를 우선 생각하는 태도를 촉구함.

셋째, 후손에게 통일된 조국을 물려주려는 희생정신을 발휘하자고 호소함.

아들은 위의 개요를 좇아서 살을 붙여나갔다. 살을 덧붙이는 동안 나는 아들에게 한 가지 중요한 사실을 상기시켰다. 그것은 문제 제기에서 문제 원인으로, 문제 원인에서 문제 해결책으로 넘어갈 때에 반드시 질문을 던지면서 넘어가라는 것이었다. 대회가 있던 당일, 아들은 훌륭하게 연설을 마쳤고 결과는 최우수상이었다. 아버지로서 나도 기분이 좋았다. 하지만 아버지인 내가 뼈대를 이루는 구성을 도와주었다는 생각에 약간은 찜찜하였다.

내가 아들의 연설문 뼈대를 제시하는 데는 그리 오랜 시간이 걸리지 않았다. 예전 같으면 어떤 연설을 하고자 할 때 상상할 수도 없을 만큼 어렵게만 여겨졌다. 무엇을 어떻게 전개해야 할지 몰랐기 때문이다. 하지만 나는 이때 일반 연설을 위한 기초를 단 몇 분만에 완성할 수 있었다. 내게 무엇이 달라진 걸까? 그것은 논리를 전개해나가는 데 필요한 여러 구성법이 이미 내 몸에 배어 있었기 때문이다. 즉, 설교에서 사용하는 익숙한 구성법 중 하나를 선택하여 연설 토대를 만들었기 때문에 그 연설 뼈대를 손쉽게 만들 수 있었다는 것이다.

보다 실제적으로 접근해보자. 설교에서 문제 제기와 원인 분석 그리고 해결책을 다룰 때는 기능적인 요소가 적어도 두 가지는 있어야 한다. 그것은 본문을 설명하는 내용과 적용(청중의 현실과 연계되는 삶)이다. 위의 예들(누가복음 5:1-11, 마태복음 4:1-11, 사사기 16:18-22 등)을 참조하라.

여기서는 사사기 16:18-22을 예로 들어 전체 구성을 만들어보겠다.

| 문제 제기　본문에 보니 천하 장사인 삼손은 블레셋 족속에게 붙잡혀 눈이 빠지고 소처럼 맷돌을 돌리면서 짐승처럼 취급받는 처참한 장면이 나온다(본문 설명). 우리도 실패하면 처참한 결과를 맞을 수 있다(적용).

| 문제 원인　삼손이 왜 힘을 상실하고 처참한 실패자가 되었을까? 그 이유는 그가 하나님의 말씀을 경시했기 때문이다. 즉, 하나님은 이방 여인과 접촉하지 말고 자신의 몸을 거룩한 몸으로 유지하라고 말씀하셨다. 그럼에도 불구하고 삼손은 그 경고의 말씀을 어기고, 이방 여인과 지속적인 접촉을 가졌다. 그래서 하나님이 주신 힘을 상실하고 실패했다(본문 설명). 우리도 하나님의 말씀을 어기면서 내 맘대로 살면 인생의 실패자가 된다(적용).

| 해결책　그러면 어떻게 해야 실패했을 때 다시 일어날 수 있을까? 첫째, 삼손은 갇혀 있는 상태에서 하나님께 후회하며 회개했으리라(본문 설명). 우리도 마찬가지다. 실패를 당했을 때 우리가 우선적으

로 해야 할 일은 하나님께 우리의 죄를 회개하는 일이다(적용). 둘째로, 삼손은 마지막으로 자신에게 힘을 더하사 하나님을 영화롭게 하는 데 사용해달라고 부르짖었다(본문 설명). 우리도 회개 후에 다시 한 번 쓰임받게 해달라고 부르짖으면 하나님이 우리를 들어 쓰실 것이다(적용).

위의 예에서 문제의 원인은 한 가지였고, 해결책은 두 가지였다. 그리고 문제 제기에서 원인으로 넘어갈 때, 그리고 해결책으로 넘어갈 때 질문을 던지며 넘어갔다는 사실을 주시하라. 질문을 던지면서 넘어가면 부드럽게 연결될 뿐만 아니라 청중과 설교자가 함께 답을 찾는 것이 되어 공감대가 형성된다.

이번에는 릭 워렌(Rick Warren)이 만든 설교를 분석해보자. 그는 야고보서 1:5-11의 말씀을 통해서 다음과 같이 설교를 구성하였다.

| 문제 제기 인간은 현명한 결정을 내리기가 쉽지 않다.
| 문제 원인 인간의 우유부단함 때문이다(8절). 이 우유부단함은 3가지 영역, 즉 불안한 정서, 불안정한 관계, 불안정한 영적 생활에서 온다.
| 해결책   그러면 현명한 결정을 내리려면 어떻게 해야 하나?
- 자신의 부족함을 인정하라(5절).
- 하나님으로부터 지혜를 구하라(5절).
- 믿음으로 응답을 기대하라(5절).
- 하나님이 주실 것을 확신하라(5-6절).

릭 워렌(Rick Warren)도 본문을 충분히 설명해나가되 '문제 제기, 원인 분석, 해결책을 찾아라'의 구성으로 설교했다.[7] 이 구성을 따라 설교하기 위해서 구절 설명의 순서가 재편집되었음을 유의하라.

6) 구성의 특징

 이 구성법은 이미 밝혔듯이 문제 제기는 반드시 부정적인 색채를 띤다. 그러므로 성경에 나타난 부정적인 내용들은 이 구성법으로 다룰 수 있다. 성경에 나타난 부정적인 사건들, 예를 들어 주님을 부정한 베드로, 소돔과 고모라의 멸망, 요시아 왕의 갑작스런 죽음, 웃시야 왕이 문둥병에 걸린 사건, 하나님이 가인의 예배를 받지 않으신 일, 디나가 욕을 당한 사건, 이스라엘이 황폐화된 경우, 이스라엘 백성의 가증한 신앙생활 혹은 서신서에서 바울이 성도들을 향해 책망한 내용 등 성경에는 많은 부정적인 본문들이 있다. 이 부정적인 본문으로 문제 제기(결과), 문제 원인 분석, 해결의 순서에 따라서 설교를 만들어갈 수 있다. 한마디로 성경에 나오는 모든 부정적인 내용들을 이런 방법으로 설교화할 수 있다는 것이다.
 그러나 본문이 부정적인 내용일지라도 이 전개방식 대신 '부정적 문제를 제기한 후에 해결책을 찾아라'의 구성법으로 설교를 전개할 수도 있다. 그런데 이런 경우에는 '원인'을 분석하는 순서가 들어가야 설교가 살아날지, '원인'을 첨부해서 오히려 설교가 진부해지는 것은 아닌지 두 경우를 잘 구분해야 한다. 그러면 어떻게 이 구분이 가능한가? 설교의 주제에 따라 '문제 원인 분석'을 할 수도 있고 하지 않을 수도 있다. 예를 들어보자. 실패한 결과를 밝혔으면 왜 실패했는가에 대한 원인 분석을 하여 청중들이 관심 있게 들을 수 있도록 한다. 그러면 설교도 힘을 갖게 된다.

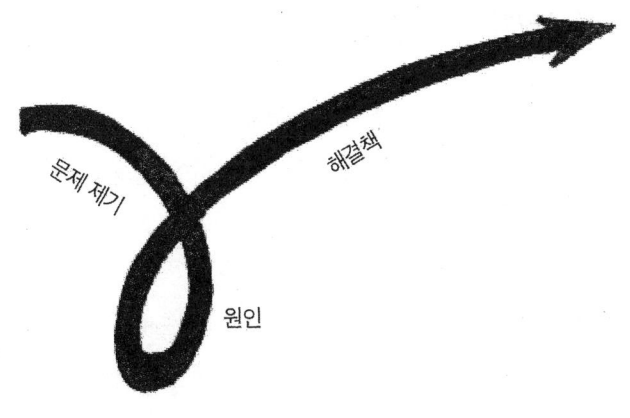

'문제 제기에서 원인 분석, 해결책을 찾아라' 구성의 개념도.

하지만 '인간은 낙심하는 존재다.'란 문제 제기에서 설교자는 인간이 낙심하는 이유 혹은 원인을 분석할 필요는 없다. 왜냐하면 사람들은 자신들이 낙심하게 되는 원인이 무엇인지 경험을 통해서 이미 잘 알고 있기 때문이다. 어떤 일에 실패하거나, 하고자 하는 일이 물거품이 되었을 때 사람은 낙심한다. 이런 낙심의 원인을 밝힌다면 청중들은 자신들이 이미 잘 아는 내용을 언급한다고 생각해서 설교가 참신하다고 여기지 않을 것이다. 따라서 이때는 '낙심의 원인'을 밝힐 필요가 없다. 그보다는 '인간에게 낙심이 찾아올 때는 언제인가?' 혹은 '낙심이 찾아올 때 이것을 어떻게 극복할까?' 하는 주제로 발전시키는 것이 더 자연스럽다. 결국 낙심의 원인보다는 낙심을 극복하는 방법으로 전개하는 게 더 바람직한 설교가 된다.

7) 구성의 원리

1. 반드시 부정적인 본문을 활용하라.
2. 본문이 부정적인 색채인 만큼 부정적인 삶의 정황으로 문제를 제기하라.
3. 서론의 문제 제기에서 권면 적용보다는 일반 적용을 하라.
4. 문제 원인 분석은 2가지 이상이 넘지 않도록 하라.
5. 문제 원인 분석을 위한 적용은 일반 적용이 되게 하라.
6. 만약 문제 원인 분석이 3가지 이상이면 두 번째 구성법(결과, 이유 3가지)을 택하라.
7. 가능한 해결책이 2가지 이하가 되게 하라.
8. 해결책의 적용은 권면 적용이 되게 하라.
9. 각 단계, 문제 제기에서 원인으로, 원인에서 해결책으로 넘어갈 때는 질문을 던져라.

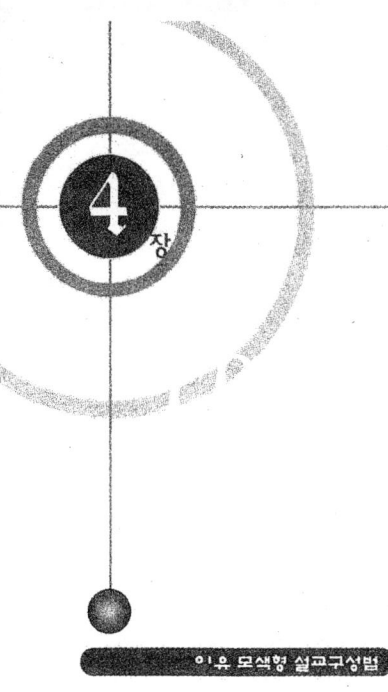

결과를 밝히고 이유를 찾아라

방법보다 이유나 원인을 추적할 때, 즉 청중들이 알고 싶어하는 쪽이 어느 쪽인지 감을 잡고 그 방향으로 나아가고자 할 때 '결과를 밝히고 이유를 찾아라'의 구성법을 활용하는 것이 좋다. 이와같이 동기 부여를 확실히 하고자 할 때에 '결과를 밝히고 이유를 찾아라'의 구성이 적절하다.

이유 모색형 설교구성법

성경의 많은 본문이 결과를 밝히고 난 다음 이유나 원인을 찾는 구성으로 쓰여져 있다. 설교자가 이런 본문을 이 구성법을 가지고 설교하면 본문의 독특성을 살릴 수 있다. 설교 주제 중에도 이와 같은 구도를 따르게 될 때 설교가 훨씬 자연스러운 것들이 있다.

1) 구성의 필요성

사람을 설득하여 행동으로 옮기도록 하는 데 필요한 것 중 하나는 동기를 부여하는 일이다. 즉, '왜 그 일을 해야 하는가? 혹은 왜 그것을 선택해야 하는가? 왜 그렇게 살아야 하는가?' 등의 질문에 답해야 하는 상황들이 발생한다. 예를 들어, 우리가 왜 통일을 해야 하는가에 대한 질문에 세 가지 이유를 찾아낸다면 '결과를 밝히고 이유를 찾아라'의 구성법이 적절하다. 설교 주제가 청중들에게 행동 촉발을 위한 동기를 부여하고자 할 때, 혹은 본문이 동기를 부여하려는 의도를 담고 있을 때 위의 구성법이 적절하다.

2) 설교 예문

본문 : 누가복음 5:1-11
제목 : 버려두고 좇으니라
문제 제기 : 현대인은 삶의 열정을 불태울 목표를 상실하고 있다.
설교 목적 : 성도들이 허무를 극복하도록 삶의 목적을 발견하게 하고 그 목적을 따라 살게 한다.

| 문제 제기(결과) - 삶의 정황, 본문 설명, 적용

삶의 정황 | 며칠 전 버스를 타고 가는데 옆 좌석에 앉은 젊은이들이 낄낄거리고 웃고 있길래 뭘 하는데 그러나 하고 보았더니 저질 만화를 열심히 보고 있는 것이었습니다. 그래서 제가 "장래가 촉망되는 젊은이들이 그런 것만 보고 있으면 어떻게 하는가? 유익한 양서를 읽어야지…"라고 했더니 그들이 하는 말, "이런 거라도 읽지 않으면 미칩니다. 뭐 재미가 있어야 인생을 살게 아닙니까?"

현대인들은 요즘 직장에 가도 기쁨이 없다고 합니다. 학교에 가도 기쁨이 없고 집에 와도 신나는 일이 없습니다. 사람을 만나도 그저 그렇고 무슨 음악회나 운동시합 등 어떤 모임에 참가해도 즐거움이 없습니다. 그저 잠시뿐입니다. 신이 나지 않습니다. 무엇을 하든지 답답할 뿐 흥분할 일도 없습니다. 허탈하고 무료합니다. 그 무료한 삶을 달래려고 충격 요법만을 쓰면서 삶을 허비하고 있지는 않습니까?

사람이 왜 이처럼 허무해질까요? 많은 수고를 했음에도 불구하고

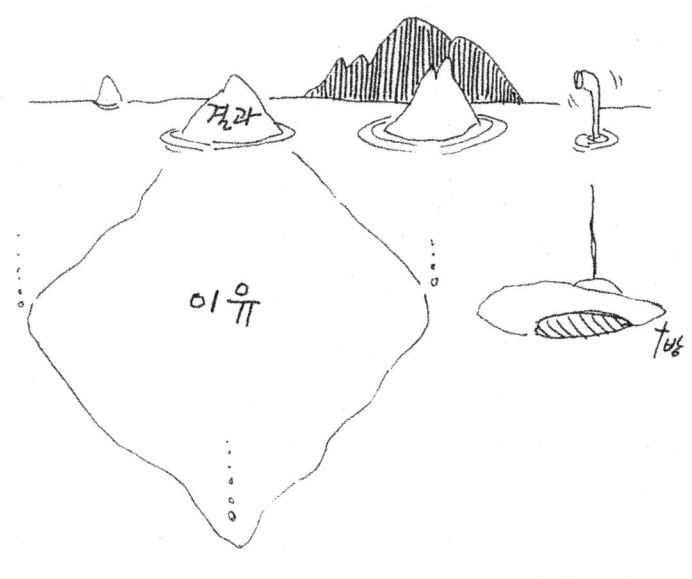

빙산의 일각 아래 무슨 이유가 숨었나?

별 성과가 없다는 것을 경험하게 될 때입니다. 얼마 전 성묘와 벌초를 위해서 고향을 방문한 적이 있었습니다. 시골길을 가는 동안 저는 깜짝 놀랐습니다. 여름 수마가 할퀴고 지나간 논에 익은 벼가 죄다 넘어져 있는가 하면 흙모래가 뒤덮여 있는 것이었습니다. 봄부터 그렇게 애를 쓰고 정성을 들인 모든 노력이 수포로 돌아갔으니 농사를 지은 사람의 심정이 어땠겠습니까? 큰 손해를 본 한 농부는 "목사님, 차라리 죽고 싶습니다." 하며 울먹이더군요. 얼마나 허탈했을까요?

본문 설명 | 오늘 본문을 보십시오. 바로 그런 사람들이 나옵니다. 어부들은 고기를 많이 잡으려는 기대감에 차서 배를 띄웠습니다. 그리고 여기다 싶은 곳에 그물을 내립니다. 하지만 생각처럼 고기가 잡히지는 않았습니다. 매번 빈 그물만 올라옵니다. '이상하다. 여기쯤이면 고기가 잘 잡히는 곳인데. 아! 일전에 잘 잡혔던 곳에다 다시 한번 그물

을 던져보자…' 하며 의욕적으로 그물을 던져보지만 또 빈 그물입니다. 이러기를 수십 번, 아니 수백 번 했는지도 모릅니다. 하지만 한 마리도 잡지 못했습니다. 어느덧 날이 밝았고 그제야 그들은 밤 샌 수고가 헛수고로 돌아갔음을 실감했습니다. 모든 것을 포기한 채 허탈하고 배고프고 지친 상태에서 돌아옵니다. 부둣가에 돌아와 쓸쓸하게 빈 그물을 손질하고 있습니다.

빈 그물을 정리하고 있는 어부들의 모습에서 오늘 우리들의 모습을 봅니다. IMF시대가 되어 공들여 쌓아올린 사업이며 평생을 헌신하고 일했던 직장이 와르르 무너졌습니다. 믿었던 자녀들이 탈선하고 학생들은 학생들대로 '공부해서 뭘 하겠나? 취직도 안 될 텐데. 또 취직하면 뭘 해? 회사도 금세 망하고 말걸…' 하고 자포자기합니다. 기대했던 것들이 일시에 무너지고 오랜 수고가 그만 헛수고가 되었을 때, 또 열심히 일한 결과가 아무 소용도 없게 되었을 때, 사람들은 삶의 의욕을 상실하고 허무함을 느낍니다.

그런데 여러분, 이때가 우리 주님이 찾아오시는 때란 사실을 아십니까? 본문을 보십시오. 우리 예수님은 빈 그물을 걷고 있는 어부들에게 나타나셨습니다. 그리고 다가가십니다. "여보게들 고기 좀 잡았나?" "아니오. 아무것도…." "그래요. 그렇다면 배 좀 같이 탑시다…." 주님은 허전한 삶의 현장에, 우리의 수고가 헛수고로 그치는 현장에, 우리를 찾아오고 계십니다. 빈 그물 같은 인생, 실패한 인생에게 우리 주님이 찾아오고 계시다는 말입니다.

적용ㅣ 성도 여러분, 능력의 한계를 느끼면서 허전하다고 느껴보신 적이 있습니까? 많은 수고를 했지만 오히려 남는 것이 없는 경험을 한 적이 있습니까? 일터를 바라보고 자녀를 바라보며 앞날을 생각할 때 안타깝고 허전하다고 느끼십니까? 안타깝고 헛된 일들이 내 삶의 주변을 맴돌고 있어서 삶의 허무를 느끼고 있지는 않습니까? 바로 이

때가 우리 주님이 저와 여러분에게 찾아오시는 때입니다.

　사랑하는 성도 여러분, 우리에게 찾아오시는 주님을 이 시간, 믿음의 눈으로 바라보십시오. 그리고 영접하십시오. 다가와 속삭이시는 주님의 음성에 귀를 기울이십시오. 그 어느 때보다, 우리 곁에 가까이 찾아오셔서 말씀하시는 주님의 음성을 듣고 위로받는 저와 여러분이 되시길 주의 이름으로 축원합니다.

| **찾아오신 이유 1** - 질문, 본문 설명, 권면적 적용

질문 |　　생각해봅시다. 주님은 왜 그들에게 배를 타자고 하셨을까요? 왜 그들에게 찾아오셨을까요?

본문 설명 |　물론 배를 타고 건너가 뭍에 사는 사람들에게 복음을 전하기 위해서였을 것입니다. 그러나 주님의 의도는 그 이상이었습니다. 주님은 잠시 설교를 하고 난 후에 어부들에게 깊은 데로 가자고 하셨고 그물을 내리라고 말씀하셨습니다. 본문에 보니 그들은 주님의 제안에 따라 깊은 곳으로 가서 그물을 내렸고 그 결과 상상하지도 못한 많은 고기를 잡았습니다. 밤새도록 헛수고만 했던 그들에게, 잃어버린 시간, 잃어버린 에너지, 잃어버린 노고가 단숨에 회복되는 순간이었습니다. 그들이 얼마나 기뻤을까요? 헛수고의 인생이 단숨에 알찬 결실을 맛보게 되었으니 말입니다. 주님이 헛수고하는 인생 가운데 찾아오신 것은 바로 이 때문입니다. 주님은 우리를 깊은 곳으로 인도하셔서 우리의 헛수고를 채워주려 하시는 것입니다.

권면 적용 |　저와 여러분도 주님 때문에 이런 축복을 체험하실 수 있기를 바랍니다. 주님의 인도하심으로 말미암아 이런 기쁨을 경험하시길 바랍니다. 그런데 한 가지, 함께 생각해보고자 하는 문제가 있습니다. 그들이 예수님의 제안에 선뜻 따라 나선다는 것이 쉬운 일이었을까요? 아닙니다. 결코 쉽지 않았습니다. 그들은 전문적인 어부입니다.

그들에게는 고기잡이에 대한 전문지식과 풍부한 경험이 있습니다. 그런데 고기잡이 경험이 없는 예수님의 제안을 듣고 바로 따라 나선다는 것이 쉬웠을까요? 아마 보통 사람 같으면 거부했을 겁니다. 일단 낮보다는 밤에 고기가 잘 잡힌다는 점만 들더라도 예수님의 제안은 어설프기 때문입니다. 그렇지만 베드로와 어부들은 놀랍게도 주님의 제안을 받아들였습니다. 말씀을 보십시오. 그들은 "밤이 맞도록 수고를 하였으되 얻은 것이 없지마는 말씀에 의지하여 내가 그물을 내리리이다."(눅 5:5) 하며 순종하고 있습니다. 저는 이것이 바로 기적이라고 생각합니다. 자신들의 생각과 지성, 경험과 판단을 유보한 채, 오직 주님의 제안에 순종하는 믿음, 바로 이것이 기적 중의 기적이라고 믿습니다. 순종하는 태도를 보이자 그들에게는 축복을 경험하는 기적이 일어났습니다. 순종하는 기적이 일어나니 헛수고가 알찬 열매로, 실망이 기쁨으로 바뀌더라는 겁니다.

성도 여러분, 지금 혹시 헛수고만 경험하고 계십니까? 혹 과거에 그런 경험을 하셨습니까? 그것으로 인해서 인생의 허무를 느끼고 있지는 않으십니까? 내 힘으로 살려고 발버둥치다가 지쳐 있지는 않으십니까? 내 지혜로 자녀를 키우고 내 능력으로 사업을 확장하고 내 생각대로 가정을 이끌면서 한계를 느끼고 있지는 않습니까? 그렇다면 잃어버린 시간, 낭비한 에너지와 수고 대신, 알찬 열매로 채우시는 주님의 음성에 따르십시오. '깊은 데로 가자.'는 주님의 음성을 따르시기 바랍니다. 하나님께 내 삶을 도우시라고 부르짖읍시다. "내 힘으로는 헛수고를 경험할 수도 있으니 나를 인도하소서. 나를 깊은 데로 데려가소서. 어느 곳이 황금어장인지 그곳으로 데려가소서. 순종하겠나이다." 이렇게 부르짖읍시다. 그래서 하나님이 베푸시는 축복을 체험합시다. 오늘 깊은 데로 가라고 하시는 주님의 말씀이 저와 여러분의 귀에 들리길 바랍니다. 그리고 그 말씀대로 순종하여 하나님의 축복을 경험하는 저와 여러분이 되시길 바랍니다.

| 찾아오신 이유 2

본문 설명 | 그런데 하나님이 찾아오신 것은 우리를 알찬 열매를 맺게 하려는 데서 그치는 것이 아닙니다. 그 이상을 말씀하고 있습니다. 여러분은 지금, 베드로가 주님의 제안에 따라 깊은 곳에서 그물을 내렸을 때 기대하지 않던 많은 양의 고기를 잡았다는 말씀을 보고 계십니다. 그런데 그 순간 베드로는 어떤 반응을 보였습니까? 베드로는 주님께 이렇게 고백합니다. "주여 나를 떠나소서 나는 죄인이로소이다"(눅 5:8).

내 힘으로는 할 수 없는 일이 주님의 개입하심으로 해결되었을 때 실망이 기쁨으로 변합니다. 이때 어떤 깨달음이 있을 것 같습니까? 베드로와 어부들은 고기잡이를 알지 못하는 예수님께서 어느 곳으로 가야 고기가 많은지 어떻게 알았을까 하며, 그 능력에 깜짝 놀랍니다. 베드로는 하나님 외에는 아무도 할 수 없는 일을 행하신 예수님의 권위 앞에 무릎을 꿇습니다. 그리고 "주여 나를 떠나소서. 나는 죄인입니다."라고 고백합니다. '당신을 단지 인간적인 선생으로만 봤던 제 편견을 용서하소서.' 라고 하여 예수님의 개입을 하찮게 여겼던 자신의 불신앙을 회개합니다. 그 불신앙이 하도 커서 죄인이 된 자신을 떠나시라고 고백합니다.

권면 적용 | 사람은 언제 그 신앙의 눈을 뜨게 됩니까? 언제 겸손해집니까? 언제 하나님 앞에 굴복합니까? 언제 인생의 허무한 생각이 사라질까요? 살아 계신 주님을 만날 때입니다. 주님의 권능을 체험할 때입니다. 주님의 인도함 속에서만 축복의 열매를 맺을 수 있다는 사실을 체험하게 될 때, 성도는 두렵고 떨리는 마음으로 하나님을 영접하게 됩니다.

오늘 우리를 향한 하나님의 의도는 무엇입니까? 허전하고 허무한 인생 가운데 주님이 찾아오셔서 우리가 열매 맺도록 하시는 이유는 우리 신앙의 눈을 뜨게 하기 위함입니다. 전능하신 하나님의 존재를 깨달아 알게 하고 그 앞에 철저히 굴복하도록 하려 함입니다. 하나님을 존귀히 섬기도록 하기 위해서입니다.

성도 여러분, 하나님은 우리가 하나님의 은혜와 축복을 따먹으면서 그 자리에 마냥 머물러 있는 것을 원치 않습니다. 받은 은혜 때문에 감사만 하고 있을 것이 아니라 우리의 신앙이 자라가길 원하시고 깊어지길 원하십니다. 그러므로 하나님이 은혜를 부어주시거든, 더 깊은 신앙에 도달하기 위해 최선을 다하는 저와 여러분이 되시기 바랍니다. 허전한 우리의 인생을 은혜와 축복으로 채우시거든 "하나님! 정교한 하나님의 손길로 저를 새롭게 만드소서!"라고 기도하시기 바랍니다. 하나님의 사랑을 깊이 느끼시거든 "아, 내가 그동안 전능하신 하나님께 단지 습관적으로 예배를 드렸구나! 단 한 번 예배를 드려도 뜨겁게 드려야겠다. 하나님, 나의 예배가 더 진지하도록 도와주소서." 하는 믿음의 성장과 변화가 있으시길 바랍니다.

은혜와 축복을 덧입으시거든 "나의 부족을 채우시고 어리석음을 깨닫게 하시고 구습을 벗어버리게 하옵소서. 하나님을 더욱 사랑하게 하옵소서." 하시길 바랍니다. 그 순간 우리의 인격이 바로 세워지고 믿음이 바로 서고 신앙이 깊어지게 될 것입니다. 이런 태도를 가지고 우리의 믿음이 한 차원 더 깊어지는 저와 여러분이 되시길 주의 이름으로 축원합니다.

| 찾아오신 이유 3

본문 설명 | 베드로를 비롯한 어부들이 고기를 많이 잡고 나서 얼마나 흥분했을지 상상이 가십니까? 그들이 뱃머리를 포구로 돌리면서, 집에

돌아가 가족들에게 자랑할 많은 물고기를 생각하며 얼마나 뿌듯해 했을지 상상이 가십니까? '어서 빨리 가서 가족들에게 보여줘야지' 하는 마음에 한달음에 집으로 돌아옵니다. 한편으로는 그 날 낮에 있었던 사건을 곰곰이 생각해보았습니다. '황금어장이 어디 있는지 이미 알고 계신 그 신적 권위를 가지신 예수님은 정말 보통 분이 아니다. 우리의 헛수고를 단숨에 돌려놓으시지 않았는가. 우리로 하여금 단숨에 축복을 누리게 하시는 분, 게다가 우리가 누구인지 그 실체를 정확히 깨닫도록 만드신 분, 이분이야말로 우리가 진정 만나고자 했던 메시아가 아닐까?' 그들은 이런 생각에 사로잡힙니다. 드디어 그들에게 예수님의 존재가 심어졌습니다. 예수님을 가장 큰 분으로, 가장 존귀한 분으로 여기게 되었습니다. 그 결과 그들은 지체없이 주님을 따르게 된 것입니다. "저희가 배들을 육지에 대고 모든 것을 버려두고 예수를 좇으니라"(눅 5:11).

인생의 허무함 속에서 만난 축복의 열매, 그 축복 속에서 깨달은 신앙, 그 축복의 열매로 인한 기쁨과 새롭게 펼쳐진 신앙의 세계로 인한 황홀감이 채 가시기 전에, 그들의 눈에는 이제 무엇을 위해 나의 인생을 살아야 하는지 보이기 시작했습니다. 삶의 목적이 보입니다. 그래서 그들은 그 목적을 붙들었습니다. 우리를 축복하시며 권능을 보여주시는 주님을 좇아 사는 것보다 더 귀한 일이 없음을 발견했습니다. 그래서 모든 것을 버려두고 예수님을 좇기 시작했습니다.

권면 적용 | 하나님은 우리에게 왜 축복을 베푸실까요? 왜 허무한 생각을 버리게 하시고 새 믿음을 주십니까? 왜 진리를 깨닫게 하시고 신령한 믿음의 눈을 열게 하십니까? 왜 하나님을 더 진지하게 사랑하도록 만드십니까? 왜 우리의 인격을 다듬으십니까? 그것은 하나님을 믿게만 하려는 것이 아닙니다. 우리의 부족을 깨닫게만 하려는 게 아닙니다. 은혜를 베푸셔서 우리의 모습을 깨닫게 만드는 신령한 눈을 주신 이

유는 바로 하나님을 섬기는 존재, 하나님의 목적을 좇아 사는 인생이 되게 하려 함입니다. 여기에 허전한 우리를 찾아오시는 하나님의 궁극적인 목적이 있습니다.

많은 사람들이 하나님을 믿는다고 지적으로 동의합니다. 하지만 대부분 하나님이 기뻐하는 자리까지 나아가지 못할 때가 많습니다. 많은 사람들이 하나님을 섬긴다고 하지만 정작 삶의 목적이 하나님에게 있지는 않습니다. 단지 자신의 꿈을 성취하기 위해서 하나님의 능력을 요구합니다. 이것은 하나님의 뜻과는 상관없는 삶입니다. 만약 우리가 우리 자신을 위해서, 자신의 삶의 목적을 성취하려고 하나님의 권능을 끌어들인다면 그것은 단지 불교 신자가 부처에게 복을 달라고 비는 것과 하등의 다를 것이 없습니다. 무속 신앙인들이 정화수를 떠놓고 자신의 소원이 이루어지기를 간구하는 것과 같습니다. 그리스도인과 무속인의 차이점, 그리스도인과 불자와의 차이점은 바로 이것입니다.

그리스도를 좇는 삶은 나 자신을 위해서, 혹은 내 목적을 성취하기 위해서 사는 것이 아닙니다. 나를 구원하시고 나를 영원한 생명 길로 인도하시며 순간 순간을 섬세하게 인도하시는 하나님을 위해서 사는 것입니다. 그 하나님의 뜻을 발견하고 그 뜻을 이뤄드리기 위해서 사는 것입니다. 삶의 목적을 오직 하나님께 두는 것입니다. 학교를 가더라도 어느 학과에 어떤 학문을 전공해야 좋은지 하나님께 여쭙고, 나를 통해 이루기 원하시는 그 하나님의 목적을 이루기 위해서 학과를 선택하고 공부하는 것입니다. 돈을 벌더라도 하나님을 위해서 버는 것입니다. 돈을 벌어서 아파트 평수 늘리고 차를 바꿀 수도 있지만 하나님의 뜻을 이루려는 목적을 먼저 생각해야 합니다.

사랑하는 성도 여러분, 저는 여러분들이 돈을 많이 벌 수 있기를 바랍니다. 공부도 열심히 해서 원하는 학교에, 혹은 원하는 학과에서 공부할 수 있기를 바랍니다. 그러나 돈을 벌더라도 하나님을 위해서 벌고, 승진을 하더라도 하나님을 위해서 하고, 공부를 하더라도 하나님을 위해서 하는 여러분들이 되시기 바랍니다. 그러면 나중에 후회스럽지도 허무하지도 않습니다. 가난하던 시절, 돈버는 게 목표이던 사람도 돈을 많이 벌고 보면 허전하다는 사람이 얼마나 많습니까. 높은 지위에 오르고 보니 더 이상 오를 곳이 없어서 허무하다는 사람도 있습니다. 그건 자신을 위해 승진하고 자신을 위해 돈을 벌었기 때문입니다. 어떤 사람은 돈이 많이 생기니까 이를 주체하지 못하고 죄짓는 데 사용하기도 합니다. 삶이 얼마나 무료하면 그 귀한 돈을 낭비하며 살까요? 하나님과 상관없이 돈을 벌면 그 돈 때문에 신앙생활 하는 데 방해가 될 수 있습니다. 시험거리만 됩니다. 돈 때문에 오히려 하나님으로부터 멀어지게 됩니다. 그러나 우리의 목표가 하나님을 위해서라면 아무리 돈이 많아도 신앙이 흔들리는 일은 없을 것입니다. 물질을 더 귀하고 값지게, 하나님을 위해서 사용하게 될 것입니다. 이것이 자신의 것을 버리고 그리스도를 좇는 삶입니다.

사랑하는 성도 여러분, 그러므로 꿈과 계획을 세우더라도 주님을 위해 세우시기 바랍니다. 돈을 벌더라도, 공부를 하더라도, 승진을 하고 삶의 계획을 세울지라도 하나님을 위해서 하시기 바랍니다. 오직 하나님을 위해서 일하고 하나님의 뜻을 이뤄드리기 위해 살고 하나님의 영광을 성취하기 위해 사시길 바랍니다. 그리고 우리의 그런 계획과 꿈이 하나님을 위해서 이루어지고 성공할 수 있도록 해달라고 간구하시기 바랍니다. 이런 삶은 결코 허무하지 않습니다. 주님 앞에 섰을 때 가장 영광스럽고 자랑스런 일입니다. 성도 여러분, 우리가 하나님의 은혜와 축복을 경험하게 되거든 하나님을 더 신실히 섬기는 기회로 만드시기 바랍니다. 날 구원하시고 순간 순간을 인도하시는 하나님의 뜻을 좇아 살다가, 하나님의 목적을 이뤄드리고 하나님께 갈 수 있는 저와 여러분이 되시기를 주의 이름으로 축원합니다.

3) 설교 예문 분석

우선 본문의 핵심 아이디어 확보를 위해서 사용한 3가지 개요, 즉 이유를 생각해보자.

| 서론   문제 제기 : 현대인은 허무주의에 빠져 있다. 바로 이럴 때 주님은 우리를 찾아오신다.
| 본론   왜 찾아오시는가? 3가지 이유가 있다.
  1) 허무로 가득한 인생들에게 축복의 열매를 얻게 하고 삶의 기쁨을 누리게 하기 위해서이다.
  2) 신앙의 성숙을 가져오게 하기 위해서이다.
  3) 삶의 열정을 불태울 목표를 발견하게 하고 그 목표를 따라 살게 하기 위해서이다.
| 결론   하나님의 계획을 발견하고 따를 때, 우리 인생에서 허무는 사라진다.

서론에서 밝힌 본문의 결과는 부정적인 색채다. 깜짝 놀라게 하고 불안하게 만들려는 목적, 즉 청중의 감정을 자극하여 설교에 집중하도록 하려는 목적에서다. 또 설교가 자신의 문제를 다루고 있음을 느끼도록 했다. 결국 서론의 역할을 충분히 드러내려 했고, 본문이 부정적인 색채이다 보니 적용도 부정적인 컬러가 되었다. 이때의 적용은 권면 적용이다. '결과를 밝히고 이유를 찾아가라'의 본 구성에서 '결과를 밝힌 후'라면 가능한 한 권면 적용을 활용하는 것이 설교에 힘을 더한다는 사실을 기억하자. 각 개요에 해당하는 본문을 설명하고 난 뒤, 서론뿐 아니라 모든 적용이 권면 적용이라는 사실을 기억하자. 권면

적용을 함으로써 설교의 힘을 나타내고자 함이다.

또, 한 개요에서 다른 개요로 넘어갈 때마다 가능하면 질문을 던졌다. 자연스런 연결을 위해서다. 또 개요를 미리 밝히지도 않았는데, 미리 밝히고 나면 설교가 김빠진 탄산 음료처럼 되어버리기 때문이다. 즉, 무엇을 설명할지 청중들이 다 알게 되고 결국 설교의 탄력을 상실하게 되기 때문이다. 그래서 각 개요는 미리 밝히지 않았다. 설교 중간 중간에 질문을 던져서 설교의 단조로움과 독백 같은 틀을 벗어나고자 했는데, 이 점은 질문을 던지면서 설교를 진행하면 설교를 혼자 하는 게 아니라 청중과 대화하듯 하는 장점을 살릴 수 있기 때문이다.

4) 설교구성법

'결과를 밝히고 이유를 찾아라'의 구성은 순서적으로 볼 때에 '결과'를 먼저 밝힌 다음 '3가지 이유'를 밝히고 있다. '결과'를 밝히는 것은 서론에 해당하고 '3가지 이유'는 설교의 본론이 된다. 여기서의 3가지란 2가지나 4가지보다는 좀더 적절한 숫자이다. 심리학자들은 청중들이 2가지 설명을 들으면 조금은 적게 느껴져 불안해 하거나 불만족스러워 한다고 했다. 또 4가지는 너무 많게 느껴져서 기억하기 힘들다는 것을 들었다. 3가지 정도를 접한다면 심리적으로도 안정되고 기억하기에도 적절하다. 그래서 '3가지의 이유'를 밝히는 게 좋다.

또 서론에서 밝히는 결과는 내용이 부정적인 색채일 수도 있고 긍정적일 수도 있다. 먼저 예를 든 '문제 제기, 원인, 해결책을 찾아라'의 구성은 '문제 제기' 자체가 항상 부정적인 색채를 띠어야 한다고 했다. 그러나 여기서는 부정이든 긍정이든 결과에 관한 색깔은 상관이 없다. 예를 들어보자. '다윗이 하나님 마음에 합했던 이유' 3가지에 대해 설교한다고 하자. 서론에서 결과를 먼저 다룬다면 어떻게 될까?

"다윗은 죄를 많이 지었지만 하나님께 '내 마음에 합한 사람이라' (행 13:22)는 말씀을 들었습니다. 우리도 비록 부족한 면이 많지만 하나님께 인정받는 사람이 될 수 있습니다"(권면 적용).

여기까지가 서론의 결과다. 이제 질문을 던진다. "그러면 다윗이 부족함이 많았음에도 불구하고 하나님 마음에 합했던 이유는 무엇입니까?"라고 하면서 그 이유 3가지를 찾을 수 있다.

첫째, 다윗이 비록 죄를 지었지만 그는 영혼의 소생을 위해 철저한 회개를 했습니다.
둘째, 다윗은 생의 위기를 맞으면서도 항상 하나님을 신뢰했습니다.
셋째, 다윗은 사람보다는 하나님을 기쁘시게 하려고 최선을 다하는 사람이었습니다.

이렇게 말한다면 이 설교는 긍정적인 내용이 된다. 이 세 가지 개요에서는 권면 적용을 사용하도록 한다. '결과를 밝히고 이유를 찾아라'의 구성법으로 설교를 만들 경우, '문제 제기, 원인, 해결책을 찾아라'의 구성보다는 다소 자연스럽지 못할지도 모른다. 각각의 이유를 밝힐 때마다 끊기는 감이 있을 수 있다. 그러나 각 개요마다 강력한 권면이 주어지면 설교에 힘을 더할 수 있다는 장점도 있다. 위의 개요가 한 본문에서 나올 수 있으면 좋겠다. 만약 두 가지 개요만 본문에 있고 나머지 하나는 다른 본문에서 찾아낸다 해도 별 문제는 없다.

다음과 같은 예가 있다고 가정해보자. "관악구에 있는 수많은 교회 중에서 아무개 교회가 유독 급성장했습니다. 우리의 교회도 그렇게 될 수 있으면 얼마나 좋을까요? 저는 여러분들의 교회가 그렇게 되기를 충심으로 바랍니다. 그러면 어떻게 해야 빠른 발전과 부흥을 이룰 수 있을까요? 아무개 교회가 급성장한 이유를 알아봅시다. 첫째…."라고 한다면 이 역시 '결과를 밝히고 이유를 찾아라'의 구성법에 따른 것이 된다.

우선 누가복음 7:36-50를 읽어보고 다음 설교 예문을 보자.

| 결과를 밝힘   '죄 많은 여인'으로 소문난 한 여인이 시몬의 집에서 쉬고 계신 예수님에게 나아오는 장면이 나옵니다. 그 여인은 예수님의 먼지 묻은 발등에 눈물을 떨어뜨립니다. 머리를 풀어서 닦습니다. 값비싼 향유를 그 발 위에 붓습니다. 예수님 앞에서 참회의 눈물, 감사의 눈물을 흘립니다. 자신은 예수님 앞에서 아무것도 아니라는 듯, 정결의 상징인 머리카락을 풀어서 더러워진 예수님의 발을 닦았습니다. 참으로 놀라운 헌신의 모습이 아닐 수 없습니다. 이 여인을 보는 우리 주님은 매우 흡족해 하셨습니다(본문 설명). 사랑하는 성도 여러분, 저와 여러분에게도 이런 헌신이 있을 수는 없을까요? 말로만 주님께 헌신한다고 하는 차원을 넘어서서 행동으로 주님을 기쁘시게 하는, 진정 어린 헌신이 우리에게 있을 수는 없을까요? 성도 여러분, 저와 여러분의 신앙생활 가운데 주님이 기뻐하실 만한 놀라운 헌신이 있기를 주님의 이름으로 축원합니다.

| 이유를 찾아감   그러면 어떤 헌신이 주님을 기쁘시게 하는 것일까요? 이 여인이 행한 헌신이 왜 주님으로부터 칭찬을 들었는지,

그 이유를 살펴보면 곧 깨달을 수 있을 것입니다.
　첫째, 여인의 헌신은 주님의 은혜를 체험한 후에 출발했습니다.
　둘째, 여인의 헌신은 은혜를 갚고자 하는 마음에서 시작된 것이었습니다.
　셋째, 여인의 헌신은 형식적인 것이 아닌 최선을 다하는 믿음이었습니다.
　| 결론　　은혜를 갚고자 하고 최선을 다하는 헌신으로 하나님께 영광을 돌리도록 합니다.

　위의 설교에서 서론은 무조건 사건의 결과만을 밝힌다. 그리고 결과에 대한 권면 적용을 한다. 마침내 주어진 '결과'를 토대로 '결과의 이유'를 찾아간다. 이때에도 각 개요를 밝힌 후에 적용 부분에 가서는 '권면 적용'을 해야 한다는 사실을 기억하자.
　자, 이제는 본문이 위의 예와는 달리 부정적일 경우, 그 본문을 가지고 '결과를 밝히고 이유를 찾아가라'는 구성으로 만들 경우를 살펴보자. 여호수아 7장을 기초로 '아이 성 공략 실패가 준 교훈'을 설교로 만들어본다.

　| 서론　　이스라엘이 난공불락의 요새 여리고 성을 단숨에 무너뜨리고도 작고 보잘것없는 아이 성 침공에 실패한 처참한 모습을 보여주고 있습니다(부정적인 본문). 처음에는 여리고 성 함락에 성공했다고 자축까지 하던 이스라엘이 본문에서 어이없게도 실패하여 울고 있는 모습을 봅니다. ○○교회 성도들은 이렇게 웃다가 우는 사람이 없기를 바랍니다. 주님께서 한 번 성공하게 하셨으면 그 다음에도 크고 작은 삶의 도전 앞에서 지속적인 승리를 누리시기 바랍니다(권면 적용).

"그러면 어떻게 해야 크고 작은 일에서 지속적으로 승리할 수 있을까요? 본문 말씀이 가르쳐주고 있습니다. 이스라엘 백성들은 첫째, 아이 성 침공을 사소한 일로 취급했기 때문에 실패했습니다. 목표물을 경시하면 실패를 가져올 수 있습니다(본문 설명). 성도 여러분, 아무리 작은 일이라도 정성을 다하고 최선을 다할 때 승리는 지속됩니다. 여러분도 그렇게 되시기를 바랍니다(권면).

둘째, 그들은 여리고 정복 때처럼 하나님을 철저히 의뢰하지 않았습니다. 하나님을 의지하지 않는 행동은 실패를 가져올 수 있습니다. 성도 여러분, 작은 일에도 하나님을 철저히 의지하는 성도가 되시길 바랍니다(권면).

셋째, 아간의 숨겨진 불순종이 실패를 불러왔습니다. 불순종은 하나님이 역사하시는 데 걸림돌이 됩니다. 그러므로 결국 실패하게 됩니다. 성도 여러분, 우리 속에 있는 불순종의 모습을 제거하여 하나님의 은총을 받는 데 아무런 걸림돌이 되지 않도록 합시다(권면).

위의 세 가지를 전달하면 결국 사람들은 아이 성 침공의 실패를 통한 교훈을 얻게 된다. 그런데 이 본문에서 주의할 것이 있다. 그것은 각 개요의 전체 내용을 긍정적인 상태로 끝맺어야 한다는 사실이다. 비록 개요를 설명하는 본문 설명이 부정적이라고 해도 적용 부분에서는 긍정적인 내용으로 바꾸도록 해야 한다. 왜냐하면 설교는 긍정적인 색깔이 되어야 청중들에게 호소력이 있기 때문이다.

이번에는 창세기 19:15-28을 기초로 '롯의 실패가 준 교훈'이라는 제목의 설교를 만들어보자.

| 서론: 결과를 밝힘   롯이 소돔과 고모라에 들어갔다가 아내를 잃고

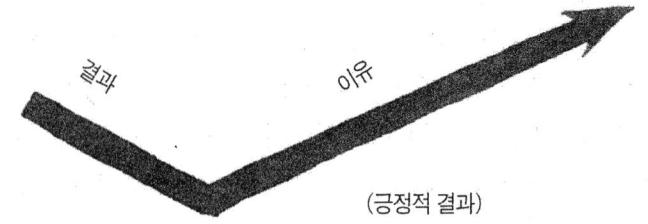

'결과를 밝히고 이유를 찾아라' 구성의 개념도 1.

패가망신하는 상황

| 본론   롯이 소돔에서 실패하게 된 이유 세 가지.

첫째, 롯은 하나님의 경고를 무시했다(14, 16, 26절). 하나님의 경고를 무시하는 일은 실패를 가져온다.

둘째, 롯은 영적인 것보다는 물질에 더 많은 가치를 두었다(창 13:10-13). 영적인 것보다 물질에 더 가치를 둘 경우 실패하기 쉽다.

셋째, 롯은 타락의 현장에 머물러 있었다(16절). 유혹의 장소에 그대로 머무른다는 것은 종종 실패로 가는 지름길이 된다.

위의 내용을 아래와 같이 긍정적인 개요로 바꿀 수도 있겠다.

| 본론   첫째, 실패하지 않기 위해서 성도는 하나님의 경고에 민감해야 한다.

둘째, 성도는 물질적인 것보다는 영적인 것에 더 많은 가치를 두어야 한다.

셋째, 성도는 유혹의 장소를 피하는 게 최상의 선택이다.

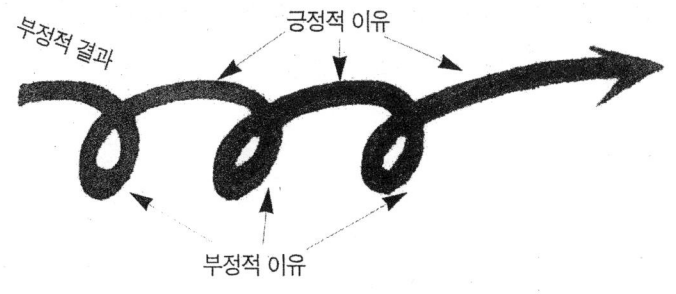

'부정적 결과를 밝히고 이유를 찾아라' 구성의 개념도 2.

롯에 관한 설교도 개요나 본문 설명이 부정적이기 때문에 예화나 권면 적용은 긍정적이어야 한다는 점을 기억하라. 설교는 성도들에게 항상 긍정적이고 희망적이어야 하며 자아상(self-image)에 자신감을 불러일으켜야 한다. 이런 관점에서 본문이 부정적인 색채를 띠고 있다 할지라도 설교자는 재빨리 긍정적인 컬러로 바꾸어야 한다는 사실을 꼭 기억하자.

예수님이 십자가에서 죽으신 이유와 죽으신 방법 중에 청중은 어느 것에 더 많은 관심을 가질까? 그것은 당연히 예수님이 죽으신 이유에 대해서다. 왜냐하면 죽으신 방법(창에 찔리고 못박히는 등등의 설명)은 죽으신 이유보다 비중과 의미가 크지 않기 때문이다. 그러므로 예수님이 죽으신 이유를 집중해서 설교할 때 청중은 만족한다. 바로 이런 경우에 이 구성이 효과적이다. 방법보다 이유나 원인을 추적할 때, 즉 청중들이 알고 싶어하는 쪽이 어느 쪽인지 감을 잡고 그 방향으로 나아가고자 할 때 '결과를 밝히고 이유를 찾아라'의 구성법을 활용하는 것이 좋다. 아나니아와 삽비라 사건, 백부장이 예수님으로부터 칭찬을 받은 이유 등은 부정적인 색채의 본문이면서도 이유 쪽에 무게를 두는 본문으로서 이 구성법으로 설교할 수 있다. 어쨌든 동기 부여를 확실히 하고자 할 때에 '결과를 밝히고 이유를 찾아라'의 구성이 적절하다.

5) 구성의 특징

이 구성은 서론에서 강력한 권면 적용을 할 수 있다는 장점이 있다. 또 부정적이거나 긍정적인 본문을 골고루 활용할 수 있다는 장점도 있다. 하지만 서툴게 설교하면 다른 어떤 구성법보다도 설교의 흐름이 끊기도록 만들 수 있다는 점에 유의해야 한다. 그렇지만 각 개요의 말미에서 강력한 권면 적용을 활용한다면 끊기는 듯한 단점을 잘 보완할 수 있다. 어떤 사건의 본질이나 행동의 이면에 숨겨진 이유 등을 찾아내는 분석적인 설교에 적합한 형태라고 할 수 있다. 청중들은 외적으로 드러난 어떤 사건의 이면에 담긴 이유나 그 동기를 찾아내어 알려 줄 때 지적 만족을 얻는다. 왜냐하면 지성인들이 선호하는 분석적인 설교가 되기 때문이다.

6) 구성의 원리

1. 본문이 이유(원인)를 밝힐 필요가 있을 때 활용하라.
2. 청중들이 어떤 행동이나 믿음에 동기를 부여하고자 할 때 사용하라.
3. 서론에서, 즉 문제 제기에서 본문 설명 후에 강력한 '권면 적용'을 하라. 그래야 설교에 힘이 있다.
4. 이유가 생활에 적용할 원리가 되는 개요를 만들라. 그래야 실천사항이 된다.
5. 이유 3가지를 가능한 한 가벼운 것에서 무거운 것 순으로 배열하라.
6. 각 이유를 위한 본문 설명과 예화 사용 후에는 꼭 일반 적용이 아닌 권면 적용을 하라.
7. 한 개요에서 다음 개요로 넘어갈 때에는 가능한 한 질문을 던지라.

5장. 결과, 목적, 방법을 밝혀라

주제 목적 강조형 설교구성법

'결과 - 목적 - 방법'의 흐름에 따라 설교를 진행하려면 본문의 흐름을 재편집해야 한다는 사실을 기억하라. 설교할 본문 가운데 이같은 순서를 가진 본문을 자주 발견하게 된다. 지금까지는 평범한 삼대지 설교로 했던 것들도 좀더 깊이 생각하면 청중의 욕구 순위를 따른 전개방식으로 설교할 수 있게 된다. 결국 더 자연스럽고 더 강력하게 청중의 욕구를 충족시킬 만한 설교를 하게 된다는 것이다.

성경의 많은 본문이 '결과, 목적(이유), 방법을 밝혀라'의 전개방식을 따르고 있다. 놀랍게도 '결과', '목적', '방법(해결책)'의 순서 또한 청중의 가슴에 자연스럽게 와닿도록 하는 흐름이다.

1) 구성의 필요성

위와 같은 전개방식은 언제 필요한가? 우선은 본문이 이와 같은 구도로 되어 있을 때에 본문의 특색을 살려서 설교할 수 있고, 또 본문이 이와 같은 구도로 되어 있지 않더라도 다루어야 할 설교의 주제가 위의 구성법을 필요로 할 때도 있다. 설교할 주제의 '목적'과 '방법'을 강조해야 할 필요가 있을 때도 이 방법이 적절하다. 예를 들어 '전도'에 관한 설교를 한다면 전도의 결과, 전도를 해야 하는 목적, 전도를 효과적으로 하는 방법 등을 다루게 된다. 이때는 바로 이 전개방식, 곧 '결과', '목적', '방법'의 순서를 따르는 설교를 만들면 좋다. '전도'에 관한 주제뿐 아니라 '그리스도인의 성숙', '그리스도인의 고통', '영적으로 무장하라.'는 주제 같으면 모두 이 전개방식이 적절하리라고 본다. 또 본문 자체가 동기 부여를 위한 이유, 목적, 혹은 목적 성취를 위한 방법의 필요성을 느낄 때 사용하게 된다.

2) 설교 예문

> 본문 : 신명기 16:9-17
> 제목 : 그대에게 이런 감사가 있는가?
> 문제 제기 : 현대인들은 감사를 잊고 불만 속에서 살아가기도 한다.
> 설교 목적 : 감사의 마음을 풍성히 지니고 살아가도록 자극한다.

│서론- 문제 제기 : 삶의 정황, (본문 설명 - 생략), 권면 적용

삶의 정황│ 탐에게는 초등학교에 다니는 세 자녀가 있습니다. 아이들의 장난이 얼마나 심한지 신발을 사주면 채 한 달을 신지 못할 정도입니다. 주의를 주어도 그들의 심한 장난을 막을 수가 없었습니다. 그러던 어느 날 낡은 세탁기가 그만 고장이 나고 말았습니다. 탐은 중고 세탁기를 구입할 요량으로 벼룩시장의 중고품 매매지를 보고 세탁기를 팔려고 내놓은 집을 찾아갔습니다. 아주 훌륭한 2층 저택이었습니다. 초인종을 누르니 주인이 그를 반갑게 맞았습니다. 탐은 주인의 안내로 세탁기를 보았는데 꽤 양호한 상태였기 때문에 속으로 쾌재를 불렀습니다. 그래서 새것 같은데 왜 파느냐고 물었더니 모델을 바꾸려고 한다는 것이었습니다. 탐은 새것 같은 물건을 싸게 살 수 있도록

해준 집주인에게 고마움을 표현하고는 세탁기를 실을 차를 가지고 오겠노라며 현관 쪽으로 걸어가다가 무심코 이런 말을 했습니다. "우리 애들은 어찌나 극성스러운지 신발이 금방 금방 닳아서 큰일입니다. 장난 좀 그만 치라고 아무리 주의를 줘도 도통 말을 들어야지요. 쯧쯧, 아비 사정도 모르고. 이놈들 버릇을 어떻게 해야 고칠 수 있을까요?" 그런데 그 이야기를 들으며 뒤따라 나오던 부인이 갑자기 울먹이면서 2층 방으로 뛰어 올라가는 것이었습니다. 그 남편도 어쩔 줄 몰라서 아내를 좇아 올라갔습니다. 잠시 후 남편이 아래층으로 내려오자 탐은 "제가 무슨 실수라도 했나요?" 하고 당황해서 물었습니다. 남편은 눈물을 보이며 말을 이었습니다. "아닙니다. 사실 우리에겐 6살 난 아이가 있는데 지금껏 걷지도 못합니다. 이 아이가 걸을 수 있게 되어 신발 한 켤레라도 닳도록 신게 해보는 것이 저희 소원입니다."라고 말하는 것이었습니다. 탐은 몇 번이고 죄송하다고 말한 후 황급히 차를 몰아 집으로 갔습니다. 집에 돌아와서 방에 들어서자마자 탐은 무릎을 꿇었습니다. '하나님, 아이들의 신발을 닳게 해주셔서 감사합니다. 이를 불평한 저를 용서하소서.'

권면 적용 | 성도 여러분, 혹시 우리는 감사해야 할 내용을 가지고 불평하지는 않았습니까? 남편과 아내, 자녀를 바라보며, 현재의 환경을 보면서 감사하지 않고 오히려 불평한 적은 없었습니까? 때때로 우리는 감사해야 할 대상을 두고 불평하기도 합니다. 고마워해야 할 일을 불만스러워하기도 하죠. 불평거리 같지만 그 속에도 감사할 내용이 있고, 평범한 일들이지만 감사할 조건이 있습니다. 문제는 우리들이 이런 평범한 삶 가운데서도 감사의 내용을 찾아내는 믿음의 눈이 있느냐는 것입니다. 감사하는 마음속에 감격이 있고, 기쁨이 있고 삶의 풍요로움이 있습니다. 사랑하는 성도 여러분, 불평하게 되는 조건과 환경 속에서도 감사의 조건들을 두루두루 찾아내어 삶을 풍요롭게 만드

결과가 앞장서고 목적과 방법이 따라온다.

는 여러분들이 되시기 바랍니다.

| **결과** - 질문, 본문 설명, 예화, 권면 적용
질문 | 그러면 생각해봅시다. 우리는 누구에게 감사해야 합니까?
본문 설명 | 오늘 하나님의 말씀 16:9 이하에 보니까 하나님은 이스라엘 백성에게 칠칠절을 지키라고 말씀하고 있습니다. 10절에 "네 하나님 여호와 앞에 칠칠절을 지키되…"라고 말씀합니다. 칠칠절은 일 년에 한 차례씩 수확한 곡물을 하나님께 드리는 절기입니다. 왜 하나님께 수확한 곡물을 드리라고 말씀하셨을까요?
예화 | 옛날 어느 어진 임금이 자신의 밥상에 늘 산해진미를 올려주는 요리사의 노고를 치하하느라 따로 자리를 마련하여 그 요리사를 불렀습니다. "지금껏 그대가 내게 귀한 식물로 섬겨주니 참으로 고맙구나. 그대에게 상이라도 내렸으면 좋겠는데…."라고 하자 "아닙니다. 전 단지 신선한 채소나 음식 만드는 데 드는 재료를 빠지지 않고 공급해주는 대로 그저 요리만 했을 뿐입니다. 그러니 그 성실한 상인에게 상을 베푸시지요." 했습니다. "그런가? 그렇다면 그 채소 장수를 좀 불러오게나." 채소 장수가 임금 앞에 가서 말하기를 "아닙니다. 전 단지 농부가 힘써 가꾸고 기른 채소를 공급했을 뿐입니다. 농부가

모든 수고를 한 것이지요." 이번에는 농부가 임금 앞에 나왔습니다. "임금님, 저는 이미 있는 씨를 뿌리고 가꾸고 키웠을 뿐입니다. 정말 감사해야 할 대상은 제가 아니라 씨를 만드시고 적당한 햇빛을 주시고 적당한 온도로 채소를 자라게 하시는 하나님께 감사해야 할 것입니다."라고 말하자 임금이 "그 말이 정말로 옳구나." 하면서 하나님께 감사를 올려드렸다고 합니다.

권면적용 | 오늘 우리가 진정으로 감사를 표해야 할 대상은 누구입니까? 사람이 아닙니다. 환경이 아닙니다. 여호와 하나님, 곧 우리 주님이십니다. 가정적이며 성실한 남편을 둔 것을 늘 고맙게 생각하던 아내가 어느 날 남편이 봉급을 봉투 째 내놓자, "여보 당신이 내 남편이란 것이 참 감사해요." 하고 남편을 껴안으면서 감사를 표현했다고 합니다. 여기서 뭐가 잘못되었을까요? 남편에게 고마운 마음을 표할 줄 아는 것은 바람직한 일입니다. 하지만 그리스도인이라면 그 이상이 되어야 합니다. 성실한 남편을 주신 분이 누구입니까? 남편에게 열심히 일할 수 있는 직장과 환경을 주신 분이 누구입니까? 하나님이 아닙니까? 그렇다면 남편에게 감사하기 전에 하나님께 먼저 감사해야 할 것입니다. 남편이 성실해서 돈을 많이 벌어오면 벌어올수록 하나님께 먼저 감사를 드려야 할 것입니다. 남편이 건강하고 자녀가 건강하고 아내가 건강해서 감사한 마음이 들거든 하나님께 깊이 감사하시기 바랍니다.

많은 사람들이 감사할 조건을 가지고 조상에게 감사하고 또 환경에 감사하기도 합니다. 하지만 그리스도인은 사람이나 환경에 감사하기 전에 훌륭한 조상이 있게 하시고 현재의 환경을 조성하신 하나님을 먼저 기억하고 그 하나님께 감사해야 합니다. 아내에게 고맙고 자녀를 보고 대견한 생각이 들거든, 그렇게 이루어주신 창조주 하나님께 먼저 감사하십시오. 오늘날 내 곁에 그 사람들을 머물도록 하신 하나님, 그 환경을 허락하신 하나님께 감사하는 저와 여러분이 되시기 바랍니다.

| **감사의 이유 1** - 질문, 본문 설명, 예화, 권면 적용

질문 | 우리가 하나님께 감사해야 한다면 왜 감사해야 합니까?

본문 설명 | 본문 12절을 다같이 읽어봅시다. "너는 애굽에서 종 되었던 것을 기억하고 이 규례를 지켜 행할지니라"(신 16:12). 이스라엘 백성이 출애굽한 지 40년이 되었습니다. 40여 년 전까지만 해도 그들은 파리목숨 같은 노예생활을 했습니다. 하지만 그들은 지금 가나안 땅에 들어가기 직전이고, 그 상황에서 자유를 만끽하며 사람다운 대접을 받으며 살고 있었습니다. 비록 장막생활을 하면서 불안정한 삶을 살고 있지만 지금이 과거보다는 분명히 더 나아졌습니다. 하나님은 그들이 과거로부터 현재를 되돌아보면서 감사할 조건을 기억하며 감사하라고 하십니다.

예화 | 「불행의 정복」의 저자 벤 프랭클린은 등산을 매우 즐기는 사람이었습니다. 그러나 그가 대학생이던 1963년 4월 14일, 그는 등산을 하다가 그만 수십 미터 낭떠러지로 떨어져 하반신을 움직이지 못하게 되었습니다. 몇 번의 수술을 거듭했지만 소용이 없었습니다. 나무토막 같은 다리를 보면서 그는 좌절하고 또 좌절했습니다. 그로부터 6개월 후인 어느 날, 그는 놀랍게도 발가락을 움직이게 됐습니다. 그것을 보고 얼마나 감격했는지, 그는 눈물을 흘리며 울고 울고, 또 울었습니다. 그는 그때의 감격에 대해 말하길 "발가락이 움직이는 걸 보면서 그동안 가졌던 모든 좌절과 아픔과 공포로 가득 찬 지난날들의 기억이 씻은 듯이 사라지는 것 같았어요. 마음속 깊은 곳에서 깊은 감사가 넘쳐났습니다." 발가락 하나 움직인 걸 가지고 이 젊은이는 그토록 감격하며 울었던 겁니다.

강남중앙침례교회를 담임하시는 김충기 목사님께서 몇 년 전에 중풍으로 쓰러지셨다가 2개월 만에 극적으로 회복되어 강단에 다시 서게 되었는데 그 첫 설교에서 "성도 여러분, 오른손을 높이 들어보세요." 하더랍니다. 성도들이 모두 손을 들었습니다. "더 높이 드세요." 그러자 성도들이 손을 더 높이 듭니다. "저는 지난 2개월 동안 아무리 손을 들고 싶어도 들 수가 없었고, 말을 하고 싶어도 할 수가 없었어요. 음식을 씹을 수도 없었고 움직일 수도 없었습니다. 여러분, 우리가 손을 마음대로 움직일 수 있고 높이 들 수 있다는 것, 마음대로 음식을 먹을 수 있고, 말할 수 있고 걸을 수 있다는 것, 이것이 얼마나 감사한 일입니까? 이 시간에 내 몸이 마음대로 움직일 수 있다는 것, 이것 하나만으로도 우리는 하나님께 감사하고 또 감사해야 합니다." 라고 하자 많은 성도들이 그 말씀에 큰 은혜를 받았다고 합니다.

권면 적용| 그렇습니다. 건강하다는 것 하나만으로도 우리는 감사할 수 있습니다. 성도 여러분, 움직일 수 있고 말할 수 있다는 것 하나만으로 하나님께 감사합시다. 삶이 내 뜻대로 이뤄지지 않는다고 불평하기 전에, 내 꿈이 더디 이뤄진다고 실망하기 전에, 내 삶 속에 심심찮은 폭풍이 일어난다고 근심하기 전에, 내 몸이 건강하다는 이유 하나만으로 하나님께 깊은 감사를 드릴 수 있기를 바랍니다.

우리가 감사해야 할 또 다른 내용은 무엇보다도 구원받았다는 사실일 겁니다. 죄값으로 죽어야 할 우리들이 예수님의 피 공로로 죽음 가운데서 건짐을 받고 영원히 살게 되었습니다. 이것을 깊이 인식한다면 사실 이것보다 더 큰 감격이 있을까요? 바로 그 감격을 누리면 누릴수록 하나님께 더 큰 감사를 돌려드려야 할 것입니다. 그뿐만이 아닙니다. 혼돈한 삶을 살던 우리에게 찾아오셔서 우리를 성령이 거하시는 전(殿)으로 만드신 하나님, 죄악 가운데 빠지지 않도록 순간 순간 우리의 앞길을 인도하시며 우리의 앞날을 책임지시는 하나님, 무엇보다 우리에게 밝은 미래를 약속하신 하나님을 생각하면 얼마나 감사한지 모릅니다. 이보다 더 크고 더 위대한 감사의 조건이 있을까요.

예수님 믿고 삶이 변화된 사람에게는 감사가 더욱 클 것입니다. 예수님 믿고 불평과 원망의 삶에서 새로운 삶을 살게 된 사람, 불화했던 가정이 평화의 가정으로 바뀐 경험을 한 사람, 사업이 망하고 그 속에서 예수님을 믿어 회생한 분들도 있지요. 속썩이던 자녀가 기도의 응답으로 착실한 자녀로 바뀐 가정도 있습니다. 삶이 힘들고 어려울 때마다 하나님을 의지하여 하늘로부터 내리는 지혜와 힘과 능력을 덧입는 사람들이 있습니다. 그래서 지금껏 하나님 품 안에 거하면서 살아올 수 있었던 분들이 많습니다. 이 모든 인도하심에 감사하면서 살 수 있는 저와 여러분이 되시기를 바랍니다.

| **감사의 이유 2** - 본문 설명, 예화, 권면 적용

본문 설명│ 하나님의 사람들은 과거부터 현재를 돌아보며 감사의 조건들을 찾아내어 그것을 기억하고 또 감사하며 살아가야 합니다. 하지만 과거부터 현재까지만 바라보고 감사하는 것은 잘못입니다. 하나님은 미래를 보고도 감사하라고 말씀하셨습니다.

본문 15절 말씀에 "네 하나님 여호와께서 네 모든 물산과 네 손을 댄 모든 일들에 복 주실 것을 인하여 너는 온전히 즐거워할지니라."고 했습니다. 가나안 땅에 들어가기 직전의 이스라엘 백성은 걱정이 많았습니다. '힘센 원주민이 득실거리는데 과연 그들의 간섭을 물리치고 정착할 수 있을까?' '그들의 혼합종교와 맞서 싸우면서 여호와 하나님의 신앙만을 간직할 수 있을까?' '떠돌이 유목생활에서 이제는 정착하여 농사를 짓는 삶에 잘 적응할 수 있을까?' '시퍼런 강물이 일렁이는 저 요단강을 제대로 건널 수 있을까?' '설혹 건넌다고 해도 건너가서 다 죽게 되는 건 아닐까?' 이러저러한 불안에 휩싸여 있었습니다. 미래를 생각하니 불안하고 걱정스럽고 두렵기까지 하던 사람들입니다.

하지만 하나님은 그런 그들에게, 하나님께서 모든 것들에게 복 주실 것을 인하여 감사하라고 하십니다. 그들에게 하나님이 축복하실 터이니 믿고 감사하라고 말씀하십니다. 참으로 놀라운 선언을 하고 계시는 것입니다. 불완전한 상태에 있는 그들에게 하나님이 감사하라고 명령하시는 것입니다. 그렇다면 왜 그렇습니까? 미래에 대해 불안을 느끼고 있는 그들에게 하나님은 왜 오히려 감사하라고 하셨을까요? 그것은 바로 하나님이 미래를 책임지시겠다는 뜻입니다. 하나님이 감사의 조건이 일어나도록 친히 역사하시겠다는 뜻입니다. 지금은 어렵지만 그렇게 되도록 환경을 조성하시겠다는 뜻입니다. 그들의 소원과 기도를 들어주시겠다는 것입니다. 그러니 그런 하나님이 주실 축복을, 믿음의 눈으로 보고 감사하라는 말입니다. 이 얼마나 놀라운 선언입니까?

예화 | 어느 날 예수님께서 말씀을 전하신다고 하자 벳새다 광야에 남자 어른만 무려 5천여 명, 여자와 아이들까지 합치면 무려 만 명이 넘는 수의 사람이 몰려들었습니다. 말씀을 증거하시고 난 후, 그들이 배가 고픈 것을 아신 예수님께서 그들에게 먹을 것을 주고자 하셨습니다. 그렇지만 준비된 식사라고는 물고기 두 마리와 보리떡 다섯 덩이가 전부였습니다. 고작 한 사람 분의 식사일 뿐이었습니다. 이 상황에서 우리 주님은 어떻게 하셨습니까? 놀랍게도 한 끼 분의 식사를 두 손 높이 받쳐드시고는 하늘을 우러러 감사의 기도를 드립니다. "하나님 한 끼의 식사라도 허락하시니 감사합니다. 이 한 끼 분의 식사로 만여 명이 식사할 수 있도록 역사하시니 감사합니다. 기적을 보이시니 감사합니다." 음식을 앞에 놓고 예수님은 감사의 기도를 올렸습니다. 기적을 믿고 미리 감사를 드린 것입니다. 어리석어 보일 만큼

담대한 이 믿음의 배짱을 보십시오. 얼마나 자신감이 넘칩니까? 한 끼 분의 초라한 식사로 수많은 사람들을 먹일 수 있도록 역사하실 것이라는 믿음으로 감사를 선언하고 계시는 이 배짱 있는 믿음을 보십시오. 얼마나 담대한 믿음입니까?

세상 사람들도 감사의 조건이 생기면 사람이나 환경에 감사할 줄 압니다. 하지만 불안하고 불편한 환경에서도 믿음으로 감사하는 세상 사람은 없습니다. 이것이 성도와 세상 사람들과의 차이입니다.

권면 적용 | 사랑하는 성도 여러분, 우리 성도들은 믿음의 눈으로 미래를 바라보고 감사할 수 있기를 바랍니다. 내게 축복이 주어지리라는 믿음으로 지금 하나님께 감사하시기를 바랍니다. 지금 조금 힘들더라도, 조금 어렵더라도 하나님이 우리를 축복하시리라는 사실을 믿음으로 바라볼 수 있기를 바랍니다. 그리고 하나님의 축복하심에 믿음으로 감사를 드리시기 바랍니다. 혹 지금 삶이 잘 풀리지 않는다고, 지금 기대하던 대로 일이 이뤄지지 않고 있다고 해도 나의 앞길을 평탄하게 인도하실 것을 믿는 믿음으로 감사합시다. 지금 불편한 환경이 주어진다 해도 환경을 바꿔주시리라는 믿음으로, 지금 기도가 더디 응답된다 해도 기도에 응답하시리라는 믿음으로 감사를 드립시다. 푸른 초원을 주셨기 때문이 아니라 가시밭길 속에서도 초원을 주실 것을 인하여 지금 감사합시다. 하나님을 믿기에 그 하나님이 내 삶을 선한 길로 인도하시리라는 믿음으로 감사를 선언하는 저와 여러분이 되시기를 바랍니다.

그러므로 과거를 돌아보며 감사할 수밖에 없는 하나님의 은총을 기억하며 감사합시다. 비록 불완전한 현재이지만 그 속에서도 우리를 인도하시는 하나님의 손길을 의식하고서 감사합시다. 미래가 불안해 보이고 캄캄해 보이지만, 그래서 때론 남몰래 낙심이 찾아들기도 하지만 그 속에서 오히려 하나님이 날 선한 길로 이끌어주실 것을 믿고 감사합시다. 좌절과 고통의 긴 터널을 벗어나게 하시고 환한 대낮을 맞이하게 해주실 것을 믿고, 지금 이 자리에서 그것 때문에 감사하는 저와 여러분이 되시기 바랍니다.

| **감사의 방법** - 질문, 본문 설명, 예화, 권면 적용

질문| 그러면 우리가 어떻게 해야 이 감사를 잘 표현하는 게 되는 걸까요? 어떻게 해야 하나님이 받으실 만한 감사를 드릴 수 있을까요?

본문 설명| 14절에 보니 힘써서 혹은 힘을 다해서 감사하라고 합니다. 과거를 돌아보며, 또 현재를 보며 믿음으로 미래를 볼 때 하나님께 감사의 마음이 생기거든 살아 계신 하나님께 직접 감사하라고 했습니다. 16절과 17절에 "공수로 여호와께 보이지 말고 각 사람이 네 하나님 여호와의 주신 복을 따라 그 힘대로 물건을 드릴지니라." 하나님은 바로 그 하나님께 힘써서 감사를 표현하라고 하십니다. 그럼 오늘, 우리는 어떤 마음으로 하나님께 감사해야 할까요?

예화| 보스톤 해변가에 가면 지금도 날마다 같은 시간이면 어김없이 한 노인이 싱싱한 새우가 가득 담긴 통을 들고 나타난다고 합니다. 갈매기들은 이 노인을 금방 알아보고 그 발 아래 모두 모여듭니다. 심지어 노인의 어깨 위에 앉기도 합니다. 새우를 나눠주는 동안 그 노인의 얼굴에는 웃음이 떠나지 않습니다. 갈매기들은 노인 덕에 새우를 그야말로 마음껏 먹습니다. 사람들은 놀라서 매일 이 광경을 바라보고 있었습니다. 많은 사람들은 분을 내며 '그 비싼 새우를 새들에게 주다니 너무하는구나!' 라고 생각했습니다. 그러나 사람들은 이 노인이 그렇게 하게 된 배경을 알게 되고 나서는 이내 반응이 달라졌습니다.

노인은 2차 세계대전 당시 유명한 해군 장군이었습니다. 그 당시 독일군의 어뢰를 맞고 배가 격침되었을 때 이 장군과 몇몇의 사람만이 구명정을 타고 간신히 살아남았습니다. 그들은 구명정 위에서 뜨거운 태양과 격렬한 폭풍과 마실 물도 없는 상황을 견디면서 간신히 몇 날을 보냈습니다. 그러나 부하들은 한 명씩, 한 명씩 죽어가기 시작했고 장군도 정신이 혼미해지는 것을 느꼈습니다. 죽음의 문턱 직전에서 기진하여 누워 있는 장군의 눈에 작고 흰 물체가 들어왔습니다. 그것은 갈매기였습니다. 손을 뻗어서 잡아보았지만 갈매기는 날아가지 않았습니다. 장군은 갈매기를 보는 순간 희망이 솟아났습니다. 기진맥진한 상태를 견딜 수 있게 되었습니다. 그로부터 몇 시간 후 그들은 육지를 발견하게 되었고 마침내 살아날 수 있었다고 합니다. 생명이 꺼져가던 자신에게 희망을 주어 새 생명을 준 그 갈매기, 죽음의 문턱에서 자신들을 생명으로 인도한 갈매기, 그 갈매기의 은혜를 그는 평생 잊을 수 없었던 겁니다. 이제 사람들은 보스톤의 갈매기들에게 값비싼 식사를 대접하는 그 장군을 비난하지 않게 되었습니다. 새우 한 조각 한 조각마다 하나님과 갈매기에 대한 '감사'의 표시가 들어 있기 때문입니다.[8]

적용 | 우리가 진정 하나님의 크신 은혜를 입었다는 사실을 깊이 깨달으면 깨달을수록 하나님께 더 깊은 감사를 드리게 됩니다. 문둥병자 열 명이 예수님을 만나 병이 나았지만 주님께 와서 무릎을 꿇고 진정한 감사를 드린 사람은 단 한 사람뿐이었다는 것을 기억하십시오. 주님은 충분한 감사의 조건을 경험하고서도 감사할 줄 모르는 아홉 명은 어디 있느냐고 책망하셨습니다. 결국 주님은 진정으로 감사할 사람을 찾고 계셨던 것입니다.

제가 철이 없던 시절에는 목사님께서 힘써 감사하라고 강조하실 때마다 '어이구, 또 헌금하라고 그러시는구나. 그거 되게 부담 되네.' 하고 생각했더랬습니다. 그러나 제가 신학을 공부하면서 참감사의 의미를 깨달으면서, 성도들은 힘에 지나도록 하나님께 감사할 수 있어야 한다는 것을 깨닫게 되었습니다. 우리 하나님이 정말 원하시는 것은 피조물 된 우리들이 주님으로부터 받은 그 사랑, 그 축복을 기억하며 마음속으로부터 감사하는 것입니다. '그 감사가 너무 커서 무엇으로 보답할꼬.' 하며 힘에 지나도록 감사하는 믿음, 그 믿음을 하나님은 원하고 계십니다.

권면적용| 사랑하는 성도 여러분, 그러므로 우리를 구원하신 예수님의 은혜가 너무 커서 옥합을 깨뜨리고 주님의 발에 눈물 뿌리며 부어드렸던 여인처럼, 우리도 하나님을 감동시킬 만한 지극한 감사를 드리도록 해야겠습니다. 그동안 드렸던 어떤 감사보다도 하나님을 감동시킬 만한 최선의 감사를 드리시는 저와 여러분이 되시길 주의 이름으로 축원합니다.

3) 설교 예문 분석

우선 개요를 살펴보자.

|서론   문제 제기 : 감사의 조건을 가지고 있으면서도 감사할 줄 모르는 사람의 현주소를 고발한다. - 삶의 정황에서 시작
　|결과   감사의 대상 : 하나님은 감사의 첫번째 대상이시다.
 - 감사의 대상을 사건의 결과로 취급했다. 왜냐하면 감사의 대상을 취급하는 위치로 '결과' 보다 더 좋은 곳은 없기 때문이다.
　|이유   감사의 이유
 - 과거부터 현재까지 베푸신 은혜 때문에
 - 미래에 베푸실 복 때문에
　|방법 - 감사의 방법
 - 자원하는 마음으로

- 힘을 다함으로

　위 설교의 자연스런 흐름을 위해서 나는 '사건의 결과' (문제 제기)를 먼저 밝혔다. '문제 제기'에서는 감사하지 못하는 실체를 제시했는데 이는 청중이 현실을 공감하도록 하며 동시에 그들의 감정에 자극을 주기 위함이었다. 그리고 '문제 제기' 후에 '감사해야 하는 이유'와 그에 따르는 효과적인 '감사의 방법'을 밝혔다. '목적'(이유)과 '방법' 중에 어느 것을 나중에 밝혀야 할까? '목적'은 동기를 부여하고 부여된 동기는 행동으로 옮기는 '방법'으로 나아가야 한다. 즉, 행동하는 '방법'을 실행하기 전에 행동의 동기(이유)를 부여받아야 한다. 그래야 행동으로 옮길 수 있지 않겠는가? 결국 설교를 듣고 성도가 마지막 단계에서 행동으로 옮기는 결단은 반드시 해결책을 통해서 이뤄져야 한다. 그러므로 어떤 사건의 '목적'과 '해결책'이 본문에 나오는 경우는 언제나 나중에 해결책을 언급해야 한다. 그리고 해결책마다 권면 적용을 활용했다. 왜냐하면 권면 적용을 함으로써 설교의 힘을 분출해 내기 위해서다.

　이 설교의 두 번째 단계인 '감사해야 할 이유'도 두 가지 이하로 제한했다. 또 세 번째 단계인 '감사하는 방법'에 대해서도 두 가지로 제한했다. 물론 본문에서는 이보다 더 많은 '방법'이 나오고 있다. 예를 들어 본문에서 '자원하는 마음'과 '힘을 다하여' 그리고 '주신 복을 따라서' 혹은 '과부와 고아와 함께' 하나님께 감사하라고 했다. 하지만 수를 줄여서 의도적인 절제를 보인 이유는 설교의 효과를 극대화하기 위해서다. 또 자연스런 전개와 설교 효과의 극대화를 위해서 '본문'과 '삶의 정황', 즉 본문(text)과 상황(context) 사이를 자연스럽게 넘나드는 표현을 했다는 점도 기억하기 바란다.

4) 설교구성법

이제 이 구성법에 따라 설교를 만드는 과정을 살펴보자.
요한계시록 2:8-11을 예로 들어보자.

"서머나 교회의 사자에게 편지하기를 처음이요 나중이요 죽었다가 살아나신 이가 가라사대 내가 네 환난과 궁핍을 아노니 실상은 네가 부요한 자니라 자칭 유대인이라 하는 자들의 훼방도 아노니 실상은 유대인이 아니요 사단의 회라 네가 장차 받을 고난을 두려워 말라 볼지어다 마귀가 장차 너희 가운데서 몇 사람을 옥에 던져 시험을 받게 하리니 너희가 십일 동안 환난을 받으리라 내가 죽도록 충성하라 그리하면 내가 생명의 면류관을 네게 주리라 귀 있는 자는 성령이 교회들에게 하시는 말씀을 들을지어다 이기는 자는 둘째 사망의 해를 받지 아니하리라"(계 2:8-11).

위의 본문을 분석해보면 서머나 교인들이 환난과 궁핍을 겪고 있다는 것을 알 수 있다. 환난 중에 있는 서머나 교인들에게 부활의 주께서 (8절)는 세 가지를 말씀하셨다.

첫째, 닥칠 환난 앞에서 두려워 말라(10절).
둘째, 환난 가운데서 죽도록 충성하라(10절).
셋째, 환난 가운데서 생명의 면류관을 기대하라(10절).

만약 위와 같은 개요의 순서를 따라서 설교한다면 평범한 삼대지 설교가 되고 만다. 그러나 위의 세 가지 개요를 가만히 분석해보면 첫째 개요는 환난 가운데서 두려워하지 말라는 결과론적인 태도에 해당되는 명령이고 셋째 개요, 즉 생명의 면류관을 기대하라(10절)는 환난 속에서 두려워하지 말아야 하는 이유 혹은 목적에 해당된다. 즉, 서머나 교회의 교인들이 환난 속에서 두려워하지 말아야 하는 이유나 목적은 장차 생명의 면류관이 주어지게 되기 때문이라는 것이다. 결국 셋째 개요는 두려워하지 말아야 할 이유(목적)에 해당된다. 그러면 둘째 개요는 무엇에 해당될까? 그것은 환난을 이기는 방법에 해당한다. 즉, 생명의 면류관을 기대하기에 고난 속에서도 주님을 위해 죽도록 충성할 수 있다. 이렇게 설교를 전개하면 자연스럽게 이뤄진다. 위의 본문(계 2:8-11)을 다시 정리해보자.

| 결과   성도는 환난 앞에서 두려워하지 말아야 합니다.
| 이유   왜냐하면 환난을 이기는 성도에게는 생명의 면류관이 주어지기 때문입니다.
| 방법   그러면 환난 속에서 어떻게 해야 합니까? 그것은 현재의 위치에서 죽도록 충성하는 일입니다. 그러면 환난을 이기고 마지막에 가서는 생명의 면류관을 얻게 됩니다.

위와 같이 전개방식을 재구성하면 설교의 흐름이 자연스럽게 진행된다. 결국 위의 개요를 정리해보면 '결과 - 목적 - 방법'의 순서를 따랐다는 것을 알 수 있을 것이다. 이 변형 방법은 평범한 삼대지 설교 형식에서 청중의 욕구 순서에 따라 바꾼 것이다. 이처럼 '결과 - 목적 - 방법'의 흐름에 따라 설교를 진행하려면 본문의 흐름을 재편집해야 한다는 사실을 기억하라. 설교할 본문 가운데 이같은 순서를 가진 본문을 자주 발견하게 된다. 지금까지는 평범한 삼대지 설교로 했던 것

들도 좀더 깊이 생각하면 청중의 욕구 순서를 따른 전개방식으로 설교할 수 있게 된다. 결국 더 자연스럽고 더 강력하게 청중의 욕구를 충족시킬 만한 설교를 하게 된다는 것이다.

한 가지 덧붙이고 싶은 것은 첫째 대지에서 둘째, 셋째 대지로 넘어갈 때에는 '첫째', '둘째' 라는 표현을 쓰지 않고 질문을 던지며 넘어가는 게 좋다는 것이다. 이 방법은 지루하고 단편적인 방식을 벗어나는 데 도움을 준다.

출애굽기 4:1-9을 '신뢰는 순종을 낳는다' 란 제목으로 설교하려면 다음과 같이 개요를 만들 수 있다.

| 결과   하나님께 불순종하고 있는 모세의 모습(출 3:11, 4:1)
| 이유   불순종하는 이유(출 4:1)
- 불안한 환경을 바라보기 때문이다(1절) : 힘센 애굽만을 생각함
- 하나님을 불신하기 때문이다(1절) : 하나님의 능력을 믿지 못함
| 방법   하나님께 순종하도록 하기 위해 하나님은 세 가지(3절)의 능력을 보여주셨다.
- 지팡이가 뱀이 되게 하심(하나님이 사탄도 제어하는 힘이 있음을 보여주심).
- 손이 문둥병에 걸렸다가 정상으로 돌아옴(인간에게 불가능한 일이 하나님께는 쉽다는 것을 보여주심).
- 이집트의 젖줄인 나일강을 마실 수 없게 만드심(하나님은 인간 생명의 원천이 되심을 보이심).
| 결론   하나님은 지금도 살아 계시고 능력을 베푸시는 분이다. 말씀에 순종함으로 하나님의 뜻을 이뤄드리자.

위의 개요를 현대적 개요로 바꿔보자.

| 현대 그리스도인은 하나님 말씀에 불순종하는 경향이 많다(출 3:11, 4:1).
| 그 이유는 무엇인가? 하나님을 신뢰하지 못하기 때문이다.
- 환경에 집착하기에 하나님을 신뢰하지 못한다(1절).
- 하나님의 전능을 의심하기에 하나님을 신뢰하지 못한다(1절).
| 어떻게 해야 하나님을 신뢰하며 그분께 순종할 수 있을까?(2-9절)
- 하나님이 사탄도 제어할 힘이 있음을 믿음으로(2-5절)
- 하나님이 불가능한 일도 가능케 하시는 분임을 체험하므로(6-8절)
- 하나님이 생명의 근원임을 깨달음으로(9절)
| 결론   우리가 하나님을 전능하신 분으로 믿을 때 순종의 태도가 생긴다.

위와 같이 개요를 만들고 각 개요마다 의미를 부여하면 한 편의 설교가 완성된다. 결국 위의 설교도 '결과 - 이유 - 방법'의 순서로 진행되는 구성법을 따른 것이다. 한 가지 조심해야 할 것은 해결책에서 대지가 3개나 되었다는 것인데 이미 앞서 밝힌 것처럼 각 개요의 수가 3개 이상이면 안 된다고 했다. 그런데 본문이 어쩔 수 없이 여러 개의 개요를 나열하고 있다면 전체 설교 시간을 고려하되 특별히 해결책에서 3개의 개요를 집중적으로 다루는 것이 좋다. 그렇게 되면 '목적'을 다룰 때에는 두 개의 개요로 제한하는 것이 좋다. 그것은 바로 균형을 이루려는 노력이다.

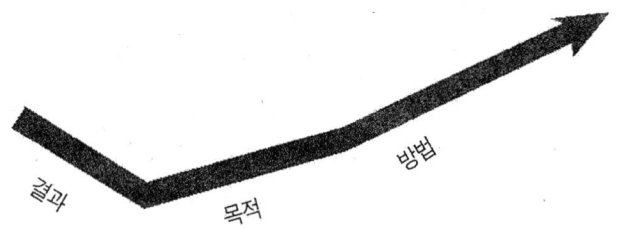

'결과, 목적, 방법을 밝혀라' 구성의 개념도.

5) 구성의 특징

이 방법은 결과로부터 시작해서 목적을 찾고 마침내 방법을 찾아 설교하는 과정이다. 이 과정 자체가 청중의 욕구 순서에 잘 들어맞는 방법이라고 할 수 있다. 하나의 주제를 깊이 있게 파고드는 방법으로, 각 개요마다 일반 적용보다는 권면 적용을 통해서 설교에 힘을 가져올 수 있다는 장점이 있다. 이동원 목사(지구촌교회)가 주로 이런 구성을 활용하는 편이다.

6) 구성의 원리

1. 본문에서 밝히는 결과가 무엇인가를 찾아내라. 결과를 무엇으로 결정하느냐에 따라 설교 구도가 달라진다.
2. 본문이 말하는 결과에 대한 이유 혹은 목적을 찾아라.
3. 본문이 말하는 목적(이유)을 어떻게 이루는지 그 방법을 찾아라.
4. 만약 위의 세 가지, 즉 '결과 - 목적 - 방법' 중 본문이 설명하지 않는 부분이 있다면 그 부분은 성경의 다른 본문에서 찾도록 하라.
5. 적용은 일반 적용과 권면 적용, 둘 다 사용할 수 있겠다. 하지만 가능하다면 각 단계마다 권면 적용을 활용하라. 권면 적용이 더 힘이 있다.

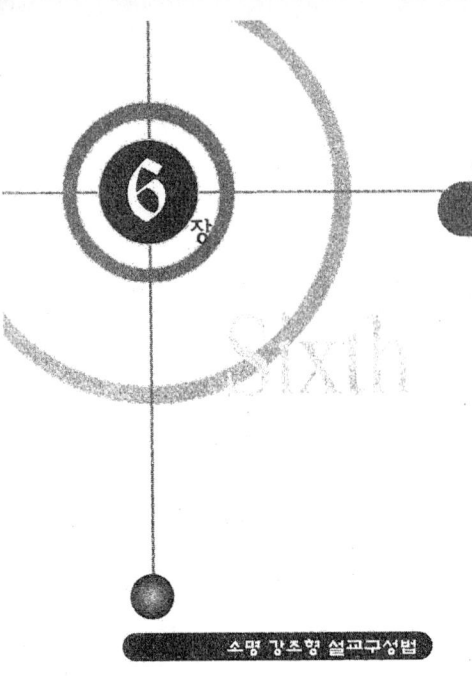

결과, 목적, 방법을 밝힌 후 누가를 질문하라

소명 강조형 설교구성법

설교 주제의 '목적'과 '방법' 등을 선명하게 밝힐 필요가 있을 경우 이 구성을 사용한다. 예를 들어 성도의 헌신에 대해 설교할 때에 이 방법이 유리하다. 특히 마지막 부분에 가서 "누가 이 일에 참여할 수 있는가? 아무나 할 수 있는 건 아니다."라는 질문과 답변을 함으로써 청중들을 헌신에 동참하지 않으면 안 되게 만드는 구성법이다.

선생님이 아이들을 모아놓고 폐품 수집을 해야 하는 목적과 방법 등을 설명하고 난 후에 "그러면 누가 이 일에 앞장서겠니? 아무나 할 수 있는 것은 아니다. 나라를 위하는 투철한 조국애가 있는 사람만이 할 수 있단다. 여러분 가운데서 그런 조국애를 발휘하여 이 폐품 수집에 맨 먼저 뛰어들 사람이 있으면 앞으로 나오너라."라고 한다면 그건 아이들을 영웅으로 몰아가는 것이다. 그 일을 하고 싶은 자극을 불어넣는 것이다. 단적으로, 이것이 '결과, 목적, 방법을 밝힌 후 누가 할 수 있을지 질문하라'의 구성법이다.

성경의 본문 가운데는 이렇게 '결과, 목적, 방법을 밝힌 후 누가 할 수 있을지 질문하라'의 구성으로 설교해야 할 경우가 있다. 특별히 이 전개방식을 따르면 설교 효과가 극에 달하거나 높은 효과를 기대할 수 있는 주제들이 있다.

1) 구성의 필요성

위와 같은 구성법은 언제 필요한가? 성도들이 신앙 성장의 동기 유발을 필요로 하거나 혹은 설교 주제의 목적이나 이유를 밝혀야 할 경우, 또 설교 주제의 목적 성취를 위한 구체적인 방법론을 필요로 할 때 사용하는 구성법이다. 또 본문이 '결과, 목적, 방법'으로 전개하는 설교일 때에도 이 방법을 사용할 수 있다. 특히 '누가?'란 질문을 설교 말미에 던짐으로써 청중을 설교의 목적에 부합하는 인물이 되도록 강력히 촉구하려 할 때 사용한다. 즉, 설교자가 청중들로 하여금 신앙의 영웅이 되도록 자극하려 할 때 사용한다.

2) 설교 예문

본문 : 마태복음 5:1-5
제목 : 애통의 샘을 열라.
문제 제기 : 성도들이 하나님 앞에서 애통하지 못함으로 하나님과의 바른 관계를 맺지 못할 때가 있다.
설교 목적 : 성도들이 애통의 개념을 이해하고 애통을 실천하며 살게 한다.

애통의 유익 - 삶의 정황ㅣ 저는 가끔 산에 올라가 기도합니다. 기도하다 보면 시간가는 줄 모를 때가 있습니다. 그런데 꼭 거치는 과정이 하나 있습니다. 기도하는 중반 정도 가면 눈물이 나기 시작합니다. 눈물로 뒤범벅이 되어 엉엉 웁니다. 그런데 울면서 기도하고 나면, 비 온 뒤의 하늘이 청정하게 개이는 것같이, 깨끗하게 닦인 유리창같이 제 마음이 맑아지는 것을 느낍니다. 그리고 그 마음으로 세상을 바라보면 세상이 그렇게 아름다울 수가 없습니다. 메말랐던 대지가 봄비로 촉촉이 적셔진 것 같은 부드러운 마음 밭이 됩니다. 사람을 이해하는 폭이 넓어집니다. 원망하던 마음이 사라지고 감사가 샘물처럼 솟아오릅니다. 세속적인 생각들이 하나하나 벗겨지고 대신 영적인 생각이 채워집니다. 하나님의 위로하심을 깊은 곳으로부터 경험하게 됩니다. 애통하는 것, 그것은 우리를 하나님의 은혜의 바다에 빠지게 하는 축복입니다.

애통의 목적 - 본문 설명 | 예수님도 이런 눈물이 담긴 애통을 하라고 우리에게 말씀하고 있습니다. 오늘 말씀을 보십시오. "애통하는 자는 복이 있나니 저희가 위로를 받을 것임이요."라고 선언합니다. 애통의 문자적 의미는 '마음을 찢는다'는 뜻입니다. 이 애통은 사랑하는 사람을 잃고 마음을 찢는 게 아닙니다. 값비싼 보석을 잃거나 자신의 정욕을 채우지 못해서 한스러워 우는 것이 아닙니다. 그리스도인의 애통은 주님의 잣대로 자신과 세상을 바라보며 주님 기준에 미치지 못하는 것을 안타까워하는 것입니다. 그 안타까움이 너무 커서, 마치 샘물이 콸콸 솟아나듯, 심령 깊은 곳에서 눈물 흘리는 것을 말합니다. 동시에 안타까워하는 내용이 긍정적으로 해결되기를 바라는 마음이 간절해서 가슴을 찢으며 슬피 우는 것을 말합니다.

사랑하는 성도 여러분, 여러분에게 이런 애통이 있길 바랍니다. 그리고 이런 애통을 실천하여 하나님의 위로하심을 덧입는 축복의 사람이 되기를 주의 이름으로 축원합니다.

애통의 방법을 밝혀주는 다음 부분은 언뜻 보면 방법보다도 '무엇'에 해당되는 것처럼 느껴진다. 하지만 더욱 포괄적인 의미에서 '무엇'은 결국 방법에 해당된다. 왜냐하면 무엇을 애통해야 하는지 밝히고 있고 그것은 곧 청중이 애통해야 하는 방법을 일러주기 때문이다.

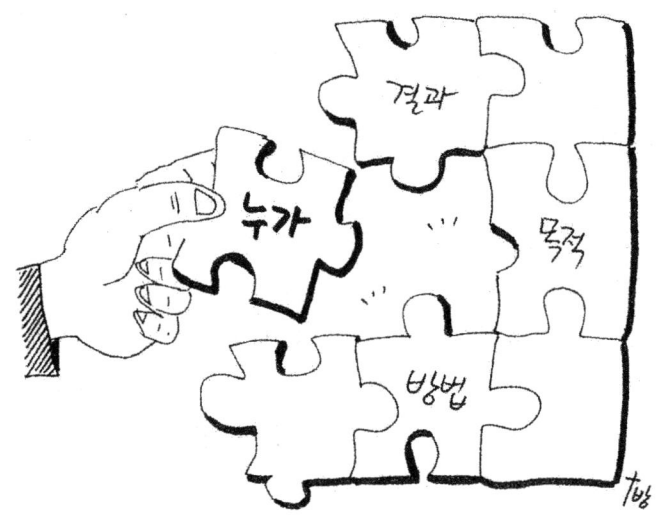

결과, 목적, 방법을 맞췄으니 누가 퍼즐도 맞춰보자.

애통의 방법 1 | 보통, 사람은 자기가 지은 죄 때문에 애통해 합니다. 베드로는 자기가 주님을 배반했음을 깨닫고 통곡했습니다. 클레멘트는 그가 통곡하느라 닭 우는 소리도 듣지 못했을 거라고 했습니다. 간음과 살인을 하고 난 후에 다윗은 눈물을 병에 담을 만큼 많은 눈물을 흘리면서 회개 자복하며 애통해 했습니다. 잘못에 대해 애통하는 것은 용기 있는 일입니다. 자신의 허물을 발견하고 즉각적으로 회개하는 애통은 하나님의 용서를 얻고 죄 없는 자로 인정을 받는 중요한 믿음의 행위입니다. 하지만 애통이란 죄를 짓고 슬퍼하는 것만이 아닙니다. 경건한 슬픔을 말하기도 합니다. 비록 우리의 이름이 신문지상에 오르내리는 큰 죄를 짓고 있지는 않다고 할지라도 우리 속에 담겨 있는 불경스러운 모습을 보고 슬퍼하는 것을 말합니다.

어느 날 왕과 왕후와 재상이 평소 다른 사람에게 말하고 싶지 않았던 자기만의 비밀스런 이야기를 터놓고 이야기하기로 하고 모였습니다. 그리고 만일 세 사람 중 각각이 하는 말이 사실이라면 병풍 속에 그려진 금계(金鷄)가 소리치며 울 것이라고 했습니다. 먼저 왕이 입을 열었습니다. "나는 이 나라의 왕으로 모든 것이 다 내 아래 있지만 때로 관인들이 나한테 좋은 선물을 하면 내 마음이 심히 기쁘다."고 말했습니다. 그랬더니 병풍 속의 금계가 울었습니다. 다음은 재상이 입을 열었습니다. "저는 이 나라의 통치자로서 한 사람을 제외하면 다 내 아래 있지만, 저 왕좌를 볼 때마다 나도 매일 한번 저 자리에 앉아보았으면 하는 생각이 듭니다."라고 말하자 역시 병풍 속의 금계가 울었습니다. 마지막으로 왕비도 입을 열었습니다. "나는 지금 한 지아비를 섬기고 있지만 가끔은 어전회의에서 문무백관들 틈에 젊고 건장한 신하가 있으면 저 사람과 깊은 교제를 나눠봤으면 하는 생각이 듭니다."라고 하자 역시 병풍 속의 금계가 울었습니다.[9]

인간은 누구나 그 안에 본능적인 죄악을 숨기고 있습니다. 겉으로 드러나지 않는 추악한 죄성들이 모든 사람에게 내재되어 있다는 말입니다. 단지 감춰져 있을 뿐….

저는 얼마 전 한 소년이 어느 집 앞에 놓인 화분을 발길로 걷어차고서 유유히 사라지는 장면을 목격했습니다. 멀리서 그 장면을 목격하는 순간 저는 얼마나 화가 나던지 차 문을 열고 나가 혼을 내주고도 싶었지만, 가만히 다시 생각해보니 그 소년이 가지고 있는 파괴의 심성이 내 안에도 있겠다는 마음이 들더군요. 그 순간 저 자신도 부끄러워졌습니다.

아무리 도덕적으로 깨끗한 사람일지라도, 아무리 덕망 높은 사람일지라도, 사람에게는 언제든지 타락할 수 있고, 언제든지 하나님의 영광을 가릴 수 있는 본능적인 죄성이 그 안에 강물처럼 흐르고 있습니다. 예수님을 판 유다의 욕심이, 성령을 속인 아나니아와 삽비라의 탐

욕이, 부하의 아내를 보고 음욕을 품은 다윗의 욕정이 우리에게도 숨겨져 있다는 말입니다.

그러고 보면 누가 누구를 탓할 것도 없습니다. 우리는 똑같이 죄성을 지닌 존재일 뿐입니다. 그럼에도 불구하고 신문지상에 오르내리는 죄악들을 향해 분노의 눈물을 흘리기는 하지만, 정작 자신의 잘못 때문에 애통해 하는 사람은 많지 않습니다. 자신의 삶이 떳떳하다고 생각하는 사람은 많지만, 자기의 숨겨진 죄성을 끄집어내고 그것 때문에 슬퍼하는 사람은 많지 않습니다.

성도 여러분, 큰 죄를 짓지 않고 평범한 인생을 살고 배우자와 자녀들 앞에서 부끄럽지 않게 살면서, 그리고 사람 앞에 떳떳하게 살면서, 하나님만이 아시는 자기 속에 숨겨진 죄악과 죄성 때문에 안타까워 울 수는 없습니까? 그것을 도려내기 위해서 애통하는 성도가 될 수는 없을까요?

사랑하는 성도 여러분, 그러므로 내 속에 있는 영적 불순물을 제거해달라고 간구하며 우는 성도가 되십시다. 아직도 포장된 경건 속에 여전히 남아 있는 불순한 생각을 제거하기 위해 몸부림치며 우는 사람이 되십시오. 포장된 겸손 안에 아직도 제거되지 않은 교만을 안타까워하며 우십시오. 내 속에 있는 죄의 뿌리가 하나님의 인격을 닮아 가는 데 방해가 된다는 것을 발견할 때마다, 그것을 안타까워하며 울고 그것을 없애달라고 엉엉 우는 사람이 되시기 바랍니다. 이런 애통이 있을 때 우리는 좀더 순수해질 수 있고 진실해질 수 있습니다. 좀 더 거룩해질 수 있습니다. 나를 진실하게 만들고 순수하게 만드는 이런 애통이 저와 여러분에게 있기를 바랍니다.

애통의 방법 2 | 성도가 울어야 할 또 다른 이유는 자신의 죄성 때문만은 아닙니다. 우리는 자신의 영적인 가난 때문에 안타까워 우는 사람이 되어야 하겠습니다.

사람은 자신이 가난할 때 돈을 벌어 부자가 되려고 노력합니다. 저의 어머니는 평생을 가난하게 사셨습니다. 그 가난을 벗어나려고, 정말이지 자신의 온몸을 내던지는 피나는 노력을 하셨습니다. 마찬가지입니다. 영적으로 빈곤한 그리스도인은 그 빈곤을 벗어나려고 노력해야 합니다. 그런데 문제는 많은 그리스도인이 자신의 영적 빈곤 때문에는 울지 않는다는 것입니다. 왜입니까? 자신이 영적으로 가난한지 어떤지조차 모르기 때문입니다. 가난한 줄 모르니 하나님 앞에서 애통할 줄도 모릅니다. 이것이 문제요, 이것이 하나님을 슬프게 하는 일입니다.

라오디게아 교회를 향해서 주님이 말씀하시기를 "네가 말하기를 나는 부자라 부요하여 부족한 것이 없다 하나 네 곤고한 것과 가련한 것과 가난한 것과 눈먼 것과 벌거벗은 것을 알지 못하도다."(계 3:17)고 하였습니다.

라오디게아 성도들은 대부분이 덕망 있는 직업을 가진 사람들이었습니다. 삶이 안정되고 편안했습니다. 외관상으로는 부족함이 없었습니다. 그러나 그들은 영적으로 무기력했습니다. 하나님이 기뻐하시는 일을 좇는 데 무관심했고 세상의 죄악과 싸우는 데는 시든 나뭇잎처럼 허약했습니다. 세상 유혹에 쉽게 넘어지고 죄에 빠집니다. 몸은 어른이지만 신앙의 수준은 어린아이에 머물고 있습니다. 그럼에도 불구하고 그것이 문제인지도 몰랐습니다.

저는 얼마 전 중년의 성도와 대화를 나눈 일이 있습니다. 그분이 진지하게 말하길, "목사님, 요즘 제 생활은 점점 편안해지는데, 제 신앙 자세는 점점 느슨해짐을 느낍니다. 저를 향한 하나님의 뜻이 무엇인지 잘 알면서도 순종하려는 마음이 줄어드는 제 자신이 안타깝습니다. 또 교회에서 봉사해야 할 부분들이 눈에 띄어도 귀찮은 생각에 마냥 게으름을 피워 큰일입니다. 요즘 무너져가는 제 자신을 바라보며 영적인 힘을 달라고 울면서 기도한답니다. 그랬더니 조금씩 힘이 솟네요." 저는 깜짝 놀랐습니다. '자신의 영적 가난을 벗어나기 위해서 평신도들도 이처럼 경건한 슬픔을 지닐 수 있구나!' 하고 말입니다.

사람은 자신의 벌거벗은 모습을 부끄러워할 줄은 알아도 영적으로 벌거벗은 자신을 부끄러워하는 사람은 그리 많지 않은 것 같습니다. 자신의 삶이 곤고해서 울기는 해도 자신의 영적인 상태가 곤고해서 우는 사람은 많지 않습니다. 잃어버린 재산을 안타까워하며 우는 사람은 있어도, 잃어버린 영적 부요를 안타까워하며 애통해 하는 사람은 많지 않습니다.

우리가 알다시피, 겟세마네에서 드린 예수님의 기도는 애통이 담긴 간구였습니다. 십자가를 지는 하나님의 뜻을 이루는 데 영적으로 무기력하지 않도록, 주님은 물방울이 핏방울이 되도록 기도하셨습니다. 온전히 하나님의 뜻을 이루는 데 쓰임받게 해달라고 울면서 간구하셨습니다.

사랑하는 성도 여러분, 하나님의 뜻을 좇아 산다고 하면서도, 아직도 내 안에 순종하지 않으려는 불순물이 들어 있음을 발견하고 그것 때문에 애통해 하는 여러분들이 되시기 바랍니다. 더 뜨거운 감사가 담긴 예배를 드리지 못하고 있는 냉랭한 자신이 안타까워서 울고, 형식적인 기도의 벽을 깨고 더 깊게 기도하지 못하는 바리새인과 같은 나 자신이 안타까워서 우는 성도들이 다 되시기 바랍니다.

이제 우리는 복음이 필요한 사람을 보면서도 선뜻 전도하지 못하는 용기 없는 자신의 연약함을 안타까워하여 애통해 합시다. 봉사하던 일에서 열심을 잃고 있는 자신이 안타까워서 영적인 힘을 달라고 울 수 있기를 바랍니다. 하나님께 더 가까이 가고 더 깊은 헌신으로 들어갈까 봐, 그것을 두려워하며 늘 교회 주변만 맴도는 겉멋 들린 자신이 안타까워서 울 수 있기를 바랍니다. 주님께 헌신한다고 말은 하지만 하나님을 위해 아직도 나의 옥합을 깨뜨리지 못하고 있는 자신을 향해, "내 믿음은 왜 이것밖에 안 될까?"라고 안타까워하며 애통해 하는 사람이 되시길 바랍니다. 언젠가 옥합을 깨뜨려서 하나님께 드리며, "오 하나님, 하나님의 뜻을 이루기 위해 저를 사용해주심을 감사합니다." 하고 울 수 있는 사람이 됩시다. 나를 구원하신 사랑에 감격하여 울고 그 사랑을 갚기에 최선을 다하는 사람이 되게 해달라고 애통해 하는 사람이 됩시다. 자신의 영적 빈곤을 위해 우는 사람, 바로 그 사람에게 영력이 주어지는 법입니다. 그런 사람에게 감사가 깃들고 기쁨이 찾아듭니다. 경건한 애통을 통해서 영적 풍요를 누리시는 저와 여러분이 되시길 바랍니다.

애통의 방법 3 | 성도는 자신의 영적 불순물을 몰아내기 위해서 울고, 영적 빈곤을 채우기 위해서 울어야 합니다. 동시에 그리스도의 심장이 되어 세상을 가슴에 품고 애통의 샘을 열 수 있어야 합니다.

우리 주님도 이 세상을 바라보며 우셨습니다. 주님은 사람들을 보며 많이 우셨습니다. 나인성 과부 아들의 죽음을 보고 우시고, 죽은 나사로를 보고 우셨습니다. 예수님은 십자가의 죽음 앞에서 울고 있는 여인들에게 "나를 위하여 울지 말고 너희와 너희 자녀를 위하여 울라."(눅 23:28)고 말씀하셨습니다. 40년 후에 멸망할 예루살렘을 향해 예수님께서 우셨던 것입니다. 예수님이 십자가 위에서 흘린 그 눈물은 세상을 향한 눈물이었습니다.

세상이 불공정하다고 원망을 토로하는 사람은 많습니다. 하지만 세상을 가슴에 품고 우는 사람은 많지 않습니다. 교회를 향해 실망했다고 불평을 내뿜는 사람은 많은데, 교회를 위해 눈물 흘리며 기도하는 성도는 많지 않습니다.

눈물의 선지자로 유명한 한신교회의 이중표 목사가 전라도 고부에서 목회할 때의 일입니다. 그분은 사람들을 생각하면 그냥 눈물이 흐르는 분입니다. 기도만 하면 눈물이 나고, 밥을 먹다가도 눈물이 나고, 길을 걷다가도 눈물이 나온다고 합니다. 그냥 눈물이 주루룩 흐른다고 합니다. 한번은 길을 가는데 할머니가 "목사님, 왜 그렇게 우세요." 하고 물었답니다. 그래서 이 목사님은 "할머니를 위해 이렇게 울고 있는 겁니다."라고 대답했다고 합니다. 그 뒤부터 동네 사람들로부터 울보 목사로 알려지게 되었답니다.

한번은 그분이 새벽종을 치느라 줄을 잡아당기는데, 눈물이 너무 나서 더는 종을 칠 수 없더랍니다. 치던 종을 멈추고 엉엉 울었는데 이때, 이 목사님 앞에 주님이 나타나셔서 "사랑하는 아들아!" 하고 부르시더라는 겁니다. 그래서 "오 주님!" 하고 말하자, 주님께서 "네가 지금껏 흘린 그 모든 눈물은 네 속에서 흘린 나의 눈물이었다."고 말씀하셨다고 합니다. 목사님은 깜짝 놀라 이렇게 말했습니다. "오 주여, 지금껏 흘린 저의 눈물이 정녕 제 속에서 흘린 당신의 눈물이었습니까? 오 감사합니다." 그 후 이 목사님은 그때의 환상을 생각만 하면 감격에 벅차 오른다고 고백한 바 있습니다. 그동안 자신이 흘린 모든 눈물이 주님이 흘린 눈물이라고 생각하니 눈물이 더욱 많이 나더라나요.[10]

여러분, 그리스도의 심장으로 세상을 바라보십시오. 몸은 살았으나 영혼은 묘지를 향해 달려가고 있는 불쌍한 사람들이 보이지 않습니까? 죄의 포로가 된 채 그 죄로부터 벗어나고자 몸부림치는 사람들의 신음소리가 들리지 않습니까? 이 세상에서의 삶이 전부인양 땅만 바라보며 살아가는 안타까운 사람들이 보이지 않습니까?

천국 가는 길은 결코 화려한 장미 화원만은 아닙니다. 눈물의 골짜기를 지나야 합니다. 저와 여러분은 예수님과 이중표 목사님이 세상을 바라보며 안타까워서 운 것처럼, 우리 주님의 심정을 가지고 나 자신과 교회, 그리고 세상을 바라보며 울 수 있어야 하겠습니다. 나 자신의 죄성과 영적 불순물을 제거하기 위해 울고, 나 자신의 영적 빈곤과 무기력을 채우고자 울고, 주님이 세우신 몸 된 교회를 바르게 세워 나가기 위해 울 수 있기를 바랍니다.

또한 교회의 목사님과 사역자들이 하나님의 일을 잘 감당하는 사람들이 되게 해달라고, 각 기관장들이 맡은 사명을 성실히 감당하는 사람이 되게 해달라고, 모든 교회가 교회답게 해달라고, 타락한 세상을 하나님의 은혜의 장 중에 넣으시며 세상을 불쌍히 여겨주시길 바라고 애통하며 울 수 있기를 바랍니다. 이렇게 세상을 향해 눈물을 뿌리며 살아가는 사람은 자신의 영적 삶이 풍요로워집니다. 하나님의 눈으로 세상을 볼 수 있는 힘이 생깁니다. 기도에 영력이 생기고 의로운 삶을 살게 됩니다. 교회에서나 하나님 앞에서나 소중한 사람이 됩니다.

누가 | 누가 애통할 수 있는 사람입니까? 아무나 할 수 있는 것이 아닙니다. 자신의 죄성을 깨닫거나, 자신의 영적 결핍을 철저히 보는 사람, 자신이 섬기는 교회와 주변 사회가 하나님의 기운으로 충만하길 원하는 그리스도의 심장을 가진 사람만이 애통할 수 있습니다. 타락한 세상이 주님의 인격에 온전히 지배되기를 원하는 사람, 그래서 세상을 하나님의 은혜 속으로 끌고 들어가 기도하는 의인만이 애통할 수 있습니다.

사랑하는 성도 여러분, 그리스도의 심장으로 나 자신을 바라보며, 교회를 바라보며, 세상을 바라보며, 안타까워 애통하는 의인이 되십시오. 하나님이 기뻐하시는 사람이 되고자 애통하는 여러분이 되시기를 바랍니다. "애통하는 자는 복이 있나니 저희가 위로를 받을 것임이요"(마 5:4). 이 말씀이 눈물의 골짜기를 자청하여 걷는 저와 여러분의 것이 되기를 주의 이름으로 축원합니다.

3) 설교 예문 분석

우선 구성의 개요를 보자.

　　| 서론　　애통의 유익(결과와 목적이 담겨 있음)
　　| 본론　　효과적인 애통의 방법
　　- 자신의 영적 불순물을 뽑아내기 위해서 울어야 한다.
　　- 자신의 영적인 결핍을 채우기 위해서 울어야 한다.
　　- 타락해가는 세상을 바로잡고자 하는 그리스도의 심장으로 울어야 한다.
　　- 누가 이와 같은 애통에 참여할 수 있는가?
　　- 아무나 할 수 있는 것이 아니다. 의인만이 참여할 수 있다.

이제는 내용을 보도록 하자. 본문 마태복음 5:1-5을 기초로 해서 어떤 구성 방식을 찾는다는 것이 다소 어렵다. 왜냐하면 본문이 짧고 단순하며 그다지 독특한 구성 요소를 갖고 있지 않기 때문이다. 이럴 경우에는 설교자가 이미 알고 있는 구성법인 '결과, 목적, 방법을 밝힌 후 누가 할 수 있을지 질문하라'를 사용할 수 있다. 이 설교구성에서 가장 중요한 것은 청중들이 당장에 적용할 수 있는 '애통하는 방법'이 무엇인가 하는 것이다. 그래서 설교에도 애통의 방법을 설명하는 데 가장 많은 시간을 할애했다.

우선 서론에서 나는 애통의 유익을 결과로 드러냈다. 결과는 긍정적인 내용이며 청중들로 하여금 애통하는 욕구를 갖도록 자극한 것이다. 그런 다음 애통의 목적을 다루었다. 즉, 애통할 때는 하나님의 크신 위로가 있음을 상기시켰다. 애통의 목적을 다루는 동안 애통의 정의도

동시에 다루었음을 유의하라.

이제 본문에서 가장 많은 부분을 다루고 있는 애통의 방법, 즉 해결책을 전개했다. 청중들은 항상 방법에 대해서 가장 많은 관심을 갖는다는 것을 기억하라. 이를 위해서 애통의 방법 3가지를 집중적으로 다루었다. 즉, 무엇을 애통할 것인가는 어떻게 애통할 것인가에 해당하는 방법이다. 이 방법을 위해서 첫째, 영적 불순물을 제거하기 위해서 울어야 한다. 둘째, 영적 빈곤을 채우기 위해서 울어야 한다. 셋째, 타락해가는 세상이 안타까워서 그리스도의 심장으로 울 수 있어야 한다고 했다. 애통의 방법을 다 다루고 난 뒤에 "그러면 누가 애통할 수 있는 사람인가? 아무나 애통할 수 있는 것은 아니다."라고 하면서 애통할 수 있는 자격을 거론했다. 이것은 애통하고자 하는 성도들로 하여금 애통의 욕구를 더 강하게 자극하는 것으로서 애통은 결코 아무나 할 수 있는 게 아니며 신앙의 영웅만이 애통하는 삶에 참여할 수 있음을 밝힘으로써 신앙의 영웅이 되도록 자극한다.

'애통의 방법'을 다루면서 성경 구절 인용(본문 설명이라 생각하자), 예화, 적용 등이 일정한 방법으로 사용되고 있음을 기억하라. 위의 기능적 요소, 본문 설명, 예화, 적용 등이 일정하게 들어감으로서 설교의 내용이 충분히 전달되었다고 볼 수 있다. 또 각 개요마다 일반 적용이 아닌 권면 적용이 들어갔음을 기억하라. 권면 적용은 설교에 힘을 불어넣는다.

4) 설교구성법

이제 위의 구성을 따라서 차근차근 설교를 만드는 방법을 생각해보

자. 사실 이 구성이 '결과, 목적, 방법을 밝혀라'는 구성법에 따른 설교를 만드는 방법과 비슷하기 때문에 그렇게 많은 설명을 필요로 하지는 않는다. 단지 마지막에 '누가 할 수 있을까?' 하는 질문을 던짐으로써 설교의 결론을 더 정교하게 만들었을 뿐이다. 앞서 밝힌 '결과, 목적, 방법을 찾아라'의 구성법에서 사용했던 본문(계 2:8-11)을 다시 한번 활용해보자.

| 제목   종말론적 신앙
| 개요
- 성도는 환난 앞에서 두려워말라고 말씀합니다(결과).
- 왜냐하면 환난을 이기는 성도에게는 생명의 면류관이 주어지기 때문입니다(이유).
- 그러면 어떻게 환난을 이겨냅니까? 그것은 현재의 위치에서 죽도록 충성하는 일입니다. 그러면 환난을 이기고 마지막에 생명의 면류관을 얻습니다(방법).

이 전개방식에 하나를 더 첨가할 수 있는데, 마지막에 가서 누가 할 수 있을 것인지 질문을 던지는 것이다. 결국 '결과 - 이유 - 방법 - 누가'의 순서를 따라서 설교를 전개해나가는 방식이다. '누가'의 순서에서 설교자는 다음과 같은 질문을 던질 수 있다. "그러면 누가 환난 가운데서도 죽도록 충성하는 믿음을 가질 수 있습니까?" 그 다음의 답은 "아무나 충성할 수 있는 게 아닙니다. 믿음에 부요한 자(9절)만이 환난 가운데서 하나님께 죽도록 충성할 수 있습니다."라고 해서 청중을 자극할 수도 있다. 결국 믿음에 부요한 자가 되기 원하는 청중들만이 충성의 주인공이 될 수 있다고 자극함으로써 청중을 신앙의 영웅이 되도록 이끌어간다. 위 개요의 내용을 정리해보자.

|결과   성도는 환난 앞에서 두려워 말라고 말씀합니다.
|이유   왜냐하면 환난을 이기는 성도에게는 생명의 면류관이 주어지기 때문입니다.
|방법   그러면 어떻게 환난을 이겨냅니까? 그것은 현재의 위치에서 죽도록 충성하는 일입니다. 그러면 환난을 이기고 마지막에 생명의 면류관을 얻습니다.
|누가   그러면 누가 죽도록 충성하는 믿음의 사람이 될 수 있습니까? 아무나 충성할 수 있는 게 아닙니다. 믿음에 부요한 자만이 환난 가운데서 하나님께 죽도록 충성할 수 있습니다. 바로 당신이 그렇게 될 수 있습니다.

이와같이 설교를 전개한다면 그 설교는 청중의 심리를 자연스럽게 자극하는 것이 된다. 결국 9절의 말씀이 마지막에 사용되었다. 이제 각 개요에 본문 설명, 예화, 적용 등의 기능적인 요소를 집어넣어 개요마다 알차게 전개해나갈 수 있다.

5) 구성의 특징

설교 주제의 '목적'과 '방법' 등을 선명하게 밝힐 필요가 있을 경우 이 구성을 사용한다. 예를 들어 성도의 헌신에 대해 설교할 때에 이 방법이 유리하다. 헌신에는 희생, 봉사, 사랑, 은사 등의 내용이 있다고 볼 수 있는데 '왜?' 혹은 '어떻게?' 해야 하는지 설명해야 할 경우 바

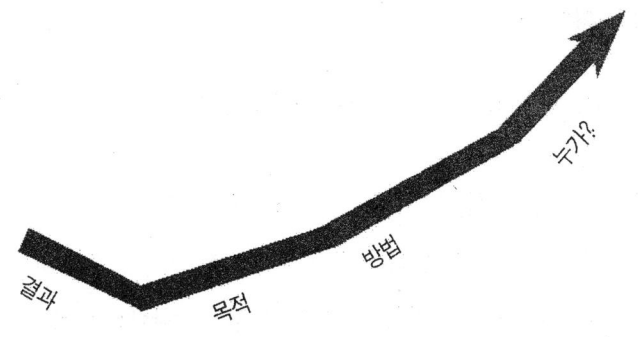

'결과, 목적, 방법을 밝힌 후 누가를 질문하라' 구성의 개념도.

로 이 구성법으로 설교하면 좋다. 특히 마지막 부분에 가서 "누가 이 일에 참여할 수 있는가? 아무나 할 수 있는 건 아니다."라는 질문과 답변을 함으로써 청중들을 헌신에 동참하지 않으면 안 되게 만드는 구성법이다. 또 '의로운 삶을 살자'는 내용으로 설교할 때도 의로운 삶을 사는 목적과 방법을 밝히고 난 뒤에 "그러면 누가 의로운 삶에 참여할 수 있는 사람입니까?"란 질문을 던진다. 그리고 "아무나 할 수 있는 건 아닙니다. 의로운 삶을 살고자 하는 간절함이 있는 사람만이 할 수 있습니다."라고 할 수 있다. 설교 말미에 이런 질문을 던지는 것은 청중으로 하여금 더 강력히 결단을 촉구하도록 하는 기회를 부여하기 위함이다. 설교자는 청중이 반드시 즉각적인 결단을 보이길 원할 때, 바로 이 '누가…'의 부분을 첨가할 수 있다.

6) 구성의 원리

1. 설교 주제가 목적과 방법을 강조할 필요성이 있을 때 사용하라.
2. 청중을 신앙의 영웅으로 자극하려 할 때 활용하라.
3. 행동을 요하는 순간이라고 판단될 때에 '누가'를 질문하라.
4. 설교 주제의 목적이 둘 이상 넘지 않도록 하라. 가능한 한 가장 분명한 이유 한 가지만을 밝혀라.
5. 방법도 두 개 이상을 넘지 않도록 하라. 너무 많으면 설교가 늘어진다.
6. 각 개요의 목적이나 방법에서 권면 적용을 하라. 그래야 설교가 힘이 있다.

누가 무엇을, 언제, 어디서, 왜(어떻게)를 질문하라

이 구성에 따라서 설교하려면 첫째, 설교할 본문이 위의 질문에 답할 자료를 충분히 확보하고 있는지 생각해보아야 한다. 만약 이 조건을 충족한다면 두 번째로 질문에 대한 답이 설교를 구성하기에 충분한 가치가 있는지 생각해본다. 셋째로는 설교의 핵심을 '왜', 혹은 '어떻게'에 두도록 한다. 기능적 요소인 본문 설명, 예화 적용 등을 각 개요마다 균형 있게 설명하되 '왜(혹은 어떻게)?' 라는 질문에 대한 답이 설교의 핵이 되게 하라.

현대는 정보화시대다. 사람들은 정보를 얻으려고 온 촉각을 곤두세우고 있다. 그러면 사람들은 어떻게 정보를 얻고 있는가? 그것은 여러 방법 중에 하나인, 어떤 사실이나 사건에 대한 '분석 작업'을 통해서다. 사건의 자료를 분석하면 훨씬 많은 정보를 얻게 된다. 이런 분석 방법 중 하나가 바로 육하원칙(누가·언제·어디서·무엇을·왜·어떻게)이다. 이 방법은 물론, 폭 넓게는 육하원칙을 거의 다 활용하는 것이라고 볼 수 있다.

1) 구성의 필요성

현대 청중들은 어떤 사건을 접하면 그 사건을 훤히 알아야 직성이 풀린다. 하지만 자신들의 의지로 그 사건을 해석하려고 하지 않는다.

왜냐하면 귀찮기 때문이다. 하지만 남이 분석해놓은 정보는 얻기를 원한다. 특히 분석된 정보가 정확하거나 선명하면 매우 마음에 들어하며 지적으로 만족하게 된다. 본 구성법 '누가 무엇을, 언제, 어디서, 왜 (혹은 어떻게)?'의 전개방식은 결국 현대 청중들의 심리에 특히 지성에 만족을 주는 데 필요한 전개방식이다. 왜냐면 분석적인 설교 전개이기 때문이다.

본 구성법이 현대 설교에 필요한 또 다른 이유가 있다. 그것은 성경의 많은 본문들이 위와 같은 순서, 즉 누가 무엇을, 언제, 어디서, 왜 (혹은 어떻게)의 질문에 따라 답할 가치가 있는 내용들이 참으로 많다. 즉, 위와 같은 순서로 질문했을 때에 본문에 대한 분석 작업이 제대로 이뤄지며 동시에 본문이 의미하는 바를 제대로 전달할 수 있게 된다. 물론 어떤 본문들은 '누가 무엇을'이란 질문을 던질 필요가 없는 본문들이 있다. 그러나 어떤 본문들은 위의 질문들을 던져야 본문의 의도가 선명해진다. 이럴 때에 우리는 위의 설교 전개방식을 활용해야 한다.

2) 설교 예문

본문 : 출애굽기 3:1-5, 12
제목 : 신을 벗으라.
문제 제기 : 그리스도인이 하나님의 부르심의 의미를 알지도 그 뜻에 따라 살지도 않는다.
설교 목적 : 하나님의 부르심의 목적을 발견하고 그에 따라 살게 한다.

누가 무엇을 | 1982년 가을 어느 오후에 미국 버지니아의 베드휘드에

육하원칙의 전달법이란 이런 것이다!

사는 파스티 휘트(Pasty Wheat) 부인은 세 살배기 아들 제이를 9살짜리 딸과 6살짜리 아들과 함께 집 주차장에서 놀게 했습니다. 그런데 10분 후에 부엌에서 나와보니 막내아들이 없는 것이었습니다. 다른 두 아이들도 두 살배기 동생이 어디 갔는지 알지 못했습니다. 집 뜰 쪽에는 넓은 잔디와 숲이 있었지만 부인은 즉시 인근 고속도로로 가보았습니다. 하지만 막내아들의 모습은 보이지 않았습니다. '유괴됐구나!' 하는 생각이 들자 즉시 경찰에 연락했습니다. 경찰차와 구조대원들, 그리고 수많은 동네 사람들이 모여서 아기를 찾아나섰습니다. 어두워지자 헬리콥터까지 동원되어 인근 숲을 샅샅이 뒤졌습니다. 수백 명의 사람들이 손에 손을 잡고 제이의 이름을 부르며 숲을 찾아다녔습니다. 밤 11시가 되자 기온은 18도로 뚝 떨어졌습니다. 그렇지만 사람들은 포기하지 않았습니다. 이제는 독일산 쉐퍼드까지 활용하여 아이를 찾았습니다.

새벽 4시 30분쯤 되었을까? 개 짖는 소리가 뒷산에서 들렸습니다.

혹시나 하고 가보니 개가 아이의 여기 저기를 핥고 있었습니다. 아이는 가시에 찔려 사방에 피가 흐르고 있었고 여러 군데에 상처도 나 있었습니다. 아이는 공포에 떨며 울었습니다. 엄마도 울음을 터트리며 아이에게 달려가 끌어안고 입을 맞추었습니다. 얼마나 감동적이었을까요? 아들을 찾기 전까지 아이 엄마의 마음은 결코 평안하지 않습니다. 아들 역시 부모를 만나기 전까지는 결코 공포에서 벗어날 수 없었던 겁니다. 부모를 만나고 나서야 평화와 안식을 누릴 수 있게 되었습니다.

인간과 하나님과의 관계도 마찬가지입니다. 하나님은 잃어버린 한 영혼을 찾기 전까지 결코 편안해 하지 않으십니다. 인간 역시 하나님을 만나기 전까지 완전한 평화와 안식이 없습니다. 아직도 하나님을 만나지 못한 분이 있습니까? 이 시간에 찾아오시는 하나님을 만나시고 참 평화와 안식을 누리시길 주의 이름으로 축원합니다.

1 누가 무엇을

오늘 본문에도 하나님을 만나기 전까지는 결코 행복할 수 없었고 안식할 수 없었던 모세에게 하나님이 찾아오시는 장면을 봅니다. 파란만장한 인생을 살아온 모세에게 어느 날 하나님께서 갑작스럽게 찾아오셨습니다. 그런데 찾아오시는 모습이 특이합니다. 여느 때와 다름없이 모세는 호렙산 근처에서 양을 치고 있었는데 거기서 불이 붙었으나 전혀 타지 않고 있는 떨기나무를 보게 됐습니다. 참으로 기이한 광경에 모세는 깜짝 놀랍니다. 그때 그 떨기나무 가운데서 "모세야 모세야" 하고 부르시는 하나님의 음성을 듣습니다. 모세는 얼떨결에 "내가 여기 있나이다."라고 대답합니다. 인생의 황혼을 맞은 모세에게 뜻하지 않게도 하나님이 찾아오시는 장면입니다.

저는 이 광경을 볼 때마다 "하나님께서 내게도 모세에게 보이신 것처럼 선명하게 나타나셔서 '영재야, 내가 너를 사랑한단다….' 하고 불러주신다면 얼마나 좋을까?" 하는 생각이 듭니다. 얼마나 감동적일까요? 기독교 역사의 인물 가운데는 하나님이 이처럼 특별히 부른 사람들이 있습니다. 타락의 삶을 살던 어거스틴이 어느 날 밀란의 뜰을 거닐고 있는데 주변을 지나가던 소년 성가대원들이 로마서 13장을 펴서 읽으라고 외치는 소리를 들었습니다. 어거스틴이 즉시 성경을 펴서 읽어보니 "세월이 아까우니 죄로부터 돌이키라."는 말씀이었습니다. 그는 이 사건으로 완전히 변화하여 새사람이 됩니다. 훗날 「참회록」에서 그는 이 사건을 두고 하나님이 자신을 부르신 사건이었다고 고백한 바 있습니다.

불신앙과 편견에 차서 젊은 날을 보내던, 영국이 낳은 20세기 최고의 기독교 작가 C. S. 루이스, 그는 어느 일요일 옥스퍼드 대학 기숙사에서 고양이가 쥐를 쫓듯이 자신에게 강력하게 찾아오시는 하나님께 항복하고 말았습니다. 그는 이 체험 후에 완전히 새로운 인생을 살게 됩니다. 훗날 그도 마찬가지로 이 사건을 하나님이 자신을 부르신 사건이었다고 고백했습니다. 그럼 바울은 어떻습니까? 신자들을 핍박하려고 다메섹으로 가던 그에게 부활의 주님이 나타나셨습니다. 그리고 그를 강력하게 부르셨습니다. 그 후 그는 교회사에 빛나는 가장 위대한 일꾼이 됩니다.

이처럼 하나님은 자기 백성을 찾아오십니다. 비록 대부분의 사람들이 찾아오시는 하나님을 분명하게 느끼지 못한다고 해도 하나님은 우리에게 수시로 찾아오고 계십니다. 성도 여러분, 지금도 하나님은 저와 여러분에게 찾아오십니다. 요한복음 6:44에서 주님은 뭐라고 말씀하십니까? "아버지께서 이끌지 아니하면 아무라도 내게 올 수 없으니."라고 말씀하십니다. 오늘 우리가 어떻게 하나님께 나오게 되었습니까? 어떤 분은 친구의 소개로, 어떤 분은 부모님의 인도로 이곳까지 오게 되었고 지금 하나님을 섬기게 되었습니다. 하지만 그 이전에 이미 하나님이 우리를 부르시는 은총이 있었다는 것을 기억하십시오. 그 부르심으로 말미암아 이곳까지 오게 되었습니다.

사랑하는 성도 여러분, 오늘 우리가 이곳까지 오게 된 것은 오직 하나님의 부르심의 은총이 있었음을 인정합시다. 그리고 우리를 불러주신 하나님께 이 시간, 감사와 찬양을 돌려드리는 저와 여러분이 되시길 주의 이름으로 축원합니다.

| 2 언제 - 문제 제기, 본문 설명, 적용, 예화, 권면 적용

그러면 하나님은 우리에게 언제 찾아오십니까?

문제 제기 | 많은 사람들은 하나님이 찾아오시는 때에 대해서는 잘 알지 못합니다. 하나님이 어떤 특정한 때만 찾아오시는 건 아닙니다. 수시로 찾아오십니다. 그런데 문제는 찾아오시는 하나님의 음성이 아무 때나 들리지는 않는다는 겁니다. 그래서 사람들이 하나님의 존재에 대해서 의심하기도 하고 불안해 합니다. 하지만 하나님의 음성이 선명히 들릴 때가 있습니다. 그때가 언제입니까? 반응을 보일 수 있는 준비가 된 때입니다.

본문 설명 | 모세는 젊은 날의 40년 간 이집트의 왕자로 살았습니다. 수많은 종들이 그의 말 한 마디에 따라 움직였으며 8명이 끄는 가마를 탔습니다. 금, 은, 보석으로 꾸며진 찬란한 왕궁에서 살았으며 최고급 음식을 먹었고, 최고의 학자에게서 학문을 배우며 자라났습니다. 늘 신과 같은 존재처럼 대우를 받으며 살았습니다. 하지만 안타깝게도 모세는 자기 민족 편을 들다가 그만 살인을 저지르게 되었고 이것이 발각나 죽을 것을 염려한 나머지 왕궁에서 도망치고 말았습니다. 그리고 머나먼 이방 땅 미디안에 정착하게 되었습니다. 도망친 지 40여 년, 그는 이곳 저곳을 떠도는 보잘것없는 목동이 되었습니다. 왕궁에

서 광야로 나아갔고, 궁중의 산해진미를 먹다가 고작해야 험한 음식으로 연명하는 신세가 되었습니다. 하루아침에 부와 명예와 권세, 모든 것을 잃었습니다. 충격과 분노, 또 비통함이 얼마나 컸을까요?

그러나 모세가 화려한 왕자의 신분으로, 자기 영광을 최고로 여길 때, 하나님은 모세를 부르지 않았습니다. 또 왕자의 신분에서 천민으로 전락한 뒤 울분과 분노의 감정이 격해 있을 때도 부르지 않으셨습니다. 교만을 버리고, 울분과 분노의 감정을 다 삭혔을 때, "이젠 내 힘으로 아무것도 할 수 없구나!" 하며 모든 것을 체념하고 마음속에서 욕심을 비워냈을 때, 그때 하나님은 다가오셨습니다. 그리고 '모세야' 하고 부르셨습니다. 하나님의 음성을 겸손한 마음으로 받아들일 만한 준비가 되어 있을 때 찾아오셨던 것입니다.

적용| 그러고 보면 우리가 마음을 높은 곳에 두고 있을 때 하나님은 찾아오지 않으시는 것 같습니다. 아니 찾아오시는 하나님의 음성이 들리지 않습니다.

자기를 따르는 사람들의 수가 점점 늘어나고 사회적인 위치도 점점 높아진다면, 그때 개척교회 목사가 전도한다는 소리나 내용이 들리겠습니까? 쉽게 들리지 않습니다. 사업이 잘 되어 돈버는 재미가 쏠쏠한데, 돈 버는 걸 그만두고 일주일에 한번은 하나님을 섬기며 살라고 하면 그 말을 쉽게 받아들이겠냐는 말입니다. 받아들여지지 않습니다. 지금 똑똑하고 능력 있다고 인정받고 있는데, "당신은 부족한 것이 많은 사람입니다."라고 한다면 그 말이 듣는 사람의 마음에 진지하게 부딪쳐 오겠냐는 말입니다. 신앙생활 안 해도 평안하고 마음껏 쾌락을 즐기고 있는데 "교회 나와야 기쁨을 얻을 수 있고 평안을 얻을 수 있습니다."라고 하면 그 말에 감동이 되겠습니까? 감동되지 않습니다. 교회에서 일을 아주 잘 한다는 칭찬과 격려를 받으며, 교회 중직을 맡아 잘 감당하고 있다고 합시다. 그런데 초신자의 이런 저런 제안이 귀에 들리겠습니까? 쉽게 들리지 않습니다. 그런 위치에서도 듣는 귀가 있다면 참으로 귀한 사람입니다. 정말이지 우리가 이 땅을 살면서 하나님의 음성을 듣는다는 것은 쉽지가 않습니다. 그러면 언제 하나님의 음성이 선명하게 들려옵니까?

예화 | 　미국에 있는 동안 저는 여러 설교를 연구할 기회가 있었습니다. 바쁘게 연구하느라, 은혜가 될 만한 설교를 찾아 이 설교, 저 설교를 읽어보곤 했습니다. 하지만 어느 것 하나 마음에 드는 것이 없었습니다. 실망한 채 설교 읽는 일을 중단했습니다. 어느 날 몸이 아파서 누워 있는데 하나님 말씀이 그리워졌습니다. 큰아이를 시켜서 설교집을 가져오라고 했습니다. 열린 마음으로 읽기 시작하자 이미 읽었던 설교지만 설교의 한 단어, 한 문장이 새롭게 다가왔습니다. 그 순간 우레와 같은 하나님의 음성이 들려왔습니다. 그때 저는, 제 마음이 얼마나 높은 곳에 있었는지 깨달았습니다. 아픈 몸을 일으켜서 무릎을 꿇고 "하나님, 높은 데 마음을 두어 하나님의 음성을 듣지 못한 이 교만을 용서하옵소서." 하고 회개했습니다.

　언제 하나님의 말씀이 들립니까? 언제 "그렇습니다. 하나님, 그 말씀이 진리입니다." 하고 깨닫습니까? 바로 마음을 낮출 때입니다. 마음을 낮은 곳에 두어야 말씀하시는 하나님의 음성이 선명하게 들린다는 말입니다.

권면 적용 | 　성도 여러분, 여러분에게 힘이 있고 돈이 있고 능력이 있습니까? 그것 때문에 자칫 자고해질 수 있고 하나님의 음성을 듣지 못할 수 있다는 것을 기억하십시오. 혹 남보다 뛰어난 영적 힘과 은사가 있고 지혜가 있습니까? 그것 때문에 찾아오시는 하나님 음성을 겸손하게 받기가 어려울 수도 있습니다. 남보다 앞선 자리, 높은 신분과 위치에 있고 남보다 지혜롭습니까? 그 모든 것들이 나의 위치를 높인다고 해도 오직 하나님 말씀만이 내가 따를 유일한 길이라고 고백할 수

있는 겸손한 마음을 지닐 수 있기 바랍니다. 그래야 찾아오시는 하나님의 음성이 선명히 들려옵니다. 겸손한 마음을 유지하여, 언제든지 찾아와 말씀하시는 하나님의 음성을 선명하게 들을 수 있기를 바랍니다. 열려진 가슴으로 하나님의 음성에 귀를 기울일 수 있는 저와 여러분이 되시길 주의 이름으로 축원합니다.

| 3 어디서 - 본문 설명, 예화, 적용, 권면 적용

본문 설명 | 그러면 하나님이 우리를 찾아오시는 장소로 특별히 정해진 곳이 있습니까? 우선 본문 3:1을 다시 한번 읽어보겠습니다. "모세가 그 장인 미디안 제사장 이드로의 양 무리를 치더니 그 무리를 광야 서편으로 인도하여 하나님의 산 호렙에 이르매 여호와의 사자가 떨기나무 불꽃 가운데서 나타나시니라…"(출 3:1-2).

하나님을 만나는 날 모세는 양들에게 풀을 뜯기고 있었습니다. 그런데 그가 양들에게 풀을 뜯기고 있던 곳이 특별한 장소임을 알 수 있습니다. 여느 때와는 달리 모세는 집에서 멀리 떨어진 호렙산 근처로 양들을 이끌고 가서 그곳에서 휴식을 취하며 양들에게 풀을 먹이고 있었습니다.

그런데 멀지 않은 곳에서 벌건 대낮에 불꽃이 환하게 타오르고 있는 것을 보았습니다. 모세는 한 발, 한 발 조심스럽게 다가갔습니다. 그때에 우렁찬 하나님의 음성이 모세에게 들려왔습니다.

본문을 가만히 살펴보십시오. 하나님은 모세를 찾아오시기 위해 이미 호렙산에서 기다리고 계셨고, 그가 도착하자 떨기나무의 불꽃 가운데서 나타나셨습니다. 하나님은 모세를 부르시려고 특별한 장소를 택하시고 기다리고 계셨던 것입니다. 그러면 하나님께서 왜 하필 집 앞뜰이나 뒷마루가 아니고, 혹은 방안도 아닌 아무도 없는 호렙산에서 그를 부르셨던 걸까요? 여기서 '광야 서편으로 인도하여'라는 말씀은 원어에 보면 '집에서 멀리 떨어진' 장소를 의미한다고 할 수 있습니다. 즉, 집으로부터 멀리 떨어진 장소, 가족들, 사람들과 분리되고 오직 하나님에게만 집중하여 대면할 수 있는 조용한 장소를 말합니다. 왜 그랬을까요? 왜 하나님이 조용한 호렙산을 택하셨을까요? 모세가 오직 하나님의 음성에만 귀를 기울이게 하기 위함이며 하나님께로 집중하도록 만들기 위해서입니다. 우리가 마음을 집중하지 않을 때면 하나님은 찾아오시지 않습니다. 아니 찾아오신다 하더라도 우리는 그 음성을 듣지 못합니다. 우리의 마음이 고요하고 준비되어 깨끗한 마음이 되어 있을 때에 우리는 하나님의 음성을 들을 수 있습니다. 그러므로 하나님의 음성은 조용한 곳에서 하나님께로 집중하기 쉬울 때 선명하게 들립니다.

예화 | 저는 가끔 산에 올라갑니다. 올라갈 때부터 마음은 오직 하나님께만 향하게 됩니다. 그리고 하나님께서 뭔가를 말씀하실 것이라는 기대를 갖습니다. 성경을 읽어도 이해가 잘되고 마음에 깨달음도 정확해집니다. 기도를 해도 집중이 잘되고 그 어느 때보다 영적인 면에 대해서 민감한 상태가 됩니다. 하나님을 향해서 마음이 활짝 열려 있는 자신을 발견하게 됩니다. 그때 이런 생각을 합니다. '아, 이것이 바로 하나님의 말씀을 들을 수 있는, 하나님께로 향하는 마음이구나! 하나님, 무엇을 말씀하시든지 다 듣겠나이다. 말씀하옵소서….'

적용 | 때때로 우리가 세상적인 음악이나 세상의 소리에 집중해 있다면 하나님이 우리에게 찾아오시는 음성은 들리지 않을 것입니다. 세상적인 욕심이나 생각, 혹은 세속적인 관심에 사로잡혀 있으면 하나님의 음성은 들리지 않습니다. 마음이 분산되어서 하나님의 음성이 들릴 만한 여유가 없습니다. 집중하지 못하기 때문입니다. 우리와 함께하시는 하나님의 임재를 체험하기도 어렵습니다. 예배를 드리더라도 하나님보다도 사람을 먼저 의식하면 우리의 마음이 빼앗기는 것이

고, 결국 하나님의 음성을 듣기도 어렵고 하나님의 임재를 체험하기도 어렵습니다.

하지만 우리가 아무리 시끄러운 시장바닥에서 생활을 한다고 해도, 아무리 바쁜 인생을 산다 해도, 부엌이나 안방이나 회사, 그 어떤 삶의 현장에서든지 우리의 마음을 주님께 향하면 주님의 음성을 들을 수 있는 것입니다. 또 교회에서 설교시간이나 예배시간이나 신자들과 대화를 하면서도, 그 어디서든지 우리의 가슴을 비우고 주님께로 향한다면, 우리는 하나님의 지혜로운 말씀, 구원을 베푸시는 말씀, 삶을 안내하는 말씀을 분명히 들을 수 있습니다. 아무리 시끄러워도 하나님께로 마음을 집중할 수 있고 열려진 가슴으로 주님을 향할 때 하나님의 음성을 들을 수 있고 하나님의 임재하심을 경험할 수 있습니다.

권면 적용 | 성도 여러분, 모세에게 하나님의 음성이 선명히 들린 것처럼, 우리도 하나님의 음성을 선명하게 듣기 위해 우리의 복잡한 마음을 단순하게 만듭시다. 평범하게 흘려들을 수 있는 대화 속에서도 하나님의 음성을 듣기 위해 귀를 기울여봅시다. 이미 우리와 함께하시는 하나님의 임재를 체험하기 위해서 조용한 시간, 조용한 장소를 택하여 하나님께 귀를 기울입시다. 늦은 시간이나 이른 새벽, 골방이나 홀로 있는 시간에 깨끗한 마음으로 하나님께 집중하여 그분의 음성을 선명히 듣는 저와 여러분이 되기를 주의 이름으로 축원합니다.

| 4 왜? - 문제 제기, 본문 설명, 적용, 권면 적용

문제 제기 | 그러면 한 가지 더 질문해봅시다. 하나님은 저와 여러분에게 왜 찾아오십니까? 하나님이 왜 찾아와 말씀하시느냐는 말입니다. 많은 그리스도인들은 이 문제에 대해서 그다지 큰 관심을 갖지 않고 있습니다. 그래서 분명하게 답하는 것을 들을 수 없습니다.

본문 설명 | 본문에는 "그를 불러 가라사대 모세야 모세야 하시매 그가 가

로되 내가 여기 있나이다 하나님이 가라사대 이리로 가까이 하지 말라 너의 선 곳은 거룩한 땅이니 네 발에서 신을 벗으라."(출 3:4-5)고 하셨습니다. 하나님이 왜 신을 벗으라고 하셨을까요? 혹자는 문자적인 의미로 하나님이 거하시는 거룩한 땅이기에 신발을 벗으라고 하셨다고 말합니다. 그러나 더 깊은 의미가 있습니다. 고대 근동에서 종은 주인 앞에서 신발을 신지 않았습니다. 탕자의 비유에서 탕자는 아버지께 종이 되기를 바라는 마음으로 신발을 벗은 채 집으로 돌아온 것을 봅니다. 이처럼 모세 때에도 종은 주인 앞에서 신을 벗는 것이 마땅했습니다.

하나님은 왜 모세에게 신발을 벗으라고 하셨습니까? 하나님이 모세의 주인이 되고자 하신 것입니다. 하나님이 모세의 주인이 된다는 것은 무엇을 의미합니까? 주인은 종의 생명과 인생을 책임집니다. 종의 의식주를 책임지며 시간을 책임집니다. 즉, 종의 인생 전체를 책임집니다. 이처럼 하나님은 모세를 부르실 때에 모세의 인생을 책임지는 주인이 되기를 원하셨습니다. 여기에 모세에게 신을 벗으라고 하신 의미가 있습니다. 지금껏 모세 홀로 인생을 경영해오면서 그는 충격적인 실패를 경험하기도 했습니다. 그로 인해 엄청난 고통과 좌절을 겪었으며 한편으로는 원통함과 분노의 쓴잔을 삼켜야 했습니다. 한 마디로 고통스런 삶의 연속이었습니다. '네 발에서 신을 벗으라'는 말은 바로 모세가 지금껏 겪어왔던 이러한 삶의 모습을 벗어던지라는 명령입니다. 모세 스스로 경영해온 삶의 방식에 종지부를 찍으라는 말입니다. 그리고 하나님이 주인이 되어 이끄시는 새 삶에 자신을 온전히 내맡기라는 뜻입니다. 그러면 실패를 성공으로, 저주를 축복으로 바꾸어주시겠다고 하십니다.

예화 | 초겨울 영국 런던의 시내에서 한 거지 노인이 바이올린을 켜면서 동냥을 하고 있었습니다. 낡은 바이올린에, 연주 솜씨도 몹시 서

툰 할아버지는 간신히 삑 삑 하고 힘겹게 소리를 내고 있었습니다. 지나는 사람들은 눈길도 주지 않았습니다. 이때 지나가던 한 노신사가 발길을 멈추더니 할아버지께 조용히 다가왔습니다. 그리고 할아버지에게 "제가 그 바이올린을 좀 켤 수 있을까요?" 하고 점잖게 말했습니다. 할아버지는 아무 생각 없이 그 바이올린을 넘겨주었습니다. 그러자 노신사는 바이올린을 받아들었습니다. 긴 외투를 입고 깃을 올린 채 모자를 쓰고 바이올린을 켜기 시작했는데, 이게 웬일입니까? 바이올린에서는 아름다운 선율이 흐르기 시작했습니다. 아주 훌륭한 연주가 흘러나왔습니다. 사람들은 하나 둘씩 모여들더니 근처를 가득 메우게 되었고 모여든 사람들은 하나같이 그 연주에 감동하기 시작했습니다. 그러자 그가 할아버지께 돈을 거두라는 신호를 보냅니다. 그 때 군중 속에서 누군가가 소리쳤습니다. "아, 저 사람은…!" 그는 당대 영국 최고의 바이올린 연주자였던 겁니다.

적용 | 아무리 낡고 보잘것없는 바이올린이라도 그것을 누가 연주하느냐에 따라서 아름다운 선율을 낼 수도 있고 그렇지 못할 수도 있는 것입니다. 서툰 내 솜씨로 인생을 경영한다면 좌절과 아픔을 맛볼 수밖에 없습니다. 하지만 인생의 마스터(master)가 되시는 하나님이 우리를 붙들면 실패한 인생, 볼품 없는 악기라도 아름다운 소리를 낼 수 있습니다.

권면 적용 | 하나님은 우리 인생에 풍요로운 삶을 허락하시려고 친히 주인이 되기를 원하십니다. 우리의 인생을 직접 경영하기를 원하십니다. 그래서 모세에게 말씀하셨고 저와 여러분에게도 말씀하고 계십니다. "지금껏 홀로 살아오면서 숱한 고통과 좌절을 겪으며 얼마나 마음 고생이 많았니? 너의 연약함과 지난 허물을 다 내게 맡겨라. 앞으로의 실패에 대한 모든 두려움도 다 내게 맡겨라. 내가 네 흔들리는 무릎을 튼튼하게 해주고 연약한 손목에 힘을 더하여주마. 네 인생을 내가 직

접 경영하여서 튼튼한 삶으로 인도해주마. 중심 안 없이 설실을 맺게 해주마. 행복의 진한 맛을 보게 해주마. 너의 삶을 내게 맡기거라." 이렇게 초청하시는 주님의 음성에 순종하여 하나님의 직접적인 인도하심에 온전히 내맡기십시오. 그래서 지금보다 더 나은 삶을 영위하시는 저와 여러분이 되시길 주의 이름으로 축원합니다.

본문 설명 | '네 발에서 신을 벗으라'는 말의 또 다른 의미는 하나님이 우리의 주인이 되실 뿐만 아니라 우리는 그의 종이라는 뜻입니다. 좋은 벗은 신발을 벽에 걸어두고 아침 저녁으로 신을 바라봅니다. 그러면서 '나는 주인을 섬기는 종입니다. 주인의 뜻에 따를 뿐입니다. 내 몸과 생명은 주인의 것입니다.'라는 다짐을 합니다. 하나님은 모세와 바로 이러한 관계를 원하셨습니다. 모세가 구원받고 풍성한 삶을 누리게 하려고만 부르신 것이 아닙니다. 바로 민족을 구원하려는 하나님의 목적을 위해 살고, 하나님을 위해서 죽는 종과 주인의 특별한 관계를 맺기 원하신 것입니다. 자신을 위해서 살던 삶의 형태에 종지부를 찍고 풍요로운 인생길로 인도하시는 하나님을 위해서 살라는 뜻입니다. 그래야 가치 있는 인생이 된다는 말입니다.

그러나 모세는 이 하나님의 부르심에 "내가 누구관대 그 일을 하리이까?" 하고 거절합니다. 하나님의 종이 되기에는 자신이 너무 무능하다고 말하고 있습니다. 이것은 뼈 있는 고백입니다. 한때 자신의 힘으로 민족을 구원하려 한 바 있으나 처참한 실패만 당했던 것을 기억하게 됐습니다. 그리고 지금은 말도 어눌하여 사람을 설득할 재주도 없고 늙고 기력이 약해져서 아무것도 할 수 없다고 자신의 모습을 고백합니다. 하지만 하나님은 그런 모세를 향해서 "내가 정녕 너와 함께 있으리라."고 약속하십니다. 이 약속은 하나님이 모세의 약한 부분을 강하게 만들어서 하나님을 위해 일할 수 있도록 지혜, 환경, 능력, 모든 것을 공급하시겠다는 뜻입니다. 하나님을 위해서 살면 인생을 풍요롭고 가치 있게 만들어주시겠다는 것입니다.

적용 | 사랑하는 성도 여러분, 여러분 가운데 '나는 힘이 없어서 하나님의 일을 할 수 없다.'고 생각하는 분이 있습니까? '나는 능력이 없어서, 믿음이 없어서, 돈이 없고 환경이 여의치 않아서 할 수 없다.'는 분이 있습니까? 모세는 무능한 자신을 바라보며 하나님을 위한 삶을 살 수 없다고 했지만 12절에 "내가 정녕 너와 함께 있으리라."는 말씀에 마침내 반응을 보였습니다.

모세는 그 후 40년 동안 민족을 구원하려는 하나님의 뜻을 이루는 데 온 생애를 바쳤습니다. 자신은 그 일을 감당할 힘과 지혜가 없지만 하나님이 함께하시겠다고 하신 약속과 하나님의 음성에 순종했습니다. 그러자 모세는 하나님이 주시는 새 힘으로 좌절과 고통의 겉옷을 벗어버리고 민족을 구원하라는 하나님의 명령을 가슴으로 받아들입니다. 하나님의 뜻을 좇아 사는 가치 있는 삶을 살게 됩니다. 비록 숱한 어려움을 겪었습니다만 고비마다 모세는 하나님을 의지하였고 하나님으로부터 문제를 해결받는 역동적인 삶을 삽니다. 그는 하나님이 자신을 싸매시고 자신의 편이 되어주시는 것을 수없이 체험합니다. 결국 모세는 하나님과 함께한 시간이 하나님 없이 살아왔던 긴 생애와는 비교할 수 없을 정도로 찬란한 복이 되는 인생을 살았습니다. 언제 이런 일이 일어났습니까? 하나님이 찾아와 말씀하신 음성에 모세가 반응을 보이고 하나님이 원하시는 새 삶의 목적을 따라 살았을 때 일어났습니다.

사랑하는 성도 여러분, 그러고 보면 우리가 지금 무엇을 하느냐, 어떤 위치에 있느냐는 중요하지 않습니다. 우리의 삶에 찾아오셔서 말씀하시는 하나님의 뜻을 깨닫고 그 목적을 따라 살고 있느냐는 것이 중요합니다.

많은 사람들이 인생을 항해하고 있지만 무엇을 위해서, 혹은 어디로 항해해야 하는지 모를 때가 얼마나 많습니까. 돈을 벌긴 버는데 왜 버는지, 공부를 하긴 하는데 왜 하는지 모릅니다. 살긴 사는데 왜, 무엇을 위해 사는지 모릅니다. 또 교회를 나오긴 나오는데 왜 나오는지 모르기도 합니다. 이런 사람들이 누구입니까? 바로 하나님을 만나지 못한 사람들입니다. 하나님을 만났다고 해도 단지 구원받은 것에 만족하고 머무르는 사람들입니다. 자신의 욕심을 이루려고 주님을 끌어들이는 데만 정력을 쏟는 사람들입니다. 하지만 하나님의 음성을 진지하게 들은 그리스도인은 이런 수준을 뛰어넘습니다. 내 뜻을 이루려고 하기 전에, 찾아오신 창조주 하나님의 뜻을 발견하고 그 뜻을 이루어드리기 위해서 자신을 하나님께 드리며 사는 사람입니다. 돈을 벌어도 주님을 위해서 벌고, 공부를 해도 하나님의 영광을 위해서 하고, 일을 하더라도 하나님을 기쁘시게 하려고 일하는 사람입니다. 오직 창조주 하나님의 영광을 드러내기 위해 살아가는 사람입니다.

사랑하는 성도 여러분, 하나님께서 이 시간 "네 발에서 신을 벗으라."고 말씀하고 계십니다. 우리가 옳은 길을 따라 살게 하기 위함입니다. 풍요로운 삶을 누리게 하기 위함입니다. 하나님이 세우신 더 가치 있는 삶의 방향과 목표를 따라 살게 하기 위함입니다. 우리 인생의 마지막 정점에 서서 "난 진정으로 가치 있는 것을 좇아서 살았다."고 감사하는 감격스런 고백을 하기 위함입니다. 이 세상을 떠날 때 주님을 위해서 살았던 삶의 흔적을 주님께 내어놓고 모든 영광을 그분께 돌려드리기 위함 아니냐는 말입니다.

권면적용│ 사랑하는 성도 여러분, 이 시간 "네 발에서 신을 벗으라."고 하시는 말씀이 저와 여러분에게 들리길 바랍니다. 모세의 삶을 풍요롭게 하시려고 주셨던 "신을 벗으라."고 하시는 음성이 저와 여러분의 것이 되기를 바랍니다. 나 자신만을 위해 살고 있는 내게 "너는 나의 종이 되어라. 나를 위해서 살아라. 지금껏 너 스스로 살아온 삶의 방식을 포기하고 너의 인생의 경영권을 내게 맡겨라. 그리하면 너의 실패를 성공으로 바꾸고 너의 좌절을 승리로 바꾸어주마. 지금껏 너 혼자 살아왔지만 나를 위해 사는 삶이 후회 없는 값진 인생이 되도록 만들어주마."라고 하시는 음성이 이제는 저와 여러분의 것이 되기를 바랍니다. 우리를 책임지시는 하나님의 비전에 붙들려 남은 생애를 더 가치 있게 사시는 저와 여러분이 되시길 주님의 이름으로 축원합니다.

3) 설교 예문 분석

우선 개요를 분석해보자.

| 누가 무엇을?(문제 제기) : 하나님이 잃어버린 영혼을 찾아오신다
| 언제 하나님이 찾아오시는가? 혹은 우리는 언제 찾아오시는 하나님의 음성을 선명히 들을 수 있는가? 열린 마음이 준비가 되면 그때 하나님의 음성이 선명하게 들린다(본문 설명, 예화, 적용).
| 어디서 하나님의 음성이 선명히 들리는가?(조용한 장소)(본문 설명, 예화, 적용)
| 왜 찾아오시는가?(목적) : 삶의 풍요를 누리게 하기 위해서, 하나님의 뜻을 좇게 하려고(본문 설명, 예화, 적용).
| 결론

이제 내용을 분석해보자. 현대인들은 하나님의 관점에서 볼 때에 모두가 '잃어버린 영혼'이다. 이런 맥락에서 하나님은 잃어버린 영혼을

찾아오신다. 그런데 하나님은 구원하시기 위해서만 찾아오시는 것이 아니다. 동시에 하나님을 위해서 일하도록 부르신다. 그러므로 모든 성도는 하나님을 영접하는 순간 하나님의 부르심의 목적을 발견해야 한다. 그 부르심을 깨달으면 삶이 풍요로워지고 가치 있는 것에 붙들려 한평생을 살게 된다. 결국 큰 축복을 누리게 된다. 이 사실을 전하기 위해서 나는 하나님의 '찾아오시는 목적'을 설교의 핵심으로 만들었다. 그리고 '누가 무엇을, 언제, 어디서'를 다루면서 마음 문을 열게 하며 공감대를 형성하려 하였다. 그리고 설교의 힘을 가하기 위해 각 개요는 일반 적용이 아닌 권면 적용을 활용했다.

4) 설교구성법

위 구성으로 설교할 때 우선적으로 고려해야 할 사항이 있다. 첫째, 설교할 본문이 위의 질문들에 대해서 충분히 답할 적절한 자료를 제공할 수 있는가를 생각해봐야 한다. 질문에 따라 설교를 전개하는 데 본문이 적절한 자료를 제공하지 못한다면 위의 구성으로 설교하기란 어렵다. 가령 본문에서 '누가 무엇을'에 대한 답변과 '왜'에 대한 답변은 있지만, '언제' 혹은 '어디서'를 답할 내용이 없다면 이 구성으로 설교하기 어렵다. 그러므로 본문이 모든 질문에 답할 충분한 자료를 제공할 때에 이 구성법으로 설교할 수 있다.

둘째, 질문들에 답할 자료를 본문이 충분히 제공한다고 해도 그 질문에 대한 답변이 설교할 만한 가치가 있는지 생각해봐야 한다. 예를 들어 예수님께서 죽으신 장소, 즉 '어디서' 죽으셨는가 하는 질문에 대한 답은 '골고다'이다. 또 예수님이 기도하신 장소는 어디인가에 대한 답변은 '겟세마네 동산'이다. 장소에 대한 위의 두 답변 즉, 골고다와 겟세마네 동산은 감동적인 설교를 만드는 데 별로 중요한 요소가 되지 못한다. 왜냐하면 본문이 비록 '어디서'에 대한 답을 가지고 있다 해도 설교의 질을 높이는 데는 별로 큰 공헌을 하지 못하기 때문이다. 이럴 경우에 이 구성에 따라 설교하는 것은 바람직하지 않다.

그러므로 위 구성에 따른 설교는 '누가 무엇을, 언제, 어디서, 왜(어떻게)?'의 질문에 다 답할 수 있는 자료를 포함하는 본문이되 각 질문에 대한 답이 설교할 만한 가치 있는 것이 되어야 한다.

이 원리를 생각하며 이제 예를 들어보자. 마태복음 17:1-8의 말씀에 보면 변화산에서 예수님의 변모의 사건이 나온다. 이 사건의 예로 이 구성의 설교를 만들어보자. 우선 '누가 무엇을'에 대한 답변을 생각해보자.

> 예수님과 제자들, 즉 베드로와 요한, 그리고 야고보가 변화산에 올라갑니다. 그리고 그곳에서 제자들은 예수님의 변화된 모습을 보았습니다. 그때에 제자들은 "여기 있는 것이 좋으니 여기서 주님과 함께 살고 싶다."고 고백합니다(본문 설명). 때때로 우리가 예수님 한 분만으로 만족한다고 고백하며 신앙생활 한다면 하나님이 얼마나 기뻐하실까요? 그런 성도가 되시기를 바랍니다(권면 적용).

여기까지가 '누가 무엇을'에 해당하는 내용이다. 그 다음을 보자.

> 그러면 그들이 주님 한 분만으로 만족한다는 고백을 언제 하게 되었습니까? 그들이 변화된 주님의 모습을 보았을 때입니다(2절, 본문 설명). 주님에 대한 믿음의 세계가 열리게 되면 다른 것을 필요로 하지

않게 됩니다. 오직 주님과 함께하는 것만으로 최고의 만족과 기쁨을 얻습니다. 그러므로 우리에게 주님을 바라보는 믿음의 세계가 열리도록 간절히 사모하시기 바랍니다(적용).

그들이 주님 한 분만으로 만족하는 삶을 살고 싶은 믿음이 드는 곳은 어디입니까? 그들이 변화산에 올라가서입니다. 복잡한 세상을 떠나 조용한 곳에서 주님만을 바라보았을 때 이런 믿음이 주어졌습니다(1절, 본문 설명). 여러분도 믿음의 세계가 열리도록 조용한 시간에, 조용한 장소에서, 기도하거나 성경을 읽는 기회를 가지시기 바랍니다(적용).

그러면 생각해봅시다. 제자들은 왜 예수님 한 분만으로 진정한 만족을 얻게 되었을까요? 물론 광채나는 얼굴을 뵈었기 때문이라고 했습니다. 하지만 그것만이 아닙니다. 5절에서 하나님은 예수님을 가리켜 "이는 내 사랑하는 아들이요 내 기뻐하는 자니 너희는 저의 말을 들으라."고 하는 음성을 들려주셨습니다. 이 음성을 들은 제자들은 이때부터 예수님을 하나님의 아들로 인정하게 되었습니다(본문 설명). 우리가 예수님을 삶의 주인으로 온전히 인정하면 고난의 골짜기에서도 오직 주님 한 분만으로 만족하게 됩니다. 그뿐이 아닙니다. 8절에 "제자들이 눈을 들고 보매 오직 예수 외에는 아무도 보이지 아니하더라."고 했습니다. 예수님이 우리의 생명 되심을 인정할 때, 우리는 그분을 우리 생애 가운데 가장 존귀한 존재로 드높이게 되며 가장 크게 보게 되는 것입니다. 거친 세상에서 오직 하나님 한 분만을 삶의 가장 귀중한 분으로 인정하고 주님을 드높이며 살아가는 저와 여러분이 되기를 바랍니다(적용).

위 구성을 만드는 방법을 정리해보자. 이 구성에 따라서 설교하려면 첫째, 설교할 본문이 위의 질문에 답할 자료를 충분히 확보하고 있는

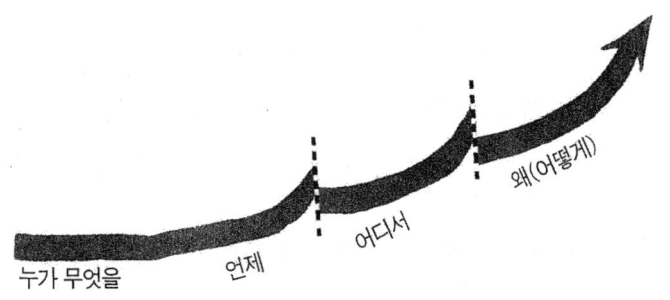

'누가 무엇을, 언제, 어디서, 왜를 질문하라' 구성의 개념도.

지 생각해보아야 한다. 만약 이 조건을 충족한다면 두 번째로 질문에 대한 답이 설교를 구성하기에 충분한 가치가 있는지 생각해본다. 셋째로는 설교의 핵심을 '왜', 혹은 '어떻게'에 두도록 한다. 기능적 요소인 본문 설명, 예화 적용 등을 각 개요마다 균형 있게 설명하되 '왜(혹은 어떻게)?'라는 질문에 대한 답이 설교의 핵이 되게 하라.

'누가 무엇을, 언제, 어디서, 왜(혹은 어떻게)?'라는 구성에서처럼 질문을 던지면서 설교할 수 있는 본문은 성경에서 많이 발견된다. 예를 들어, 가이사랴 빌립보에서 예수님께서 제자들에게 "너희는 나를 누구라 하느냐?"고 질문하신 사건, 엘리야가 이세벨에게 죽임을 당할까봐 겁을 먹은 이야기, 사울이 교만해진 경위를 다룬 내용, 요나가 물고기 배 속에 들어간 사건 등의 본문을 이 구성법에 따라 설교할 수 있겠다. 왜냐하면 질문을 차례로 던졌을 때 이 본문은 상당한 의미를 던져줄 수 있는 내용을 내포하고 있기 때문이다. 이 외에도 위의 구성으로 설교할 수 있는 본문이 많다는 것을 기억하기 바란다.

6) 구성의 원리

1. 서론에서 '누가 무엇을?'에 관련된 내용을 다룬다.
2. 서론에서 권면 적용이나 일반 적용, 둘 중 하나를 활용하라.
3. '언제'에 해당하는 부분의 적용은 반드시 권면 적용이 되도록 하라.
4. '어디서'에 해당하는 부분도 반드시 권면 적용이 되도록 하라.
5. 특히 '왜?'에 해당하는 내용이 권면 적용이 되어야 한다.
6. 한 개요에서 다음 개요로 넘어갈 때 질문하라.
7. '왜?'에 해당하는 질문에 대한 답이 설교의 핵이 되도록 하라.

설교는 가장 논리적이어야 한다.
논리적이어야 한다.
설교가 논리적일 때

그 설교는 자연스럽고 내용 이해가 선명해진다.

또 설교자의 의도대로

청중의 동의를 쉽게 끄집어낼 수 있다.

설교의 흐름이 청중의 욕구 순위를 따르는 것이 중요하다면,

'논리의 기본 원칙을 따르라' 는 법칙 역시

마찬가지임을 기억해야 한다.

논리의 기본 원칙을 따르라

2부

■ 2부의 개요

논리적 흐름이 곧 설교의 목적을 드러낸다

설교에서 '논리의 기본 원칙'이란 설교의 전개가 논리적이라는 것을 전제한다. 설교가 논리적이지 못할 때는 억지같이 들리고 쉽게 이해하기도 어렵다. 또 청중들에게 동의를 이끌어내기도 어렵다. 게다가 설교가 논리적이지 않다면 중간 중간에 흐름이 끊긴다거나 비상식적으로 흘러갈 수도 있다. 결국 비논리적인 설교가 되어 설교 전달이 어려워진다. 그러므로 설교는 가장 논리적이어야 한다. 설교가 논리적일 때 그 설교는 자연스럽고 내용 이해가 선명해진다. 또 설교자의 의도대로 청중의 동의를 쉽게 끄집어낼 수 있다. 물론 앞장에서 밝힌 것처럼 설교의 흐름이 청중의 욕구 순서를 따르는 것이 중요한데 '논리의 기본 원칙을 따르라'는 법칙도 마찬가지임을 기억해야 한다.

그러면 설교가 논리적이어야 한다는 뜻은 무엇일까? 논리의 기본 원칙은 무엇일까? 그것은 설교에서 논리적인 흐름이 설교로 이루고자 하는 목적을 향하고 있음을 청중이 느끼도록 만들어야 한다는 것이다. 즉, 목적을 향해서 설교가 명쾌하게 진행되도록 만들어야 한다. 예를 들어보자. 설교자가 어떤 주제를 가지고 설교하려 한다는 것은 설교의 목적, 혹은 동기가 있다는 얘기다. 그것이 선명하게 드러나야만 하고 그 동기나 목적이 설교 후반부로 갈수록 점점 확실해지고 있음을 청중들도 느끼게 해야 한다.

다만 설교 논리가 설교의 표면으로 드러나지 않도록 해야 한다는 점을 당부하고 싶다. 설교의 논리 구조가 설교 이면에 유유히 흐르게 하되 논리의 형태는 잘 드러나지 않도록 해야 한다는 것이다. 왜냐하면 설교가 지나치게 논리적이라는 인상이 짙어지면 청중은 그 논리를 거부하려는 반응을 보일 수 있기 때문이다. 그러므로 설교를 명쾌하게 만들기 위해서 논리적인 설교를 하되 논리가 설교 이면에 숨어 있어야 한다. 예를 들어보자. '첫째, 둘째'로 내용을 나누고 또 그 밑에 다시 '첫째, 둘째'라고 세분하면 설교 내용이 지나치게 논리적이라는 인상을 주어 설교의 맥이 끊기게 된다. 또 그렇게 세분화된 설교라면 청중은 설교의 내용을 다 이해할 수도 없다. 또 어떤 주제를 '설명 위주'(논리 위주)로만 설명하면 이 또한 설교가 딱딱한 논문처럼 된다는 점을 유념하도록 하라.

대표적으로 로이드 존스 박사의 설교가 그렇다. 로이드 존스의 설교는 불필요한 문장이나 단어를 지나치게 사용하여 설교가 길게 늘어지는데, 그 이유는 존스 박사가 '설명'을 위해 피상적인 개념을 많이 설명하고 결과적으로 불필요한 내용을 많이 늘어놓아 설교가 지나치게 논리적으로 흐르기 때문이다. 예를 들어보자. '하나님을 위해서 어떻게 헌신할 것인가?'라고 하는 주제로 설교하려고 할 때, 로이드 존스 목사라면 '헌신의 방법'에 대한 개념을 장황하게 설명할 것으로 예상된다. 내가 이 주제로 설교한다면 '헌신하는 방법'에 대한 설명을 가능한 한 짧게 한 후 그에 걸맞는 예화를 사용하겠다. 그러면 청중들은 재미 있는 예화를 들으면서도 그 예화 속에 나타난 '헌신하는 방법'을 상세히 접하게 되어 덜 지루하다고 느끼게 될 것이다. 결국 '헌신하는 방법'에 대해 재미 있는 설명도 듣고 더불어 분명하게 이해하게 된다.

그러면 이처럼 예화를 사용하면서도 설교가 논리적이라고 말할 수 있는 근거는 무엇일까? 그것은 다름 아닌 '헌신의 방법'을 가르쳐주고 있는 예화를 정확한 위치에 사용했다는 것 자체가 논리적이라고 할 수 있겠다. 또 부드러운 표현의 예화를 사용했기 때문에 논리가 잘 드러나지 않게 된다. 결국 정확한 위치에 적절한 내용을 사용하는 것이 정확한 논리의 사용이라고 할 수 있다. 이런 노력은 논리를 예화 밑에 감추고서 내용을 논

논리의 기본원칙을 잘 밟고 가야 한다.

리적으로 흐르게 하는 데 주효하다.

논리의 구성이 잘 드러나지 않으면서 동시에 명쾌한 논리를 담아내는 설교가 되게 하는 또 다른 방법이 있다. 그것은 '첫째, 둘째' 라고 숫자를 사용하기보다는 '질문을 자주 사용하라.' 는 것이다(설교에서 청중들에게 질문하는 것이 얼마나 효과적인가에 대해서는 「설교가 전달되지 않는 18가지 이유」를 참조하라). 청중이 뭔가를 알고자 하는 욕구단계에 이르렀을 때 설교자가 미리 질문하고 질문에 대한 답을 찾아가면 설교는 자연스럽고 논리적으로 전개된다. 질문 자체가 논리를 발전시키는 데 기여하는 내용으로 되어 있기 때문에 설교는 당연히 자연스럽고 논리적인 전개로 흐르게 된다는 것이다(설교 논리의 힘에 대해서 더 알고자 하는 분이 있다면 「설교자가 꼭 명심할 9가지 설득의 법칙」을 참고하기 바란다).

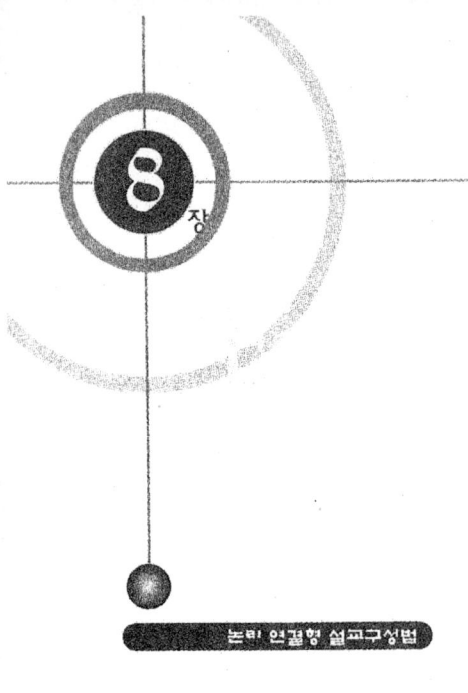

꼬리에 꼬리를 물라

결국 '꼬리에 꼬리를 무는 구성' 은 절정을 향해 힘차게 전진하는 전개이다. 이 구성법은 설교의 후반부로 갈수록 힘에 힘을 더하도록 만드는 장점이 있다. 이처럼 힘이 더해질 수 있는 것은 논리 전개가 치밀하고 꽉 짜여진 조직처럼 박진감이 넘치는 설교가 되기 때문이다.

논리 연결형 설교구성법

'꼬리에 꼬리를 물라' 의 구조로 되어 있는 본문을 우리는 성경 속에서 간간이 찾아볼 수 있다. 이러한 본문을 만났을 때 이 구성으로 설교하면 좋다. 또 이 논리 구조로 설교 흐름을 미리 만들어놓고 설교를 전개해나가면 좋을 바람직한 주제들이 있다.

1) 구성의 필요성

사람은 모르는 어떤 사실이나 진리를 조금만 알게 되면 감질이 난다. 완전히 파헤쳐서 알기 전까지는 갑갑해 한다. 즉, 한번 알기 시작한 어떤 내용을 완전히 숙지하고자 하는 속성이 있다. 일단 알기 시작하면 끝까지 다 알아야 만족해 한다. 10미터 깊이에 엄청난 양의 샘물이 있다고 가정해보자. 샘물을 얻기 위해서 1미터 판 사람과 9미터 판 사람은 느끼는 감정이 다르다. 10미터 가까이 파들어가는 동안 샘물의 양이 점점 많아짐을 보게 될 때는 깊이 판 만큼 만족도나 기쁨이 더 크게 마련이다. 이처럼 어떤 진리나 사실을 아는 데도 깊이 있게 파고 들 때에 사람들의 만족도도 커진다. '꼬리에 꼬리를 물라'의 구성은 바로 이런 관점, 즉 진리를 깊이 있게 파헤쳐서 청중을 만족시키려는 논리전개 방법이다. 마치 땅 속의 광물질을 얻기 위해서 수직으로 깊게 파들어가듯이 설교 주제의 핵심을 얻고자 할 때 사용한다.

2) 설교 예문

본문 : 사도행전 3:1-11
제목 : 믿음을 극대화하라.
문제 제기 : 우리들의 믿음이 항상 승리의 절정을 유지하지 못한다.
설교 목적 : 믿음은 성령 충만으로부터 극대화된다는 것을 알게 하고 성령 충만을 사모하게 한다.

| **문제 제기** - 삶의 정황, 본문 설명, 권면 적용

삶의 정황 | 현대인들 가운데는 "오늘날 종교가 사람에게 무슨 유익을 주는가?" 하고 질문하는 분이 있습니다. 특히 기독교가 사람에게 어떤 유익을 주느냐고 질문 공세를 퍼붓기도 합니다. 극단적으로 '교회 무용론'을 주장하는 사람도 있습니다. '98년 4월, 일반인을 대상으로 각 종교에 대해 느끼는 호감도에 대해 조사하여 밝힌 일이 있었습니다. 천주교에 대한 호감도가 가장 높은 67퍼센트로 나타났고 불교는 45퍼센트, 개신교는 27퍼센트 수준이었습니다. 한 사람이 두 가지씩 밝힌 선호도에서 3대 주요 종교 중에 개신교의 선호도가 가장 낮았습니다. 역으로 말하면 사회가 가장 필요로 하지 않는 종교가 기독교요,

교회란 뜻이 됩니다.

　왜 이렇게 되었습니까? 왜 이렇게 기독교가 세상에 불필요한 것이 되었을까요? 교회가 세상에 유익을 주지 못하고 있기 때문입니다. 세상 사람들에게 교회가 매력적으로 보이지 않고 있습니다. 그들에게 필요한 것을 제공하고 있지 못하기 때문입니다. 지금 사람들은 교회의 영향보다는 세속주의 운동인 뉴에이지 운동이나 포스트모더니즘의 영향을 더 많이 받고 있습니다. 목회자보다도 무속인에게 더 많은 영향을 받고 있습니다. 교회를 등지고 주님을 떠나 무속인이나 절로 기울고 있지만, 그런 그들의 발걸음을 돌이킬 힘이 지금 교회에는 없습니다.

본문설명　그러나 초대교회는 달랐습니다. 그리스도 한 분으로 시작한 기독교가 짧은 시간 안에 로마제국 전체를 뒤흔들어놓은 것입니다. 우상을 섬기던 로마 사람들이 참 하나님만을 바라보도록 강력한 영향력을 행사하였고 그들이 하나님 앞에 완전히 거꾸러지도록 했습니다. 이렇듯 초대 기독교에는 세상을 변화시키는 강력한 힘이 있었습니다.

　본문에는 이 당시의 기독교가 세상을 향해서 얼마나 강력한 힘을 발휘하고 있는지를 단적으로 보여주는 사건이 나오고 있습니다. 본문에는 나면서부터 앉은뱅이가 되어 40년 동안 한 번도 걸어본 적이 없는 거지가 나옵니다. 40여 년이라는 긴 세월 동안, 그는 얼마나 절망하고 부모와 세상을 원망했겠습니까? '세상은 왜 이리도 불공평하지? 왜 내게만 이런 아픔과 시련이 있는 거야? 왜 난 저주받은 인생으로 태어나야 했을까?' 그는 아마도 이런 탄식을 하며 평생을 살아왔는지도 모릅니다. 그에게 오직 한 가지 희망이 있다면 지나가는 사람들에게라도 한 끼 식사를 제공받는 일일 겁니다. 참으로 안타까운 노릇입니다. 그러나 이 거지에게는 더 안타까운 일이 있었습니다.

　그것은 그가 머무는 장소가 미문이라는 것입니다. 미문은 성전에서

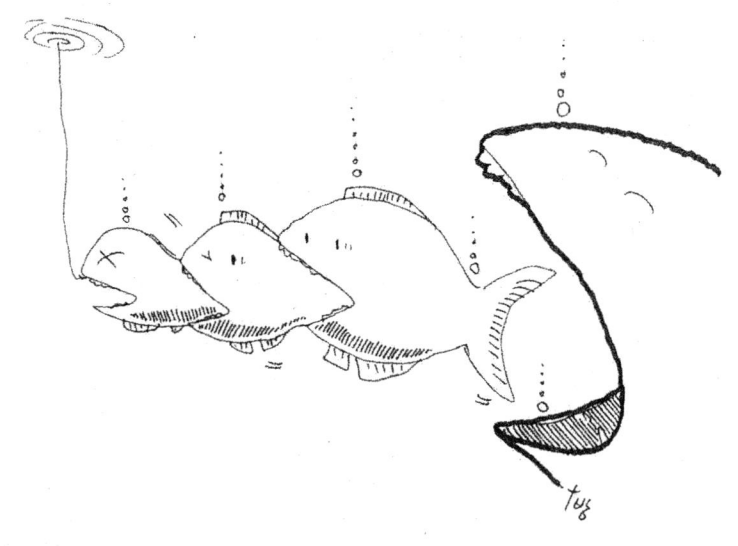

꼬리만 물면 다 잡게 되지….

얼마 떨어지지 않은 곳으로, 수많은 사람들이 이곳을 지나 성전에 들어갑니다. 사람들은 그 성전 안에서 하나님의 은혜를 덧입고 영광을 맛보고 진리의 말씀을 듣습니다. 그는 이러한 하나님의 풍성한 은총과 역사를 얻고 누릴 수 있는 가장 근접한 위치에 있으면서도 그 은총과는 단절된 삶을 살아왔습니다. 바로 이 점이 참으로 안타까운 일이 아닐 수 없습니다.

그런데 어느 날 그에게 일생토록 잊을 수 없는 사건이 일어났습니다. 미문을 지나가는 베드로와 요한이 그를 보았습니다. 다 떨어진 옷에 냄새나는 몸, 맘대로 움직일 수 없는 다리, 소망을 잃은 눈빛, 베드로와 요한은 그를 보고는 즉시 그가 거지라는 것을 알았습니다. 앉은뱅이 거지 또한 그들을 보자마자 그에게 구걸을 했습니다. 베드로는 그를 보자 불쌍한 생각이 들었습니다. 그리고 그에게 뭔가를 주고 싶었지만 그에게는 돈이 없었습니다. 그러나 돈보다 더 귀중한 것, 불구의 몸을 단숨에 완치시킬 수 있는 귀한 주의 능력이 있었습니다. 마침내 베드로가 이렇게 외칩니다. "은과 금은 내게 없거니와 내게 있는 것으로 네게 주노니 곧 나사렛 예수 그리스도의 이름으로 걸으라"(행 3:6). 베드로가 "나사렛 예수 그리스도의 이름으로 걸으라."고 말하면서 순간 그를 잡아 일으키니 그 거지의 발과 발목에 곧 힘이 들어가서 일어나 걷고 뛰었습니다. 수많은 사람들이 지켜보는 앞에서 하나님을 찬미합니다. 얼마나 기뻤을까요? 육신의 고통뿐 아니라 40여 년이라는 질곡의 고통, 절망의 짐, 비뚤어진 인생관이 단숨에 사라지는 순간입니다. 말로 형용할 수 없는 참으로 놀라운 사건입니다. 이 사실을 목격한 사람들 모두가 하나님을 두려워하게 되었습니다. 지금 무엇을 말하고 있는 겁니까? 초대교회에 보이시는 하나님의 강력한 역사의 단면을 말하고 있습니다.

베드로와 요한은 이 거지의 인생을 완전히 바꾸어놓았습니다. 절망스러운 인생을 희망의 인생으로, 좌절을 용기로, 슬픔을 기쁨으로, 앉은뱅이 인생을 걷고 뛰게 하는 온전한 인생으로 바꾸어놓았습니다. 상처 속에 신음하는 인생을, 밝고 환한 기쁨의 주인공으로 변화시켰던 것입니다.

권면 적용| 그럼 한번 이렇게 묻겠습니다. 만일 세상 사람들이 "교회여, 날 좀 도와주시오." 하면서 교회와 신자에게 손을 벌린다면 우리에게는 이 세상 사람들의 필요를 채울 수 있는 능력이 있습니까? 세상이 필요로 하는 교회, 세상이 해결할 수 없는 것을 해결할 수 있는 능력이 교회에, 그리고 우리 안에 있느냐는 말입니다. 그리고 능력 있는 성도가 될 수 있느냐는 말입니다. 사랑하는 성도 여러분, 세상이 나를 필요로 할 때 그 필요를 채워줄 수 있는 능력 있는 성도가 되시길 주의 이름으로 축원합니다.

| **꼬리 1** - 본문 설명, 예화, 권면 적용

본문 설명 | 그런데 이것 한 가지를 더 생각해본다면 어떨까요? 베드로와 요한이 앉은뱅이를 벌떡 일어나게 한 자원은 무엇이었습니까? 예수님의 이름이었습니다. 희한하지요? 예수님은 이미 승천하셨고 지상에 계시지도 않은데 베드로와 요한은 여전히 예수님의 이름을 불렀고, 예수님의 이름을 부르는 그때에 곧 하나님의 능력이 나타났습니다. 우리가 알다시피, 주님은 지상에 계실 때 많은 기적을 행하셨습니다. 죽은 자를 살리시고 귀신을 쫓아내며 병든 자를 낫게 하고, 풍랑을 잔잔케 하고, 한 끼의 식사로 만 여 명이 먹도록 하는 등 참으로 놀라운 기적을 일으키셨던 기적의 왕, 능력의 왕이셨습니다. 그런데 베드로와 요한이 승천하신 주님의 이름으로 앉은뱅이에게 일어나라고 명하자 그 이름이 여전히 기적을 일으키더라는 말입니다. 승천하신 주님이 여전히 살아서 능력을 베풀고 계시다는 겁니다.

권면 적용 | 사랑하는 성도 여러분, 이미 승천하신 주님이지만 그 주님은 지금도 살아 계십니다. 베드로의 가슴 속에서 역사하신 그 예수님의 능력이 오늘 우리들의 가슴 속에도 살아 있습니다. 그 예수님의 능력이 우리의 예배 가운데 나타나십니다. 그 능력이 우리의 가정을 지배합니다. 죽은 자를 살리시고 앉은뱅이를 일으키는 저 예수님의 능력이 우리의 절망과 좌절을 몰아내고 빛으로 충만하게 합니다. 그 능력이 세상의 어둠을 몰아내고 참 빛으로 뻗어나가게 합니다.

바로 그 부활하신 주님을 영접하고 의지할 때 예수님의 능력이 지금도 우리 가운데 역사합니다. 사랑하는 성도 여러분, 이 예수님의 능력이 저와 여러분의 것이 되기를 바랍니다. 예수님의 능력이 우리 가정과 직장을 지배하고 우리들 각자의 삶 속에 충만히 나타나시길 주의 이름으로 축원합니다.

그러면 예수님의 능력이 언제 우리 속에 나타납니까? 아무 때나 쉽게 나타나는 것은 아닙니다.

본문 설명 | 여러분, 여러분이 만약 수천 명의 사람들이 지켜보는 앞에서 앉은뱅이에게 "일어서라!"고 명령할 기회가 있다면 어떨까요? 담대하게 그렇게 할 자신이 있습니까? 아마 쉽게 명령할 수 있지 않을 겁니다. 왜냐하면 자기가 한 말에 그만한 책임을 져야 하기 때문입니다. 이런 생각을 하면 자신감이 사라집니다. 그러므로 병자를 향해 아무나 명령할 수 있는 건 아닙니다. 간구하면 반드시 기적이 일어난다는 확신이 있는 사람만이 명령할 수 있습니다. 그런데 그런 확신을 갖는 사람이 된다는 것이 결코 쉽지 않습니다.

본문 설명 | 하지만 베드로와 요한은 바로 이런 믿음의 사람이었습니다. 예수님의 능력이 앉은뱅이에게 역사하리라는, 흔들리지 않는 믿음이 있었고, 조금도 주저하지 않고 담대하게, 그리고 자신 있게 앉은뱅이를 향해 명령했습니다. 사실 이 사건이 일어나기 얼마 전까지만 해도 베드로와 요한은 이처럼 담대한 믿음의 사람이 아니었습니다. 우리가 알 듯이 예수님이 잡히시던 밤에 베드로는 사랑하는 주님을 세 번이나 모른다고 부인했고 저주까지 했던 사람이었습니다. 또 있습니다. 예수님이 막상 십자가형을 당하게 되자 베드로와 제자들은 흩어졌습니다. 삼삼오오 모여서 문빗장을 걸어 잠그고 두려움 속에서 떨고 있었습니다. 그들의 믿음은 완전히 바닥을 드러내고 있었습니다.

그런데 오늘 본문에서 베드로와 요한의 모습은 어떻습니까? 겁먹은 모습이 아닙니다. 사람을 피하는 것이 아니라 사람들을 향해 뭔가를 주고 싶어하는, 자신감이 넘치는 모습입니다. 소극적이지 않습니다. 담대하게 명령하고 외칩니다. "은과 금은 내게 없거니와 내게 있는 것으로 네게 주노니 곧 나사렛 예수 그리스도의 이름으로 걸으라."고 말합니다. 예수님께서 기적을 일으키시리라는 확신, 흔들리지 않고 변질될 수 없는 믿음으로 충만하여 명령했을 때 기적이 일어났습니다. 바로 최상의 믿음을 지닐 때 하나님의 역사는 일어난다는 것입니다.

사랑하는 성도 여러분, 성경에 이와 비슷한 경우를 또 볼 수 있습니다. 12년 동안 혈루증을 앓던 여인이, 예수님이 오신다는 말에 희망을 가지고 예수님께 나아갔습니다. 군중들을 제치고 다가가 팔을 내밀어 예수님의 옷에 손을 댑니다. 그 순간 예수님의 능력이 그녀의 몸에 흐르던 피를 멈추게 했습니다. 생각해보십시오. 많은 사람들이 예수님의 몸과 옷을 만졌지만 왜 유독 그녀에게만 능력이 나갔습니까? 예수님을 향해 내민 손길에 차이가 있었기 때문입니다. 다른 사람들은 호기심에서, 장난삼아, 혹은 남에게 떠밀려서, 그렇게 우연히 손을 내밀었지만 그 여인이 내민 손길은 달랐습니다. 예수님에게서 즉각적으로 능력이 나올 것이라는 최상의 믿음이 실린 손길이었습니다. 그 믿음의 손길이 예수님의 몸에 닿자 예수님으로부터 즉시 치료의 광선이 나왔습니다.

권면 적용 | 여러분, 우리가 언제 하나님의 역사를 경험합니까? 바로 우리의 믿음이 최상에 이를 때입니다. 믿음의 양과 질이 충만해질 때 하나님이 능력을 부여하십니다. 우리가 신앙생활을 하다보면 때때로 우리 주님이 꼭 들어주실 것 같다는 믿음으로 충만해질 때가 있습니다. 그 때 그 믿음으로 간구하면 영락없습니다. 하나님의 응답을 경험합니다. 그런데 믿음도 기대감도 없이 그저 습관에 젖어 예배드리고 기도하고, 타성에 젖어서 봉사할 때가 있습니다. 그러면 역사는 일어나지 않습니다. 또 역사가 일어날 것을 기대하지 않거나, 더 나아가 의심하거나 불신하면 역시 역사는 일어나지 않습니다. 무엇을 하든지 하나님이 역사하실 것이라는 최상의 믿음으로 간구할 때 역사는 일어납니다. 히브리서 11장에 '믿음은 바라는 것들의 실상'이라고 했습니다. 역사할 것을 믿고 간구할 때 역사는 일어납니다. 사랑하는 성도 여러

분, 그러므로 우리의 믿음 속에 역사가 일어나도록 최상의 믿음을 소유하는 저와 여러분이 되시기를 주님의 이름으로 축원합니다.

| 꼬리 2 - 본문 설명, 예화, 적용

우리가 생각해보아야 하는 것은 베드로가 어떻게 해서 최상의 믿음을 유지하게 되었느냐는 것입니다.

본문 설명 | 한때 바닥을 드러냈던 그들의 믿음이 지금처럼 최상의 믿음을 소유하고 예수님의 능력을 경험할 수 있게 된 원인은 무엇일까요? 베드로와 요한이 예수님의 능력을 나타내기에 부족함이 없었던 그 용기, 그 담대함, 그 적극성, 그 모든 믿음이 어디서 나오는 겁니까?

십자가 사건 이후 제자들은 부활하신 주님과 40여 일을 함께 지냈습니다. 그리고 감람산에서 500여 명의 사람들과 함께 승천하시는 주님을 지켜보았습니다. "성령을 기다리라."고 하셨던 주님의 말씀을 기억한 제자들이 마가의 집에 모였습니다. 그리고 성령을 받기 위해 간절히 기도하자 열흘 만에 성령이 그들에게 부어졌습니다. 사도행전 2장에 보니 하늘이 열리고 땅이 진동하며 하늘로부터 불 같은 것이 예루살렘 도시 전체에 내렸고 거기 모인 사람들은 이상한 방언을 말하기 시작했다고 했습니다. 그들의 가슴은 뜨거워졌으며 기쁨의 샘이 터졌습니다. 한마디로 성령의 권능을 덧입은 것입니다. 이 사건 이후에 그들은 담대해졌고, 그들 안에서는 세상을 바꿀 힘과 용기가 솟아올랐습니다. 무엇이든 예수님의 이름으로 명령하면 다 응답될 것이라는 확신이 생겼습니다. 이때부터 그들은 완전히 다른 사람이 되었습니다.

예화 | 존 웨슬리가 3년간의 미국 선교에서 실패한 후 깊은 실의에 빠진 채 배를 타고 영국으로 돌아오고 있던 길이었습니다. 배가 큰 풍랑을 만나자 웨슬리는 몹시 두려웠습니다. 그때 모라비안 교도들이

죽음을 두려워하지 않고 찬송을 부르는 모습을 보면서 웨슬리는 더 큰 충격을 받았습니다. 가까스로 살아난 웨슬리가 깊은 패배감에 사로잡혀 5개월을 소일하며 보내게 됐습니다. 그런데 1738년 5월 24일 저녁에 올더스게잇 거리에서 모라비안 교도들의 부흥회가 있다는 말을 듣고 흥분된 마음으로 참석했다가 그곳에서 새로운 영적 능력을 체험하게 됩니다. 그 집회에 참석하자 그는 가슴이 뜨거워서 견딜 수 없는 놀라운 경험을 하게 됐습니다. 후에 웨슬리는 이것을 가리켜 성령을 충만히 덧입는 경험이었다고 말했습니다. 그 후부터 그는 사역에 새로운 전환점을 맞이했고 전 영국을 완전히 뒤집어놓는 성령의 대역사를 일으키는 주역이자 감리교의 창시자가 되었습니다.

이렇게 본문에 나오는 베드로의 경우와 감리교의 창시자인 존 웨슬리, 이 두 사람은 모두 성령을 경험하고부터 믿음의 확신이 생겼고, 믿음에 능력이 나타나기 시작했다는 것을 알 수 있습니다. 오늘 우리가 관심을 가져야 할 부분은 성령 충만입니다. 최상의 믿음을 얻기 위해서 우리는 성령의 충만을 받아야 합니다.

여러분, 우리는 언제 담대해집니까? 언제 우리에게 두려워하지 않는 용기가 생깁니까? 언제 우리에게 환난과 핍박을 이겨내는 힘이 생깁니까? 언제 우리가 세상을 향해 자신 있게 복음을 증거하게 됩니까? 언제 우리는 삶에 어려움이 닥치고 힘들어도 기뻐하며 감사할 힘이 생깁니까? 언제 우리가 교회를 위해 헌신하려는 마음이 솟아납니까? 언제 주를 위해 살겠다는 믿음이 용솟음칩니까? 세상에 밀리는 것이 아니라 세상을 파고드는 자신감과 능력이 생기는 것은 언제입니까? 언제 세상이 감당치 못하는 최상의 믿음의 소유자가 되느냐는 말입니다. 이 일들은 모두 성령이 충만할 때 일어납니다.

아무리 믿음이 연약한 사람이라도, 아무리 신앙생활을 막 시작한 사람이라도, 아무리 성경을 잘 모르는 사람이라도, 성령의 충만을 받으면 달라집니다. 안 될 것 같다는 생각이 될 것 같은 믿음으로 바뀝니다. 기도하면 응답하실 거라는 확신이 듭니다. 희미해 보이던 것들이 확실해 보입니다. 포기하지 않는 끈질김이 생기고 용기가 생깁니다. 전도하는 담대함이 솟아오릅니다. 세상이 감당치 못하는 사람이 됩니다. 바로 그 믿음으로 간구하면 역사가 일어난다는 말입니다. 먼저 된 자가 나중 되고 나중 된 자가 먼저 된다는 말이 있습니다. 언제 이런 일이 일어날까요? 성령이 충만히 임할 때 나중에 된 자가 먼저 되는 역사가 일어납니다.

그러므로 사랑하는 성도 여러분, "성령이 너희에게 임하시면 너희가 권능을 받고."라는 사도행전 1:8의 말씀처럼 위로부터 내리시는 성령을 충만히 덧입으시는 저와 여러분이 되시길 바랍니다. 간구하는 대로 응답받는 믿음의 사람이 되기 위해서, 세상이 감당치 못하는 능력을 행사하는 사람이 되기 위해서 성령의 충만을 덧입읍시다. 지금보다 더 효과적으로, 그리고 지치지 않고 하나님을 위해 쓰임 받기 위해서 우리는 성령의 권능을 덧입으십시다. 성령의 권능을 덧입어서 병든 자를 일으키고 귀신을 좇아내며 그리스도의 향기를 발하는 저와 여러분이 되시기 바랍니다. 성령을 받아, 예전에는 할 수 없다고 하던 것도 이제는 할 수 있다는 자신감을 가지고 세상의 필요를 채우는 저와 여러분이 되시기 바랍니다. 성령의 권능으로 말미암아 교회를 등지고 교회를 떠나는 발걸음을 다시 돌아서게 만드는 데 쓰임받는 저와 여러분이 되시기를 주의 이름으로 축원합니다.

| **꼬리 3** - 문제 제기, 본문 설명, 예화, 적용
질문 | 그러면 우리는 어떻게 해야 성령의 충만을 덧입을 수 있을까요?
문제 제기 | 현대 교인들의 문제점이 무언지 아십니까? 현대인들은 다들 "나도 한때는 성령 충만했지.", "나도 한때는 기도 열심히 했어."라고

고백한다는 것입니다. 그런데 이 말을 뒤집어보면 어떻습니까? 지금은 성령 충만하지 못하다, 혹은 지금은 기도하지 않는다라는 뜻이 됩니다. 한번 주어진 성령 충만은 저절로 유지되는 게 아닙니다. 얼마나 많은 사람들이 성령 충만을 사모하기만 할 뿐 소유하려고 애쓰지 않는지 모릅니다. 얼마나 많은 사람들이 성령의 충만을 경험하고도 그것을 유지하지 못한 채 시들어버리는지 아십니까? 얼마나 많은 사람들이 성령으로 시작했다가 그만 육체에 머물러 있는지 아느냐는 말입니다.

본문 설명 | 그런데 본문의 베드로와 요한은 달랐습니다. 베드로와 요한은 승천하신 주님의 명령에 따라 마가의 집에서 120여 명의 친구들과 함께 모여 있었습니다. 그리고 그곳에서 합심하여 기도했습니다. 그렇게 간절히 기도했을 때 약속하신 성령이 그들을 충만히 덧입히셨고 예루살렘 전체를 뒤흔드는 강력한 징조를 나타냈습니다. 그 결과 그들은 놀라운 능력을 덧입을 수 있었습니다. 뿐만 아닙니다. 본문 1절을 보십시오. 그러한 베드로와 요한이 기도 시간에 성전에 올라갔다는 말씀이 나옵니다. 이것은 무엇을 뜻하고 있습니까? 베드로와 요한은 성령을 충만히 덧입은 후에, 자기들이 받은 그 성령의 권능을 유지하기 위해서 끊임없이 기도하고 있었다는 것을 말씀하고 있는 겁니다. 성령의 권능을 얻고 그것을 지속하는 비결은 바로 지속적인 기도 생활입니다.

예화 1 | 마가복음 9장에 보면 예수님께서 베드로와 요한을 데리고 변화산에서 내려오시는데 한 남자가 달려와 무릎을 꿇고 엎드렸습니다. 그리고는 "주여, 간질로 고생하는 제 아들을 낫게 한다고 주님의 제자들이 안수 기도를 하고 별별 짓을 다해보았지만 소용이 없었습니다. 어찌하면 좋겠습니까?" 하고 물었습니다. 그러자 예수님은 즉시 명하여 귀신을 쫓아내고 그 아이를 온전케 해주셨습니다. 그 광경을

목도하고 있던 제자들이 저녁에 조용히 주님께 나아옵니다. "주님, 우리는 어찌하여 귀신을 쫓아내지 못했을까요?" 그러자 주님은 무어라고 말씀하셨습니까? "기도 외에 다른 것으로는 이런 유가 나갈 수 없느니라."(막 9:29)고 말씀하셨습니다.

예화 2│　세계적인 부흥사 D. L. 무디가 받은 학교 교육이란 보잘것없는 것이었습니다. 그가 처음 성령의 불을 받았을 때의 이야기입니다. 보통 목사들은 자신의 설교가 끝나고 난 뒤 성도들이 은혜 많이 받았다고 얘기하면 좋아합니다. 하지만 무디가 설교를 마치고 나면 꼭 몇 사람이 그에게로 와서 "목사님을 위해 기도드리겠습니다."라고 말했다고 합니다. 나중에 화가 난 무디가 "꼭 그렇게밖에 말할 수 없느냐?"라고 물으니까 그들은 "목사님의 설교에 성령의 능력이 함께하시도록 하기 위해서입니다."라고 말하더랍니다. 이 말에 자극을 받은 무디가 그날부터 자신의 설교가 은혜를 끼치지 못하고 있다는 것을 깨닫고 하나님께 엎드렸습니다. 능력 있는 설교를 위해 성령 충만을 사모하며 열심히 기도하기 시작했습니다. "성령의 불을 내려주옵소서. 성령의 불길을 체험하고 내 믿음이 더 크게 하옵소서." 하며 무디는 오랜 기간, 기도에 힘을 썼습니다. 그런데도 별로 달라지는 게 없었습니다.

그러던 어느 날, 그가 거리를 걷는데 갑자기 급히 기도하고 싶어지더랍니다. 근처에 사는 친구의 집에 찾아가서 방을 빌렸습니다. 그리고 기도하기를 시작했는데 그의 말인즉 기도의 문이 터지더니 하늘로부터 강한 불이 임하기 시작하더라는 것입니다. 그 불이 너무나 뜨거워서 나중에는 하나님께 그만 달라고 부르짖었다고 했습니다. 이때부터 그는 완전히 다른 사람이 되었습니다. 그의 믿음에 담대함이 생겼습니다. 가는 곳마다 자신감이 넘치는 설교를 선포했습니다. 하나님이 돕고 계신 게 분명했습니다. 그 결과 수백 수천 만의 사람들이 회개하는 역사가 일어났습니다. 성령의 능력이 임하자 과거에는 할 수 없다고 생각한 일들에도 할 수 있다는 자신감이 생겼고, 불가능해 보이던 것이 가능해졌습니다. 주의 이름으로 외치면 그 믿음의 외침에 주님이 책임지신다는 확신이 들었습니다. 성령 충만을 위해 기도했을 때 그의 믿음은 최상이 되어, 하나님이 가장 귀하게 쓰시는 사람이 되었습니다.

적용 | 우리가 성령의 권능을 끌어들여서 영적인 힘을 유지하는 데 기도보다 더 중요한 것이 있을까요? 우리가 세상에 영향력을 행사하기 위한 힘을 나타내는 데 기도보다 더 절실한 것이 있을까요? 우리를 그리스도인다운 그리스도인으로 만드는 데 기도보다 더 중요한 자원이 있을까요?

기도하지 않으면 하나님이 주신 능력은 소멸되거나 떠날 수밖에 없습니다. 안타까운 사실은 많은 그리스도인들이 신문은 1시간씩 보면서도 기도는 단 5분도 안 한다는 사실입니다. 밥은 꼬박꼬박 챙겨먹어도 기도는 수시로 빼먹습니다. 아예 기도를 하지 않고 살기도 합니다. 그러면서도 기도의 필요성을 느끼지 못한 채 살아갑니다. 이 순간은 하나님의 힘으로 사는 게 아닙니다. 자신의 생각으로 말하고, 자신의 힘으로 사는 것입니다. 그래서 우리의 능력이 시들거나 나타나지 않습니다. 그래서 정작 세상이 우리에게 무언가를 필요로 할 때면 아무것도 줄 수 없는 허약한 모습을 보일 따름입니다.

우리 주님이 기도하시는 장면을 생각할 때마다 저는 제 기도생활에 얼마나 큰 위로와 힘을 공급받는지 모릅니다. 주님은 공생애를 시작하기 전에 40일 동안 금식하며 기도하셨고, 십자가의 길을 가기 직전에도 겟세마네에서 기도하셨습니다. 오병이어의 기적을 이루신 후에도 홀로 산에 오르셔서 기도하셨습니다. 능력을 발휘해야 할 때나 세상을 이길 힘을 얻고자 할 때나, 주님은 언제나 기도하셨습니다. 이런 주님을 볼 때, 우리같이 보잘것없는 피조물이 어떻게 감히 기도 없이 능력을 나타낼 수 있겠습니까?

저는 목회하기 전 한동안 기도를 게을리했던 적이 있었습니다. 그랬더니 학교 강의중에 종종 헛말이 튀어나오기 시작하는 것이었습니다. 목회자 세미나에서도 감동을 주고 도전을 줄 만한 내용이 점점 줄어드는 것을 느낄 수 있었습니다. 나 자신도 모르게 영적인 사람에서 세속적인 사람으로, 다듬어진 인격에서 흐트러진 인격으로 변해가는 것을 보았습니다. 말씀의 권세가 약해지는 것을 느꼈습니다. 왜 그런가 깊이 생각해보니 깊은 기도가 뒷받침되지 못하고 있다는 사실을 알았습니다. 형식적인 기도에서 벗어나 깊은 기도를 회복하자 영적인 권세와 능력이 주어졌습니다. 기도 없는 강의나 기도 없는 인격, 기도 없는 말씀 전파에 성령의 능력이 머물지 않겠다는 무서운 경고였던 겁니다. 기도하지 않을 때 허물이 드러나고 영력이 줄어들고 부족한 인격이 드러나는데 어떻게 기도하지 않을 수 있겠습니까?

그렇습니다. 우리가 그리스도의 권능을 지속적으로 나타내보이는 길은 계속적인 기도생활뿐입니다. 기도할 때에 유혹을 거부할 힘이 생깁니다. 기도할 때 세상을 이기고, 기도할 때 사탄을 능히 대적할 힘이 생깁니다. 기도할 때 나의 약함이 그리스도의 강함으로 대치됩니다. 기도할 때 교회가 세상이 필요로 하는 것을 공급할 힘이 생기고, 기도할 때 세상을 변화시키는 능력이 주어집니다. 기도하는 사람은 결코 망하지 않습니다. 기도하는 사람은 넘어지지 않습니다. 소멸될 것 같으나 소멸되지 않고 무능한 것 같으나 오히려 강해집니다. 그래서 기도하는 사람은 무섭습니다. 하나님과의 깊은 기도만이 성령의 능력을 얻게 하고 누릴 수 있도록 합니다.

| 권면 적용 | 사랑하는 성도 여러분, 그러므로 오늘날의 교회가 세상에 필요한 교회가 되기 위해서는 기도에 심혈을 기울여야 합니다. 교회의

대예배, 저녁예배, 수요예배에도 일찍 나와서 먼저 기도하는 시간을 가지시기 바랍니다. 새벽예배, 금요 철야예배 등에 나와서도 세상을 이기고 죄를 이기고 유혹을 이기는 사람이 되게 해달라고 간구하시기 바랍니다. 무엇보다 나의 약함을 그리스도의 강함으로 채워달라고 간절히 외치시기 바랍니다. 기도할 때마다 "주여 내 힘으로 살지 않고 주님이 주시는 능력으로 살게 하시고, 주님이 주시는 언어로 말하게 하시고 주님이 주시는 지혜로 살게 하옵소서."라고 고백하는 저와 여러분이 되시기 바랍니다. 한 번이 아니고 매일, 매순간마다 이런 고백을 드림으로써 살아서 역사하시는 성령의 능력이 늘 우리 가운데 머물게 하고, 세상을 향해 살아 계신 주의 능력으로 역사를 이루는 저와 여러분이 되시길 주의 이름으로 축원합니다.

3) 설교 예문 분석

우선 개요를 분석해보자.

| 서론   교회다운 교회가 된다는 것이 결코 쉽지는 않다.
| 본론   진정한 교회는 그리스도의 권능을 드러내는 교회이다.
　꼬리 1: 베드로와 요한은 믿음의 극대화를 이루었다.
　꼬리 2 : 믿음의 극대화는 언제 이루어지는가? 그것은 성령이 충만할 때 일어난다.
　꼬리 3 : 성령 충만은 어떻게 이루는가? 지속적인 기도생활을 통해서 이룰 수 있다.
| 결론   그러므로 지속적인 기도생활을 통해 성령 충만을 받고 믿음의 극대화를 이루자.

위의 설교를 좀더 자세히 생각해보자. 우선 서론은 문제를 제기했다. 부정적인 색채의 문제 제기를 통해서 청중들에게 기독교가 당면한 문제를 인식시킨다. 본문은 현대인이 당면한 문제를 뛰어넘어 긍정적인 내용으로 연계시켰다. 즉, 첫번째 대지는 '신앙의 역사는 믿음의 극대화 속에서 나타난다.'였다. 이 첫번째 내용을 둘째 대지와 연계시켰는데, '믿음의 극대화는 성령 충만함을 통해서 나타난다.'였다. 셋째 대지는, '성령 충만은 성령 충만을 사모하는 지속적이고도 간절한 기도 속에서 주어진다.'였다. 각 개요가 끊어지지 않고 문장 말미가 연결고리 역할을 하면서 첫번째 대지부터 마지막 대지까지 연결되고 있다. 결국 세 번째 대지에 이르러서야 청중이 해야 할 행동에 동기를 부여하게 된다.

이러면 설교는 마지막 단계에서 절정에 이르도록 되어 있다. 부채처럼 여러 아이디어를 펼치는 전개가 아니라, 한 아이디어를 골인 지점까지 몰고가는 발전적인 단계를 거치며 운반하는 과정이라고 볼 수 있다. 결국 세 번째 대지는 두 번째 대지를 물고늘어지고, 두 번째 대지는 첫번째 대지를 물고 늘어졌다. 결국 '꼬리에 꼬리를 무는 구성'은 절정을 향해 힘차게 전진하는 전개이다. 이 구성법은 설교의 후반부로 갈수록 힘에 힘을 더하도록 만드는 장점이 있다. 이처럼 힘이 더해질 수 있는 것은 논리 전개가 치밀하고 꽉 짜여진 조직처럼 박진감이 넘치는 설교가 되기 때문이다. 만약 위 예의 설교를 평범한 3대지 설교로 한다고 가정해보라. 설교가 얼마나 평이해질 것인지 상상할 수 있는 것이고 많은 차이를 느끼게 될 것이다.

4) 설교구성법

| 실례 1

첫째, 저는 어제 대전에 갔었습니다.
둘째, 저는 대전의 모 교회에서 설교를 했습니다.
셋째, 그 설교 가운데 큰 성령의 권능이 나타났습니다.

위의 세 문장은 서로 연결되어 있다. 즉, 두 번째 문장은 첫 문장을 이어서 설명해주고 있으며, 세 번째 문장은 둘째 문장을 이어서 설명한다. '꼬리에 꼬리를 물라'의 단적인 모습이라고 할 수 있다. 여기서 주시해야 할 점은 각 문장마다 강조점이 다르다는 것이다. 첫번째 문장에서는 '대전에 갔다.'는 점이 강조되고 있고 두 번째 문장에서는 '모 교회에서 설교를 했다.'는 점이 부각됐다. 그리고 세 번째 문장에서는 '그 설교에 큰 성령의 능력이 나타났다.'는 것이 강조된다. 이처럼 각 문장마다 강조하는 내용이 분명하다. 하지만 서로가 연결되어 있다는 것이 특징이다. 두 번째 문장은 첫번째 문장이 없으면 말의 연결이 안 되고, 세 번째 문장은 첫 번째와 두 번째 문장이 없으면 말의 연결이 안 된다. 결국 논리가 처음부터 끝까지 이어지고 있다. 그러나 문장이 처음부터 끝까지 이어진다는 사실 외에도 문장의 아이디어가 통일되어야 한다는 사실을 기억해야 한다.

이미 언급한 것처럼 성경의 많은 본문이 '꼬리에 꼬리를 물라'의 구성으로 되어 있다. 성경 본문이 한 주제를 다루기 위해 핵심 주제, 즉 절정에 해당되는 부분이 마지막 단계에서 드러나도록 짜여진 본문이 허다하다. 특히 서신서 본문들이 그렇다. 마지막 단계, 즉 세 번째 단계가 설교의 최종 목적이고 강조점이 되도록 사용하는 구성으로, 첫번째 단계와 두 번째 단계는 마지막 단계가 극적으로 드러나도록 하는 보조 역할을 한다고 볼 수 있다. 물론 꼭 보조 역할만을 하는 게 아니라 나름대로의 의미를 던져주고 있다. 그러면서도 마지막 단계에 가서 결정타를 먹일 수 있도록 처음 두 단계가 돕는 역할을 한다.

| 실례 2

선명한 이해를 위해 위의 구성으로 설교를 만들어보자. 예를 들면, "'하나님이 기뻐하시는 신앙'은 첫째, 소망 가운데 사는 것이다. 둘째, 믿음 가운데 사는 것이다. 셋째, 사랑 가운데 사는 것이다."라고 한다면 이 문장은 한 주제를 깊이 있게 파고드는 것이 아니다. 단지 부채처럼 옆으로 넓게 펼치는 것에 지나지 않는다. 하지만 '꼬리에 꼬리를 물라'의 구성은 그 반대다. 한 가지 아이디어를 집중적으로 파고드는 것으로, 마치 천공추(穿孔錐)처럼 좁은 주제를 깊이 있게 집중적으로 파고드는 것을 말한다.

양파로 비유해보자. 양파의 첫 껍질을 벗기면 어떠한가? 양파 속의 내용에 대해서 그다지 잘 알지 못할 것이다. 그것으로 충분한 만족이 이뤄지지 않아서 두 번째 껍질을 벗기면서 의미를 찾고, 그것도 불만족스러워 세 번째 껍질을 벗겨서 양파의 실체를 파헤치는 과정이라고나 할까. 이와같이 한 사물을 점점 더 깊이 있게 관찰하거나 사물의 실체 쪽으로 파고 들어가는 것을 말하는데, 설교도 마찬가지라고 할 수 있다.

예를 들면 '진실의 힘'이란 제목으로 다음과 같은 설교 개요를 완성할 수 있다.

첫째, 성도는 진실을 말해야 한다.

둘째, 진실은 말보다 행동에 무게를 두어야 한다.

셋째, 진실한 행동은 하나님의 뜻을 수반하는 것이어야 한다.

이와같이 만들면 설교는 꼬리를 물면서 절정을 향해 전진하는 것이 된다.

하나 더 생각해보자. 로마서 10:16-21을 기초로 하여 '복음의 능력' 이란 제목을 가지고 다음과 같은 개요를 만들 수 있다.

첫째, 믿음은 구원을 이루는 능력이어야 한다(16-17절).

둘째, 구원의 능력은 하나님 말씀을 들으면서 온다(17절).

셋째, 하나님 말씀을 경청한 결과는 순종의 열매로 나타난다(16, 21절).

이와 같은 방법은 개요가 꼬리를 물면서 절정을 향해 나아가게 만든다. 또 다른 본문 갈라디아서 6:6-10 중에서 특별히 9절을 보자.

"우리가 선을 행하되 낙심하지 말지니 피곤하지 아니하면 때가 이르매 거두리라."

이 구절을 3등분해보면 다음과 같다.

첫째, 그리스도인은 선을 행하는 존재이다(우리가 선을 행하되…),

둘째, 선을 행하다 보면 낙심할 기회를 만난다(선을 행하되 낙심하지 말지니…),

셋째, 낙심 속에서 포기하지만 않으면 선한 열매를 거둘 때가 분명히 온다(피곤하지 아니하면 때가 이르매 거두리라).

이 갈라디아서 본문도 꼬리에서 꼬리를 무는 개요이다. 얼마나 선명한 개요인가? 성경의 본문 중에는 이와 같은 개요가 아주 많음에 유의하라. 특히 이야기 본문조차도 이와 같은 구성으로 얼마든지 전개할 수 있음을 기억하라.

| 실례 3
출애굽기 16:1-3과 신명기 8:1-10의 본문을 가지고 성장하는 믿음이라는 제목으로 개요를 만들어본다.

첫째, 이스라엘은 모세와 더불어 새로운 신앙생활을 하기로 결단했습니다. 복스런 결단입니다(본문 설명). 우리에게도 과거의 생활을 청산하는 믿음의 결단이 있기를 바랍니다(적용 - 출 16:1).
둘째, 그들의 신앙생활은 평탄한 길이 아니라 광야의 길이었습니다(본문 설명). 새로운 믿음의 길이 때론 가시밭길이며 고통이 따를 수 있습니다(옛 습관이 자주 생각나기에)(적용 - 출 16:2-3).
셋째, 하지만 광야 길을 믿음으로 이겨낼 때 신앙생활에 결실을 맺게 됩니다(본문 설명). 우리도 믿음의 길을 이겨낼 때 신앙생활에 보람과 기쁨을 누리며 열매를 맺습니다(적용 - 신 8:1-10).

위와 같은 개요를 볼 때 출애굽기나 신명기, 역사서나 복음서, 서신서 등의 수많은 본문 속에서 이 구성법으로 설교할 수 있음을 충분히 확신하리라고 본다. 특히 이야기 본문도 이와 같은 구성으로 얼마든지 설교할 수 있다. 시간의 점진성이나 논리의 점진성을 내포하고 있는

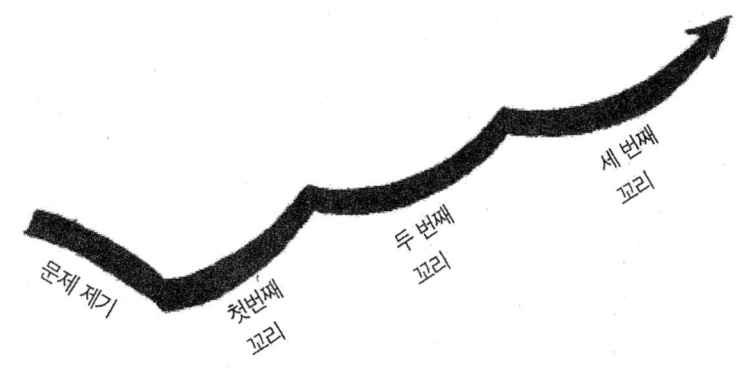

'꼬리에 꼬리를 물라' 구성의 개념도.

본문을 위와 같은 구조로 설교할 수 있음을 기억하자.

5) 구성의 특징

'꼬리에 꼬리를 물라'의 구성은 이미 밝힌 것처럼 설교에서 효과적으로 사용되는 구성이다. 이 구성의 특징은 앞 단락에서 밝힌 내용의 마지막 부분을 놓치지 않고 그 다음 단계에까지 이어나가는 것을 말한다. 즉, 둘째 개요는 첫째 개요의 내용이 없이는 다음 단락으로 넘어갈 수 없다. 셋째 개요 역시 둘째 개요의 도움 없이는 넘어갈 수 없다. 특히 앞 개요의 문장 중에 끝 부분을 연결 고리로 해서 다음 개요를 만드는 것을 말한다. 즉, 앞 문장의 주어와 연결하는 것이 아니라 서술어와 연결해야 한다. 결국 개요와 개요가 연결되면서도 절정을 향해 점진하는 구성법을 말한다.

6) 구성의 원리

1. 본문에서 수위가 가장 낮은 개요를 서론의 문제 제기로 설정하라.

2. 첫번째 개요를 이을 수 있는 두 번째 개요를 본문에서 끄집어 내거나 혹은 논리 속에서 설정하라.

3. 두 번째 개요를 이을 수 있는 세 번째 개요를 본문에서 찾거나 논리 속에서 설정하라.

4. 앞의 개요를 이어나가되 주어 쪽에서가 아닌 술어 쪽에서 이어 나아가라.

5. 꼬리를 잇는 마지막 개요는 청중들이 행동으로 옮길 수 있도록 하라.

6. 동시에 마지막 개요를 절정에 이르도록 만들라.

7. 첫번째 개요와 두 번째, 세 번째 개요까지 파이프라인처럼 한 주제로 통일되게 하라.

8. 모든 개요의 적용은 권면 적용이 되게 하라.

계단을 밟고 올라가라

'계단을 밟고 올라가라'의 구성은 두 번째 개요가 첫번째 개요 사이에 정확한 연결 고리 역할을 필요로 하지 않는다. 단지 첫번째 개요를 기초로 해서 두 번째 개요의 아이디어를 첨가하는 정도이다. 또 두 번째 개요를 기초로 해서 세 번째 개요를 만들게 된다. 결국 두 번째 개요는 첫번째 개요 없이는 생각할 수 없고 세 번째 개요는 두 번째 개요 없이는 생각할 수 없게 된다.

계단을 밟고 한 발, 한 발 올라가는 것을 상상해보라. 계단을 밟을 때마다 다리에 힘이 들어간다. 힘이 들어간 다리가 계단을 힘차게 밟으며 올라선다. 계단을 차근차근 밟고 올라가는 노력으로 결국 정상에 이른다. 한 발, 한 발 계단을 밟고 올라서는 과정, 바로 이것이 설교에서 '계단을 밟고 올라가라'의 구성이다.

1) 구성의 필요성

'계단을 밟고 올라가라'의 구성으로 설교를 만들면 설교가 자연스럽게 절정에 이른다. 설교에서는 절정에 이르는 시간을 가져야 설교 효과가 극대화된다. 절정은 정상에 올라서서 청중이 마음껏 환호하며 정상에 선 기쁨을 만끽할 수 있게 만드는 곳이다. 이런 절정을 위해서

'계단을 밟고 올라가라'의 구성은 꼭 필요한 구성법이다. 이 '계단을 밟고 올라가라'의 구성은 '점진적인 논리 전개'로 만들어진 본문을 활용하는 데 적당하다. 왜냐하면 본문의 특색을 살리면서 강조점을 드러내야 하기 때문이다. 점진적인 논리 전개로 이루어진 본문을 '삼대지 구성'처럼 평이하게 전개하면 그만큼 설교의 효과는 줄어든다. 또 독특한 본문을 무력화시키는 것이기도 하다. 그래서 점진적인 논리로 되어 있는 본문을 활용하는 설교는 또한 점진적인 논리로 만들어가야 한다. 그래야 자연스럽고 효과도 높다. 이런 관점에서 '계단을 밟고 올라가라'의 구성은 아주 중요한 구성법이다.

2) 설교 예문

창세기 37:5-11의 본문은 꿈을 꾸는 요셉에 대한 내용이다. 이 본문을 기초로 논리를 점진적으로 발전시킨 예를 보자.

> 본문 : 창세기 37:5-11, 39:7-20
> 제목 : 그대에게 이런 꿈이 있는가?
> 문제 제기 : 성도들은 하나님이 주시는 꿈에 사로잡혀 살지 못하고 있다.
> 설교 목적 : 성도들로 하여금 하나님의 꿈을 꾸게 하고 그 꿈을 성취하기 위한 삶을 살게 한다.

| 1 계단 - 문제 제기, 삶의 정황, 권면 적용

문제 제기 · 삶의 정황 | 얼마 전 저희 동네에 피자를 배달하는 젊은이 몇몇과 이야기를 나눌 기회가 있었습니다. 한 젊은이에게 피자 배달하기가 어떠냐고 물었습니다. "지겨워 죽겠습니다. 오늘도 하기 싫은데 억지

"한꺼번에 결론에 오르려 하기보다는 한 계단 한계단씩…."

로 나왔어요."라고 대답하더군요. 그런데 다른 젊은이는 "네, 저는 아주 신이 납니다. 배달거리가 많으면 많을수록 좋죠."라며 의욕을 보이는 것이었습니다. 그래서 "왜 배달거리가 많으면 좋으냐?"고 물었더니 그 젊은이가 대답하기를 "저는 2년 후에 이런 피자가게를 차릴 거랍니다. 그러니 일거리가 많을수록 신이 나지요."

　여러분, 사람은 언제 삶의 의욕이 왕성합니까? 꿈에 사로잡혀 살 때입니다. 꿈에 사로잡혀 사는 사람은 삶이 고달파도 의욕이 꺾이지 않습니다. 피곤해도 피곤한 줄 모릅니다. 설혹 수치스럽거나 어려운 일이 닥쳐도 그것을 이겨내려는 인내가 있습니다. 소극적이 아니라 매사에 적극적입니다. 하지만 꿈이 없을 때는 어떻습니까? 삶이 무기력합니다. 무엇을 해도 피곤합니다. 무엇을 해도 불평이 나오고, 무엇을 해도 의욕이 없습니다. 고난이 닥치면 쉽게 넘어집니다. 다시 말하면 이 말은 무엇입니까? 꿈이 있는 삶이 인생을 의욕적으로 만든다는 것입니다. 의욕적인 삶이 아름답다는 것입니다. 그러고 보면, 오늘 우리가 무엇을 하느냐는 중요한 것 같지 않습니다. 어느 위치에 있느냐도 중요하지 않습니다. 중요한 것은 현재의 위치나 일, 그 가운데서 우리가 꿈을 꾸고 있느냐는 것입니다. 아무리 하찮은 위치에 있더라도, 아무리 평범한 일을 하고 있더라도 삶의 고난과 역경, 수치와 절망을 너끈히 이길 만한 꿈을 꾸는 일은 무엇보다 중요합니다.

권면적용ㅣ 여러분들에게도 이런 꿈이 있습니까? 가정을 아름답게 가꾸고 싶은 꿈 때문에 모든 어려움을 참는 인내가 있느냐는 말입니다. 자녀를 훌륭하게 키우고 싶은 소원이 지금의 모든 피곤을 이기게 합니까? 또 사업에 성공하고자 하는 열정으로 지금의 역경을 견디고 있느냐는 말입니다. 하나님의 자녀로 자라고자 하는 꿈이 신앙생활에서 오는 여러 가지 아픔을 견디게 하고 있습니까? 현재 섬기고 있는 교회가 아름답게 성장하기까지, 현재 봉사하는 부서를 부흥시키고 알찬 열매를 얻고자 하는 꿈 때문에 지치지 않고 일하는 믿음의 열정이 있습니까? 그 꿈 때문에 현재의 고난과 피곤, 수치와 시험을 너끈히 이길 힘이 있느냐는 말입니다. 그러한 꿈을 꾸고 있어서 저와 여러분의 삶이 적극적이고 열정적이라면 우리는 참으로 귀한 사람입니다. 아름다운 삶을 사는 사람입니다. 저는 여러분들이 가정에서, 직장에서, 교회에서, 학교에서, 무엇이든지, 어느 곳에서든지 의욕적인 꿈에 사로잡혀 삶을 아름답고 풍요롭게 영위하시길 바랍니다.

ㅣ2 계단 - 문제 제기, 본문 설명, 권면 적용

문제제기ㅣ 그런데 문제는 우리의 꿈이 어떤 종류의 꿈인가 하는 것입니다. 아무 꿈에나 사로잡혀 산다고 모든 삶이 다 아름답고 풍요롭게 되는 것은 아닙니다. 어떤 꿈을 꾸며 사느냐는 것이 중요합니다. 어떤 꿈들은 막상 이루고 보면 허전하고 후회스러운 마음이 드는 경우도 있으니까요. 또 어떤 꿈들은 이뤄놓고 보니 실망스럽기 그지없는 경우도 있습니다. 유명한 장편 서사시 「신곡」을 지은 단테, 그는 「신곡」을 쓰기 전에 사랑했던 여인이 죽자 실의에 빠져 지낸 적이 있습니다. 그러다가 정치를 해야겠다는 꿈에 사로잡혀 정계에 입문하여 마침내 상당한 지위에 오르게 되었다고 합니다. 하지만 추한 정치판에 휩쓸리면서 힘든 세월을 보내게 되었고 결국 정치가가 된 것을 후회하게 되었다고 합니다. 평생의 소원이던 정치가의 꿈을 이뤘지만 막상 그 꿈을 이루고 보니 후회스러운 꿈이었더라는 것이죠.

그렇다면 우리가 꿀 꿈은 어떤 것일까요? 나중에 후회하는 꿈이 되어서는 안 됩니다. '참 많은 세월을 낭비했구나!' 이런 비통한 생각을 품게 하는 꿈이 아니라는 얘깁니다. 우리의 꿈은 생의 마지막에서 '정말 잘했다.'고 확신할 수 있는 꿈이어야 합니다. 인생의 마지막에 후회하지 않을 꿈, 우리의 생애를 찬란히 빛내고 생의 마지막을 승리의 기쁨으로 가득 채울 꿈이어야 합니다. 여러분과 제가 바로 이런 꿈에 사로잡혀 사는 인생이 되기를 주의 이름으로 축원합니다.

본문 설명 | 그러면 과연 어떤 꿈들이 후회하지 않을 꿈입니까? 오늘 읽은 창세기 37:5-11에서 우리는 그런 꿈을 볼 수 있습니다. 우선 6절과 7절, 그리고 9절을 읽겠습니다. "요셉이 그들에게 이르되 청컨대 나의 꾼 꿈을 들으시오 우리가 밭에서 곡식을 묶더니 내 단은 일어서고 당신들의 단은 내 단을 둘러서서 절하더이다 … 요셉이 다시 꿈을 꾸고 그 형들에게 고하여 가로되 내가 또 꿈을 꾼즉 해와 달과 열한 별이 내게 절하더이다 하니라."

요셉은 형들을 비롯해서 온 천하를 다스릴 위대한 지도자가 될 것을 꿈꾸었습니다. 이 꿈은 자신의 희망사항이나 욕구가 아니었습니다. 또 잠시 스쳐지나가는 생각도 아니었습니다. 창세기 45:8에서 요셉은 이것이 하나님의 계획이었다고 털어놓습니다. 그것은 바로 하나님이 주신 하나님의 꿈이었던 것입니다. 그는 이 꿈을 하나님으로부터 받았고 이웃에게 말했으며, 그것이 이루어지길 기대하며 살았습니다. 그가 이 꿈을 얼마나 자주, 그리고 확신에 차게 말했던지 5절과 11절을 보니 형들조차도 시기할 정도였고, 아버지에게 혼이 날 지경이었습니다. 요셉은 하나님의 꿈에 사로잡혀 그 꿈을 성취하기 위해 살았던 꿈의 사람이었습니다.

그런데 놀라운 사실은, 결국 요셉은 그의 꿈대로 온 세상의 통치자가 되었다는 것입니다. 이 꿈이 이루어졌을 때 그는 후회하지 않았습니다. 오히려 풍요로움의 극치를 누렸고 가족들을 기근에서 벗어나게 했습니다. 팔레스타인에 있던 가족들을 비옥한 땅 고센으로 인도하려는 하나님의 뜻을 이루었습니다. 요셉은 그 꿈을 이루고 난 뒤 모든 것이 하나님의 인도하심이었다고 여러 차례 고백하고 있습니다. 그의 인생은 하나님의 꿈을 이뤄드리며 사는 것이었고, 그 결과 감사의 극치를 이루는 삶을 살게 되었습니다.

권면 적용 | 사랑하는 성도 여러분, 여러분에게 이런 꿈이 있습니까? 인생의 끝에 가서 이룬 꿈을 감사하며 하나님께 영광을 돌리는 꿈, 하나님을 위해서 여러분이 이루어드릴 꿈이 있습니까? 많은 사람들은 꿈을 좇아 살고 있습니다. 돈을 많이 벌고 싶은 꿈, 승진하려는 꿈, 학위를 얻고자 하는 꿈이 있습니다. 또 훌륭한 반려자를 만나고자 하는 꿈, 새로운 진로를 모색해보려는 꿈도 있습니다. 여러분들이 이런 모든 꿈을 이루시기 바랍니다.

그런데 문제는, 이러한 꿈들이 하나님과 얼마나 상관이 있느냐 하는 것입니다. 이것이 중요합니다. 만약 이러한 꿈들이 하나님과 상관이 없으면 그 꿈들은 이루어지지 않을 수도 있습니다. 설혹 이루었다 해도 그것은 이루어놓은 후에 후회스러울 수 있는 꿈입니다. 그러나 하나님이 주신 꿈은 어떻습니까? 하나님이 주신 꿈을 꾸면 이루고 난 후에도 결코 후회하는 일이 없습니다.

예수님 살아 생전에 제자들에게는 하나같이 꿈이 있었습니다. 예수님이 왕이 되면 자신들은 장관이 되는 그런 꿈이었습니다. 그러나 예수님이 십자가에 달려 돌아가시자 그 꿈은 완전히 물거품이 되고 말았습니다. 그것은 예수님의 계획을 알지 못한 인간적인 꿈이었기 때문입니다. 그러나 예수님이 부활하시고 승천하신 후에 그들은 마가의 다락방에 모여서 다시 꿈을 꾸기 시작합니다. 그것은 세상을 향해 복음을 전파하라는 하나님의 꿈이었습니다. 주님을 위한 꿈에 사로잡혀 그 일을 성취하는 삶을 살 때 그들 모두는 인류의 역사를 다시 만드는 생애를 살게 되었습니다.

우리들도 이런 꿈을 꿀 수 있습니다. 우리의 욕심도, 욕구도 아닌 하나님이 주신 하나님의 꿈 말입니다. 이런 꿈에 사로잡힌 사람은 돈을 벌더라도 하나님을 위해서 벌고, 승진을 하더라도 하나님을 위해서 승진하려 합니다. 또 공부를 하더라도 하나님을 위해서 합니다. 왜 돈을 벌어야 하고 왜 승진을 해야 하는지, 왜 공부를 성공적으로 끝마쳐야 하는지, 그 이유가 하나님 앞에서 분명해집니다. 하나님을 위해서, 하나님의 꿈을 성취하기 위해서입니다. 좋은 반려자를 만나고, 행복한 가정을 만들려는 꿈도 자신만을 위해서가 아닙니다. 하나님의 일을 효과적으로 수행하기 위함이 우선입니다. 새로운 진로를 위해 꿈을 꿀 때도 하나님을 우선적으로 생각합니다. '하나님을 위해서 이러이러한 일을 하길 원합니다. 제게 주신 이 꿈을 통해서 하나님의 일을 효과적으로 감당하게 하옵소서.' 하고 기도합니다. 하나님의 꿈을 꾸는 사람은 무엇을 하든지 하나님의 영광을 먼저 생각합니다. 무엇을 하든지 하나님의 뜻을 먼저 생각하는 사람입니다. 이것이 하나님의 꿈에 사로잡힌 꿈의 사람입니다.

사랑하는 성도 여러분, 여러분과 저는 하나님이 주시는 꿈에 사로잡혀 살게 되기를 바랍니다. 그래야 삶이 가치가 있습니다. 기도하다가, 말씀 보다가, 묵상하다가 하나님이 꿈을 주시거든 그것을 내 것으로 만드시기 바랍니다. 성령이 깨닫게 하셔서 꿈을 꾸게 하시거든 그것을 내 것으로 만드시기 바랍니다. 가정생활에서, 직장생활에서, 교회생활에서, 그 어디에서든지 하나님이 주시는 꿈에 사로잡히시길 주의 이름으로 축원합니다.

| 3 계단 - 문제 제기, 본문 설명, 권면 적용

문제 제기 | 그런데 하나님의 꿈을 성취하는 데는 문제가 있습니다. 그 꿈이 그리 쉽게 이뤄지지는 않는다는 것이죠. 때로는 사람들의 방해와 환경의 방해가 있기도 합니다. 요셉이 하나님의 꿈을 꾸고 그것을 가족들에게 말했을 때 형들의 반응은 어떤 것이었습니까? 형들은 그것을 이해하지 못했습니다. 받아들이지 않았습니다. 오히려 요셉의 앞길을 가로막았습니다. 창세기 37:18에 "요셉이 그들에게 가까이 오기 전에 그들이 요셉을 멀리서 보고 죽이기를 꾀하여…"라고 기록하고 있습니다. 참으로 놀라운 일입니다. 하나님의 꿈을 이해하지 못하는 사람들은 이렇게 하나님의 계획을 방해합니다.

여러분, 우리가 때때로 하나님의 꿈을 꾸고 그것을 사람들과 함께 나누었을 때 주변 사람들로부터 이상하리 만큼 예상 외의 반대에 부딪힐 때가 있습니다. 적극적으로 도와주는 사람도 있겠지만 하나님의 꿈을 이해하지 못하는 사람들이 그 꿈을 펼치지 못하게 막을 수도 있다는 것입니다. 한 걸음 더 나아가 오히려 조직적인 방해가 있을 수도 있습니다. 그 장애물은 사람이 될 수도 있고, 환경이 될 수도 있습니다. 혹은 내 속에 있는 나 자신일 수도 있습니다. 바로 이러한 방해 요소를 주시해야 합니다. 이러한 방해 때문에 때때로 꿈을 꾸는 사람들이 용기를 상실합니다. 실망하고 포기하기도 합니다.

본문 설명ㅣ 그래서 하나님의 꿈을 이루는 사람에게는 인내가 필요합니다. 요셉은 하나님의 꿈을 꾸고 그것을 즉각적으로 이룬 것이 아니었습니다. 그 꿈을 이루기까지 오랜 세월이 걸렸습니다. 꿈이 이뤄지기까지 요셉은 형들의 방해로 흙구덩이에 던져지기도 했고, 오랫동안 노예로 살기도 했습니다. 거기다가 캄캄한 지하감옥에 갇히기도 했습니다. 그의 인생은 그가 품은 꿈과는 상관없이 점점 절망의 늪 속으로 빠져갔습니다. 꿈을 이루기까지 요셉은 13년 동안 온갖 좌절과 역경을 견뎌야 했습니다. 13년 동안 가슴앓이를 해야 했고, 13년 동안 억울함을 참아야 했고, 13년 동안 시험과 유혹을 이겨내야 했습니다. 요셉에게 있어서 13년이라는 세월은 하루도 쉬운 날이 없었습니다. 이 꿈을 이루기 위해서 그는 자신과 싸우며 인내해야 했습니다. 결국 하나님의 꿈이 성취될 때까지 13년 간을 묵묵하게 기다려야 했으니까요.

그가 물론 하나님의 꿈을 꾸는 사람이었지만 그의 인생은 꿈과는 거리가 멀었습니다. 13년 동안이나 처참한 삶을 살아갈 때, 얼마나 억울하고 분통이 터졌겠습니까? 자신의 삶을 비관하여 자기를 이렇게 만든 형들에게 분노의 칼을 갈 수도 있었을 겁니다. 보디발의 집에서 노예로 살아가는 동안 요셉은 바로 이런 심정이었을 것입니다. 그 때 주인집 부인이 동침하자고 유혹해옵니다. 한번 생각해보십시오. 보통 사람 같으면 어떻게 했을까요? 아마 '내 인생, 막가는데 못할 게 뭐냐. 적당히 들어주고 노예생활도 편하게 하고 욕심도 채우자.'는 생각으로 모르는 척 유혹에 넘어갈 수도 있었다는 얘깁니다. 분을 풀기 위해서라도 기회가 되는 대로 막 살아보자는 생각을 할 수도 있었습니다.

하지만 요셉은 그 유혹 앞에서 어떤 반응을 보였습니까? 39:9을 봅시다. 하반절에 "내가 어찌 이 큰 악을 행하여 하나님께 득죄하리이까."라고 말합니다. 그 캄캄하던 세월, 삶을 포기하고 싶은 충동이 물밀 듯이 이는 때에도, 요셉은 자기를 지켜보고 계신 하나님의 불꽃 같은 눈을 의식하고 있었습니다. 자신을 지켜보시는 그 하나님을 어떻게 실망시킬 수 있느냐는 것입니다.

보통 사람 같으면 왜 내 인생을 이렇게 만들어놓았느냐고 하나님을 원망하며 믿음 생활을 떠날 수도 있을 것입니다. 내게 보여주신 꿈은 어디 가고 왜 내 앞에 이렇게 처참한 일들만 일어나느냐고 한탄하며 반항할 수도 있었을 것입니다. 당신이 날 돌보지 않으니 나도 내 맘대로 한다는 태도를 취할 수도 있었을 것입니다. 하지만 그는 여전히 하나님의 엄중한 눈을 의식했습니다. 그 눈초리 앞에서 자신을 추슬렀습니다. 한두 해를 기다린 것은 아니지만 하나님이 자기를 들어올리실 때까지 참고 기다렸습니다. 이것이 바로 요셉의 훌륭한 신앙 태도입니다.

하나님께서 인생의 꿈을 꾸게 하시던 희망과 용기에 찬 시절에도 요셉은 하나님의 눈을 의식했습니다. 인생에서 가장 암울하던 노예생활 가운데서도 그는 여전히 살아 계신 하나님의 눈초리를 의식하며 자신을 추슬렀습니다. 그리고 그 하나님을 실망시키지 않으려고 최선을 다했습니다. 그 노력 속에서 여전히 양심과 인격, 그리고 자신의 믿음을 지켜나갔습니다. 언제까지였습니까? 꿈이 이뤄질 때까지입니다. 자신을 들어올리려는 하나님의 꿈이 성취될 때까지 그렇게 했습니다.

그러면 요셉이 그 암울한 상황에서도 자신을 지킬 수 있었던 힘은 어디서 나온 것일까요? 그 답답한 인생 속에, 하나님이 자신을 들어올리실 때까지 하나님을 실망시키지 않으려 했던 그 믿음은 어디서 비롯된 것일까요? 그것은 하나님이 자신에게 주셨던 꿈을 하나님이 이루실 것이라는 믿음 때문이었습니다. 그 믿음 때문에 요셉은 고난 속에서도 꿈의 수혜자처럼 살았습니다. 그 믿음 때문에 좌절을 이기고 억울함을 참으며 시험과 유혹을 견뎌냈습니다. 그 믿음 때문에 자신을 지키고 믿음을 지킬 수 있었습니다. 하나님은 요셉의 인내하는 믿음을 통해서 꿈을 이루셨습니다.

적용 | 　　사람은 언제 자신을 포기하게 됩니까? 언제 자신의 인격과 믿음을 포기합니까? 언제 막 살아버리자고 하는 생각을 품게 됩니까? 언제 유혹에 쉽게 넘어가고 맙니까? 꿈을 상실했을 때입니다. 기대감을 잃을 때입니다. 꿈이 상실되면 모든 것이 와르르 무너져도 상관하지 않는 마음, 될 대로 되라는 마음이 생깁니다. 꿈이 무너지려고 하고 어려움이 생기고 고통이 닥치면 자신을 합리화하면서 모든 것을 포기하게 됩니다.

　그러나 꿈이 이루어지길 기대하는 사람은 다릅니다. 고난이 와도, 고통이 닥쳐도 쉽게 넘어지지 않습니다. 잠시 휘어질 수는 있어도 부러지지는 않습니다. 난관 속에서도 자신을 지키려고 애를 씁니다. 자신의 인격을 지키고 믿음을 지킵니다. 왜 그렇습니까? 언젠가 하나님이 자신을 들어서 그 꿈의 주인공이 되게 하실 것을 믿는 믿음 때문입니다. 언젠가 축복의 주인공이 될 것이라는 믿음 때문입니다. 요셉은 그 믿음으로 하나님이 들어올리실 때까지 자신을 지키며 살았습니다.

　성도 여러분, 여러분이 지금 하나님의 꿈을 꾸고 있으나 그것이 더디 이뤄지고 있습니까? 그래서 그것 때문에 실망이 됩니까? 축복의 가정을 꿈꾸어왔지만 문제만 일어나고 있습니까? 배우자가 속을 썩이고 자녀들이 말을 안 듣습니까? 하나님의 일을 크게 감당하고 싶어서 사업에 성공하고 싶지만 신통치 않습니까? 승진을 원하지만 남들이 나보다 앞서가는 것만 같습니까? 하나님의 영광을 위해서 새로운 진로를 모색하고 있으나 길이 잘 열리지 않는다고요? 교회봉사 속에서 열매를 기대하지만 아직 먼 것 같아 보입니까? 아니면 이 모든 꿈들이 하나님이 주신 꿈과는 상관없이 전개되고 있거나 그런 상황에 놓여 있지는 않습니까?

권면적용| 사랑하는 성도 여러분, 하나님은 지금도 우리의 꿈을 이뤄가고 있음을 주시하시기 바랍니다. 원하시는 때에 그 꿈을 반드시 성취하시는 하나님이심을 믿음의 눈으로 바라보십시다. 역경과 고난 속에서도, 더디 응답되는 기도제목 앞에서도, 하나님이 곧 이뤄주실 것처럼 믿고 행동하십시다. 요셉과 같이, 흐트러진 자세를 가다듬고 하나님의 축복을 담을 깨끗한 그릇으로, 우리 자신을 준비하시기 바랍니다. 인격을 지키며 믿음을 지키십시오. 오히려 하나님께 더 가까이 가시고 하나님을 기쁘게 하는 신앙생활에 열심을 내십시다.

하나님이 내 꿈에 응답하시리라고 이웃에게 믿음으로 말하시기 바랍니다. 내 사업 터를 일으킬 것이라고 말씀하시고, 내 앞길을 열어가실 거라고 말하시기 바랍니다. 내 기도제목에 곧 구체적으로 응답하실 거라고 말씀하기 바랍니다. 그리고 그 꿈의 수혜자답게 믿음의 길을 걸어가십시다. 하나님이 정하신 그때에 꿈의 성취를 체험하며 하나님께 영광을 돌리는 저와 여러분이 되시기를 주의 이름으로 축원합니다.

3) 설교 예문 분석

우선 위 예문의 개요를 분석해보자.

| 1단계   꿈을 꾸는 삶이 아름답다(창 37:5).
| 2단계   꿈을 꾸되 하나님의 꿈을 꾸는 삶이 더 아름답다(창 37:5-11).

| 3단계   하나님의 꿈은 반드시 성취되지만 인내가 필요하다(창 39:7-20).

이 개요를 자세히 살펴보자. 개요가 점진적이라는 것을 알 수 있을 것이다. 우선 1단계, "꿈을 꾸는 삶이 아름답다."고 개요를 소개했다. 그리고 1단계 개요를 기초로 2단계에서는 "하나님의 꿈을 꾸는 삶이 더 아름답다."는 사실을 밝혔다. 하지만 이것으로 끝나지 않고, 2단계를 기초로 3단계에 가서는 "하나님의 꿈은 반드시 성취되지만 인내가 필요하다."고 밝혔다. 두 번째 개요는 첫번째 개요를 밟고 올라서서 아이디어를 발전시키는 느낌이고, 세 번째 개요는 두 번째 개요를 밟고 올라서서 아이디어를 발전시키는 느낌을 준다. 결국 '밟고 올라서라'의 구성이 이루어진다.

이제 예문의 내용을 분석해보자. 서론에서 꿈이 없는 삶에 대한 처참함을 묘사했고 꿈을 꾸는 삶의 아름다움을 드러냈다. 이를 위해서 본문 설명, 권면 적용을 활용했다. 그리고 두 번째 계단에서 꿈만 꾼다고 해서 다 아름다운 삶이 되는 건 아니라는 것과, 변질되지 않고 후회하지 않을 꿈을 꾸는 것이 아름답다고 설명했다. 이를 위해서 본문 설명과 권면 적용을 했다. 그리고 두 번째 계단을 치고 올라가는 세 번째에서는 하나님의 꿈은 반드시 이뤄지지만 인내가 필요하다고 했다. 이를 위해서도 본문 설명과 권면 적용을 하였다. 본 설교에서는 예화를 사용하였는데, 이때 소개되는 예화는 본문 설명과 권면 적용을 일맥상통하는 예화다. 또 계단을 밟아 올라갈수록 절정에 이르도록 하여 결단케 하려는 노력을 하였다. 이러한 일련의 단계를 밟고 올라가는 과정은 청중의 지성을 자극하는 가장 좋은 점진적인 전개 과정이다.

4) 설교구성법

 어떤 면에서 '계단을 밟고 올라가라'의 구성은 이미 공부한 구성법인 '결과, 이유, 방법' 등의 순서와 '점진적인 논리의 발전'이라는 공통점이 있다. 하지만 자세히 살펴보면 약간은 다르다. 그것은 1단계에서 '결과'를 다루지 않고 주제의 '본질'을 다룬다는 것이다. 예를 들어 이 설교 예문의 1단계는 '꿈을 꾸는 삶이 아름답다.'는 꿈의 본질을 다루고 있다. 사건의 '결과'를 다루는 것이 아니다. 그러므로 사건의 '결과'를 다루는 구성법 '결과, 이유, 방법'과는 다소 차이가 있음을 기억하자.
 좀더 쉽게 생각해보자. 우선 점진적인 전개과정의 예를 본다.

| 1단계 | 'A'는 우리의 삶에 중요하다.
| 2단계 | 그러나 'B'는 'A'보다 우리의 삶에 더 중요하다.
| 3단계 | 그러나 'C'는 'B'보다 우리의 삶에 더욱 중요하다.

 이 논리는 각 단계에서 중요한 요소를 점진적으로 발전시키고 있다. 전체 구도가 자연스럽게 발전하고 있기 때문에 계단을 밟고 올라가고 있다. 그런데 한 가지 꼭 기억해야 할 것은 '계단을 밟고 올라가라'의 구성을 만드는 데 가장 어려운 것은 1단계를 무엇으로 선정할까 하는 문제다. 1단계를 선정하고 나면 그 다음 단계를 발전시켜나가는 것은 다소 쉽다. 그러므로 1단계를 결정하는 데 많은 시간을 들일 수밖에 없다. 그런데 1단계를 생각할 때 설교할 주제의 '본질'이나 '기초'를 생각하려는 차원에서 출발해보라. 더욱 구체적인 예를 들어보자.

| 1단계 한 편의 설교를 잘 하는 것은 설교자에게 중요한 일이다.
| 2단계 그러나 설교자에게 설교 실력을 갖추는 일은 더 중요한 일이다.
| 3단계 그렇지만 설교 실력보다 설교자의 자질을 갖추는 일은 더욱 중요하다.

위의 구성은 1단계, 즉 '한 편의 설교를 잘 하는 것은 설교자에게 중요한 일이다.'를 설교자에게 필요한 '기초'로 놓고 있다. 그리고 설교자의 '기초'를 바탕으로 무엇을 어떻게 발전시킬 것인가를 생각해보는 일이 필요하다. 여기서는 이미 밝힌 개요를 기초로 치고 나가는 게 점진적인 전개다. 성경을 기초로 다음을 생각해보자.

| 제목   인생에 성공하려면
| 본문   삼상 17:31-49
- 1단계, 성공하려는 의지를 높이는 사람이 성공할 가능성이 많다(34-37절).
- 2단계, 성공하려는 의지보다 하나님으로부터 복 받는 것이 더 성공한 인생이다(37절).
- 3단계, 그 복이 하나님의 영광을 위해 돌려질 때에 진정으로 성공한 것이다(46절).

이 개요를 분석해보면 1단계부터 3단계까지는 '성공'에 대한 구체적인 행동이라는 것을 알 수 있다. 하지만 그 행동들은 갈수록 점점 '성공의 진정한 본질'에 접근하고 있다. 즉, 세속적인 성공의 형태에서 신앙적인 성공의 개념으로 점차 옮겨지고 있다는 것이다. 이런 관점에서 신앙 강도가 높아지고 있는 셈이다. 위와 같은 본문이 성경에는 참으로 많다. 특히 시편이나 서신서 본문이 그러한데 이러한 구성의 특색을 살리기 위해서라도 이와 같은 구성으로 설교하면 좋다. 한 가지 기억할 것은 이 개요를 '문제 제기(부정 혹은 긍정) 후에 해결책을 찾아라'의 구성으로 보아도 무방하나 어쨌든 단계에서 3단계까지는 '계단을 밟고 올라가라'의 전개 과정임이 분명하다.

요한복음 4:16-24에서 '참된 예배를 회복하라'는 제목으로 다음과 같은 개요를 완성했다고 하자.

첫째, 하나님은 예배자를 찾으신다(23절). 예배자를 찾으시는 하나님께 기쁨으로 나아오자.

둘째, 하나님은 은혜를 베푸시려고 예배자를 찾으신다(창 8:20-22). 예배 속에서 은혜를 받고자 힘쓰자.

셋째, 하나님은 신령과 진정으로 예배드리는 자에게 은혜를 베푸신다(24절). 은혜를 받는 것뿐 아니라 최선을 다해서 예배를 드리도록 한다.

이 구성에서 첫번째 단계는 '하나님은 예배자를 찾으신다'는 예배의 개념, 혹은 의미를 다룬다. 그리고 두 번째 단계는 '예배의 목적'을 다루고 있고, 세 번째 단계는 '예배를 효과적으로 드리는 방법'에 대해서 다루고 있다. 이와같이 개요가 점진적으로 발전하고 있다. 이 또한 '계단을 밟고 올라가라'의 구성법에 해당된다. 즉, 두 번째 개요는 첫째 개요를 기초로 해서 아이디어를 발전시킨 것이고, 세 번째 개요는 둘째 개요를 기초로 해서 아이디어를 발전시킨 것이다. 한 가지 유의할 것은 첫째와 셋째 개요는 본문에서 나왔으나 둘째 개요는 본문이 아닌 다른 구절에서 이끌어낸 것임에 유의하라. '결과, 목적, 방법'의 순으로 진행하는 구성법과 어떻게 다른지도 구분해보도록 한다.

다음과 같이 아래 개요에서 논리의 틀을 정해놓고 설교를 만들 수도 있겠다.

씨를 심어라. … 믿음의 씨를 심어라.
씨를 심었으니 이제는 가꾸어라. … 믿음을 가꾸어가라.
신실하게 가꾸어 열매를 거두어라. … 믿음의 성숙을 가져오라.

첫번째 단계에서 '믿음의 씨를 심는 것'이 무엇인지 성경 말씀을 인용하여 설명하고, 두 번째 단계에서 '믿음을 성장시키는 것'이 무엇인지에 대해 다른 성경 말씀을 인용한다. 세 번째 단계에서 '믿음의 열매를 맺는 행위'에 대해서 설명하면 이 또한 '점진적인 전개' 과정이 된다고 하겠다. 위의 개요는 세 개 모두 '믿음의 성장 과정'에 대한 '방법론'을 밝히는 것이지만 '심고, 가꾸고, 열매 맺고'의 발전적인 단계를 이루었다.

몇 가지의 예를 더 들어보자. 우선 이미 다른 구성('결과를 밝히고 이유를 찾아가라')으로 설명했던 누가복음 5:1-11의 본문을 '낙심을 만날 때'라는 제목의 전혀 색다른 개요를 만들 수 있다.

1. 때때로 주님은 우리의 실패 현장 가운데 찾아오신다(본문 설명). - 실패의 현장으로 찾아오시는 주님을 만나자(권면 적용).
2. 주님은 우리에게 찾아오실 뿐만 아니라 우리를 축복하시려고 더 깊은 곳으로 인도하신다(본문 설명). - 낙심 속에서 축복을 덧입기 위해서 주님의 인도하심에 믿음으로 따라 나서자(권면 적용).

3. 주님은 축복하실 뿐만 아니라 신앙이 자라나는 기회를 허락하신다(본문 설명). - 축복을 통해 우리에게 향하신 하나님의 근본 의도를 발견하고 순종하자(권면 적용).

이 개요를 점진적인 발전 과정으로 개요를 재편집해본다. '결과를 밝히고 이유를 찾아가라'의 개요와 어떻게 다른가 비교해보라.
 사도행전 2:37-42을 '부흥하는 교회'란 제목으로 다음과 같은 개요를 만들어보자.

첫째, 하나님은 교회가 부흥하기 원하신다(41절).
 - 교회의 당면 과제, 혹은 교회의 목적으로 볼 수도 있다.
둘째, 하나님은 우리를 통해서 교회 부흥을 이루신다(37절).
 - 교회 부흥의 방법
셋째, 하나님은 우리가 행동으로 옮기기 전까지는 부흥을 허락지 않으신다(38-40절). - 교회 부흥의 방법

위의 개요를 좀더 구체화해보면 다음과 같다.

| 첫째 단계 하나님은 교회가 부흥하기 원하신다(행 2:41). 즉, 하나님은 모든 교회가 믿는 자의 수를 더하는 교회가 될 것을 기대하신다. - 하나님은 오늘 우리의 교회에도 부흥이 일어나기 원하신다. 그러므로 우리 교회가 부흥하는 교회가 되도록 기도하자.
 | 둘째 단계 하나님은 신자를 통해서 교회 부흥을 이루신다(37절). 하나님은 그 일을 위해서 베드로와 다른 사도들을 세우셨다. - 하나님은 교회 부흥을 위해서 성도들을 사용하신다. 그러므로 우리는 교

회 부흥을 위해 앞장서서 쓰임 받도록 하자.

  |셋째 단계 하나님은 성도가 행동으로 옮기기 전까지는 부흥을 허락하지 않으신다(38-40절). 베드로와 사도들이 입을 열어 외치기 전까지는 복음이 전달되지 않았고 구원받는 사람의 수도 늘어나지 않았다. - 우리 성도들이 전도를 행동으로 옮기기 전까지 부흥은 일어나지 않는다. 교회 부흥은 우리의 전도 행동에 달려 있다. 행동하는 신앙을 통해 교회 부흥을 이루어내도록 한다.

 이 전개방식도 '계단을 밟고 올라가라'의 개념에 일치하는 구성법이다. 교회의 당면 과제, 즉 교회부흥의 방법이 Ⅰ·Ⅱ의 순으로 소개되고 있다. 그런데 여기서 '교회 부흥의 당위성' 대신 '교회 존재의 목적' 쪽에 무게를 두면 결국 '교회의 존재 목적', '교회 목적의 성취 Ⅰ·Ⅱ'의 구성이 된다. 그러므로 이때에는 '결과, 목적, 방법을 밝혀라'의 구성이 될 수 있다. 어쨌든 개요 1번을 '교회의 당면 과제'로 핵심을 밝힘으로써 '계단을 밟고 올라가라'의 구성이 된다는 점을 기억하자.

5) 구성의 특징

 '꼬리에 꼬리를 물라'의 구성은 첫 대지에서 그 다음 대지로 옮겨질 때에 주제가 계속적으로 조금씩 변형되며 이어지고 있다. 즉, 각 개요의 주제가 서로 연결되면서 조금씩 바뀌고 있다. 하지만 '계단을 밟고 올라가라'는 구성은 첫번째 개요부터 세 번째 개요에 이르도록 주제의 큰 틀은 변하지 않았으며 단지 첨가되는 듯한 인상을 준다.
 이 구성은 '꼬리에 꼬리를 물라'의 구성법과는 약간의 차이를 보인

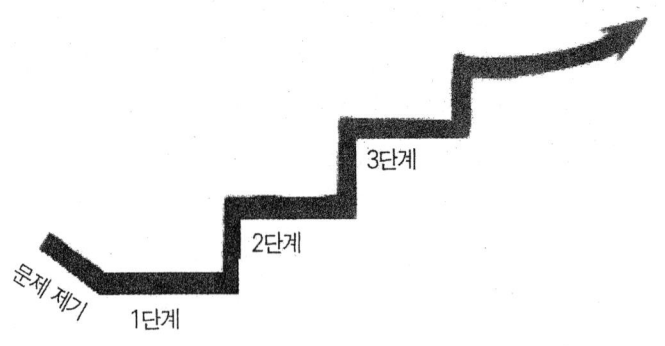

'계단을 밟고 올라가라' 구성의 개념도.

다. '꼬리에 꼬리를 물라'의 구성은 앞 개요의 끝 문장(사상)이 그 다음 개요의 내용에 반드시 연결 고리 역할을 하는 데 비해 '계단을 밟고 올라가라'의 구성은 두 번째 개요가 첫번째 개요 사이에 정확한 연결 고리 역할을 필요로 하지 않는다. 단지 첫번째 개요를 기초로 해서 두 번째 개요의 아이디어를 첨가하는 정도이다. 또 두 번째 개요를 기초로 해서 세 번째 개요를 만들게 된다. 결국 두 번째 개요는 첫번째 개요 없이는 생각할 수 없고 세 번째 개요는 두 번째 개요 없이는 생각할 수 없게 된다. 그렇다고 첫번째 개요의 꼬리를 물고늘어지는 것은 아니다. 이러한 구성은 뒤의 대지가 앞의 대지에 도움을 받는 정도라고 보면 좋다.

다음 장에서 논의할 구성법은 '가벼운 것에서 비중 있는 것으로 옮겨가라'이다. 이 구성법은 많은 면에서 '계단을 밟고 올라가라'의 전개방식과 흡사하다. 어떤 면에서 '계단을 밟고 올라가라'의 구성이 '가벼운 것에서 비중 있는 것으로 옮겨가라'의 구성을 포함한다고 할 수 있겠다. 예를 들면, '계단을 밟고 올라가라'의 구성을 만드는 방법에서 예를 보인 사도행전 2:37-42의 '부흥하는 교회', 요한복음 4:16-24의 '참된 예배를 회복하라', 사무엘상 17:31-49의 '인생에 성공하려면' 등은 '가벼운 것에서 비중 있는 것으로 옮겨가라'의 구성법과 흡사한 경우임을 기억하라.

6) 구성의 원리

1. 서론은 설교 주제와 관련된 문제를 제기하는 것으로 시작하라.
2. 본문에서 등장인물(이야기 본문)이나 주장(서신서)이 가장 기초적으로 언급되거나 강조되는 내용을 찾아라. 그것이 바로 제 1단계에 해당한다.
3. 그 기초되는 내용(주장)을 기초로, 확대하려는 그 다음 내용(주장)을 찾아라(2단계, 3단계로 발전시켜라).
4. 이때의 전개는 마치 계단을 하나씩 밟고 올라가는 듯한 인상을 주도록 발전시키라.
5. 마지막 계단에 올라왔을 때는 최정상에 오른 성취감을 맛보게 하라(점진적으로 발전을 극대화하라).
6. 각 개요의 적용은 권면 적용이 되게 하라.

가벼운 것에서 비중 있는 것으로 옮겨가라

이 구성에서 개요의 순서를 보면 가볍게 취급할 수 있는 것에서부터 비중 있는 것으로 점점 옮겨진다는 것을 알 수 있다. 첫째, 개요의 순서가 소극적인 반응을 보이는 것에서 적극적인 반응을 보이는 것으로, 혹은 깨닫기만 하는 수준의 것에서 행동으로 옮겨야 하는 수준의 것으로, 또 가벼운 태도 변화에서 비중 있는 태도의 변화를 가져야 하는 것 등 모두 '가벼운 것에서 비중 있는 것으로 옮겨가라'의 구성에 해당된다.

모 텔레비전 쇼 프로그램으로 다음과 같이 세 종류의 프로그램이 진행되었다고 가정해보자. 첫번째는 매우 재미 있는 프로그램, 두 번째는 재미 없는 프로그램, 세 번째는 보통 정도의 프로그램이 진행될 상황이라면 이 세 가지의 프로그램이 어떤 순서로 진행되어야 바람직할까? 가장 좋은 진행은 첫번째 재미 없는 프로그램, 두 번째 보통 정도의 프로그램, 세 번째 매우 재미 있는 프로그램의 순서로 진행되는 경우이다. 왜냐하면 청중들에게 충격을 주는 강도가 갈수록 강해야 관중들이 만족하기 때문이다.

거꾸로 생각해보자. 처음에는 매우 재미 있는 프로그램이었는데 갈수록 청중들이 흥미를 잃는 프로그램이 진행된다면 전체 프로그램에 대한 인상은 '재미 없는 프로그램'으로 남게 될 것이다. 반면 처음에는 조금 재미가 없더라도 갈수록 재미 있는 프로그램을 접하게 된 청중이라면 어떨까? 실망했던 마음이 조금씩 수그러들 것이다. 그리고 다음 프로그램을 기대하는 마음이 들게 되고, 마침내 마지막에 가서 가장 재미 있는 프로그램을 접하게 되면 전체 프로그램이 '좋았다' 는 인상을 갖게 된다.

1) 구성의 필요성

사람은 어떤 충격을 받는 정도가 갈수록 세질 때 거기에 만족하는 강도도 더 커진다. 또한 그래야 설교 전개도 자연스럽다고 느낀다. 결국 청중들이 갖게 되는 충격의 강도를 높이기 위해서, 또 설교가 청중들에게 자연스럽게 들리도록 하기 위해서 '가벼운 것에서 비중 있는 것으로 옮겨가라' 의 구성을 활용하면 좋다. 또 성경에는 '가벼운 것에서 비중 있는 것으로 옮겨가라' 의 구성에 적절한 본문도 참으로 많다. 조금만 더 생각해본다면 이 구성법으로 본문을 재구성할 수 있는 본문도 많이 있다. 이처럼 본문의 특색을 살리면서도 청중들이 받는 충격의 강도를 높게 하기 위해서는 이 구성을 활용하는 것이 좋다.

2) 설교 예문

본문 : 여호수아 3:1-6
제목 : 믿음으로 좇아라.
문제 제기 : 성도들은 지금 부흥회에 큰 기대감도 없이 영적 매너리즘에 빠져 있다.
설교 목적 : 부흥회를 철저한 준비하게 하고, 매너리즘에서 벗어나도록 자극을 준다.

| **문제 제기** - 삶의 정황, 권면 적용

삶의 정황 | 제가 대학 예비고사를 치를 때의 일입니다. 그때 정말 잊지 못할 해프닝이 있었는데, 저를 포함한 60여 명의 저희 반 학생 거의 전원이 예비고사 시험에 합격한 것입니다. 단 한 학생만 떨어졌는데, 떨어진 사람은 놀랍게도 공부를 매우 잘하던 저희 반의 반장이었습니다. 알고 보니 답안지 번호를 잘못 기재했기 때문이라는 겁니다. 평소 월말고사나 중간고사, 학기말 고사에서 늘 1, 2등을 다투던 친구였는데 그만 중요한 순간에 대단히 큰 실수를 하고 말았던 것입니다. 워밍업에 해당한다고 볼 수 있는 작은 시험은 잘 봤는데, 정작 인생의 승패를 가늠하는 중요한 순간에 실수를 하고 만 것입니다.

권면 적용 | 우리의 삶에도 이런 큰일을 결정해야 할 일들이 찾아옵니다. 결혼을 한다거나 취직을 하는 일, 중요한 시험을 잘 치르는 일이라든지 전 재산을 투자하여 사업을 시작하는 일 등은 분명히 큰일입니다. 만일 이런 큰일을 성공적으로 치러낸다면 우리의 삶에 큰 플러스가 될 것입니다. 기쁨이 찾아듭니다. 그러나 실패하면 어떻습니까? 큰 아픔을 겪게 되고 상처가 아물 때까지 말할 수 없는 고통을 겪어야 합니다. 또 많은 에너지를 낭비하는 일이 됩니다. 우리는 워밍업에 해당하는 일들에 소홀하거나 실수를 하더라도, 혹시라도 정작 중요한 일과 큰일 앞에서는 결코 실패하지 않도록 주의해야 할 것입니다. 저와 여러분은 앞으로 닥칠 큰일 앞에서 강하고 담대하게, 그리고 빈틈없이, 그 일을 성공적으로 잘 치러내어 큰 기쁨을 얻는 승리의 주인공들이 다 되시기 바랍니다.

　　다가오는 우리 교회의 부흥회는 교회 차원에서도 상당히 큰일입니다. 물론 개인에게도 큰일임에 틀림없습니다. 왜냐하면 부흥회를 성공적으로 치르고 나면 교회가 획기적으로 발전할 수 있고, 또 개인적으로도 자신의 삶에 엄청난 유익이 있기 때문입니다. 예수님을 부인

가벼운 음식부터 우선 먹어보고…

하던 나약한 신앙의 베드로가, 나중에는 죽음을 두려워하지 않고 3천 명, 4천 명이나 되는 많은 사람을 회개하도록 하는 놀라운 능력을 덧입을 수 있었던 계기도 그들이 함께 기도하던 집회에서였다는 사실을 기억하십시오. 선교 사업에 실패하고 실의에 빠져 있던 존 웨슬리가 전 세계를 움직이는 지도자로 변모한 계기 또한 모라비안 교도들의 부흥집회에서 받은 놀라운 능력 때문이었습니다. 대전의 모 방직 회사 사장은 직장을 잃고 실의에 빠져 자살하기 일보 직전에 '에라, 모르겠다. 마지막이니 죽기 전에 아내 소원이나 풀어주고 가자.'고 결심하고서 부흥회에 참석했다가 그곳에서 변화를 받고 살아갈 새 힘을 공급받게 되었다고 합니다. 그리고 새로운 희망을 불사르며 재기에 성공하였다는 간증을 들었던 적이 있습니다. 텍사스와 루이지애나 경계에 위치한 쉬리포트 시가 1960년도 말, 갑자기 술집의 30퍼센트가 문을 닫고 거리에는 거지들이 없어지고, 범죄율이 50퍼센트 이상 줄어드는 기적이 일어났던 것도 빌리 그래함 목사의 부흥집회 후의 일이었다는 것을 어떻게 생각하십니까? 그러고 보면 부흥집회만큼 사람의 생애에 막대한 영향을 미치는 것도 없습니다. 부흥집회만큼 사람에게나 교회에 복스러운 것도 없습니다.

이번 부흥회에서 우리 교회의 모든 성도가 하늘의 은사를 맛보고, 하나님의 살아 계심을 체험하며 주의 권능을 덧입게 되기를, 그리고 내가 누구인가를 분명히 깨닫는 복된 집회가 되기를 소원합니다. 두고두고 생각할 때마다 그 집회는 참으로 내게 유익했다고 기억되는 집회, 내 생애를 바꾸어놓은 집회였다고 회고하는 그런 집회, 우리 교회에 엄청난 유익을 가져다준 집회였다고 고백하는 부흥회로 만드는 저와 여러분이 되시기 바랍니다. 특히 IMF 한파로 경제적인 어려움을 겪으면서 얼굴에 웃음을 잃은 우리에게 하나님의 은혜를 맛보는 특별한 체험의 기회가 되기를 주의 이름으로 축원합니다. 희망을 잃어버린 분에게 새로운 꿈과 용기를, 불안해 하는 분들에게 미래에 대한 확신을 주는 기회가 되기를 바랍니다. 숱한 삶의 난제들을 하나님이 치료하시고 해결하시는 기회로 만드는 저와 여러분이 되시기를 주의 이름으로 축원합니다.

그러면 어떻게 해야 우리가 이번 부흥회를 승리와 축복의 기회로 만들 수 있을까요?

| 개요 1

본문 설명 | 본문을 보니 이스라엘 백성들이 싯딤을 떠나 요단강에 이르게 되었습니다. 이제 요단강만 건너면 가나안 땅에 들어갑니다. 우리가 알다시피 이스라엘 백성들은 노예의 삶을 벗어나서 자유를 누리고자 이곳까지 왔습니다. 하지만 한 달이면 갈 수 있는 거리를 무려 40년이 지나서야 도착하게 됐습니다. 숱한 전쟁을 치르고 굶주림과 궂은 날씨와 싸우면서도, 그들은 젖과 꿀이 흐르는 가나안을 진정으로 갈

망해왔습니다. 그리고 마침내 이곳에 도착했습니다.

이제 요단강만 건너면 가나안에 들어갈 수 있게 되었으니 얼마나 감격스러웠을까요? 1절에 보니 "요단에 이르러서는 건너지 아니하고 거기서 삼 일을 유숙하니라."고 했습니다. 삼 일 동안 가축과 노약자들이 충분히 쉴 시간을 가졌던 것 같습니다. 하지만 그들이 단지 쉬기만 했을까요? 아닙니다. 중요한 일을 앞두고 그들은 지금껏 자신들과 함께하시고 앞길을 인도해오셨던 하나님께 성공적인 요단강 도하가 되게 해달라고 간절히 기도하는 시간을 가졌을 것입니다. 물론 긴장 속에서 간절히 간구했으리라 생각합니다.

적용 | 저는 이번 부흥회가 우리에게 매우 큰일이라고 말씀드렸습니다. 이 부흥회를 성공적으로 치르고 각 성도들에게도 매우 유익했다고 느끼도록 하려면 우리는 무엇을 해야 할까요? 이스라엘 백성이 요단강 도하를 앞두고 긴장하며 하나님께 간구했던 것처럼 우리도 이번 부흥회가 큰 은혜의 시간이 되게 해달라고 긴장하며 간구하는 시간을 가져야 할 것입니다. 특히 이번 부흥회가 내 생애에 가장 유익한 부흥회가 되게 해달라고 간절히 간구해야 할 것입니다.

많은 사람들이 그런 기대를 가지고 있습니다. 그런데 문제는 긴장하며 준비하지 않는다는 사실입니다. '어떻게 은혜 받게 되겠지, 뭐.' 하는 생각, 혹은 '남들이 다 참석하니 나도 참석해보는 거지, 뭐.' 이런 막연한 생각을 가지고 집회에 참석하고 있지는 않습니까? 이런 태도로 부흥회를 기다리거나 참석하는 사람은 안타깝게도 하나님의 은혜를 절대로 경험하지 못합니다. 부흥회 기간 동안, 이런 사람에게는 아무런 역사도 일어나지 않습니다. 남들은 부흥회의 주인공인 양 기뻐 날뛰어도 이런 사람은 무슨 손님처럼 아무것도 얻지 못한 채 시간만 허비할 뿐입니다. '이번에도 시간 낭비만 했구나!' 하는 허탈감에 빠질 수 있습니다. 매우 안타까운 일입니다.

그러면 어떤 사람이 부흥회를 무엇보다 의미 있는 집회로 삼을 수 있을까요? 바로 이번 부흥회가 나의 생애를 바꿀 수 있는 마지막 기회라는 결연한 기대감을 가지는 사람입니다. 그리고 무엇보다도 이번 부흥회를 통해 영적으로 충만하기를 각오하면서 긴장 속에서 기도로 준비한 사람입니다. 흐트러진 마음을 모으고 다가올 부흥회에 마음을 집중하는 사람입니다.

권면 적용 | 사랑하는 성도 여러분, 여러분이 진정 이번 부흥회에서 하나님의 크신 은혜를 체험하고자 한다면, 그리고 하나님께서 내 생애에 크게 간섭하시는 결정적인 기회가 되도록 하길 원하신다면, 옷깃을 여미고 신랑을 기다리는 신부처럼, 긴장 속에서 부흥회의 큰 역사를 사모하며 기도에 전념하는 사람이 되시기를 주님의 이름으로 축원합니다.

| 개요 2

본문 설명 | 그러나 단지 우리가 부흥회에서 큰 은혜를 사모하며 긴장 속에서 기도하고 기다리는 것이 전부는 아닙니다. 문제는 우리가 어떤 믿음을 가지고, 어떤 태도로 기다리느냐 하는 것입니다. 3절과 4절을 다같이 읽어봅시다. "백성에게 명하여 가로되 너희는 레위 사람 제사장들이 너희 하나님 여호와의 언약궤 메는 것을 보거든 너희 곳을 떠나 그 뒤를 좇으라 그러나 너희와 그 사이 상거가 이천 규빗쯤 되게 하고 그것에 가까이 하지는 말라 그리하면 너희 행할 길을 알리니 너희가 이전에 이 길을 지나보지 못하였음이니라."

하나님은 이스라엘이 요단강을 건너게 되는 날, 그들 앞에 하나님의 임재의 상징인 언약궤를 앞세우라고 선포하십니다. 그리고 이스라엘 백성은 언약궤의 약 1천 미터 정도 뒤를 따라오라고 말씀하십니다. 그러면 하나님은 왜 언약궤를 앞세울 것을 명령하셨을까요? 그리고 이스라엘 백성을 왜 멀찌감치 뒤따라오라고 하셨을까요? 그것은 이스라엘이 요단강을 건너는 이 큰일에, 그들 혼자 가는 것이 아니라 하나님이 앞서 가신다는 것을 알려주려고 하신 것입니다. 하나님은 이스라엘 백성이 요단강을 건너면서 많은 걱정을 하고 있다는 것을 아셨습니다. '우리가 저 시퍼런 요단강을 어떻게 건널 수 있을까? 그것도 이런 모맥(牟麥)을 거두는 시기에 괜히 믿음으로 건넌다고 하다가 도중에 다 죽는 건 아닐까? 지금이라도 그만둬버릴까?' 이런 여러 가지 두려운 생각에 사로잡혀 있다는 것을 아셨습니다. 그러나 오늘 본문에서 하나님은 이렇게 선포하고 계십니다. '요단 도하는 너희들의 발상이나 계획이 아니다. 너희들이 진행하는 게 아니다. 내가 진행하고 내가 앞장서서 이끌 테니 너희들은 단지 나만 따라오너라. 이 큰일을 내가 직접 앞서 서고 인도하여 책임지마. 성공적으로 건너도록 내가 책임지마.' 이렇게 말입니다. 게다가 언약궤를 멀찍이 뒤따라오라고 하시는 것은 하나님이 앞서고 계심을 모든 사람이 보게 하고 믿고 따르게 하려는 것입니다.

적용| 여러분, 우리에게는 언제 두려움이 생깁니까? 무엇인가를 혼자서 해야 한다는 생각이 들거나 하나님보다 앞서간다는 생각이 들 때입니다. 내가 계획하고, 내가 추진하고, 내가 뭔가를 한다는 생각이 들 때면 '과연 잘 될까?' 하는 마음에 불안을 떨쳐버리지 못하는 법입니다. 그러나 우리의 큰일을 앞서서 이끄시는 분이 하나님이시라는 믿음이 들 때, 그리고 그분의 뒤를 좇기만 할 때 우리는 두려움으로부터 자유로울 수 있습니다. 그리고 승리를 확신할 수 있습니다. 왜냐하면 하나님은 우리를 완벽하게 인도하시는 분이기 때문입니다. 하나님께서 앞장서시며 모든 장애물을 손수 제거하시고 우리의 앞길을 친히 만들어놓으시기 때문입니다.

권면 적용| 사랑하는 성도 여러분, 그러므로 우리가 이번 부흥회에서 은

혜를 못 받으면 어떻게 하나 하고 걱정하는 분이 있습니까? 부흥회의 큰 역사를 사모하면서 집중하여 기도하고 있다면, 하나님은 우리를 그냥 내버려두지 않으신다는 것을 믿으시기 바랍니다. 하나님이 기도로 준비하는 우리에게 은혜가 임하도록 이끄신다는 것을 믿음으로 바라보시기 바랍니다. 이번 부흥회는 사람이 원해서 여는 행사가 아닙니다. 우리의 오랜 기도에 하나님이 응답하시고 하나님이 계획하신 행사입니다. 사람이 계획하고 치르는 부흥회가 아닙니다. 하나님이 주관하시고 직접 이끄시는 부흥회입니다. 지금 하나님은 부흥회를 앞두고 있는 우리에게 말씀하십니다. "부흥회는 내가 직접 이끌어주마. 직접 승리하게 만들어주마. 너희는 단지 나를 따라오너라." 부흥회를 승리의 길로 이끄신다는 우리 하나님의 음성이 여러분의 것이 되시기 바랍니다. 성도 여러분, 부흥회에서 우리를 위해 준비하신 소낙비 같은 하나님의 은혜, 신령한 축복, 거룩한 약속, 영광스런 변화의 열매, 이 모든 것들을 하나님의 이름으로 경험하는 우리가 되기를 바랍니다. 치료의 광선을 체험하시고, 용서의 음성을 들으시고, 앞길을 인도하시겠다는 하나님을 믿는 믿음과 확신으로 가득 차는 시간이 되시기 바랍니다. 하나님이 부으실 은총을 기대하며 부흥회의 크신 역사를 기대하는 저와 여러분이 되시길 주의 이름으로 축원합니다.

| 개요 3

본문 설명 | 성도 여러분, 이제 한 가지 더 생각해보겠습니다. 하나님이 부흥회를 앞서서 이끄신다고 무조건 훌륭한 결과를 기대할 수 있을까요? 그렇지 않습니다. 따라가는 방법이 정확해야 승리할 수 있습니다. 하나님은 앞서가는 분이 하나님이심을 밝히면서 동시에 우리가 그 하나님을 어떻게 따라야 할지 말씀하셨습니다. 다같이 본문 5절을 읽겠습니다. "여호수아가 또 백성에게 이르되 너희는 스스로 성결케 하라

여호와께서 내일 너희 가운데 기사를 행하시리라." 여기서 주목해보아야 할 점은 "너희는 스스로 성결케 하라."는 대목입니다. 요단강을 건너는 이 그 큰일을 앞두고 하나님은 이스라엘에게 성결케 하라고 말씀합니다.

요단 도하라는 큰일을 앞둔 이스라엘에게, 하나님은 앞서가시겠고 "나를 바라보며 따라오라."고 말씀하셨습니다. 또 "성결케 하라고 말씀하셨습니다. 물론 그것은, 거룩한 언약궤를 따라가려면 거룩해."야 하기 때문입니다. 또 가나안 입성 후 가나안의 혼합종교에 물들지 않기 위해서도 순수한 신앙을 유지해야 하기 때문입니다. 그래서 하나님은 미리 신앙을 성결케 하라고 명하시는 것입니다. 하지만 다른 한 가지 이유가 또 있습니다. 그것은 이스라엘 백성의 흐트러진 마음 자세를 바로잡고자 함이었습니다.

이스라엘 백성들은 요단강가에 이르렀고 이제 강을 건너기만 하면 꿈에 그리던 가나안에 들어가게 되었습니다. 얼마나 흥분되고 떨렸을까요? 그러나 앞서 밝힌 것처럼 백성들의 마음속에는, '모맥을 거두는 시기에 강물이 언덕이라도 넘칠라치면 시퍼런 강물에 다 빠져 죽는 건 아닐까?' 하여 회의가 찾아들고 있었습니다. 또 '가나안에 들어가서 힘센 가나안 족속에게 떼죽음이나 당하는 것은 아닐까?' 하는 불안과 염려도 있었습니다. 광야생활 동안에도 늘 그러했던 것처럼 백성들 중에는 하나님의 뜻을 거부하고 불순종하는 태도를 취하는 사람도 많았을 겁니다. 그래서 아예 강을 건너지 않았으면 하는 소극적이고 불신에서 나온 생각을 하는 사람도 있었을 것입니다.

성결케 하라고 하신 것은 바로 이 때문입니다. 하나님은 이스라엘 백성들이 품고 있는 그런 인간적인 생각들을 그들의 마음속에서 완전히 지우기 원하셨습니다. 그리고 오직 "앞서 가시는 하나님만을 믿고 따라가리라. 그러면 승리하리라."는 신앙의 태도만을 견지하도록 하려고 "마음을 성결케 하라."고 말씀하신 것입니다.

적용 | 성도 여러분, 많은 사람들이 이번 부흥회에 큰 역사를 기대하며 준비하고 있습니다만, 더러 믿음이 연약한 분들이 '이번 부흥회에 꼭 가야 하나?' 하며 아직도 결정을 미루고 계시는 분도 있을 줄 압니다. 또 '하루나 이틀만 참석하면 안 될까? 다 참석해야 하나?' 하는 등 하나님의 생각과 인간의 생각 사이에서 오락가락할 수도 있습니다. '부흥회가 무척 길다던데 지겨워서 어떻게 하지.' 하는 부담감을 갖고 있을 수도 있겠죠. 게다가 '이번 부흥회도 연례 행사처럼 지나가는 거지, 뭐.'라고 하며, 인간적인 수준에서 부흥회를 맞이하는 분도 있을 것입니다. 또 '이번에도 헌금이나 걷고 사람들을 달달 볶기만 하려고 부흥회를 하려는가?' 하는 부정적인 생각까지 들지도 모르겠습니다. 그럼 혹시 이런 생각을 하고 있지는 않습니까? '나는 예배도 잘 드리고 십일조도 잘합니다. 또 교회에서 주일학교 교사에, 여전도회, 남전도회 각 기관에서 일도 잘하고 성경공부도 빠지지 않고 합니다. 게다가 우리 가정도 믿음으로 평안하게 잘 이끌고 있고 새벽기도회도 가끔 참석하죠. 이 정도면 A학점에 해당되는 신앙생활인데 무슨 부흥회가 또 필요합니까? 부흥회는 아무개 집사만 위한 거지 나를 위한 게 아니라구요.'

이것은 자신이 영적으로 얼마나 빈곤한 상태에 있는지 모르는 사람의 생각입니다. 영적으로 잠을 자고 있을 뿐 자신의 영적 가난을 모르는 사람입니다. 성도 여러분, 이것은 자신을 위해 하나님이 준비하신 축복의 자리를 걷어차는 사람의 태도입니다. 부흥회를 무력하게 하고 우리 각자가 은혜 받는 데 결정적인 방해가 될 뿐입니다.

그러고 보면 이번 부흥회에서의 승리가 이미 주어졌음에도 불구하고 여전히 의심을 떨쳐버리지 못하는 허약한 생각과 구태의연한 매너리즘 등은 우리가 단호히 거부해야 할 첫번째 일이라고 하겠습니다.

이 모든 인간적인 생각은 어디서 나옵니까? 인간의 연약함에서 옵니다. 이런 인간적인 연약함을 충분히 이해할 수 있습니다. 위대한 사도 베드로도 그랬으니까요. 하지만 그것은 우리가 경계해야 할 우리 속의 가장 큰 적임을 알아야 합니다. 어느 날 예수님께서 자신이 십자가에 돌아가셔야 한다는 사실을 밝히니 베드로가 "주여 그리 마옵소서"라고 했습니다. 그때 예수님이 무어라고 말씀하셨습니까? "사탄아 내 뒤로 물러가라."(마 16:23)고 하셨습니다. 베드로의 인간적인 생각이 하나님의 일을 그르칠 수 있음을 보여주고 있는 말씀입니다.

성도 여러분, 부흥회를 앞두고 날씨가 좋도록 기도하고 부흥회 기간중에 아무 사고도 나지 않도록 기도하는 것, 또 부흥 강사님의 영육간의 건강을 위해서 기도하는 일은 몹시 중요합니다. 또 역대 부흥회 중에서도 가장 많은 사람들이 모이도록 기도하는 것도 중요합니다. 그러나 무엇보다 우리가 마음 문을 활짝 열고 생각을 집중하여 빠지지 않고 기도해야 할 내용은 바로 우리 자신 속에 있는 인간적인 나약함과 무관심을 우리 속에서 도려내는 일입니다. 아직도 우리 속에 남겨진 인간적인 나태함이나 연약함을 사탄이 사용하지 않게 만드는 일입니다. 이 일을 위해서 우리는 더 절실히 이 문제를 놓고 간구해야 할 줄 믿습니다.

사랑하는 성도 여러분, 우리 주님은 십자가를 지시기 전 겟세마네 동산에서 물방울이 핏방울이 되도록 기도하셨습니다. 자신의 인간적인 면이 행여 하나님의 뜻을 이루는 데 일을 그르치지 않게 하려고 말입니다. 사탄이 자신을 틈탈 수 없게 하려고 심혈을 기울여 기도하셨습니다. 그리고 마침내 그 일을 성공적으로 치르셨던 것입니다.

권면 적용| 사랑하는 성도 여러분, 혹 우리 안에 은혜 받는 데 방해가 되는 인간적인 나태함이나 연약함이 없는지 돌아보십시오. 또 은혜 받을 환경을 어렵게 만드는 요소는 없는지 살펴봅시다. 방해가 되는 요

소들을 깨닫게 해달라고 기도하고, 깨닫게 되었을 때에는 그 나약함을 이길 수 있게 해달라고 간구합시다. 부흥회를 맞이하여 마음속에 아직도 간절함이 모자라거든 왜 나는 부흥회를 앞두고 간절함, 절실함, 사모함, 기대감이 없는지 그것을 안타까워하며 애통해 합시다. 이런 애통이 우리가 식사할 때도, 잠자리에 들기 전에도, 눈을 뜬 직후에도, 정해놓은 기도시간 속에서도 계속되기를 바랍니다. 오직 부흥회를 생각하며 그 부흥회에서 영적인 대폭발이 일어나게 해달라고 애통해 하며 간구하십시오.

사랑하는 성도 여러분, 승리의 주사위는 이미 던져졌습니다. 그럼에도 불구하고 내 마음에 준비가 소홀해서 하나님의 뜻을 바로 보고 있지 못하는 것은 아닌지 점검해보십시오. 매너리즘에 빠져서 하나님이 준비해놓으신 은총을 흘려버리는 어리석음이 없게 해달라고 간구합시다. 은혜 받는 데 부족함이 없도록, 우리 모두 부드러운 마음밭이 되도록 간구해야 할 것입니다.

부흥회가 다가올수록 긴장의 수위를 높이고 은혜를 사모하는 마음의 수위를 높이십시오. 하나님의 은혜의 단비를 흠뻑 맞는 주인공이 되게 해달라고 절실히 매달리십시오. "이번 부흥집회는 나를 살리기 위한, 나를 위한 집회다. 이번 부흥회야말로 하나님이 나의 가족에게 복을 부어주시는 기회다. 이번 집회는 바로 나를 나 되게 만드는 집회다."라는 믿음으로 애타게 부르짖어 생애 최고의 부흥회를 맞는 저와 여러분이 되시길 주의 이름으로 축원합니다.

3) 설교 예문 분석

예를 든 설교의 개요를 우선 분석해보자.

| 서론   문제 제기, 즉 부흥회의 필요성을 제기한다.
| 본론   부흥회와 같은 큰일을 성공적으로 치르려면
  첫째, 부흥회를 앞두고 긴장된 마음으로, 기도로 준비한다.
  둘째, 부흥회를 성공으로 이끄시는 하나님을 따르라.
  셋째, 부흥회에서 은혜 받는 데 걸림돌이 되는 요소를 제거하라.
| 결론

 이 개요의 순서를 보면 가볍게 취급할 수 있는 것에서부터 비중 있는 것으로 점점 옮겨진다는 것을 알 수 있다. 첫째, 개요의 순서가 소극적인 반응을 보이는 것에서 적극적인 반응을 보이는 것으로, 혹은 깨닫기만 하는 수준의 것에서 행동으로 옮겨야 하는 수준의 것으로, 또 가벼운 태도 변화에서 비중 있는 태도의 변화를 가져야 하는 것 등 모두 '가벼운 것에서 비중 있는 것으로 옮겨가라'의 구성에 해당된다.
 이제 이 설교의 내용을 살펴보자. 우선 서론은 부정적인 문제, 즉 작은 일을 소홀히 하여 큰 것을 잃은 경우를 예로 들었다. 결국 작은 일에도 최선을 다하며, 또 정작 중요한 일에도 실수하지 않고 손해보는 일이 없기를 바란다고 했다. 특히 부흥회 같은 큰일을 잘 치르자고 제안했다. 그러기 위해서 해야 할 세 가지 방법을 제시하였는데 이 세 가지 방법은 해결책에 해당된다고 할 수 있다. 이 개요의 성격상 '긍정적인 문제 제기, 해결책으로 가라'의 구성과 다를 바가 전혀 없다. 이렇게 '가벼운 것에서 비중 있는 것으로 옮겨가라'의 구성과 같을 때가 있는데, 또 분명히 다를 때도 있다. 그때는 언제인가? 서론에서는 긍정, 혹은 부정적인 문제 제기 말고도 설교 주제의 본질을 다룬다든지 의미나 정의를 다루면서, 해결책 세 가지를 비중의 정도에 따라 전개해나가기도 한다는 점이다. 이럴 경우에 폭넓게 '가벼운 것에서 비중

있는 것으로 옮겨가라'의 구성으로 전개해나갈 수 있다.

이 설교에서 각 개요를 다룰 때마다 본문 설명과 예화, 권면 적용을 공식처럼 다루었다. 각 개요마다 권면 적용을 다룸으로써 설교에 힘을 더해갔고 특별히 적용에서 부흥회에 임하는 성도들의 부정적인 자세를 날카로운 통찰력으로 찾아내어, 단 한 사람도 부흥회를 차질 없이, 올바른 태도로 임해야 한다고 촉구했다.

4) 설교구성법

'가벼운 것에서 비중 있는 것으로 옮겨가라'의 구성은, 그동안 우리가 만들었던 삼대지를 조금만 더 생각해보면 좀더 세련되고 잘 전달되는 설교가 될 수 있게 하는 구성이다. 예를 들어보자. '신령과 진정으로 예배를 드려야 하는 이유'에 대해 다음과 같은 개요가 있다고 하자.

첫째, 예배를 통해서 삶의 힘을 공급받기 위해서다.
둘째, 예배를 통해서 창조주 하나님께 영광을 돌리기 위해서다.
셋째, 예배를 통해서 진리를 선명하게 깨닫기 위해서다.

위의 개요를 가벼운 것에서 비중 있는 순서로 만들어보면 어떨까? 어떤 순서가 바람직할까? 아마도 다음의 순서가 될 것이다.

첫째, 진리를 선명하게 깨닫기 위해서다.
둘째, 삶의 힘을 공급받기 위해서다.
셋째, 창조주 하나님께 영광을 돌리기 위해서다.

'가벼운 것에서 비중 있는 것으로 진행하라' 구성의 개념도.

첫번째 개요는 깨닫는 수준이며, 두 번째는 예배자에게 필요한 영육 간의 축복의 수준이다. 그리고 마지막으로, 우리가 예배를 드리는 참 목적은 창조주 하나님을 기쁘시게 하기 위한 것이 되어야 한다는 것의 순이다. 예배자의 초점에서 하나님께로 비중이 옮겨지고 있다. 즉, 위와 같이 전개해야 비중이 가벼운 것에서 무거운 것으로 옮겨가는 느낌을 받고 결국 도전받는 정도가 점점 더 세지며 청중이 만족하게 된다. 만약 본문의 순서가 바람직한 개요 순서를 따르지 않으면 바람직한 순서로 본문을 취급하고 설명해나가야 한다. 앞 절보다 뒤 절을 먼저 설명할 수도 있다.

'가벼운 것에서 비중 있는 것으로 옮겨가라'는 구성은 청중의 욕구 순서를 따르는 것으로 결국 설교가 자연스럽게 전개되도록 한다. 설교의 효과도 극대화되도록 하는 데 공헌한다. 이 또한 바람직한 설교구성법이라 하겠다.

5) 구성의 원리

1. 서론에서 날카로운 문제를 제기하라.
2. 본문에서 가장 중요하게 취급해야 하는 것과 가장 가볍게 취급하는 것 사이의 차이를 구별하라.
3. 가장 약한 의미의 개요부터 설명하라.
4. 가장 중요한 개요를 마지막에 두라.
5. 전체 개요가 3가지를 넘기지 않도록 하라.
6. 각 개요마다 일반 적용이 아닌 권면 적용을 활용하라.

11장

부정을 밝히고 긍정으로 끝맺으라

논리 대비형 설교구성법

이 구성은 철학적인 주제를 다룰 때라든지 연설자가 자기 사상을 선명히 전달하고자 할 때에 주로 사용하는 구성법이다. 이 구성법은 설교에서도 적극적으로 활용될 수 있다. 예를 들어, '죄인을 향한 하나님의 의도'에 대한 선명성을 밝히고 싶을 때에도 '…도 아니고 …도 아니며 …입니다'의 구성을 사용해보라. 설교할 주제의 목적이나 이유를 선명하게 밝혀야 할 필요성이 있을 때 이 구성으로 설교할 수 있다.

만일 성도들에게 이렇게 교회 소식을 전한다면 어떨까? "여러분들에게 깜짝 놀랄 만한 소식을 전해드리겠습니다. 우리 교회가 최근에 많이 성장했습니다. 그 이유는 제 설교가 훌륭해서가 아닙니다. 교회 주변 여건이 호전되어서도 아닙니다. 성도 여러분들의 전도 열심 때문입니다." 이렇게 말한 것은 '…도 아니고 …도 아니며 …입니다'의 구성이다. 이 예를 좀더 달리 설명하자면, 곧 '부정을 밝히고 긍정으로 끝맺으라'의 구성법이 된다.

1) 구성의 필요성

사람들은 어떤 사실의 본질을 정확히 이해하기도 하고 또 그렇지 못하기도 한다. 본질은 정확히 모르는 채 본질 주변의 것들을 본질로 이해하는 경우가 있다는 말이다. 즉, 본질이 무엇인지 정확히 이해시켜 줄 필요가 있는 경우에 '부정을 밝히고 긍정으로 끝맺으라'의 구성을 활용하면 좋다. 예를 들어, 어떤 사실에 대해 본질이 아닌 비본질적인 것 때문에 오해를 하게 되는 경우에 이 구성을 활용한다. 즉, 사람들이 본질과 비본질을 혼동할 경우를 말한다. 그래서 비본질적인 것들이 왜 본질이 아닌지 설명하고, 또 왜 본질이 되지 못하는가 하고 그 이유를 밝힌다. 본질과 비본질의 차이를 선명히 밝혀서 본질을 이해하거나 받아들이게 하기 위해 이와 같은 구성을 활용한다.

'부정을 밝히고 긍정으로 끝맺으라'의 구성을 사용해야 하는 또 다른 이유는 이 방법으로 전하고자 하는 진리를 더욱 효과적으로 전달할 수 있기 때문이다. 사람 심리는 쓸데없는 군더더기보다는 핵심을 듣기 원한다. 또 비진리보다는 진리를 듣기 원한다. 이런 차원에서 설교의 앞부분에서 진리에 반하는 내용이나 불필요한 말을 우선하여 밝히면 청중은 진리를 듣고자 하는 심리가 더 강하게 발동하며 궁금증이 더해만 간다. 궁금증이 극에 달했을 때, 진리에 갈증을 느끼고 있을 즈음 마지막 단계에서 핵심 진리를 전달하면 애타게 바라던 진리를 머리에 쏙 집어넣게 된다. 그렇게 청중들이 진리를 듣고자 하는 마음이 극대화되어, 결국 진리를 듣고 이를 선명히 받아들이게 된다.

2) 설교 예문

본문 : 사도행전 2:14, 36-39
제목 : 변화의 힘
문제 제기 : 성도들의 삶은 변화되기가 참으로 힘들다.
설교 목적 : 인간의 변화는 성령의 감동을 통해 이루어짐을 알게 하고 이를 위해 성령

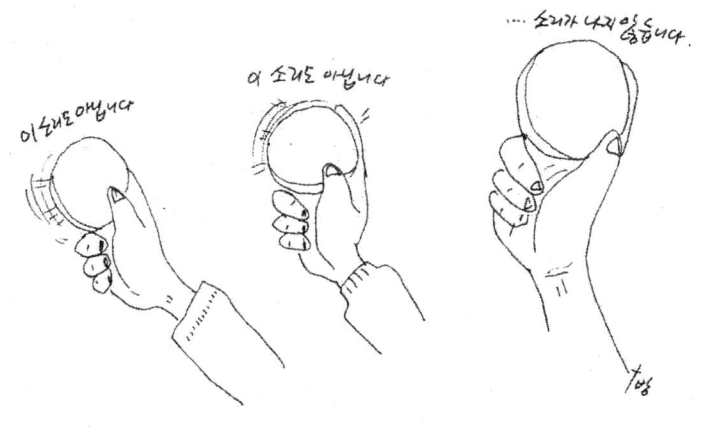

결론은 소리가 나지 않습니다?.

께 의지하게 한다.

문제 제기 | 우리가 신앙생활을 하면서 가장 어려운 것 중 하나는 무엇일까요? 하나님께 헌신하는 삶이 아닐까요. 말로는 하나님을 위해 산다고 하면서도 5년, 10년씩 신앙생활을 해도 헌신적인 사람은 그리 많지 않은 것 같습니다. 우리는 하나님 때문에 손해보지 않으려 합니다. 여전히 자기 중심적인 삶을 고집하고 있습니다. 오직 소수의 신자만이 하나님께 헌신할 뿐입니다. 그러고 보면 헌신하며 산다는 것은 여간 어려운 일이 아닙니다.

그러나 헌신하는 삶보다 더 어려운 일이 있습니다. 그것은 자신을 변화시키는 일입니다. 얼마 전 어느 노신사를 만난 적이 있습니다. 그분으로부터 의미 있는 고백을 들을 기회가 있었습니다. 자기는 지금까지 살아오면서 항상 옳고 그른 것을 따지며 살았다고 했습니다. 그러다 보니 아내나 가족, 그리고 동료들과 자주 분쟁이 일어났고 마찰을 빚으며 살아왔다는 것입니다. 나이든 지금에 와서 돌이켜 생각해

보니 그냥 넘어가도 될 만한 일들에도 문제를 일으켰던 것 같다고 고백하는 모습을 보았습니다. 이런 태도 때문에 그의 삶은 늘 피곤했답니다. 그분의 마지막 말이 아직도 생생합니다. "지금 생각해보니 내가 덕이 부족했어. 진작에 깨달았더라면 이렇게 살진 않았을 텐데. 그런데 습관이 돼서 그런지 알면서도 고쳐지지가 않아."

옳고 그른 것 하나 깨닫는 데도 이렇게 평생이 걸리는데 잘못을 깨닫고 고친다는 것은 얼마나 어렵겠습니까? 사람이 자기 잘못을 깨닫거나 고친다는 것은 이렇게 쉽지가 않습니다. 자신의 절제하지 못하는 감정이나 모난 성격이 남에게 피해를 준다는 것을 깨닫는 데 몇 년이 걸릴 수도 있습니다. 자신의 인격에 문제점으로 드러난 것을 고치고 새 사람으로 살아가는 것은 평생이 걸릴 수도 있는 일입니다. 세 살 버릇 여든 간다는 속담도 있으니까요. 또 바늘 도둑이 소 도둑 된다고, 잘못된 버릇이나 잘못된 습관, 잘못된 태도는 평생을 갈 수 있습니다. 결국 그 사람의 운명을 좌우하게 됩니다. 이렇게 자신을 변화시키는 것처럼 어려운 일은 없습니다.

| 부정 1단계

문제 제기 | 그런데 간혹 사랑이 인간을 변화시킬 수 있다고 말하는 사람들도 있습니다. 자살을 많이 하기로 유명한 부산의 태종대에, 사랑의 상징인 어머니 조각상을 갖다놓은 후에 자살하는 수가 급격히 줄었다고도 합니다. 사랑이 죽을 사람도 살리고 자포자기한 상황에도 용기를 준다는 것은 어느 정도 사실입니다. 그러나 사랑이 사람을 설득하는 데 최선의 힘이라고 말할 수는 없습니다. 어머니가 갖은 수고와 정성, 사랑으로 아기를 키웁니다. 때로 사랑의 채찍을 들기도 하고 사랑의 칭찬과 격려를 하기도 하며 자식을 키웁니다. 하지만 그 자식이 다 잘되고 착한 자녀들로 자라기만 하는 것은 아닙니다.

예화 | 어릴 적 동네에는 제 또래의 아이가 있었습니다. 경제적으로 꽤 부유한 가정이었는데 그 아이는 초등학교 4학년 때부터 집을 나가기 시작했습니다. 부모의 사랑이 모자라서 그런가 싶어 어머니는 다니던 직장도 그만두고 집에서 아이를 돌보는 데 온 정성을 쏟았습니다. 그런데 좀 나아지는가 싶더니만 잠시뿐이었습니다. 결국 10대 후반이 되자 교도소를 들락거리게 됐고 부모는 아들 빼내오랴, 교도소로 면회 다니랴 이래저래 가산도 다 탕진하게 되었습니다. 온 정성을 쏟았으나 허사였던 겁니다. 결국에는 자식의 장래에 대해 포기하고 말더군요.

적용 | 아무리 부모가 사랑을 많이 베푼다 해도 자식이 비뚤어질 수 있습니다. 사랑으로 빗나간 자식을 바르게 만드는 데는 한계가 있습니다. 그렇다면 사람을 변화시키는 데에 사랑이 최선이라고 말할 수는 없을 겁니다.

| 부정 2단계

문제 제기 | 어떤 사람들은 교육의 힘이 사람을 변화시킨다고 말합니다. 그래서 우리의 교육 목표를 전인교육에 두고 힘써 가르칩니다. 초등학교부터 중학교, 고등학교 혹은 그 이상을 공부시키며 인격이 성숙한 올바른 사람을 키워내려고 부단히 노력합니다. 어떤 부모는 자식을 학교 교육에만 맡기면 모든 책임을 다하는 줄 압니다. 하지만 알다시피 교육의 혜택을 받는 수혜자 모두가 교육의 힘에 의해 자신의 인격을 제대로 세우고 변화되어간다고는 말할 수 없습니다.

예화 | 몇 년 전입니다. 유학까지 다녀온 교수가 사업자금이 모자라자 아버지 재산이 탐나 아버지를 살해한 일이 벌어졌습니다. 이 사건은 사회에 엄청난 충격을 주었습니다. 최고의 학벌을 지닌 최고의 지성인이라는 교수가 어떻게 그럴 수 있는가 하고 많은 사람들이 경악

을 금치 못했습니다. 그의 머리 속에 지식이 아무리 많으면 무엇합니까? 아무리 훌륭한 교육과정을 밟아왔으면 무엇합니까? 그 사람이 받아온 교육으로는 자신의 욕심 하나 자제하지 못했습니다.

적용| 지하철 성 추행에 대한 보도가 심심찮게 나오고 있습니다. 현장에서 잡힌 성 추행범에게 한 기자가 질문을 했습니다. "경고 방송을 듣고도 왜 이런 일을 했습니까?" 그러자 그는 "나쁜 짓인 줄 알면서도 억제하기가 힘들었습니다."라고 털어놓았습니다. 그런데 주목할 것은 대부분의 성 추행범들이 고학력자더라는 사실입니다. 교육의 힘만 가지고 인격을 바로 세우지 못한다는 것을 반증이라도 하는 예라고 할 수 있습니다. 교육의 힘만으로 인간을 변화시키지는 못합니다. 교육학자들은 교육이 인간 개조에 도움을 줄 수는 있어도 완전한 개조나 변화를 도모하지는 못한다고 말한 바 있습니다. 다시 말해 오늘날의 교육이 한 인간을 변화시키는 최선책은 아니라는 말입니다.

| 부정 3단계

문제 제기| 많은 사람들이 어떻게 생각합니까? 종종 인간은 자기 스스로의 결단에 의해서 변화될 수 있다고 생각합니다. 그래서 자기의 결단을 발표하기도 하고 맹세하기도 합니다. 하지만 그런 것들은 우리를 실망시키기 예사입니다. 어느 중년 남자가 노름으로 재산을 다 날리자 다시는 노름하지 않겠다고 아내 앞에서 맹세를 했다고 합니다. 그래도 안 되겠는지, 부인 앞에서 자기 손가락을 잘랐다고 합니다. 그런데 얼마 후 며칠째 남편의 행방이 묘연해지자 아내는 혹시나 하는 생각에 노름방에 들러보았는데, 아니 이게 웬일입니까? 남편이 노름방에서 발가락으로 패를 잡고 노름을 하고 있더라는 겁니다. 아무리 말리면 뭘 하고 아무리 결심을 하면 뭘 합니까? 인간이 자기 의지로, 스스로 결단을 한다 해도 그 결단을 지키기가 어디 쉬운 일입니까? 정

말이지 사람이 자신의 의지대로 변화되기란 쉽지 않은 일입니다.

예화 | 　프로이드는 사람이 사람을 변화시킬 수 없다고 말했습니다 그는 인간에 대해 대단히 회의적인 생각을 갖고 있었습니다. 죽기 얼마 전, 그는 친구 프랭켈에게 이렇게 말했다고 합니다. "나는 인간에 대해서 연구하면 할수록 더욱더 인간을 경멸한다."고 말입니다. 인간성이란 변화될 수 없는 것임을 고백한 것입니다.

적용 | 　성도 여러분, 우리 주님도 우리가 단지 인간에게 사랑을 베풀 뿐 인간을 믿어서는 안 된다고 강조하셨습니다. 믿을 수 없는 것이 인간의 결심이요, 믿을 수 없는 것이 인간의 의지가 아닙니까? 주님께서 베드로에게 "너희가 다 나를 버리리라."고 말하자 베드로가 뭐라고 했습니까? "다 주를 버릴지라도 나는 언제든지 버리지 않겠나이다."라고 장담합니다. 하지만 베드로는 주님을 버리고 말았습니다. 성경에는 그렇게 함부로 맹세하지 말고, 함부로 서원하지도 말라고 말씀하고 있습니다.

| 긍정 단계

질문 | 　그러면 어떻게 해야 합니까? 어떻게 해야 우리의 속 사람을 변화시킬 수 있을까요? 어떻게 해야 우리 자신을 더욱 사람답게 만들어갈 수 있겠습니까? 이 질문은 오늘 저와 여러분이 가장 심각하게 던져보아야 할 질문입니다. 하나님의 말씀은 우리에게 선명한 답을 주고 있습니다(우리가 성령의 충만을 덧입을 때 변화될 수 있다고 말입니다. 성령의 영향을 받을 때 우리는 변화될 수 있습니다. - 이 괄호 안의 문장은 여기서 밝히지 않아도 됩니다).

본문 설명 | 　베드로를 다시 생각해볼까요? 베드로는 우리와 같은 범인(凡人)이었습니다. 예수님이 잡히시던 밤에 베드로는 무리들 앞에서 사랑하는 주님을 부인했고 저주까지 했습니다. "다 주를 버릴지라도 나

는 주님을 버리지 않겠다."고 장담했지만 그도 결국 주님을 배신하고 말았습니다. 주님이 십자가형을 당하실 때도 멀리서 문빗장을 걸고 두려움과 공포에 떨고 있었습니다. 그의 믿음은 완전히 바닥을 드러내고 있었던 겁니다.

그런데 오늘 본문의 모습은 어떻습니까? 베드로는 겁먹은 모습이 아닙니다. 사람을 피하지도 않으며 오히려 사람들을 향해 뭔가를 주고 싶어하리 만큼 자신감에 넘쳐 있는 모습입니다. 사도행전 2:14 이하의 말씀을 보니 "베드로가 열한 사도와 같이 서서 소리를 높여 가로되 유대인들과 예루살렘에 사는 모든 사람들아 이 일을 너희로 알게 할 것이니 내 말에 귀를 기울이라 … 하나님이 가라사대…."라고 하면서 담대히 복음의 핵심을 외치기 시작했습니다. 36절을 보십시오. "그런즉 이스라엘 온 집이 정녕 알지니 너희가 십자가에 못박은 이 예수를 하나님이 주와 그리스도가 되게 하셨느니라 … 너희가 회개하여 각각 예수 그리스도의 이름으로 세례를 받고 죄 사함을 얻으라 그리하면 성령을 선물로 받으리니." 또 3:14-15에서 "너희가 거룩하고 의로운 자를 부인하고 도리어 살인한 사람을 놓아주기를 구하여 생명의 주를 죽였도다 그러나 하나님이 죽은 자 가운데서 살리셨으니 우리가 이 일에 증인이로라."고 힘있게 외칩니다. 한두 사람 앞에서가 아니었습니다. 몇 십 명 몇 백 명 앞에서도 아닙니다. 수천 명의 사람들 앞에서, 자기를 잡으려고 하는 사람들 앞에서도 베드로는 조금도 두려워하지 않고 담대히 외치고 있는 것입니다.

베드로의 용기, 담대함, 적극성을 볼 때 그의 태도에 일대 변화가 일어났음을 알 수 있습니다. 소극적인 태도에서 적극적인 태도로, 두려움과 나약한 모습에서 강하고 용기 있는 사람으로 변화되었습니다. 그럼 이러한 변화는 언제, 어떻게 일어났습니까?

십자가 사건 이후 제자들은 부활의 주님을 만나서 40일을 함께 보냈습니다. 그리고 감람산에서 오백여 명의 사람들과 함께 승천하시는 주님을 감격적으로 지켜보았습니다. 그러자 소망의 주님만을 전하려는 열정이 솟구쳤습니다. 하지만 주님은 베드로와 제자들에게 "성령을 기다리라."고만 말씀하셨고, 그들은 마가의 집에 모여 성령이 임하기를 열망하며 기도하기 시작했습니다. 마침내 그렇게 기다리던 성령이 열흘만에 그들에게 부어졌습니다. 하늘이 열리고 땅이 진동하며 하늘로부터 불 같은 것이 내렸고 거기 모인 사람들은 이상한 방언으로 말하기 시작했습니다. 그들의 가슴이 이상하게 뜨거워지더라고 합니다. 이때부터 그들은 완전히 다른 사람으로 바뀌게 되었습니다. 교육이 그들을 바꿔놓은 것이 아닙니다. 스스로의 결단에 의해 바뀐 것도 아닙니다. 성령이 그들 위에 내려지자 변화가 일어났습니다.

성도 여러분, 만약 그들이 주님의 부활을 목격한 신앙으로 전도하기 위해 대문 밖을 나섰다 해도 그들을 핍박하는 세력들 앞에서 과연 끝까지 그 일을 잘 감당할 수 있었을까요? 비록 그들의 결심이 단호했다고 해도 많은 환난과 핍박 앞에서 그 결심이 허물어지지 않으리라고 누가 장담할 수 있었겠습니까? 한번 실패했던 베드로, 그가 인간적인 힘으로 감당하다가 또 실패하지 않는다고 누가 보장합니까? 인간 스스로의 용기와 결단은 이렇게 변질될 수 있습니다. 장담하고 결심했지만 그것을 끝까지 지키지 못할 수도 있습니다. 전도하겠다고 대문을 나섰지만 말 한 마디 건네지 못하고 그냥 돌아올 수도 있습니다. 주님을 향한 충성심이 아무리 강하다고 해도 그 결심이 도리어 주님을 실망시키는 변덕이 될 수도 있습니다. 인간의 결심은 불완전한 것입니다. 그래서 인간 스스로의 결단만을 믿을 수는 없는 일입니다. 그래서 흔들릴 수 없고, 변질될 수 없고, 돌이키지 않는 완벽한 변화를 이루기 위해 우리 주님은 성령 충만을 덧입으라고 말씀하십니다.

예화 | 최고의 전도자 무디가 설교 도중에 물이 반 정도 든 유리컵을

가리키며 "이 컵 속에 든 공기를 없애려면 어떻게 해야 할까요?" 하고 물었습니다. 잠시 후 무디는 주전자를 들더니 잔이 넘치도록 물을 가득 채웠습니다. 그리고 이렇게 말했습니다. "컵에 물을 가득 채우면 공기는 없어집니다." 그렇습니다. 무기력한 내 힘으로 뭔가를 하려고 하면 힘이 듭니다. 아무것도 없는 상태에서 순종하려고, 말씀대로 살려고 자신을 변화시키려고 하면 정말이지 몹시 힘이 듭니다. 하지만 성령이 내 속에 충만해지면 내가 하는 것이 아니라 성령의 힘으로 하기 때문에 가능합니다.

본문 설명 | 성령의 충만을 받은 예수님의 제자들을 보십시오. 성령을 받기 전에 그들은 인격에 결점이 드러났고, 도덕적으로도 넘어지고 실패했습니다. 하지만 성령을 받은 후 그들의 인격은 몰라보게 다듬어져갔고 부족은 채워졌습니다. 능력자로 다시 태어났습니다. 그 후 단 한 명도 실패하지 않고 모두가 성공적인 인생을 살았습니다. 완전히 새로운 사람으로 변화된 그들의 삶이 아름다운 열매를 맺는 삶으로 변화되었습니다.

적용 | 그러므로 성령이 충만한 사람에게 나타난 변화는 믿을 수 있습니다. 성령의 능력을 덧입을 때 연약한 사람이라도 강해지고 담대해질 수 있습니다. 성격이 급한 사람도 성령을 덧입으면 감정을 조절할 줄 아는 사람이 됩니다. 사랑이 부족하다고 느끼는 사람도 성령의 충만을 받으면 사랑의 사람으로 변화될 수 있습니다. 무능한 사람도 능력의 사람으로 변화됩니다.

예화 | 제가 미국에서 목회할 때의 일입니다. 제게는 잊지 못할 두 분이 있었습니다. 한 분은 집사님인데 담배를 많이 피우셨더랬습니다. 어느 날 집사님이 새 집으로 이사를 했습니다. 가족들이 새 집에서는 좀 담배를 끊으라고 재촉하기도 하고, 목사님 앞에서 언제까지 몸에 담배 냄새가 밴 채로 교회에 가려느냐고 핀잔을 주기도 했다고 합니

다. 집사님도 미안한 생각이 들었던지 이제 그만 담배를 끊겠다고 결심을 했습니다. 그런데 쉽지가 않았습니다. 며칠, 혹은 몇 주일이 가지 못해서 집사님은 다시 담배를 피우곤 했습니다. 이러기를 수도 없이 반복하다가 결국 포기하신 분입니다.

그리고 또 한 사람은 젊은 청년으로서 지금은 아마도 집사님이 되어 있으리라고 생각되는데, 박 선생이란 분이었습니다. 이분은 인생을 거칠게 살아왔습니다. 그래서인지 부인이나 직장 동료들에게 거칠게 욕을 하기 일쑤였습니다. 그래서 한번은 제게 이런 말을 했습니다. "목사님, 제가 아무리 욕하는 버릇을 고치려고 해도 고쳐지지가 않습니다. 일단 욕이 그냥 먼저 나와요." 그런데 이 두 분에게 특별한 경험을 하게 되는 기회가 있었습니다. 다른 아닌 부흥회였습니다.

두 분 다 처음으로 부흥회에 참석하게 되었는데, 마지막 날에 부흥강사와 제가 그 두 분에게 안수기도를 했습니다. 부흥회가 끝나고 얼마 후에 간증하는 기회를 갖게 되었습니다. 그분들은 저희들이 안수기도 할 때에 가슴이 쪼개지는 듯한 아픔을 경험했다고 합니다. 골초이신 백 집사님은 담배만 입에 대면 토할 것 같아서 더는 피울 수가 없게 되었다고 하고, 또 욕쟁이 박 집사님은 욕하는 버릇이 저절로 사라져버렸다고 했습니다. 아무리 욕을 하려고 해도 욕이 나오지 않더라는 겁니다. 일부러 욕을 해보려고 해도 쑥스러워서 할 수가 없었다나요. 그렇게 스스로 절제하려고 해도 되지 않던 노력이 단 한 번의 성령의 역사로 완전히 해결된 것입니다. 이렇게 간증하면서 우는 그 두 분을 보고 그 자리에 함께 했던 모든 성도들도 울음을 참을 수가 없었습니다. 그 두 사람을 너무나 잘 알고 있던 성도들이었기 때문입니다.

여러분, 이들이 언제 성령을 체험했습니까? 언제 자신을 변화시키는 성령의 능력을 경험했습니까? 그들이 기도할 때였습니다. 그들은 난생 처음 진지하게 자기 스스로는 변화될 수 없음을 고백했습니다.

나 스스로의 결단을 이제는 믿을 수 없고 오직 주의 권능만이 나를 변화시킬 수 있다고 고백하며 "성령이여, 도와주옵소서." 하며 간절히 부르짖었습니다. 그 부르짖음 속에서 성령이 변화를 이루신 것입니다. 베드로와 요한도 마찬가지입니다. 부활의 주님이 승천하시고 난 직후 마가의 집에 모여 열흘간 간절히 기도할 때 성령이 그들을 변화시켜주셨습니다. 그때부터 새사람이 되었습니다.

권면적용| 사랑하는 성도 여러분, 우리도 때로는 사랑하고 싶지만 사랑할 수 없는 때가 있지요? 아니 도저히 사랑할 수 없는 상대가 있지요? 그때 기도하십시오. "오 주님, 내 힘으로는 할 수 없습니다. 오 주님, 제게 사랑할 힘을 주소서." 이렇게 간절히 기도하십시오. 그러면 사랑할 힘이 생깁니다. 기도할 때에 우리 성령님이 도우신다고 약속하셨습니다. 성도 여러분, 때때로 용서할 수 없는 사람들을 만나면 자신의 감정을 어떻게 처리해야 할지 모를 때가 있습니다. 그때에도 "주님, 내게 용서의 마음을 주소서." 하며 간절히 기도하십시오. 그러면 마음에 평안이 찾아오고 용서할 마음이 생깁니다.

어떤 분은 성격이 급하여 우선 일을 저지르고 후회하는 경우를 봅니다. 후회할 때마다 다시는 이런 실수를 안 하겠다고 다짐해놓고 또 반복하고 후회하는 분도 있지요. 이때 기도해보세요. "오 하나님, 날 불쌍히 여기소서. 내 힘으로는 절대로 고칠 수도 변화될 수도 없나이다. 그러나 하나님은 하실 수 있나이다. 주의 권능으로 날 고치소서." 이렇게 반복해서 간절히 기도해보세요. 그러면 고쳐질 것입니다.

여러분, 우리의 인격에 결점이 있는 걸 잘 아시지요? '난 왜 자존심이 이렇게도 셀까? 나는 왜 끈기가 모자랄까? 난 왜 이리 변덕이 심할까? 난 왜 말한 것에 책임을 지질 못할까?' 이런 고민을 하고 계십니까? 자기만이 아는 결점으로 수많은 사람들이 고민하고 있습니다. 그 결점을 고치려고 아무리 노력해도 결국은 원점으로 돌아올 때가 많지요. 그래서 10년, 20년 전혀 변화 없이, 그저 허탈해지기도 합니다. 하지만 기도해보세요. '하나님, 내 힘으로는 날 바꿀 수 없습니다. 하나님이 하옵소서. 하나님이 개입하시면 난 변화될 수 있습니다.' 이를 악물고 간절히, 심혈을 기울여서 기도해보세요. 성령이 역사하실 때까지 성령을 전적으로 의지하며 간절히 간구해보세요. 성령이 나의 기도를 도우시며 나를 변화시키는 손길을 체험하게 될 것입니다. 나를 다루시고 나를 어루만지시며 나를 변화시키는 성령의 역사를 느끼고자 간절히 간구하시기 바랍니다. 그러면 변화될 것입니다. 나를 나 되도록 변화시키는 이 성령의 체험이 저와 여러분의 것이 되기를 주의 이름으로 축원합니다.

3) 설교 예문 분석

위 설교의 개요를 먼저 살펴보자.

| 서론   변화된다는 것은 참으로 힘들다.
| 본론   어떻게 변화될 수 있는가?
  개요 1 : 사랑이 인간을 변화시킬 수 없다.
  개요 2 : 교육이 인간을 변화시킬 수 없다.
  개요 3 : 사람 스스로는 변화를 일으킬 수 없다.
  개요 4 : 성령에 의해서 변화될 수 있다.
| 본문 설명
| 예화
| 적용
| 결론

이제 설교의 내용을 살펴보자. 서론에서는 사람이 변화된다는 것이 얼마나 어려운가를 설명한다. 즉, 변화의 어려움을 문제로 제기했다. 또 변화되기 위해서 사람들이 오해하고 있는 요소들에 무엇이 있는지 생각해보았다. 사랑과 교육이 인간을 변화시킬 수 없다는 사실을 설명했고 또 사람 스스로 변화를 일으킬 수 없다는 사실도 밝혔다. 이를 위해서 각 개요마다 예화를 들어서 변화될 수 없다는 사실을 입증하려 했다. 물론 성경적인 증거도 아울러 설명했다. 이처럼 부정을 밝히면 사람의 마음속에는 '그러면 도대체 무엇이 인간을 변화시킬 수 있단 말인가?' 하는 기대로 가득 차게 된다.

이때 설교자는 긍정적인 답을 내놓는다. 위의 설교도 이런 구도를 따라서 진행되었다. 인간을 완벽하게 변화시킬 수 있는 것은 사람이나 어떤 철학이 아니라 바로 성령의 역사뿐임을 강조했다. 이때에도 물론 성경 본문을 충분히 활용했다. 비록 부정을 밝힐 때는 말씀의 인용이 다소 적더라도, 긍정을 설명할 때는 성경을 기초로 한 아이디어를 전개해야 한다. 이 설교에도 긍정을 밝히는 과정에서 성경을 충분히 활용했다. 동시에 예화를 사용하고 적용을 했는데, 이때의 적용은 권면 적용이었다. 물론 부정을 밝히는 개요에서는 권면 적용이 아닌 일반 적용을 했음을 기억하라.

4) 설교구성법

이 구성은 다른 구성법들과는 달리 구성이 단순하고 익히기도 쉽다. 긍정적인 답변을 끌어내기 전에 부정적인 내용을 먼저 밝히는 것이다. 이때 부정적인 개요는 최소 두 개 내지 최대 세 개 정도가 적당하다.

너무 많거나 적으면 기억하기도 힘들거니와 설교의 균형에 문제가 생기기 때문이다. 또 부정적인 개요를 밝히는 과정에서 들어가야 할 기능적인 요소는 예화와 적용이다. 예화를 사용하지 않고 설명만으로 일관하면 설교가 피상적으로 흐르기 쉽다. 그러므로 청중의 머리 속에 그림으로 그려지게 만드는 예화 사용이 필수적이다. 그리고 적용을 하되 일반 적용을 해야 한다. 물론 긍정 개요를 설명할 때는 본문 설명과 예화, 그리고 권면 적용이 활발하게 활용되도록 한다는 사실을 기억해야 한다. 예를 들어보자. 기도에 관해 설교한다고 하면 어떨까?

| 문제 제기 어떤 기도가 하나님이 받으시는 기도일까?
| 부정   기도는 오래 한다고 해서 훌륭한 기도가 되는 것은 아닙니다.
| 부정   기도는 큰소리로 한다고 해서 최선이 아닙니다.
| 긍정   기도는 핵심을 짚는 정확한 내용과 진실한 믿음이 실려 있어야 합니다(본문 설명, 예화, 권면 적용).

위의 내용을 보면 서론에서는 문제를 제기했고 본론에서는 답을 찾아나갔다. 그런데 즉각적으로 답을 찾는 것이 아니라 뜸을 들인 다음 진행한다. 즉, 부정 개요를 밝힌 후에 긍정적인 답을 찾아간다는 것이다. 이와같이 설교를 만들려면 우선 다른 주제를 선정해야 한다. 그리고 주제와 관련해서 청중들이 잘못 생각하고 있는 것들이 무엇인지를 밝히고 그것을 문제로 제기해야 한다. 위의 설교 개요에서 주제는 '올바른 기도생활'이고, 이를 위해서 '우리 성도들이 기도를 많이 하고 있지만 바른 기도생활을 하고 있지는 못하다거나 올바른 기도생활의 개념이 무엇인지 알지 못하고 있다.'는 것을 문제로 제기한다. 이것이

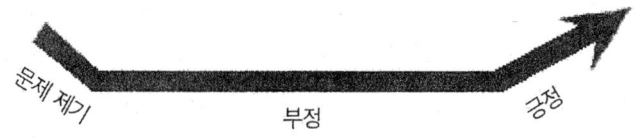

'부정을 밝히고 긍정으로 끝맺으라' 구성의 개념도.

서론에서 할 일이다.

본론에서는 다룰 주제에 대해서 사람들이 오해하거나 잘못 생각할 수 있는 영역이 무엇인지 찾아내야 한다. 그리고 그것을 부정적인 개요로 활용한다. 이때에 사용하는 부정적인 개요는 매우 상식적이고도 공감을 불러일으킬 만한 내용들이어야 한다. 그 예로는 오랜 시간 동안 기도하거나 큰소리로 기도해야만 하나님이 응답하시는 좋은 기도라고 생각하는 사람들의 의식이 잘못되었음을 바로잡는 것이다. 그리고 긍정 답변에서 바람직한 기도 자세는 중언부언하지 않고 믿음이 실린 진실한 기도가 될 때 하나님이 받으시는 기도가 된다고 밝혔다.

5) 구성의 특징

이 구성은 철학적인 주제를 다룰 때라든지 연설자가 자기 사상을 선명히 전달하고자 할 때에 주로 사용하는 구성법이다. 특히 수사학이나 논리학에서 사용하는 방법이기도 하다. 이미 밝힌 것처럼 이 구성법은 설교에서도 적극적으로 활용될 수 있다. 예를 들어, '예배드리는 자의 자세'를 강조하고 싶을 때, '예수님의 죽음'을 정의하고 싶을 때, '죄인을 향한 하나님의 의도'에 대한 선명성을 밝히고 싶을 때에도 '…도 아니고 …도 아니며 …입니다'의 구성을 사용해보라. 설교할 주제의 목적이나 이유를 선명하게 밝혀야 할 필요성이 있을 때 이 구성으로 설교할 수 있다.

6) 구성의 원리

1. 설교할 주제를 선정하거나 정해진 본문에서 설교할 한 가지 핵심을 뽑아라.
2. 선택된 주제와 청중이 오해할 수 있는 그에 비슷한 개념들을 찾아라. 부정적인 내용들을 설명하기 위해서이다.
3. 순서에서 부정적인 내용들을 먼저 밝혀라.
4. 부정적인 내용에서 긍정적인 내용으로 넘어갈 때는 가능하면 질문을 던져라.
5. 긍정적인 내용이 왜 옳은지 그 당위성을 밝혀라.
6. 옳다는 것을 강하게 인식시키기 위해서 가능한 한 예화를 덧붙이면서 호소하라.
7. 부정을 밝히는 각 개요마다 권면 적용이 아닌 일반 적용을 하라.
8. 긍정을 밝힐 때에는 권면 적용을 하라.

12장 삼대지를 밝혀라

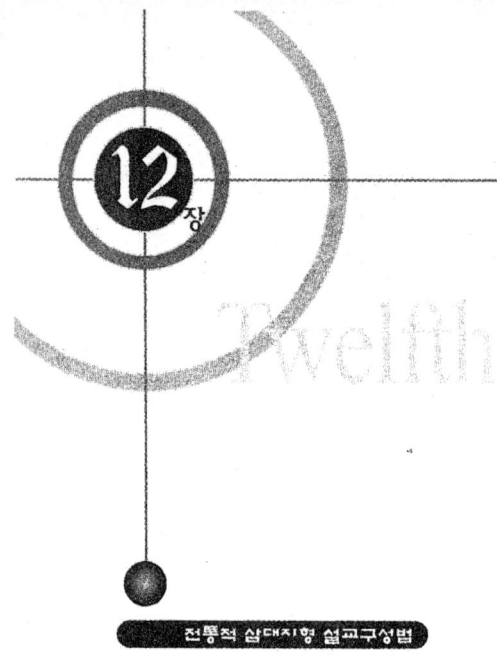
전통적 삼대지형 설교구성법

삼대지 설교는 세 가지 대지, 즉 3가지 개요만을 청중에게 전달한다. 이를 위해서 3가지 개요를 본문으로부터 끄집어낸다. 이때의 개요는 다른 대지(개요)에 영향을 주지 않으면서도 서로 영향을 받지도 않는다. 즉, 각 개요의 독특성을 유지하는 독립성을 지니고 있다고 하겠다. 또 순서 면에서도 우선 순위의 필요성을 거의 느끼지 않는다.

삼대지 설교는 설교자들에게 가장 친숙한 방법이다. 대부분의 설교자들이 이 구성법을 선호한다. 삼대지 설교는 본문 속에서 세 가지 정도의 핵심 개요를 끄집어내어 청중에게 주입하려는 의도가 담긴 설교구성법이다. 보통의 설교구성법들은 청중에게 감동을 주기 위해서 설교를 하지만 이 삼대지는 감동을 주기보다 가르치려는 데 목적이 있는 경우에 활용한다.

1) 구성의 필요성

삼대지 설교는 언제 하는가? 가르치려는 목적이 분명할 때에 활용한다. 설교 내용을 청중에게 주입하여 깨닫게 하고 이해시키고 각인시키고자 할 때 이 삼대지 설교를 사용한다. 특히 설교 주제를 반복해서 암기시키거나 받아들이도록 요구할 때 사용한다. 즉, 가르치는 설교를 하고자 할 때에 이 구성법을 활용하면 좋다.

2) 설교 예문

본문 : 창세기 39:7-10, 45:5
제목 : 끝이 좋은 인생.
문제 제기 : 인생의 끝이 좋지 못할 때가 있다.
설교 목적 : 말년에 복을 누리는 사람이 진정한 복을 누리는 것임을 깨닫게 하고 이를 추구하게 한다.

| 문제 제기 - 삶의 정황, 본문 설명, 권면 적용

문제 제기 I 복을 받은 사람인지 어떤지는 끝까지 가봐야 알 것 같습니다. 지금은 사람들이 부러워하는 위치에 있고 사람들이 부러워할 만한 것을 누리고 있다고 해도, 말년이 비참하면 복을 누린 사람이라고 할 수 없습니다. 인도네시아의 수하르토 전 대통령을 보십시오. 38년간 사람들이 부러워하는 모든 것을 얻고 누린 사람이었습니다. 그렇지만 지금은 강제로 하야(下野)했고 그래도 부족한지 그의 단죄를 촉구하는 국민들의 목소리도 커져가고 있습니다. 언제 비참한 최후를 맞게 될지 바람 앞의 등불 신세가 되었습니다. 이런 사람은 불안해서 잠도 못 잘 것 같습니다.

이런 사람이 복 있는 인생을 살았다고 할 수 있을까요? 아닙니다. 왜냐하면 끝이 비참하기 때문입니다. 하지만 인생의 출발이나 과정이 고통스럽다 해도 끝이 행복하면 복받은 사람입니다. 과거의 아픔을 다 잊을 수 있을 만큼 말년을 환하게 마친다면, 또 자손들과 이웃으로부터 존경을 받으면서 마무리하게 된다면, 그 사람은 분명 복받은 사

람일 것입니다.

그러므로 성도 여러분, 지금 고통스런 실패 가운데 있다고 하더라도 그것이 끝이 아니며 아직 패배자가 아니라는 사실을 기억하십시오. 얼마든지 끝을 아름답게 맺을 수 있는 기회가 있습니다. 끝에 가서 사람들이 부러워하는 인생, 복을 누리는 인생이 되면 결국 복 있는 인생이 되는 것입니다.

본문 설명| 성경의 인물 가운데 끝을 아름답게 장식한 사람, 그렇게 복을 누린 사람이 있다면 아마도 요셉이 아닐까 합니다. 요셉은 인생 말년에 모든 사람이 부러워하는 위치에서 하나님을 기쁘게 하는 복된 삶을 누렸습니다. 하지만 그의 출발은 그리 순탄하지 않았습니다. 부모형제로부터 사랑을 듬뿍 받아야 할 사춘기 시절에 형들에게 시기와 질투의 대상이 되었고 급기야 형들의 손에 상인들에 의해 노예로 팔려가는 신세가 되었습니다. 그것도 모자라서 이번에는 차디찬 지하감옥에서 처절한 세월을 보내게 됐습니다. 이런 상황 속에서 요셉이 형들에게 품었을 분노가 얼마나 심했겠습니까?

고난과 분노, 이것을 동시에 감당해야 했던 요셉, 그러나 그의 인생을 가리켜 어느 누구도 불행한 인생이었다고 말하는 사람은 없습니다. 왜냐하면 끝이 좋았기 때문입니다. 그는 지하감옥에서 극적으로 풀려나서 졸지에 애굽의 2인자가 되었습니다. 사람들이 부러워하는 것을 다 얻고 누리는 사람이 되었습니다. 그것뿐만이 아닙니다. 흉년이 들어 기근에 허덕이던 가엾은 형들을 넓은 가슴으로 용납했고, 애굽에서 온 식구가 함께 살게 되었습니다. 요셉은 이렇게 마음속의 응어리를 스스로 다 풀어낸 사람이었습니다. 사람들과의 관계 속에서도 평화를 이루었고, 하나님 앞에서도 부족함이 없었던 그는 정녕 성공한 인생, 복을 누린 인생이었다고 할 것입니다.

권면 적용| 사랑하는 성도 여러분, 저와 여러분도 요셉과 같이 복 있는 인

삼지창 설교? 삼대지 설교!

생을 사실 수 있기를 바랍니다. 비록 출발이나 과정에 슬픔이 있고, 아픔이 있고, 답답함이 있다 할지라도 종국에는 환히 웃을 수 있기를 바랍니다. 그래서 과거의 아픔을 다 잊고 지나온 삶을 향해 환하게 웃어줄 수 있는 축복의 주인공이 되시길 주의 이름으로 축원합니다.

| **첫번째 대지**

그러면 어떻게 해야 우리가 복을 누리는 주인공이 될 수 있을까요? 어떻게 해야 인생의 끝에 복을 누리는 사람이 될 수 있을까요? 우선 생각해볼 수 있는 것은 현재보다 나중을 생각하는 태도가 끝을 좋게 만든다는 사실을 기억하시기 바랍니다.

문제 제기 | IMF시대 초기에는 각종 범죄가 늘어나더라고 합니다. 돈 있고 여유 있을 때는 그런대로 정직하게 살았지만 살기가 어려워지니까 인간의 연약한 면이 점차 드러나기 시작하더라는 것입니다. 최근에 사업부도로 파산 지경에 빠진 중소기업 사장이 강도 짓을 하려다가 붙잡힌 일이 있습니다. "점잖은 분이 어찌 이런 일을 저지를 수 있느냐?"고 묻자 그분이 "내일까지 부도를 막지 못하면 회사가 큰일나게 생겨서 어쩔 수 없이 이런 일을 저지르고 말았습니다."라고 대답하더랍니다.

사람은 언제 잘못을 저지릅니까? 당장 코앞에 닥친 일만 생각하고 그 이후의 일을 생각하지 않기 때문입니다. 당장의 유익이나 필요만 생각했지, 나중에 어떻게 될지 결과에 대해서는 아무런 생각을 하지 않습니다. 그래서 불행을 좌초하게 됩니다.

역으로 생각해볼까요? 사람은 언제 후회합니까? '아 내가 그 일을 하지 말았어야 했는데….' 하면서 결과를 보고 나서야 후회합니다. 처음엔 결과에 대해서 생각할 여유가 없습니다. 당장 필요한 것만 생각하니까요. 그러나 이성을 되찾고 결과를 직접 피부로 느끼게 되면 깊은 후회를 합니다.

제가 아는 어느 자매가 잘생기고 능력 있는 청년과 데이트를 했습니다. 그런데 얼마 안 가서 절교를 했다고 합니다. 그것도 그 자매가 상대에게 일방적으로 절교 선언을 했다는 것입니다. 조용한 기회에 사연을 물어보니, "목사님, 그 남자는 잘생기고 능력이 있어서 좋았지만 바람기가 많았습니다. 믿을 수가 없어요. 지금은 제가 젊고 예쁘니까 저를 사랑한다고 하지만 시간이 좀 지나면 그렇지 않을 거예요. 아마 평생 동안 저를 애먹일 사람 같았어요. 그래서 나중을 생각해서 지금 그만두기로 했습니다." 끝을 생각해본 지혜로운 젊은이라는 생각이 들었습니다.

본문 설명 | 요셉이 바로 그런 사람이었습니다. 그는 젊지만 항상 끝을 생각하며 현재의 일을 결정하면서 산 사람이었습니다. 그의 일생은 평탄치 못했습니다. 일찌감치 밑바닥 인생으로 전락한 그에게 계속됐던 세상의 유혹은 정말이지 구미가 당기는 일이었습니다. 당장의 유익만을 생각하고 자신을 변명하기도 충분한 그런 일들이었습니다. 하지만 요셉은 나중에 주어질 하나님의 심판을 생각하면서 그 유혹을 단호히 거부했습니다. 얼마나 귀한 신앙 태도입니까?

적용 | 성도 여러분, 우리가 어떤 선택을 해야 할 경우, 당장의 유익이나 필요보다도 나중을 생각하고 결정하는 지혜가 필요합니다. 선택에서 나중을 생각하면 지금은 손해를 본다거나, 억울하고 좀 답답하고 화가 날 수도 있습니다. 하지만 마지막에는 환하게 웃을 수 있고 복을 누릴 수 있습니다. 이것이 진정한 승리입니다. 지금 당장은 웃고 승리한 것처럼 보이지만, 그 순간이 지나서 이후에 불안과 걱정으로 떨면서 삶을 산다면 그것은 지혜로운 삶이 아닙니다. 그것이야말로 불행한 삶입니다. 세월이 흐를수록 삶의 여유와 자유함이 주어지고 넉넉함이 주어지는 생을 살아야 합니다. 그 삶은 끝을 먼저 생각하면서 현재의 일을 선택한 사람만이 누릴 수 있습니다. 그것이 복 있는 삶입니다.

권면 적용 | 성도 여러분, 앞으로 우리에게는 숱한 선택의 기회가 찾아올 것입니다. 지금 당장을 위한 선택만 할 것이냐 아니면 나중을 먼저 생각하는 선택을 할 것이냐를 생각해야 합니다. 사탄은 항상 현재의 일, 당장에 주어진 일만을 보고 선택하게 만듭니다. 그러나 하나님은 현재보다 나중을 우선적으로 생각하며 선택하길 원하십니다. 특히 마지막 심판대 앞에서 우리가 어떤 모습으로 설 것인가를 생각하며 행동하길 원하십니다. 왜냐하면 우리가 최종 승리자가 되어 환하게 웃는 것을 보고 싶어하시기 때문입니다. 사랑하는 성도 여러분, 마지막

먼저 생각하여 최종 승리자가 되는 저와 여러분이 되기를 주의 이름으로 축원합니다.

| 두 번째 대지

그러면 복 있는 인생의 주인공이 되는 두 번째 방법은 무엇일까요? 그것은 삶의 모든 것을 하나님께 전적으로 맡기는 것입니다. 그럴 때 하나님은 우리 인생의 끝이 좋도록 만드십니다.

문제 제기 | 많은 사람들이 인생은 스스로 개척해나가는 것이라고 말합니다. 그래서 목표를 세우고, 그 목표를 이루기 위해서 부지런히 노력합니다. 하지만 그 목표가 잘 이뤄지지 않을 때도 있지요? 그때 많은 사람들이 자신의 무능을 탓하며 삶을 비관하기 일쑤입니다. 그 원인을 환경 탓으로, 부모 탓으로, 혹은 주변의 사람 탓으로 돌려버립니다. 그래서 자신을 그렇게 만든 부모를 원망하거나 그렇게 만든 상대에게 원수를 갚겠다고 분을 품기도 합니다.

세상을 살다보면 내게 도움을 주는 사람도 만나지만 해를 끼치는 사람도 만납니다. 특히 억울하게 해를 입었을 경우에, 우리는 그 가해자를 결코 잊지 못합니다. 생각만 해도 화가 치밀고 이를 바득바득 갈게 됩니다. 자신을 이렇게 만든 장본인에게 언젠가 복수하겠다는 생각을 버리지 못합니다. 그래서 비극적인 일을 결행하기도 하죠. 어떤 사람은 그 한을 평생 품고 살기도 합니다. 그래서 한의 노예가 되기도 합니다. 이렇게 살면 인생이 얼마나 불행하겠습니까?

본문 설명 | 요셉은 어느 누구보다도 이처럼 불행한 삶을 살 수밖에 없는 환경에 처했던 사람입니다. 형들에 의해 버림을 받고 고된 노예생활에 지하감옥 생활까지, 갈수록 그의 인생은 처참했습니다. 형들의 모함, 또 주인댁 안주인의 농간으로 그렇게 처절한 삶을 살았으니 그들에 대한 분노가 얼마나 심하고, 원망 또한 얼마나 컸겠습니까? 또 자

신의 처지를 얼마나 비관했을까요? 그런데 놀라운 사실은 그가 사람들에게 원한을 품거나 자신의 인생을 비관했다는 말은 성경 어디에도 없다는 것입니다. 더 놀라운 것은 요셉이 지하감옥에서 2년을 보낸 후에 갑작스럽게 애굽의 국무총리가 되었고 그때 양식을 구하러 온 형들을 대했던 태도입니다.

창세기 45:4-5에서 요셉은 이렇게 말하고 있습니다. "요셉이 형들에게 이르되 내게로 가까이 오소서 그들이 가까이 가니 가로되 나는 당신들의 아우 요셉이니 당신들이 애굽에 판 자라 당신들이 나를 이곳에 팔았으므로 근심하지 마소서 한탄하지 마소서 하나님이 생명을 구원하시려고 나를 당신들 앞서 보내셨나이다."

원수를 갚을 충분한 힘과 권세를 갖게 됐지만 요셉은 형들을 하나님의 마음으로 대했습니다. 두려움 속에 떨고 있는 그들을 넉넉한 마음으로 용납했습니다. 그들에게 한을 품지도, 원수를 갚지도 않았습니다. 오히려 그들을 용서하는 진한 마음을 드러냈습니다. 얼마나 귀한 태도입니까? 생각해봅시다. 형들을 그처럼 넓은 가슴으로 품을 수 있었던 힘은 무엇이었습니까? 그가 자기의 인생을 하나님께 내맡기며 살았기 때문입니다.

자기 스스로 인생을 개척한 것이 아니라 하나님의 인도하심에 모든 것을 맡기며 살았기 때문에 원수를 향한 한도 버릴 수 있었고, 분노를 삭힐 수도 있었던 것입니다. 고난이 오면 고난이 오는 대로 하나님께 맡기고, 기쁨이 주어지면 기쁨이 주어지는 대로 하나님께 감사하며 살았습니다. 그러니 원수 갚고자 힘쓸 일도, 한을 품을 일도, 자신의 삶을 저주할 것도 없습니다. 모든 것을 다 하나님께 맡겨버렸기 때문입니다. 그렇다고 높은 지위에 올랐다고 우쭐해 하지도 않았습니다. 모든 것이 다 하나님의 인도하심이었기 때문입니다. 처음부터 끝까지 모든 것을 하나님께 맡기며 사는 사람, 그래서 하나님이 모든 것을 책임지시는 사람이 바로 요셉이었습니다. 결국 요셉은 하나님의 복을 누리는 사람이었습니다.

예화| 사업 때문에 15년 동안 마음을 졸이며 살았던 어떤 중소기업 사장이 있었습니다. 무일푼에서 시작하여 꽤 큰 사업체를 이루었고, 시간이 갈수록 사업이 나날이 번창했습니다. 그러나 사업이 커지면 커질수록 스트레스는 더해갔고 그것이 이 사장을 극도로 힘들게 했습니다. 급기야 사업 걱정으로 불안해서 잠을 한숨도 이루지 못할 정도가 되었습니다. 그러던 어느 날, 그는 자신이 너무 많은 것을 혼자 짊어지고 있다는 것을 깨닫고, 하나님께 모든 것을 맡기기로 작정했습니다. "주님, 이 사업은 주님의 것입니다. 주님의 주권에 모든 것을 맡깁니다. 주께서 인도하소서." 이렇게 기도하자 이후로 그의 마음은 날아갈 듯 가벼워졌고 평안하게 잠자리에 들 수 있게 되었습니다.

그러던 어느 날 한밤중에 요란한 전화벨 소리에 사장은 벌떡 일어나 앉았습니다. 전화를 건 사람은 떨리는 목소리로 "불이 났습니다. 공장 전부가 연기에 휩싸였어요." 하고 울먹이며 외쳤습니다. 공장으로 달려간 그도 그 광경에 깜짝 놀라고 말았습니다. 하지만 이내 주머니에 손을 넣고 지그시 미소를 지으며 타고 있는 공장을 바라보았습니다. 그때 직원이 다가와 "아니, 공장이 불타고 있는데 어떻게 그렇게 태연하십니까?"라고 물었습니다. 그 사장은 "난 며칠 전에 모든 것을 하나님의 인도하심에 맡겼네 그려. 하나님이 태워버리시기로 작정하셨다면 그렇게 하셔야지."라고 말했다고 합니다.

적용| 여러분, 이분이 조금은 이상하게 느껴지지 않습니까? 하지만 그렇지 않습니다. 하나님의 인도하심을 진심으로 믿고, 하나님께 모든 것을 진심으로 맡긴다면 우리는 불행한 일들 속에서도 여유를 가질 수 있고 마음의 모든 짐을 덜 수 있게 되는 것입니다.

예화| 저는 몇 년 전 의대에 다니던 아들을 잃은 한 중년부인과 대화

할 기회가 있습니다. 아들을 잃은 후 이분은 식사도 제대로 못하고 잠도 제대로 못 자면서 그저 세월만 흘려보내는 삶을 살았다고 합니다. 기쁨의 그림자는 전부 사라졌고, 이분에게 삶은 고통 그 자체였습니다. 그러기를 1년, 어느 날 누군가 모든 것을 하나님께 맡기라고 하는 권면의 말을 듣고 순간 정신을 차렸다고 합니다. '그래도 그 아이는 하나님을 믿었고 천국에 갔을 터인데 왜 내가 그토록 마음 아파했을까. 그래, 모든 것을 하나님께 맡기자. 하나님의 인도하심에 맡기자.' 하는 믿음으로 아들의 문제를 하나님께 맡기고 나니 그때부터 부인은 마음의 상처도 슬픔도 다 빠져나가고, 잃었던 평안과 기쁨을 되찾았다고 합니다. 그분의 마지막 말이 아직도 귀에 선합니다. "목사님, 마음의 짐을 맡기지 못한 1년 동안의 삶은 악몽 그 자체였습니다. 하지만 주님께 다 맡긴 후 저는 잃었던 웃음을 되찾았습니다."

적용│ 그렇습니다. 우리가 정말로 하나님의 인도하심을 신뢰하고, 그래서 모든 것을 다 맡길 수만 있다면 우리는 그 어떠한 불행 가운데서도 잔잔한 평안을 유지할 수 있습니다. 그 어떤 원한이나 슬픔 속에서도 그것을 뛰어넘는 행복을 누릴 수 있습니다

권면 적용│· 사랑하는 성도 여러분, 여러분에게 있는 삶의 짐이나 고통의 문제는 무엇입니까? 여러분을 화나게 하고 여러분의 평정을 잃게 만드는 것이 무엇입니까? 자식입니까? 가족 문제입니까? 사업입니까? 앞일에 대한 두려움입니까? 혹은 지금의 환경이나 주변 사람들입니까? 하나님의 인도하심에 모든 것을 다 맡기십시오. 우리와 함께하시며 우리를 인도하시는 하나님께 다 맡겨버리십시오. 다 맡기시고 그분이 주시는 평안과 기쁨, 그리고 자유를 누리십시오. 특히 마지막에 가서 하나님께 다 맡기는 믿음으로 살았던 삶을 돌아보시고 '내 삶의 어려운 고비마다 잘 이겨냈다. 그래서 풍요로운 삶을 잃지 않았다.'고 고백하시는 저와 여러분이 되시길 주의 이름으로 축원합니다.

| 세 번째 대지.

이제 마지막으로, 우리가 끝에 가서 진정한 복을 누리는 방법은 무엇인지 살펴봅시다. 그것은 꿈의 수혜자로서 자신의 신분을 지킬 때에는 반드시 복의 주인공이 된다는 사실입니다.

본문 설명 | 요셉은 청년 시절에 하나님이 주신 꿈을 꾸었습니다. 그 꿈은 지도자가 되는 꿈이었습니다. 하지만 그는 형들 때문에 파리 목숨 같은 밑바닥 인생을 살게 되었습니다. 삶은 점점 더 깊은 수렁으로 빠져들어갈 뿐이었습니다. 자신을 이렇게 만든 형들에게 원한도 품었을 것입니다. 또 인생에서 적당한 타협을 볼 수도 있는 유혹도 상당히 많았습니다. 하지만 그는 그 캄캄한 시기에도, 삶을 포기하고 싶은 충동이 일 때도 자기를 지켜보고 계시는 하나님의 불꽃과 같은 눈을 의식했습니다. 자신을 지켜보시는 하나님을 실망시킬 수 없었습니다.

보통 사람 같으면 왜 내 인생을 이렇게 만들어놓았느냐며 하나님을 원망하고 신앙을 버릴 수도 있었을 것입니다. 당신이 날 돌보지 않으니 나도 내 맘대로 한다는 식의 태도를 보일 수도 있었습니다. 하지만 그는 여전히 엄중한 하나님의 눈을 의식하면서 마치 곧 꿈을 성취하게 될 사람처럼 살아갔습니다. 요셉이 견지한 훌륭한 신앙 태도는 바로 이 점입니다.

하나님께서 인생의 꿈을 꾸게 하시던 희망과 용기의 시절에도 요셉은 하나님의 눈초리를 의식했고, 인생의 가장 암울한 시기를 살면서도 그는 여전히 살아 계신 하나님의 눈초리를 의식했습니다. 그리고 그 하나님께 실망을 드리지 않으려고 최선을 다했습니다. 그 노력 속에서 그는 여전히 양심과 인격, 그리고 자신의 믿음을 지켰습니다. 그래서 끝을 좋게 맺는 복 있는 인생을 살았습니다.

한번 생각해보십시오. 요셉이 그 암울한 상황에서도 끝까지 자신을 지켰던 힘은 어디서 나오는 것일까요? 그 답답한 인생 속에서도 하나님을 실망시키지 않으려 했던 믿음은 어디서 나왔습니까? 그것은 하나님이 자신에게 주셨던 꿈이니, 하나님이 반드시 이루실 것이라는 믿음이었습니다. 그 희망이 있었기에 요셉은 고난 속에서도 자신을 지키고 믿음도 지킬 수 있었습니다. 하나님께서는 그 믿음을 보시고 꿈을 이뤄주신 것입니다.

적용| 사람은 언제 자신을 포기합니까? 언제 자신의 인격을 포기하고 또 자신의 믿음을 포기합니까? 맞습니다. 바로 꿈을 상실했을 때입니다. 기대감을 잃을 때입니다. 꿈을 상실하면 모든 것이 와르르 무너져 내려도 상관하지 않게 됩니다. 될 대로 되라는 마음이 생깁니다. 꿈을 잃으면 어려움이 생기고, 고통이 닥칠 때마다 자신을 합리화하면서 모든 것을 포기하게 됩니다.

그러나 꿈을 꾸는 사람은 다릅니다. 고난이 와도, 고통이 닥쳐도 쉽게 넘어지지 않습니다. 잠시 휘어질 수는 있어도 부러지지 않습니다. 어떤 난관 속에서도 자신을 지켜나가기 위해 애를 씁니다. 자신의 인격을 지키고 믿음을 지킵니다. 왜 그렇습니까? 언젠가 하나님이 자신을 들어서 그 꿈의 주인공이 되게 하실 것이라는 믿음 때문입니다. 언젠가 축복의 주인공이 되리라는 믿음 말입니다. 요셉은 바로 그 믿음 때문에 난관 속에서 자신을 지켰고 믿음을 잃지 않았습니다.

사랑하는 성도 여러분, IMF의 영향으로 경제적인 고통 가운데 계신 분들도 많으리라고 생각됩니다. 얼마 전 경북에서, 사업에 실패한 한 가장이 가족을 승용차에 모두 태우고 낭떠러지로 굴러 떨어져 동반 자살을 기도했다는 보도를 들은 적이 있었습니다. 그래도 죽지 않자 어린 두 자녀를 둔기로 내리쳐 숨지게 하고는 살아난 자신은 다시 차도로 올라와 달리던 차에 뛰어들어 자살했다고 합니다. 전복된 차 안에는 아내와 73세 된 노모까지 있었다고 합니다. 저는 이 뉴스를 듣고 한참을 아무 생각도 할 수 없었습니다.

|권면 적용| 사람은 앞길이 캄캄할 때 인생을 포기하고, 가정을 포기하고, 모든 것을 포기하고 싶은 법입니다. 꿈이 무너질 때 모든 것을 체념합니다. 그렇지만 우리는 확신을 가지고 살아가야 합니다. 하나님께서 이 어려운 환난 가운데서 언젠가 우리를 들어올리실 것이라는 믿음을 가져야 합니다. 그럴 때 우리는 우리 자신을 지킬 수 있습니다. 이 암울한 경제적 상황을 하나님이 언젠가는 바꾸시리라는 것을 굳게 믿는다면, 우리는 우리 자신과 인격, 그리고 가정과 사업장을 지킬 수 있게 됩니다.

사랑하는 성도 여러분, 취직이 되지 않아서 힘이 드십니까? 그렇다고 포기하지 마세요. 가정 문제가 해결될 기미가 보이지 않는다고 가정을 포기하지 마십시오. 결혼 적령기를 넘겼다고 결혼을 포기하지 마세요. 사업의 길이 열리지 않는다고 사업을 포기하지 마세요. 기도가 응답되지 않는다고 기도하는 것을 포기하지 마세요. 고난의 터널의 끝이 보이지 않는다고 삶을 포기하지 마시기 바랍니다.

오히려 그 역경과 고난 속에서도, 더디 응답되는 기도제목 앞에서도, 마치 하나님이 곧 우리의 소원을 이뤄주실 것처럼 믿음으로 행동하십시오. 요셉과 같이 흐트러진 자세를 바로잡고, 주어질 하나님의 복을 담을 깨끗한 그릇으로 자신을 준비하시기 바랍니다. 하나님께 더 가까이 가시고, 하나님을 더 기쁘게 하는 신앙생활에 열심을 내시기 바랍니다. 하나님이 내 꿈에 응답하실 것을, 이웃에게 믿음으로 말하시길 바랍니다. 내 기도제목에 곧 응답하실 것을 선포하시기 바랍니다. 그리고 그 꿈의 수혜자답게 믿음의 길을 당당히 걸어가십시오. 하나님이 그 믿음을 보시고 그 꿈을 성취시켜주실 것입니다. 복을 누리는, 끝이 좋은 인생이 되게 하실 것입니다!

사랑하는 성도 여러분! 끝을 생각하고 또 바라보며 삽시다. 하나님께 다 맡기며 삽시다. 하나님이 꿈을 이루실 것을 기대하며 인격과 신앙을 지키며 삽시다. 그래서 인생의 말미에 환하게 웃는 저와 여러분이 되시길 주의 이름으로 축원합니다.

3) 설교 예문 분석

우선 개요를 살펴보자.

| 긍정적 문제 제기   끝이 좋은 인생이 진정으로 복을 받은 인생이다. 어떻게 해야 끝이 좋은가?
  1. 처음보다 나중을 먼저 생각해서 선택하면 반드시 끝이 좋다.
  2. 삶의 모든 것을 하나님께 맡기면 하나님이 끝을 좋게 만드신다.
  3. 절망 속에서도 희망을 기대하며 자신을 지키면 끝이 좋다.

위의 구성법은 사실상 '긍정적 문제를 제기한 후에 해결책을 찾아라'에 해당된다. 하지만 차이점이 있다. 각 개요를 미리 밝히고 설명해 나갔다는 점이다. 핵심 사안을 미리 밝히고 핵심을 천천히 설명해나갔기 때문에 청중들은 이미 무엇을 설교할지 다 알게 된 상태에서 설교자의 설명을 듣게 된다. 다소 맥이 빠지는 듯하기도 하지만 청중들은 설교할 개요를 미리 접함으로써 설교자가 무엇을 설교할지 알게 되는 장점도 가지고 있다. 그것은 성도들이 설교자의 가르침을 순수하게 받고 개요를 기억하는 데 도움이 된다.

  위의 개요를 분석해보라. 각 개요는 독립적이다. 또 다른 개요에 예속되지 않는다. 그러면서도 설교 주제에 벗어나지 않는다. 즉, 독립성과 통일성이 드러나는 개요이다. 이런 삼대지 구성은 앞서 밝힌 것처럼 가르치는 설교에 효과적으로 사용된다. 만약 개요를 미리 밝히지 않으면 이 설교는 '긍정적 문제를 제기한 후에 해결책을 찾아라'의 구성법에 해당될 것이다. 하지만 개요를 미리 밝히고 설명했기 때문에 삼대지 설교라고 할 수 있다.

이제 내용을 살펴보도록 하자. 서론에서는 날카로운 문제를 제기했다. 즉, 무엇이 진정 복 있는 삶인지 정의를 내렸고 진정으로 복 있는 삶을 살려면 어떻게 해야 하는지 그 방법론을 제시했다. 각 개요마다 예화를 들고 적용을 하되 권면 적용을 했다. 권면 적용을 활용하면 설교의 힘이 더해지고 박진감이 넘치게 된다. 결국 이 설교가 청중들에게 해결책을 제시하게 되었다. 해결책이 없는 설교를 당신은 생각할 수나 있는가?

4) 설교구성법

삼대지 설교는 세 가지 대지, 즉 3가지 개요만을 청중에게 전달한다. 이를 위해서 3가지 개요를 본문으로부터 끄집어낸다. 이때의 개요는 다른 대지(개요)에 영향을 주지 않으면서도 서로 영향을 받지도 않는다. 즉, 각 개요의 독특성을 유지하는 독립성을 지니고 있다고 하겠다. '꼬리에 꼬리를 물라'의 개요라든지 '계단을 밟고 올라가라'의 개요가 서로 연관되어 있거나 맞물려 있어서 독립성이 없었다면 이 삼대지 설교는 전후의 어떤 개요에도 영향을 받지 않고 있다. 또 순서 면에서도 우선 순위의 필요성을 거의 느끼지 않는다. '꼬리에 꼬리를 물라'의 개요라든지 '계단을 밟고 올라가라'의 개요, 또 '가벼운 것에서 비중 있는 것으로 옮겨가라' 등의 개요는 순서가 정확해야 한다. 그 순서를 지키지 않으면 문제가 생긴다. 하지만 삼대지 설교는 첫번째 개요가 맨 뒤에 와도 상관없고 마지막 개요가 맨 앞으로 와도 설교의 진행에는 상관이 없다.

예를 들어보자. '하나님의 속성'에 대해 설교할 때 다음과 같은 개요를 잡았다고 하자.

첫째, 하나님은 사랑이시다.
둘째, 하나님은 진리이시다.
셋째, 하나님은 빛이시다.

이 개요는 다른 개요에 영향을 받거나 영향을 주지 않는다. 또 각 개요마다 순서를 매기는 데도 어느 것이 먼저 와도 별 상관이 없다. 이런 식의 전개가 삼대지 설교다.

삼대지를 만드는 데 고려해야 할 점은 먼저 개요를 반드시 밝힐 것, 그리고 난 후에 설명해나가는 것을 전제 조건으로 한다. 주제를 가르칠 목적으로 설교하기 때문에 가르치는 데 선명하고 깔끔하게 전달되도록 만든다. 그러기 위해서는 먼저 개요를 밝히고 다시 한번 설명해나가는 일이 필요하다. 가르치려는 목적에서 청중들에게 '첫째, 둘째, 셋째' 하는 식의 방법은 가장 간단하면서도 선명한 것이다. 그러므로 가르치는 목적으로 하는 설교라면 이 삼대지 설교가 가장 좋은 구성법이라고 할 수 있다.

앞에서 실례문으로 나왔던 사도행전 3:1-11을 삼대지 설교의 관점에서 살펴보자. '교회가 교회 되게 하라'는 제목으로 설교자는 서론에서 현대교회가 세상을 향해 무엇을 줄 수 있는가에 대해 말하고 있다. 이에 대한 답으로 현대교회는 능력 있는 교회가 되어야 한다는 점을 강조하고 있다. 베드로와 요한이 세상의 필요를 제공한 것처럼(앉은뱅이를 일으킨 사건) 능력 있는 교회가 되어야 한다. 그러기 위해서 다음과 같은 개요를 제시한다.

> 첫째, 교회는 마음이 하나가 되어야 세상을 향해 능력을 나타낼 수 있다("우리를 주목하여 보라…").
> 둘째, 교회는 합심하여 지속적으로 기도할 때 세상의 필요를 채울 수 있다("그들이 성전에 기도하러 갈새…").
> 셋째, 교회는 성령의 권능을 덧입음으로써 세상의 필요를 채울 수 있다(사도행전 1장에서 성령 충만 받고 기적을 일으킴).

이 구성에서 각 개요의 순서는 바뀌어도 전혀 문제가 없다. 이 개요가 절정을 향해서 점점 올라가는 것도 아니다. 그렇지만 청중에게 가르치려는 목적은 충분히 달성할 수 있다.

이동원 목사가 만든 삼대지 설교의 예를 보자. 고린도후서 1:3-10의 본문으로 '지금은 환난 중에 찬송할 때입니다.' 는 주제의 설교에서 우리가 찬송하는 이유를 세 가지로 들고 있다.

> 첫째, 우리는 환난을 통해서 하나님의 특별한 위로를 경험할 수 있기 때문입니다.
> 둘째, 환난을 통해서 고난받는 이웃들의 위로자가 될 수 있기 때문입니다.
> 셋째, 환난이 우리로 하여금 하나님을 의지하고 신뢰하는 기회를 제공하기 때문입니다.

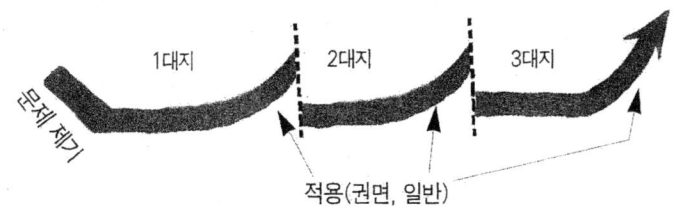

'삼대지를 밝혀라' 구성의 개념도.

위의 개요도 순서가 바뀌어도 크게 문제 되지 않는다.[11]

삼대지 설교는 서론에서 날카로운 문제를 제기하면서 설교를 시작할 수 있다. 그리고 개요 순서는 본문의 순서를 따라도 되고 본문의 순서를 바꾸어도 상관은 없다. 가능하면 예화를 사용해야 하는데, 이것은 주제를 설명하는 데 도움을 주기 때문이다.

5) 구성의 특징

성도들이 잘 알지 못하지만 꼭 알아야 할 주제를 다룰 때에는 삼대지 설교가 바람직하다. 하지만 감동을 불러 일으켜야 할 설교 주제를 삼대지 설교로 하면 다소 피상적이고 이론적인 설교가 되기 쉽다. 또 감동은 사라지고 가르침만 남기 때문에 다소 딱딱할 수 있다. 이 점을 극복하기 위해서 예화를 사용하면 좋다. 또 성도들이 익히 아는 주제라면 주입식 방법을 사용하지 않는 게 바람직하다. 그래서 청중이 생소하게 여길 만한 주제를 가르치고자 할 때 삼대지로 설교하면 좋다는 것이다.

삼대지 구성은 설교의 흐름상 점진적인 발전을 요구하지 않는다.

즉, 각 개요의 순서가 단지 독립성을 유지할 뿐, 다른 대지와 연관을 맺고 있지 않다는 것이다. 또한 삼대지 설교의 특색은 두부 자르듯이 3부분으로 나눌 수 있다는 것이다. 어쩌면 그래서 자연스럽게 이어지는 설교가 되지 못할 수도 있다. 또 설교자에 따라서 각 대지를 설명할 때에 엿가락처럼 길게 늘어지는 설명을 할 수도 있다는 위험성이 있다. 그래서 빠르게 설명해나가지 않으면 세 번째 대지를 설명하게 될 때쯤이면 청중들이 지루함을 느낄 수도 있게 된다. 이와 같은 위험을 예상하면서 설교를 만들면 훌륭한 삼대지 설교를 만들 수 있을 것이다. 삼대지 설교자로서 유명한 분 가운데는 이동원 목사와 이중표 목사를 들 수 있다.

6) 구성의 원리

1. 가르치려는 목적이 있을 때 삼대지 설교구성을 택하라.
2. 본문에서 가장 중요한 3개의 개요를 뽑아라.
3. 독립적이고 독특한 개요를 뽑아라.
4. 각 개요가 설교 주제 면에서 통일성을 갖도록 하라.
4. 각 개요를 먼저 밝히고 설명해나가라.
5. 개요를 설명한 후에는 가능한 한 예화를 사용하라.
6. 적용은 일반 적용이 아닌 권면 적용을 하라.

수사 구성이란

연설의 흐름의 틀을 미리 만들어놓고

그 흐름에 따라 연설을 만들어나가는 전개방식이다.

먼저 설교할 본문의 흐름을

수사 구성과 일치시키려고 노력한다.

그러면 결국 본문의 특색을 그대로 드러내면서

동시에 설교의 흐름이 청중의 욕구 순위와

일치하게 된다.

수사 구성을 따라 전개하라

3부

■ 3부의 개요

연설의 기초, 수사학을 응용한 설교구성법

현대와 고대 수사학에서 사용하는 연설 구성법에는 여러 가지가 있다. 3부에서는 수사 구성법 가운데 제한된 몇 가지만 다루려 한다. 물론 이 몇 가지 구성법은 설교에 적극 활용될 수 있는 것임에는 두말할 나위가 없다. 이 구성법은 청중을 설득하는 효과적인 방법으로 수사학에 정통했던 초대교부들과 설교학자들이 주로 사용한 방법이다.

수사 구성이란 연설의 흐름의 틀을 미리 만들어놓고 그 흐름에 따라 연설을 만들어나가는 전개방식이다. 먼저 설교할 본문의 흐름을 수사 구성과 일치시키려고 노력한다. 그러면 결국 본문의 특색을 그대로 드러내면서 동시에 설교의 흐름이 청중의 욕구 순서와 일치하게 된다.

이런 관점에서 수사 구성으로 설교를 발전시키는 방법은 앞에서 논의한 '논리의 기본 원칙을 따라 설교를 구성하라' 와 별 차이가 없다. 다만 구성

수사 구성으로 청중을 휘어잡으라.

의 다양한 종류를 선보이려는 것뿐이다.

특별히 이 3부에서 다룰 구성법은 수사학에서 온 것임을 밝힌다. 수사 구성에 대해서는 다음을 참조하기 바란다. Edward P. J. Corbett, Classical Rhetoric for the Modern Student; James Golden, The Rhetoric of Blair, Campbell and Whately; Alan H. Monroe, Principles and Types of Speech.

고대 수사학에서 연설 구성을 참조하기 위해서 다음을 보라. Aristotle, The Rhetoric of Aristotle; Cicero, De Inventione; Thomas M. Conley, Rhetoric in the European Tradition; George Kennedy, The Art of Persuasion in Greece.

13장 변증법을 활용하라

수사학적 변증형 설교구성법

변증법은 고대 수사학에서 많이 사용되었던 구성이다. 이 변증법은 서론, 서언 혹은 논쟁, 논쟁에 대한 지지 증명, 그리고 권면 적용으로 발전되어 나간다. 좀더 구체적으로 말하면 서론에서 청중을 사로잡고, 둘째로는 서언(序言)을 밝힌다. 즉, 서언에서는 다룰 주제를 밝히면서 연설자 혹은 설교자의 의도대로 논리적 귀결을 맺는다. 논리적 결론을 맺은 후에 이를 뒷받침할 만한 예증을 들어준다.

원래 변증법으로는 역사 철학자 헤겔의 변증학이 유명하다. 하지만 여기서는 헤겔의 변증학을 논하는 것이 아니고 청중을 설득하기 위해서 사용되어야 하는 논리, 즉 상대를 내 이론이나 의지에 동감하도록 하는 포괄적인 설득 방법의 하나로서의 변증법을 말한다.

1) 구성의 필요성

현대는 포스트모더니즘의 시대라고 볼 수 있다. 포스트모더니즘의 특징은 사람들이 모두 자신의 주관을 너무나도 뚜렷하게 나타낸다는 점이다(주관주의). 그래서 상대를 내 뜻에 따르도록 한다는 것은 정말로 어려운 일이 아닐 수 없다. 특히 각자 자신의 주장이 있고, 그 주장에 침해 받으면 자존심이 크게 상해 하면서 견디기 어려워하는 것이 그

단적인 예라고 할 수 있다. 게다가 자기 주장이 침해받는 것을 원하지 않기 때문에 남에게도 최대한 피해를 입히지 않으려 한다. '네가 좋으면 네 맘대로 해라. 난 내가 좋아하는 것을 내 맘대로 할 테니. 그대신 날 건드리지는 말아라.' 라고 하는 태도가 포스트모더니즘 시대의 특징이라고 할 수 있다.

또 무엇 하나 분명한 진리 없이 네 것도 옳고 내 것도 옳다는 사상이 지배적이다(다원주의). 이런 시대에 살고 있는 현대인들의 주관과 편견, 그리고 아집을 깨고 그들을 기독교의 진리에 굴복시키기 위해서, 우리는 일방적이고 강제적으로 우리의 신앙을 주입시키려는 태도가 아닌, 변증을 통한 설교를 해야 할 필요를 절감하게 되었다. 즉, 상대의 주장을 서서히 희석시키면서 설교자가 주장하는 내용이 옳다는 것을 서서히 부각시키는 전략이 필요하다는 얘기다. 그래서 '변증법을 활용하라' 는 설교구성이 필요하다고 생각한다.

2) 설교 예문

본문 : 요한일서 4:18-21
제목 : 그대에게 이런 사랑이 있는가?
문제 제기 : 현대인은 진정한 사랑을 행하는 데 결핍되어 있다.
설교 목적 : 성도로 하여금 진정한 사랑의 가치를 알게 하고 이를 실천하게 한다.

서론 - 사람을 사로잡는 단계 I   인간이 이 땅을 살아가면서 가장 많이 행하는 것이 무엇일까요?「뇌내혁명」의 저자 하루야마 시게오는 인간이 평생을 사는 동안 생각이나 행동에서 가장 많이 하는 것이 싸움이라고 했습니다. 태어나면서 시기와 질투, 그리고 남의 것을 빼앗는 일을 제

정·반·합 설교의 우렁찬 소리.

일 먼저 배운다는 거죠. 인간은 성장하면서 남을 미워하고 증오하며, 심하면 살인까지 저지릅니다. 또 국가 간의 전쟁을 일으키기도 합니다. 이 모든 것이 싸움입니다. 신문지상에 가득한 기사가 무엇입니까? 우리는 여러 매체에서 각종 싸움의 현장을 매일 보고 있습니다. 정치가들의 권력 타툼, 자리 싸움, 경제인들의 기득권 싸움, 어딜 가나 싸움이 없는 곳이 없습니다. 싸움에서 이기기 위한 숱한 비리와 음모가 성행하고 있습니다. 물고 물리고, 찢고 찢기어 피투성이가 되는 인생을 살아갑니다. 어떤 이는 싸움으로 얼룩진 과거를 가슴에 품고 평생을 그 고통 속에서 살아가기도 합니다. 어떤 이는 가해자가 되어 평생을 두려움과 불안, 공포 속에서 살아가기도 하죠. 생각만 해도 아찔합니다.

  그런데 한 가지 의아한 것이 있습니다. 이처럼 평생 동안 싸우지만 인간의 혈통이 끊긴다거나 멸절되지 않고 오히려 꾸준히 번성해왔다는 사실입니다. 동물의 경우는 싸움을 잘할수록, 혹은 싸움에 강할수록 번식이 중단되지 않습니까? 사자나 호랑이가 주로 그렇습니다. 지금은 그것들을 보존하기 위한 정책을 마련하지 않으면 안 될 만큼 그 수가 현저히 줄고 있습니다. 이처럼 싸움을 잘하는 동물들은 종족 번식이 쇠퇴하고 있는데 사람만은 그렇지 않은 것 같습니다. 인간은 멸절되거나 종족이 주는 일없이 계속해서 늘고 있습니다. 그러면 어째서 이런 일이 발생했을까요? 어째서 지금까지 인간은 격렬한 싸움의 행로를 계속 했음에도 불구하고 현재 60억에 가까운 수의 인구로 엄청나게 증가한 것일까요? 거기에는 움직일 수 없는 한 가지의 이유가 있습니다.

서언-논리전개 | 그것은 인간은 싸움만 일삼는 존재가 아니라 한편으로는 사랑을 할 줄 아는 존재라는 사실입니다. 수많은 싸움으로 상처를 입고 좌절을 겪고 그만큼 불안정한 상태에 놓여 있기도 하지만 사랑을 하거나 사랑을 받으면 그 모든 상처와 아픔이 치유된다는 것이죠. 사랑이 있는 곳에는 두려움이 떠나갑니다. 불안이 평안으로 바뀝니다. 그뿐 아니라 사랑이 있는 곳에는 삶의 여유가 생기며, 긍정적인 요소가 몸 속에서 생산되어 세상을 아름답게 살게 합니다. 사랑은 인간이 살아갈 만한 환경을 만드는 최고의 덕목인 셈입니다.

지지 논증1 | 하버드 대학의 동물학자 라벗 라젠달 교수가 여름 휴가를 떠나면서 사육하던 200마리의 들쥐 중 50마리의 머리에 특별한 이유 없이 흰 페인트칠을 했다고 합니다. 사육사들은 라젠달 교수가 이 50마리의 들쥐를 특별히 여기나 싶어 다른 쥐들보다 더 많은 사랑과 관심을 쏟았습니다. 3개월 후 라젠달 교수가 여름 휴가를 마치고 돌아

왔을 때, 머리에 흰 페인트 칠을 한 50마리의 쥐들은 사육사들 덕택으로 더 튼튼하게 성장해 있었다는 것입니다. 이처럼 관심과 사랑을 받을 때 쥐들도 더욱 성장한다는 것을 알 수 있었습니다.

사람도 마찬가지입니다. 사랑을 많이 받은 아이들이 잘 자라나고 삶에 자신감을 갖습니다. 얼굴이 환합니다. 그렇지만 사랑을 받지 못하고 자란 아이들은 매사에 부정적이고 비관적이며 우울하고 비뚤어지기 쉽습니다. 얼마 전 텔레비전의 어떤 심층 취재 프로그램에서 20대 청년들과 혼숙을 하면서 살아가는 여중생들을 본 적이 있었는데, 기자가 "왜 이렇게 자신을 포기하면서 살아가느냐?"고 묻자 "부모가 이혼하고 각자 결혼하여 떠나가버렸습니다. 부모도 우리를 버렸는데 우리가 못할 게 뭡니까?" 하며 울부짖는 모습을 보았습니다. 자기를 사랑하는 사람이 없다고 느껴질 때 사람들은 아무렇게나 살고 싶은 생각이 찾아듭니다. 그리고 끝내 이를 극복하지 못하면 자신의 삶을 포기하게 되고 마는 것입니다. 사랑이 결핍된 가정에서 아이들이 탈선할 가능성이 높고 문제가 발생합니다. 그러고 보면 사랑은 사람을 건전하고 반듯하게 세우는 데 정말로 중요한 역할을 하는가봅니다.

본문 말씀 18절 하반절에도 "두려워하는 자는 사랑 안에서 온전히 이루지 못하였느니라."고 했습니다. 사랑을 충만히 느낄 때 사람이 온전해지는 줄 믿습니다. 사랑을 느낄 때에 삶을 보는 관점도 긍정적이고 매사에 적극적이고 행복한 삶을 살게 되는 것입니다. 그런 가운데 인격도 온전해질 수 있는 것입니다.

지지 논증 2│ 하지만 사랑이 인격을 세우는 데만 도움이 되는 건 아닙니다. 무엇보다 사랑은 좌절을 극복하게 하는 힘이 있습니다. 미국의 남북 전쟁 당시 아름다운 소녀와 약혼한 한 청년이 군인으로서 참전하라는 소집령을 받게 되었다고 합니다. 할 수 없이 결혼은 지연되었고 젊은이는 광야 전투에서 중상을 입고 말았습니다. 약혼녀는 젊은이의 처지를 알지 못한 채 그가 귀가할 날만 꼽고 있었습니다.

그런데 어느 날 그녀는 낯선 글씨로 겉봉을 적은 편지 한 통을 받게 되었는데 거기에는 "내가 양팔을 다 잃었다는 사실을 말하기란 아주 어렵소! 내가 스스로 쓸 수 없어, 한 친구가 나를 대신해서 이 편지를 써주고 있는 것이오. 당신은 영원한 나의 사랑이오. 나는 이제 다른 사람을 의지하지 않고는 살아갈 수 없는 처자가 됐구료. 그래서 나는 당신이 나와 맺은 약혼의 의무에서 당신을 자유롭게 해주고 싶소."라고 적혀 있었습니다.

소녀는 즉시 기차를 타고 젊은이가 있는 병원으로 갔습니다. 삶의 허무감으로 깊은 좌절 속에 빠져 있는 젊은이를 보는 순간 그녀는 그를 힘차게 껴안았다고 합니다. 그를 포옹하며 소녀는 말했습니다. "나는 결코 당신을 버리지 않겠어요! 내 두 팔이 당신의 팔이 되어 당신을 돕겠어요. 내가 당신을 보호하겠습니다." 하고 울먹였습니다. 훗날 사람들이 그에게 "당신은 어떻게 해서 그 불구의 몸으로 그렇게도 삶을 낙천적으로 살아갈 수 있는 겁니까?" 하고 물었을 때에 그는 진지하게 대답했습니다. "저를 향한 아내의 진실한 사랑은 제가 좌절을 느낄 기회조차 주지 않았습니다." 그렇습니다. 진지한 사랑이 있는 곳에는 좌절도 절망도 힘을 쓰지 못합니다.

오늘의 말씀, 18절의 전반절에 보니 "사랑 안에 두려움이 없고 온전한 사랑이 두려움을 내어 쫓나니."라고 했습니다. 사랑이 모든 불안과 두려움을 몰아내고 평안을 갖게 한다는 것입니다.

지지 논증 3│ 사랑은 또한 사람을 변화시키는 힘이 있습니다. 오래 전 존스 홉킨스 대학의 한 교수는 범죄의 온상이던 빈민굴에 대학원생을 보내어 12세에서 16세의 소년 200명을 대상으로 그들의 경력과 환경을 조사하여, 그들이 장차 건전한 삶을 살 확률을 예측해보도록 했습니다. 많은 자료를 수집하고 통계들을 낸 후, 또 실제적으로 그 소년들과 대화를 나눈 후에 이 대학원생은 그 소년들의 90퍼센트가 교도소 생활을 하리라는 결론을 내렸습니다.

25년 후 이 교수는 또 다른 대학원생을 시켜서 어른이 된 그들의 삶을 조사해보도록 했다고 합니다. 그곳을 멀리 떠난 사람까지 끝까지 추적해서 알아본 결과 200명 중 180명의 신원을 확인할 수 있었는데 놀랍게도 180명 중 단 4명만이 교도소에 들어갔다 나온 경험이 있었고 나머지는 정상적인 삶을 살고 있음이 밝혀졌습니다. 이 사실에 깜짝 놀라 그 이유를 알아보니, 빈민가 소년들이 한 선생님의 영향을 깊이 받았다는 사실을 알아냈습니다. 그래서 그 선생님을 찾아가 어떤 일을 했기에 그곳에 있던 소년들이 타락하지 않고 무사히 훌륭하게 자랄 수 있었느냐고 묻자, 그 선생님이 이렇게 대답하더라는 것입니다. "제가 한 일은 아무것도 없습니다. 단지 난 그 소년들을 사랑했을 뿐이지요."

여러분, 사람이 사랑받고 있다고 깊이 느낄 때, 그 사람은 변화의 물결을 타게 됩니다. 비록 그 영향이 당장 나타나지 않는다 할지라도 사랑을 받으면 그 사랑에 감격해서 스스로 자신의 삶을 다듬어가게 된다는 것입니다.

특별히 주님의 사랑 앞에서 얼마나 많은 사람들이 울며불며 자신을 변화시켜달라고 달려나옵니까? 19절에 "우리가 사랑함은 그가 먼저 우리를 사랑하셨음이라."고 했습니다. 우리가 주님께 나아가는 것은 우리를 향한 주님의 위대한 사랑 때문입니다. 주님이 십자가에서 보이신 위대한 사랑은 어떤 사랑입니까? 바로 처절한 죽음을 선택할지언정 우리를 향한 사랑을 포기하지 않는 사랑이었습니다. 죽음보다 강한 사랑이었습니다. 그 십자가의 사랑 앞에서 얼마나 많은 사람들이 돌아왔는지, 변화받고 새로운 삶을 살게 되었는지 모릅니다. 그 사랑에 감격해서 울고불고 하며 자신을 불쌍히 여겨달라고, 고쳐달라고, 변화시켜달라고 얼마나 매달렸는가 말입니다.

성도 여러분, 사랑을 받을 때 사람은 감화되어 스스로 변화됩니다. 사랑을 받을 때 외로움에서 벗어날 수 있고, 슬픔을 이길 수 있고, 좌절을 극복하고 두려움을 이길 힘을 얻게 됩니다. 사랑을 받을 때 인생을 따뜻하게 살게 됩니다. 우리는 생명까지 버려가면서 우릴 사랑하신 그 주님의 사랑을 받았고 또 먹었습니다. 우리 주님의 유일한 사랑의 대상이 되었습니다. 이것을 기억하십니까?

지지 논증 4 | 우리가 한 가지 더 생각해보아야 할 것은 사랑은 받는 것만이 그 사람의 인생에 플러스가 되는 건 아니라는 점입니다. 사랑은 그것을 베푸는 사람에게도 큰 플러스가 됩니다.

어느 기사를 보니 젊어서 과부가 된 어느 분이 아들을 아주 훌륭하게 키워냈다는 이야기가 있었습니다. 기자가 "젊어서 혼자 되어 어린 아들을 키우는 일이란 그리 쉽지 않았을 텐데요?" 하자, 그분이 대답했습니다. "그렇습니다. 젊어서 혼자 된 뒤부터 숱한 유혹과 좌절과 배고픔, 그리고 역경이 있었습니다. 그 중에서 가장 힘든 것은 나 자신과의 싸움이었죠. 삶을 포기하고 싶을 때도 많았고 어린것과 함께 죽자는 생각도 들었습니다. 그러나 그때마다 나의 유일한 사랑이요 희망이던 어린것을 가슴에 끌어안고 같이 잠이 들 때면 어떤 외로움도, 슬픔도, 좌절도 이겨낼 만한 힘이 솟곤 하더군요. 자식을 사랑하는 힘이 제가 모든 역경을 극복할 수 있게 만들었습니다."

사람은 누군가를 사랑할 때 이 세상을 사랑할 힘이 솟습니다. 남을 사랑하지 않고 소극적으로 살면 삶이 비관적일 수밖에 없습니다. 무엇을 해도 금세 지치고 피곤합니다. 무엇을 해도 외롭고 만족함이 없습니다. 하지만 누군가를 사랑할 때는 이 세상을 살아가고 사랑할 만한 긍정적인 힘이 솟게 됩니다. 피곤도 외로움도 이기고, 자신감이 생깁니다. 그렇습니다. 주는 자가 받는 자보다 더 복이 있다는 말씀은 사실입니다. 그래서 21절에 "우리가 이 계명을 주께 받았나니 하나님을 사랑하는 자는 또한 그 형제를 사랑할지니라."고 하셨습니다.

권면 적용 | 여러분, 지금보다 아내를 더 사랑해보십시오. 아내의 반응이나 태도가 전과는 달라질 것입니다. 여러분, 아이들을 더 사랑해보세요. 그러면 아이들이 자신의 삶에 더 충실하게 됩니다. 가족을 위해서 더 많은 사랑을 쏟아보세요. 사랑을 받는 사람은 말할 것도 없고 사랑을 쏟는 당사자의 인생도 복스럽게 됩니다. 기쁨이 솟구치지요. 감사가 우러납니다. 세상이 아름다워집니다.

제가 목회를 시작하자 일주일 중에 단 하루도 아들들과 식사할 시간이 없었습니다. 아직 한국 생활에 익숙하지 못한 아이들이 잘 적응하도록 옆에서 잘 도와줘야 할텐데 그렇지 못하는 것이 얼마나 안타깝고 힘이 들었는지 모릅니다. 집에 늦게 들어갈 때마다 아이들의 불만은 이만저만이 아니었습니다. 그래서 생각 끝에, 아내가 강의 갔다가 늦게 돌아오는 목요일이면 제가 음식을 만들기로 정했습니다. 물론 저도 몹시 피곤했습니다. 하지만 피곤한 티를 내지 않고 목요일이 되면 어김없이 콧노래를 불러가며 신나게 음식을 만들었습니다. '아빠가 이날만큼은 너희들을 위해 시간을 내고 너희들과 함께 보낸다'는 것을 보여주려고 말입니다. 음식을 다 만들어놓고 "어때, 음식 맛있지?" 하면 아이들은 다들 정말 그렇다는 거예요. 그날은 아주 특별한 요리를 만들었습니다. 맛있는 음식을 만들면서 목요일 저녁을 아이들과 함께 보내니까 아이들은 아빠가 자신들에게 관심을 가지고 대해주며 자기들을 사랑한다는 것을 확인하는 것 같았습니다. 얼마나 좋아하는지 몰라요. 아이들이 저의 사랑을 듬뿍 먹으면서 자라는 것을 봅니다. 사랑을 베푸는 저나 받는 아이들, 모두가 행복했습니다.

제가 목회를 시작하면서 생긴 가장 큰 변화가 무엇인지 아십니까? 그것은 제게 사랑의 대상이 생겼고 그 대상을 향해 마음놓고 사랑을 쏟아부을 수 있게 됐다는 것입니다. 목회를 하지 않던 기간에도 영어 예배 순서를 맡고 있었지만 성도들을 마음껏 사랑할 수가 없었습니다. 그들을 사랑하면 남의 양을 빼앗는 목자라는 오해를 받을 것만 같았으니까요. 그때 저는 속으로 얼마나 답답했는지 모릅니다. 하지만 지금은 어떻습니까? 마음껏 우리 성도들을 사랑할 수 있게 되었습니다. 이 사실이 제 가슴을 얼마나 벅차게 하는지 모릅니다. 저는 여러분들을 진정으로 사랑하렵니다. 뜨겁게 사랑하렵니다. 하나님이 사랑의 대상으로 여러분들을 제게 허락하셨으니, 저는 이제 아무 조건 없이 여러분을 사랑하려고 합니다. 저의 사랑을 받으면 여러분의 삶도 행복해질 것으로 믿습니다. 저 또한 제가 살기 위해서라도 여러분들을 진지하게 사랑할 것입니다. 나도 살고 여러분도 살기 위해 우리는 모두 서로를 사랑해야 합니다.

그러면 여러분, 이제는 이렇게 바꿔 생각해봅시다. 여러분, 부족하지만 목회자인 저를 한번 사랑해보십시오. 저를 사랑한다고 고백해보십시오. 아마도 여러분의 신앙생활이 신이 날 것입니다. 삶에 자신감이 생깁니다. 교회에 자꾸 오고 싶어집니다. 여러분, 이제 성도들을 사랑해보세요. 성도들을 사랑한다고 고백하시고 그것을 행동으로 옮겨보세요. 교회 생활이 신이 날 것입니다. 또 하나님의 몸인 교회를 사랑해보십시오. 교회를 사랑하는 마음으로 정성을 쏟아보세요. 교회의 소속감이 분명해지고 교회를 위해 일하고 싶은 생각이 솟구칩니다. 교회의 머리 되신 주님을 사랑하게 됩니다. 또 하나님을 사랑한다고 고백해보세요. 사랑하기에 말씀대로 순종해보십시오. 하나님이 날 얼마나 사랑하시는지 깨닫게 되시고 또 감격하게 됩니다.

나를 기쁘게 만들고 가정을 행복하게 만들고 교회를 교회답게 만들고 사회를 밝게 만드는 사랑, 이 사랑이 저와 여러분의 삶 속에 넘쳐나길 주의 이름으로 축원합니다.

3) 설교 예문 분석

우선 위 설교의 개요를 보자.

　| 서론　　사랑의 필요성
　| 서언　　사랑의 중요성에 대한 설명
　- 지지 논증 1 : 사랑의 중요성에 대한 증명
　- 지지 논증 2 : 사랑의 중요성에 대한 증명
　- 지지 논증 3 : 사랑의 중요성에 대한 증명
　- 지지 논증 4 : 사랑의 중요성에 대한 증명
　| 권면 적용　사랑을 실천하자는 취지의 호소

내용을 살펴보도록 하자. 이와 같은 수사 구성법은 짧은 본문을 선택하는 것이 용이하다. 왜냐하면 핵심을 기초로 해서 발전시켜나가는 구성이기 때문이다. 이 구성법을 위해서 가능한 한 본문을 서신서에서 택하는 것이 용이하다. 왜냐하면 서신서라면 본문을 짧게 잡는 데 별 문제가 없기 때문이다. 하지만 긴 이야기 본문을 짧게 잡으면 본문을 중도에 끊어버리게 되어 결국 청중들에게 불안감을 줄 수도 있다. 또 이야기 본문 전체에서 밝히려는 의도를 제대로 전하지 못할 수도 있기 때문이다. 여기서 중요한 것은, 권면 적용은 개요의 마지막 부분에서만 이뤄져야 한다는 사실이다. 그리고 나머지 개요 부분은 일반 적용이 되어야 한다.

4) 설교구성법

이 변증법은 고대 수사학에서 많이 사용되었던 구성이다. 이 변증법은 서론, 서언 혹은 논쟁, 논쟁에 대한 지지 증명, 그리고 권면 적용으로 발전되어 나간다. 좀더 구체적으로 말하면 서론에서 청중을 사로잡고, 둘째로는 서언(序言)을 밝힌다. 즉, 서언에서는 다룰 주제를 밝히면서 연설자 혹은 설교자의 의도대로 논리적 귀결을 맺는다. 논리적 결론을 맺은 후에 이를 뒷받침할 만한 예증을 들어준다. 이를 위해서 내용은 비슷하지만 다양한 자료의 예증을 나열하여 서언에서 밝힌 논리적 귀결을 확고하게 만들도록 돕는다. 그리고 청중이 온전히 설득되었다고 판단될 때 "이렇게 하자."라는 호소로 끝을 맺는다. 정리해보자.

1. 서론
2. 서언(논리로 - 설득)
3. 지지 논증
4. 권면 적용

여기서 서론은 문제 제기가 되면 좋겠다. 그리고 서언에서는 설교자의 주장이 합리적이며 그럴듯한 논리(plausibility)로 청중을 굴복, 혹은 공감하도록 만들어야 한다. 어설픈 논리는 오히려 청중의 주장에 넘어가거나 청중에게 허점을 보일 수 있으니 조심해야 한다. 지지 논증에는 설교자의 주장에 일치하는 예화를 들도록 한다. 이때의 예화는 서언에서 강조한 내용을 뒷받침할 수 있어야 한다. 또 예화 사용 시 주의해야 할 점 중 하나는 하나가 아니라 여러 개의 예화를 사용해야 한

'변증법을 활용하라' 구성의 개념도.

다는 것인데, 그러므로 예화 출처가 다양해야 한다. 설교가 더 돋보이게 만들기 위해서이다. 예를 들면, 성경과 과거 역사에서 혹은 현대인들의 삶 가운데서 다양한 자료를 활용하면 좋겠다. 가능하면 출처가 분명한 신빙성 있는 예화면 더더욱 좋을 것이다. 지지 논증을 통해서 청중을 어느 정도 설득했다고 판단될 때, 이제는 직접 호소하라. 즉, 권면 적용을 하라.

5) 구성의 특징

이 구성법은 짧은 설교와 설교 주제가 단순할 때 활용하면 좋다. 알다시피 이 구성은 단순하다. 그러므로 단순한 구성법을 긴 설교에 활용하다보면 설교가 지루해질 수 있다. 왜냐하면 전개가 점진적으로, 빠르게 이뤄질 길이 없기 때문이다. 그러므로 긴 설교를 해야 할 경우 혹은 복잡한 주제를 다룰 경우에는 이 구성법의 활용을 자제해야 한다. 그러나 짧은 설교일 경우 설교가 신선하게 전개될 수 있다.

6) 구성의 원리

1. 서언을 다룰 본문을 택하되 주제를 한 가지로 만들라.
2. 설교 흐름을 본문에 기초하기보다 논리에 두고 설교 구조를 세워라.
3. 지지 논증은 다양해야 하는 만큼 성경과 현대 둘 다를 포함하는 것으로 하라.
4. 변증법을 통한 구성은 결론에서 행동할 수 있도록 자극하라.
5. 적용은 마지막 부분에서만 권면 적용을 하라.

14장 단계적으로 그림을 그려라

일관적 논리 순서형 설교구성법

이 설교구성의 장점은 청중의 욕구 순위를 따르는 것을 최우선으로 하기 때문에 설교 흐름이 자연스럽다는 것이다. 청중의 마음을 부드럽게 파고든다는 것도 큰 강점이다. 불신자들을 상대로 할 때, 혹은 감동을 불러일으켜서 결단하게 만들 때 사용하면 좋다. 또 설교의 흐름이 본문 자체와 밀접한 현미경적 고찰보다는 좀더 폭넓게 설교 주제를 다루는 망원경적 고찰로 진행돼야 설교 가치가 있다.

그림을 그리는 데는 단계가 있다. 예를 들어, '구도를 잡는다.', '스케치를 한다.', '색을 칠한다.' 등의 순서를 따른다. 이 순서 중에 그 어느 것 하나라도 바꾸면 그림을 잘 그리기란 어렵다. 논리를 전개해나가는 데도 바로 이와 같은 전개 순서가 필요하다. 한 주제를 청중이 주의 깊게 듣도록 하려면 우선 청중의 마음 문을 열게 해야 하고, 그 주제를 받아들이도록 하는 데 걸림돌이 되는 것을 제거해야 한다. 그리고 그 주제가 청중에게 절대적으로 필요한 것이 되도록 만들어 그 주제를 받아들이지 않으면 안 되게끔 한다. 이와 같은 전개가 '단계적으로 그림을 그려라'의 구성법이다.

1) 구성의 필요성

현대인은 어떤 새로운 진리를 접하면 일단은 자신의 편견과 아집으로 그것을 거부하려는 자세를 취한다. 자신들이 경험하고 알았던 믿음을 상실할까봐 두려워한다. 혹은 자신이 축적한 지식과 경험을 지속하기 위해서라도 새로운 진리나 사실을 의도적으로 거부하려는 태도가 강하다. 그 새로운 진리나 사실이 자신에게 유익하다고 입증되기 전까지는 마음을 열지 않는다. 특히 종교는 더욱 그러하다. 그러므로 청중의 닫혀진 마음 문을 열기 위해서, 청중과 설교 사이에 놓인 장애물을 제거하기 위해서, 청중이 열린 마음으로 새로운 진리인 복음을 자연스럽게 받아들이도록 하기 위해서 우리는 단계적으로 청중의 마음을 다룰 줄 알아야 한다.

2) 설교 예문

본문 : 창세기 3:1-9
제목 : 네가 어디 있느냐?
문제 제기 : 예수님의 공로를 모른 채 죽어가는 사람이 있다.
설교 목적 : 예수님의 피 공로를 알게 하고 그들이 예수님을 받아들여 영생을 누리게 한다.

| 청중을 사로잡는 단계

문제 제기 | 인간이 해결할 수 없는 세 가지 문제가 있습니다. 죄와 죽음과 고통의 문제입니다. 어느 누구도 이 세 가지에서 자유로울 수 없습니다. 평생을 이 문제와 씨름하다가 비참한 최후를 맞게 됩니다. 우리가

단계적으로 그리랬다고 손가락부터 그리면 어떡해?

이 세 가지를 경험할 수밖에 없는 이유는 다른 것이 아닙니다. 바로 죄 때문입니다. 우리에게 죄 때문에 죽음이 왔고, 고통이 찾아왔습니다. 결국 죄로 인해서 우리는 처참한 종말을 고하게 될 것입니다. 그러고 보면 죄는 우리가 겪는 삶의 모든 문제의 뿌리가 됩니다.

| 필요의 단계

본문 설명 | 오늘 본문은 가장 슬프고도 가슴 아픈 이야기인 죄를 다루고 있습니다. 이 세상에 어떻게 죄가 들어왔고 어떻게 죄가 번져나갔을까요? 본문에 보면 "여호와 하나님의 지으신 들짐승 중에 뱀이 가장 간교하더라 뱀이 여자에게 물어 가로되 하나님이 참으로 너희더러 동산 모든 나무의 실과를 먹지 말라 하시더냐" 하면서 권세 있는 말씀에 의심을 품게 합니다. 또 "뱀이 여자에게 이르되 너희가 결코 죽지 아니하리라 너희가 그것을 먹는 날에는 너희 눈이 밝아 하나님과 같

이 되어 선악을 알 줄을 하나님이 아심이니라."(창 3:4-5) 하면서 사탄이 인간에게 하나님 말씀을 우습게 여기도록 만듭니다. 결국 사탄은 인간에게 하나님 말씀에 의심을 품게 하며 말씀에 불순종하도록 만듭니다.

적용| 지금도 사탄은 사람들을 넘어뜨리기 위해 온갖 수단 방법을 가리지 않습니다. 주일에 교회에 나오는 사람들에게는 '바쁜데 굳이 교회까지 갈 거 뭐 있느냐? 너 하고 싶은 대로 해라.' 하며 유혹합니다. 때로는 '예수님을 믿는다고 정말 구원을 받을까? 하나님은 사랑의 하나님이기 때문에 사랑하는 백성을 결코 죽게 하지 않을 거야. 그러니 하나님을 믿지 않아도 우리를 죽이지는 않으실 걸.' 이렇게 예수님의 공로를 희석시키기도 합니다. 또 말씀을 지키며 사는 생활을 우선 순위에 둔 사람에게는 '말씀을 안 지킨들 무슨 상관이 있으랴.' 하며 말씀을 무시하도록 충동질합니다. 결국 예수님 중심, 말씀 중심으로 살아가는 삶을 세상 중심, 자기 중심의 삶으로 살아가도록 해서 결국 하나님을 떠나 파탄에 이르게 합니다.

많은 그리스도인이 하나님 말씀에 생명이 있고 풍요로움이 있음을 알고 있습니다. 그럼에도 사탄의 유혹에 마음이 빼앗깁니다. 어떻게 사는 것이 하나님을 기쁘시게 하는지, 또 하나님을 서운하게 하는지 판단의 기준으로 삼는 것이 아닙니다. 눈에 보이는 대로 말초신경에 자극을 받는 대로 판단하며 삶을 좇습니다. 결국 눈에 보이는 것과 충동적인 것을 좇다가 죄의 올무에 빠지게 되는 것입니다.

그런데 이 죄는 한 사람에게 국한되지 않고 점점 퍼져나간다는 데 그 심각성이 있습니다.

본문설명| 6절에 보면 '먹음직도 하고 보암직도 한 그 나무'를 바라보면서 마침내 따먹었고 자기 남편에게도 주어 그도 먹었다고 했습니다. 한 사람에 의해서 발생된 죄가 또 다른 사람에게 어떻게 전가되고 있

는지를 밝히고 있는 것입니다. 하나님을 거역한 죄가 온 세상을 덮어 버리고 있음을 보여주고 있는 것입니다. 이것이 사탄이 유혹하는 최대의 목표입니다. 안타까운 사실은 바로 하나님의 영광을 위해서 창조된 모든 피조물들이 사탄의 음성에 따라가고 있다는 것입니다.

| 만족의 단계

본문 설명 | 여러분, 죄를 지으면 어떤 결과가 주어질까요? 아담과 이브가 죄를 짓고 난 뒤 어떤 상태가 되었습니까? "이에 그들의 눈이 밝아 자기들의 몸이 벗은 줄을 알고 무화과나무 잎을 엮어 치마를 하였더라."(창 3:7)고 했습니다. 죄짓기 전까지는 과일이 탐스러웠고 아름답게 보였고 먹음직해 보였습니다. 하지만 막상 하나님의 말씀을 어기고보니 '아, 내가 왜 하나님의 말씀을 어겼을까?' 하며 그제서야 부끄러움을 느끼게 되었습니다. 치욕스러운 일임을 깨닫습니다. 그 부끄러움과 치욕을 가리기 위해서 무화과나무 잎을 따다 엮어서 몸을 가렸다고 합니다. 그러나 그 무화과나무 잎으로 몸을 가리는 것으로는 부족했던지 그들은 하나님께서 자기들을 보실새라 나무 뒤에 숨습니다.

그때 하나님께서 찾아오십니다. 그리고 말씀하십니다. "아담아, 아담아 네가 어디 있느냐?"고 물으십니다. 여기서 '네가 어디 있느냐?'는 질문은 '아담아 너의 모습을 보아라. 네가 죄를 지은 결과가 어떠하더냐?'는 뜻입니다. 아담의 죄된 모습을 적나라하게 드러내어 깨닫게 하시는 말씀입니다. 예전 같으면 하나님의 음성이 반갑고 기뻐서 "예, 제가 여기 있나이다."라고 대답했을 아담이지만, 그만 죄를 짓고보니 두렵고 수치스러워서 그러지 못하고 있습니다. 결국 하나님을 멀리하게 됩니다.

적용 | 사람이 죄를 지으면 하나님을 쳐다볼 수 없습니다. 사람을 볼

수가 없습니다. 남편이 아내에게 죄를 지으면 아내의 얼굴을 제대로 쳐다보지 못하는 것과 같습니다. 아내도 마찬가지입니다. 자식이 부모에게 죄를 지으면 부모의 얼굴을 제대로 볼 수 없습니다. 만일 성도가 죄를 지으면 그 성도는 목사의 얼굴을 제대로 볼 수가 없을 것입니다. 또 다른 성도의 얼굴도 제대로 볼 수 없는 것은 물론이고 하나님의 말씀을 가까이 할 수도 없게 됩니다. 죄를 지으면 삶의 기쁨과 구원의 감격, 그리고 삶의 풍요로움을 상실하게 됩니다. 소극적이 됩니다. 우울증에 빠지기도 합니다. 사람을 피하게 되고 외로워집니다. 죄를 지은 상태는 항상 처참할 뿐입니다.

|본문 설명| 그러나 오늘 본문에 하나님이 아담을 부르시는 의도는 아담에게 굴욕감을 주기 위해서가 아닙니다. 아담이 자신의 죄로 인해 고통스러워하는 모습을 즐기려고 하신 것도 아닙니다. 그렇다고 꾸짖기 위해서도 아닙니다. "아담아, 네가 어디에 있느냐?"고 하시는 하나님의 음성은, 아담이 하나님의 말씀을 어긴 후에 '아, 내가 왜 이런 죄를 저질렀던가?' 하며 부끄러워하고 수치스러워하고 있는 아담의 고통과 상처를 치료해주시려는 부르심이었습니다.

|예화| 제가 언젠가 방을 청소하다가 모아놓은 쓰레기더미에서 한 장의 사진을 발견했습니다. 그것은 빛이 바래고 오래된 사진이었습니다. 저는 그 사진을 버리려다가 말고 먼지를 닦아내어서 자세히 들여다보았습니다. 그 사진은 다름아닌 저의 어릴 적 사진이었습니다. 저는 그 사진을 보면서 한참을 즐기다가 조심스레 닦고는 저도 모르게 빙그레 웃으면서 그 사진을 서랍장에 잘 넣어두었던 기억이 납니다. 저는 왜 그 사진을 버리지 않았을까요? 그 사진 속에는 저의 얼굴, 저의 형상이 담겨져 있었기 때문입니다.

|적용| 하나님도 마찬가지입니다. 인간은 죄를 지은 후 하나님을 외면합니다. 멀리합니다. 삶의 풍요로움을 잃고 위대한 축복과 단절된

채 음지에서 외롭게 살아갑니다. 하지만 그런 죄인을 하나님은 쉽게 포기하지 않으십니다. 오히려 집요하게 찾아오십니다. 왜입니까? 인간 속에는 하나님 자신의 형상이 담겨 있기 때문입니다. 하나님의 형상을 담은 인간이 고통을 겪을 때면 하나님도 고통스러워하십니다. 인간이 복을 누려야 하나님도 기쁘고, 인간이 풍요로운 삶을 살아야 하나님도 행복합니다. 하나님은 인간이 지은 죄로 인해서 하나님께서 주신 그 위대한 축복, 사랑, 풍요로운 인생, 기쁨을 잃은 것을 안타까워하셨습니다. 그래서 잃었던 삶의 풍요로움을 다시 누리게 하고 싶어하십니다. 파괴된 하나님의 형상을 온전히 회복시켜주고 싶으셨던 것입니다. 그래서 아담에게 찾아오셔서 "아담아 네가 어디 있느냐?" 하고 부르고 계신 것입니다.

권면 적용 | 사랑하는 성도 여러분, 오늘 죄짓고 살아가는 인생에게 하나님은 여전히 찾아오고 계십니다. "아담아, 네가 어디에 있느냐?" 이 음성이 저와 여러분의 마음에도 들리기를 바랍니다. 들으시기를 바랍니다.

본문 설명 | 창세기 1장과 2장은 하나님께서 이 세상을 어떻게 창조하셨는지 보여줍니다. 여러분, 현대 최고의 물리학자인 스티브 호킹은 "이 어마어마하고 무한한 우주를 볼 때 참으로 전율을 느낀다."고 말했습니다. "이 무한하고 위대한 우주가 어떻게 단 1초의 오차도 없이 정확하게 움직일 수 있는가?" 이 온 우주가 한치의 흩어짐도 없이 규칙적으로 움직이는 것을 보면서 호킹은 강력한 신의 힘을 느끼고 그 힘에 두렵고 떨린다고 고백했습니다. 창세기 1장과 2장은 하나님의 위대하심과 전능하심에 대해서 말씀하고 있습니다.

그러나 창세기 3장은 하나님의 무엇에 대해 말씀하고 있습니까? 자신의 형상으로 만든 인간 피조물을 향해서 단 한 명의 생명도 무가치하게 여기지 아니하시는 하나님의 위대한 사랑을 보여주고 있습니다. 물론 하나님께서는 "선악과를 먹으면 정녕 죽으리라."고 하셨습니다. 그리고 그 죄에 대해서 분명히 심판하실 분입니다. 하지만 하나님은 죄지은 인간을 파멸로 이끌지 아니하고 다시 하나님의 품으로 끌어들이려는 위대한 사랑을 펼쳐보이고 계십니다. 하나님은 세상을 심판하시는 힘과 권세, 그리고 온 우주를 창조하신 전능함보다도 그분의 사랑이 더욱 큰 것임을 보여주고 계십니다. 온 인류를 사랑하는 그 은총, 온 인류에게 베푸시는 그 자비의 은총은 그 어떠한 힘과 능력보다 더 크고 위대한 하나님의 사랑입니다.

적용 | 여러분, 그 하나님의 위대한 사랑은 십자가에서 나타났습니다. 십자가에서 하나님의 아들 독생자 예수께서 우리를 위해 못박혀 돌아가셨습니다. 머리에는 가시면류관을 쓰셨고 옆구리는 창으로 찔리셨으며 물과 피를 다 쏟으셨습니다. 물 위를 걸으시고, 죽은 자를 살리시고, 병든 자를 명령으로 낫게 하신 이, 각양 각종의 기적과 기사를 행하신 능력의 예수님이셨는데, 그 능력으로 고통스런 십자가에서 단숨에 내려올 수도 있었는데 말입니다. 로마 병정들이 "네가 유대인의 왕이라면 지금 십자가에서 내려오라."며 조롱했는데도 주님은 오히려 약한 모습으로 죽어갔습니다. 왜입니까?

힘이 없어서가 아닙니다. 연약해서도 아닙니다. 온 인류의 죄를, 저와 여러분의 죄를 그 십자가에 다 못박기 위함이었습니다. 우리의 상처와 우리의 질고를 대신 짊어지시고 우리를 깨끗이 낫게 하기 위함이었습니다. 이사야 53장에서는 주님을 다음과 같이 묘사하고 있습니다. "그는 실로 우리의 질고를 지고 우리의 슬픔을 당하였거늘 우리는 생각하기를 그는 징벌을 받아서 하나님에게 맞으며 고난을 당한다 하였노라 그가 찔림은 우리의 허물을 인함이요 그가 상함은 우리의 죄악을 인함이라 그가 징계를 받음으로 우리가 평화를 누리고 그가 채찍에 맞음으로 우리가 나음을 입었도다 우리는 다 양 같아서 그릇 행하여 각기 제 길로 갔거늘 여호와께서는 우리 무리의 죄악을 그에게 담당시키셨도다"(사 53:4-6).

십자가 위에서 온 우주를 가슴에 품으신 예수 그리스도의 사랑, 우리의 모든 질고와 슬픔과 아픔을 해결하시려고, 무엇보다 우리의 죄로 인해 깨어진 하나님의 형상을 회복시키려고 고통과 수난과 멸시를 다 참으며 죽으신 주님의 사랑! 여러분, 이 사랑이 보이십니까? "보라 세상 죄를 지고 가는 하나님의 어린양이로다." 이 사랑이 지금도 저와 여러분에게 찾아오고 있습니다.

그림을 보여주는 단계

예화 | 세계 기독교의 최고 지성이라고 하는 C. S. 루이스는 「Surprised by Joy」(갑작스럽게 얻은 기쁨)이라는 책에서 하나님의 사랑이 얼마나 큰가를 감동적으로 묘사했습니다. 그는 기독교 가정에서 자랐지만 하나님을 거부했습니다. 이유는 단지 하나님이 보이지 않는다는 것이었습니다. 하나님을 의식할 수 없다는 이유로 그는 하나님을 외면했고 거부했습니다. 그리고 하나님을 믿는 자들을 신랄하게 공격하는 글을 썼고 그러한 논쟁과 연설을 했습니다. 그는 어느 학생보다 탁월한 학생으로, 사람들로부터 칭찬이 자자했습니다. 그러나 그가 하나님을 거부하면 거부할수록 마음속에는 이상한 고통이 찾아들었고 왠지 '이것이 아닌데…' 하는 감정이 찾아오기 시작했습니다.

그러던 어느 주일 아침, 모든 학생들이 교회에 가고 없는 컴컴한 기숙사에 홀로 남은 그에게 갑자기 엄청난 고독이 밀려왔습니다. 가슴이 저미는 외로움과 절망이 찾아왔습니다. 그 순간 그는 갑자기 입을 열어 고백하기 시작했습니다. "하나님, 나는 이제 더 이상 하나님을 외면할 수 없습니다. 거부할 수 없습니다. 더 이상 도망갈 수 없습니다. 오 하나님, 나를 받으소서." 하고 무릎 꿇어 고백하기 시작했습니다. 그러자 그때부터 눈물이 흐르고 주체할 수 없는 기쁨이 밀려왔습니다. 하나님을 외면하고 거부했을 때는 잘린 나뭇가지처럼 메마른 심령이었고 몹시도 외로웠지만, 하나님을 받아들이는 순간 그는 이전에 경험하지 못한 엄청난 기쁨이 밀려오는 것을 느낄 수 있었습니다. 「Surprised by Joy」에서 그는 고백하기를 "내가 아무리 하나님을 외면하고 거부하고 도망 다니려 해도 하나님은 기어이 캄캄한 그 기숙사 방까지 나를 찾아오셨습니다. 나를 끝까지 추적하셨고 마침내 강력한 십자가의 사랑으로 나를 굴복시키셨습니다."라고 했습니다.

그 후에 루이스는 세계의 지성인을 상대로 하나님의 감동을 놀랍게 전달했고, 그들을 설득하여 하나님 앞으로 돌아오게 하는 데 크게 쓰임을 받았습니다.

사랑하는 성도 여러분, 우리 인생은 죄를 짓고 고통스러워하며 절망과 낙망 가운데 때로는 깊은 외로움 가운데 있기도 합니다. 그때에도 주님은 십자가의 사랑을 가지고 우리를 찾아오십니다. 그 사랑으로 우리를 굴복시킵니다. 그리고 준비하신 기쁨과 인생의 풍요로움을 우리에게 선물로 쏟아주십니다. 찾아오셔서 나눠주시는 그 사랑의 선물을 그저 받으시길 바랍니다.

| 행동으로 옮기게 하는 단계

그러면 주님이 베푸시는 그 아름다운 선물을 어떻게 하면 받을 수 있습니까? 하나님의 말씀은 우리가 주님이 베푸시는 선물을 어떻게 받을지, 그 비결에 대해 말씀해주고 계십니다.

예화 | 시편 51편에 보면 다윗의 고백이 나옵니다. 그는 사랑하는 부하 우리아의 아내와 간음을 하고 그것도 부족해서 그를 전쟁터에 내보내 고의로 죽게 했습니다. 그는 일시적으로 죄를 지었지만, 그 후에는 불안하고 두려운 마음으로 고통스러운 생을 살아야만 했습니다.

밤마다 눈물로 요를 적시며 그가 한 고백이 바로 이 시편입니다. "하나님이여 … 나의 죄악을 말갛게 씻기시며 나의 죄를 깨끗이 제하소서 대저 나는 내 죄과를 아오니 내 죄가 항상 내 앞에 있나이다." 여기서 다윗은 자기가 지은 죄를 두 가지로 분류해서 말합니다.

첫째는 죄라 하지 않고 '죄과'라고 했습니다. 왜 죄과라고 했을까요? 죄과의 문자적인 의미는 바로 의도적인 불순종을 말합니다. 분명 밧세바가 목욕하는 모습이 보았을 때, 그는 그 유혹의 현장에서 당장 고개를 돌렸어야 했습니다. 하나님께서는 분명히 '저것을 보면 안 되지. 보면 안 돼.' 하는 음성을 들려주셨을 겁니다. 분명히 하나님이 주신 그의 양심이 '이러면 안 된다.'고 하는 음성을 들려주었을 겁니다. 그러나 그의 얼굴은 오히려 더 가까이 의도적으로 그 광경을 쳐다보았고 의도적으로 하나님의 말씀에 불순종했습니다. 바로 이 의도적인 불순종을 다윗은 말갛게 씻어달라고 청하고 있습니다.

그뿐이 아닙니다. 그는 자신이 지은 죄에 대해 '죄악'이라는 표현을 하고 있습니다. 다윗의 죄과는 어디서 나왔습니까? 죄악으로부터 나옵니다. 그 죄악은 바로 구부러진 마음을 의미합니다. 모태에서 태어날 때부터 자신의 마음 상태가 구부러져 있었기에 죄를 지을 수밖에 없었다고 고백합니다. 다윗은 분석된 자신의 죄를 하나님께 철저히 고백하며 용서를 구하고 있습니다. '하나님, 이러한 의도적인 불순종의 죄, 그리고 이처럼 구부러진 마음으로 세상을 바라보며 하나님을 거역했던 모든 죄를 용서해주옵소서.' 진정한 회개 속에서 다윗은 비로소 용서받았고, 깨끗해졌고, 새로워졌습니다. 성도 여러분, 다윗과 같이 신실한 마음으로 주님께 나갈 때에 우리의 죄도 깨끗해집니다. 과거가 청산됩니다. 그리고 희망찬 미래를 맞이할 수 있습니다.

권면 적용 | 사랑하는 성도 여러분, 여기 십자가가 보이십니까? 우리의 죄값을 대신해서 예수님께서 가시 면류관에 찔리시고, 손목과 발목에

못이 박혀 살이 찢기면서 피를 흘리신 십자가가 보입니까? 우리를 위해서 흘린 어린양의 피 앞으로 나오십시오. 그리고 기도하십시오.

'하나님, 내 인생은 지금껏 하나님 없이 살았습니다. 내 뜻대로 살면서 많은 실패와 허물로 얼룩진 인생을 살았습니다. 그 허물과 죄를 감추려고 했으나 그렇게 되지 않았고 그저 피곤할 뿐입니다. 이제 피 묻은 주의 십자가 앞에 나아와 내 모든 무거운 죄의 짐을 내려놓습니다. 내 굽은 마음으로 의도적으로 저지른 죄악을 십자가 앞에 내려놓습니다. 용서하소서. 그 십자가의 피로 나를 씻으시고 깨끗게 해주옵소서. 굽어진 내 마음을 활짝 펴주옵소서. 깨어진 당신의 형상을 회복시키소서. 하나님의 자녀로 거듭나길 원합니다.'

사랑하는 성도 여러분, 우리의 죄가 아무리 검붉다 할지라도 어린양의 피를 믿고 우리의 가슴에 바른다면 그 피가 죄로 물든 우리의 얼룩을 깨끗이 씻겨낼 것입니다. 그리고 파괴된 하나님의 형상을 회복시키고 죄 없는 자로, 의로운 사람으로 바꾸실 것입니다. 그 피가 인생의 마지막 날에 우리를 사망 가운데서 생명으로 옮기십니다. 믿음으로 보혈의 피를 의지할 때, 우리는 죄 없는 자로 새롭게 창조되며 하나님의 자녀가 되는 권세를 누리게 될 것입니다. 이제부터 죄와는 상관없는 구원받은 새 생명의 감격을 누릴 것입니다. 이 시간에, 어린양의 피가 우리의 죄를 씻고, 축복된 생애로 만드시는 하나님의 은총의 손길 안에 다 들어가는 저와 여러분이 되시길 주의 이름으로 축원합니다.

3) 설교 예문 분석

우선 개요부터 살펴보자. 청중이 설교 주제인 예수 그리스도의 십자가를 붙들도록 하기 위해서 다음과 같은 단계를 전개했다.

| 첫째   청중을 사로잡는 단계 : 인간에게 죄는 아주 심각하다.
| 둘째   필요의 단계 : 인간은 죄로 인해 외롭고 고통스러우며 파멸에 직면해 있다.
| 셋째   만족의 단계 : 저주스런 죄를 십자가 상의 예수님이 해결한다.
| 넷째   그림을 보여주는 단계 : 예수님을 통해 죄 문제를 해결한 예화를 제시한다.
| 다섯째   행동으로 옮기는 단계 : 그러므로 십자가 앞에 나와서 죄 문제를 해결받으라.

위의 설교 개요의 흐름을 주시해보라. 우선 설교를 듣고자 하는 마음을 불러일으킨다. 즉, 설교의 주제가 남의 문제가 아닌 청중 자신의 문제임을 부각시켰다(청중을 사로잡는 단계). 설교를 듣고자 하는 그들에게 깜짝 놀라게 하여 현재 상태로는 그대로 있을 수 없다는 사실을 지적했다. 즉, 그들에게 뭔가가 필요한 상태에 놓였음을 직시하게 했다(필요의 단계). 그리고 그들이 무엇을 통해서 만족할 것인지, 그 대안을 제시했다(만족의 단계). 만족의 단계를 예화를 통해 제시하고 머리 속에 그림이 그려지도록 설명했다. 마지막으로 청중이 필요한 것을 마음속에 받아들이도록 자극했다(행동으로 옮기는 단계). 결국 청중들이 설교를 듣기에 편안하고 거부감이 없도록 청중의 욕구 순서를 따라 전개했다. 억지로 강요하는 것이 아닌, 자연스럽게 청중들의 마음을 열고 접근하고 호소하며 설득해나갔다.

이제 내용을 분석해보자. 인간의 죄의 문제가 생각보다 심각하다는 점을 서론에서 밝혔다. 물론 청중들의 죄 문제도 역시 마찬가지다. 그런데 안타깝게도 그 죄는 우리를 파멸로 이끄는 것이다. 이 이야기를 들으면 청중의 가슴은 뛰게 된다. 걱정이 된다. 이때에 돌파구를 제시한다. 예수 그리스도를 통해서 죄의 문제와 파멸의 문제가 동시에 해결될 수 있다는 것을 보여준다. 이 부분은 너무 중요하기 때문에 예화를 들어서 설명한다. 즉, 예수님을 영접했더니 죄의 문제가 단숨에 해결되고 사람다운 삶을 되찾게 되는 결과가 담긴 예화를 들려준다. 그래서 청중들로 하여금 이러한 예수님을 영접할 것을 요구한다. 결국 자연스럽게 청중의 마음을 파고 들어가는 설교가 되었다. 청중을 사로잡는 단계나 필요 단계는 일반 적용을 해야 한다. 하지만 만족의 단계나 그림을 보여주는 단계, 그리고 행동으로 옮기는 단계에서는 일반 적용이 아닌 권면 적용을 했다는 사실을 기억하자.

4) 설교구성법

이 구성은 현대 수사학에서 자주 사용되는 전개법이다. 이 구성은 서론에서 청중을 사로잡는 단계를 펼친다(청중을 사로잡는 단계). 그 다음 단계로 청중 자신에게 뭔가가 필요함을 느끼게 만든다(필요의 단계). 그래서 청중이 스스로 그 필요를 채우고 싶어하는 욕구를 갖게 만든다. 그리고 나서 그 필요를 채울 대안을 제시한다. 즉, 청중이 자신의 필요를 충분히 채우고 만족할 수 있는 단계를 제시한다(만족의 단계). 이제 청중들에게 만족할 답을 얻은 사람들이 누리게 되는 유익을 보여준다(그림을 보여주는 단계). 마지막으로 이제는 행동으로 옮기게 만드는 단계가 된다(행동으로 옮기는, 혹은 결단하는 단계). 정리하면 다음과 같다.

첫째, 청중을 사로잡는 단계
둘째, 필요의 단계
셋째, 만족의 단계
넷째, 그림을 보여주는 단계
다섯째, 행동으로 옮기는 단계

위와 같은 방법으로 설교를 만들 수 있는 본문은 성경 전체라고 보아도 좋다. 문제는 설교자들이 그 본문을 이 전개방식을 따라 만들어서 설교를 할 수 있느냐 하는 점이다. 이와 같은 전개방식으로 설교를 만들려면 설교할 주제를 미리 정해야 한다. 그리고 그 주제를 단계를 따라서 발전시켜야 한다. 그런데 이와 같은 전개방식으로 설교하도록 만들어진 본문이 있다. 예를 들어서 이 5단계 중에서 본문에 나와 있는 단계는 필요의 단계나 만족의 단계, 어느 한 쪽만 본문이 설명하고 있다면 그 본문으로 얼마든지 이 '단계적으로 그림을 그려라'의 구성으로 설교할 수 있다는 얘기다.

실제로 만들어보자. 출애굽기 17:8-16을 '승리하는 공동체'란 제목으로 이 구성에 따라 설교해보자.

'청중을 사로잡는 단계'에서 '하나님은 기도에 응답하신다.'는 실례를 들고 청중들도 기도하면 문제가 해결된다는 내용을 제시하자.
'필요의 단계'에서는 이와 같은 기도의 응답이 무엇보다도 공동체 생활에서 필요하다는 것을 역설한다. 공동체가 기도하지 않을 때 교회에 문제가 생기고 시험이 찾아오고 성도들이 영적으로 무기력해진다는 것을 설명한다. 마치 모세가 기도하다가 피곤해서 기도를 중단하니까 이스라엘이 전투에서 패배하듯이 기도가 약할 때는 공동체에 문제가 많이 생긴다는 것을 역설한다.

'만족의 단계'로 가서 모세의 주변 인물들이 모세의 기도를 돕고 함께 기도했을 때 공동체의 전투가 승리로 끝나게 되었다는 내용을 설명한다.

'그림을 보여주는 단계'는 너무나 중요하기 때문에, 현대 그리스도인 공동체들 가운데서도 어려움이 많았지만 함께 기도함으로써 그 어려움이 물러가고 승리하게 된 경우를 밝힌다.

'행동으로 옮기는 단계'에서는 "그러므로 우리도 함께 기도하여 공동체를 살리고 하나님의 뜻을 이루자. 이를 위해 지금 당장 기도를 시작하자."고 제안할 수도 있다.

여기서 성경 본문의 사용은 겨우 필요의 단계와 만족의 단계뿐이다. 그럼에도 불구하고 위의 구성을 만드는 데는 전혀 문제가 없었다. 결론적으로 '단계적으로 그림을 그려라'의 구성은 본문이 전체 5단계를 포함하고 있지 않다 하더라도 설교를 만들어나갈 수 있다.

이 구성은 청중들의 욕구 순서를 따른 자연스러운 전개방식이라고 볼 수 있다. 청중의 관심을 사로잡는 서론을 만들고, 청중에게 뭔가 필요하다는 것을 느끼게 하는 정보를 제공하고, 그 필요를 채울 만족할 대안을 성경으로부터 찾아내어 제시한다. 다음으로는 그 성경적 대안을 청중이 소유하도록 자극한다. 그 자극의 강도를 높이기 위해서 예화(그림을 보여주는 단계)를 사용하는 과정을 거친다. 그런 다음 자극받은 대로 실천에 옮기도록 결단하게 만든다.

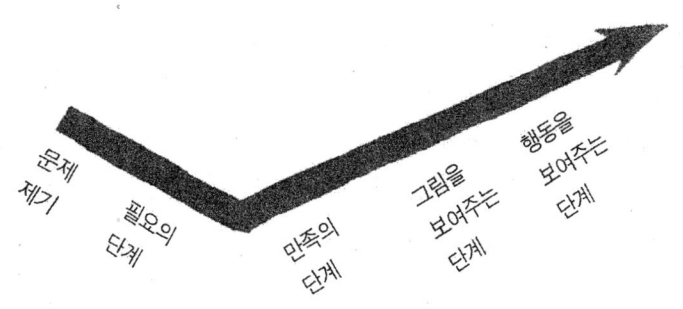

'단계적으로 그림을 그려라' 구성의 개념도.

5) 구성의 특징

이 구성법은 불신자를 상대로 복음을 증거할 경우라든지 상대방을 내 의견에 동조하게 만들고자 할 경우에 적절하다. 혹은 아름다운 설교를 하고자 할 경우에 이 구성을 사용하면 좋다. 또 현미경적 고찰보다 망원경적인 고찰을 통한 설교를 전개하고 싶다면 이 구성을 활용하는 게 좋다. 만약 성경 본문 가운데 이와 같은 전개로 흘러가는 것이 있다면 이 구성에 따라서 설교를 만들 수 있겠다.

그런데 위와 같은 전개방식으로 설교를 만들 수 있도록 한 본문은 매우 많다. 일단 스토리(story)로 된 본문은 모두가 이 전개법을 따라서 만들 수 있다. 그러나 본문이 이와같이 되어 있지 않다면, 설교 전개의 틀을 이와같이 짜놓고 살을 붙여가며 설교를 완성해도 무방하다. 이 설교 전개방식을 자주 사용하는 사람이 빌리 그래함 목사와 W. A. 크리스웰 목사다.

이 설교구성의 장점은 청중의 욕구 순서를 따르는 것을 최우선으로 하기 때문에 설교 흐름이 자연스럽다는 것이다. 청중의 마음을 부드럽게 파고든다는 것도 큰 강점이다. 불신자들을 상대로 할 때, 혹은 감동을 불러일으켜서 결단하게 만들 때 사용하면 좋다. 또 설교의 흐름이 본문 자체와 밀접한 현미경적 고찰보다는 좀더 폭넓게 설교 주제를 다루는 망원경적 고찰로 진행돼야 설교 가치가 있다.

6) 구성의 원리

1. 설교 주제가 그림을 그리는 5단계 중에 어디에 속하는지 파악하라.
2. 본문을 선정할 때 가능한 한 필요의 단계나 만족의 단계에 해당되는 본문을 택하라.
3. 그외의 단계는 성경의 다른 구절들을 인용하라.
4. 각 단계의 연결이 물 흐르듯 자연스럽도록 만들어라.
5. 현미경적 고찰보다 망원경적 고찰을 통해 설교의 폭을 넓히고 절정을 향해 전진하라.
5. 각 단계의 적용은 만족의 단계와 행동으로 옮기는 단계를 제외하고는 일반 적용을 하라.

15장. 논쟁으로 시작해서 순종으로 끝맺으라

합일점 도출형 설교구성법

주의해야 할 것은 설교자의 주장에 반대했던 사람들에게 패배감이 생기지 않도록 만들어야 한다는 점이다. 청중이 설교를 듣고 난 후에 '승자' 라는 자신감을 갖도록 결론을 맺어야 한다. 물론 설교자가 생각하는 방향대로 설교하면서 그들을 굴복시킬 때 패배감이 들지 않고 긍정적인 감정을 갖도록 만들어야 한다. 싸구려 설교는 청중을 배려하는 마음 없이 일방적으로 외쳐서 청중의 자존심을 구기며 설교자 자신만 승리하려 한다.

아버지와 자녀 사이에 첨예한 의견 대립으로 논쟁이 시작되었다. 하지만 시간이 흐르자 아버지의 의견이 옳다는 사실에 아들이 동의하게 되었다. 왜냐하면 아버지의 의견에 큰 의의가 있다는 사실을 발견했기 때문이다. 이제 아들은 아버지가 제시한 의견에 동의만 하는 것이 아니라 아버지가 기뻐하시는 것에 따라서 행동으로 순종하겠다는 결단을 내린다.

위와 같은 전개가 '논쟁으로 시작해서 순종으로 끝맺으라' 는 구성이 되는 골격이다. 처음에는 딱딱한 논쟁으로 설교가 시작된다. 청중들은 논쟁에 휘말리게 된다. 그러나 시간이 흐를수록 마음의 일치가 발견되고 동의가 이뤄지고 합일점을 찾게 된다. 그 결과 마음에는 평화가 주어진다. 하나 된 마음으로 이제 공동의 목표를 함께 추구해나간다.

1) 구성의 필요성

'논쟁으로 시작해서 순종으로 끝맺으라'는 구성은 언제 필요할까? 이 구성으로 설교해야 효과를 가져오는 주제들은 많다. 예를 들면 '창조론'을 다룬다든지 '그리스도의 유일성'이나 '뉴에이지 운동과 기독교', 혹은 '그리스도의 부활' 등을 다루는 데도 좋다. 이런 주제들은 다분히 논쟁을 유발하게 되는 주제들로 불신자나 타 종교인들과 첨예한 의견 대립을 보일 수 있기 때문이다. 그들을 설득하기 위해서 이런 접근은 반드시 필요하다.

또 기독교인조차도 불신자들과 다를 것 없는 사고에 젖어 있으니, 그들이 믿는 기독교 신앙을 확신하도록 만들고 불신자를 기독교로, 또 교인이 되도록 설득하기 위해서 이 주제를 다루면 좋다. 그런 방법 중에 타당한 접근이 바로 논쟁을 통해 설득하는 구성이다. 설교는 모든 사람이 공감할 수 있는 객관성을 띤 관점에서 시작하고 진행해야 좋은 설교가 된다. 이런 관점에서 이 구성법은 객관성에서 출발하는 좋은 설교임에 틀림이 없다.

2) 설교 예문

    본문 : 고린도전서 15:1-11
    제목 : 그대에게 이런 부활이 있는가?
    문제 제기 : 현대인은 지상의 삶을 유일한 것으로 생각한다.
    설교 목적 : 청중들이 육체적 영적 부활이 장차 주어지게 된다는 것을 확신하도록 하고 그 부활의 소망 가운데 살아가게 한다.

논쟁으로 시작했어도 순종으로 끝맺으라.

| **문제 제기** - 삶의 정황, 권면 적용, 주제 도입

삶의 정황 | 우리가 성경을 읽다보면 쉽게 이해될 때도 있고 그렇지 않을 때도 있습니다. 쉽게 받아들일 때가 있고 받아들이기 어려울 때가 있습니다. 내 생각과 뜻에 부합되는 내용일 때는 부담 없이 '아멘' 하기도 합니다. 하지만 내 생각과 다를 때는 동의하지 않고 거부합니다. 가령 우리에게 도움이 되는 내용, 즉 '하나님은 우리가 힘들 때 도우시기 원하십니다.' 라고 하는 말은 쉽게 '아멘' 하며 받습니다. 왜냐하면 우리의 필요를 채우는 것이고, 우리가 소원하는 것이기 때문입니다. 하지만 내가 싫어하는 것이나 나의 고정관념과 상반되는 것, 혹은 상식을 벗어나는 일이면 근본적으로 거부하려는 마음이 있습니다. 그래서 새것을 받아들이지 못합니다. 결국 자신의 고정관념의 틀을 깨트리고 열린 마음을 갖기 전까지는 새로운 진리를 깨달을 수도, 받아

들일 수도 없다는 말입니다. 하지만 안타깝게도 이 세상에는 우리가 마음을 열기만 하면 쉽게 발견되고 얻을 수 있는 놀라운 진리가 얼마든지 있습니다.

권면 적용ㅣ 사랑하는 성도 여러분, 저와 여러분은 상식적으로 이해가 되지 않는 사실을 만난다 할지라도 내가 가진 고정관념 때문에 진리를 거부하지 않게 되기를 바랍니다. 마음을 활짝 열고 새로운 사실을 깨달아 삶에 유익을 얻는 저와 여러분이 되시기 바랍니다.

주제 도입ㅣ 예를 들면 이런 고정관념이 있다고 합시다. '사람은 죽는다. 그리고 인생은 죽음과 함께 모든 것이 끝나고 만다.' 이 내용을 부인할 사람은 아무도 없습니다. 왜냐하면 우리가 늘 경험하는 상식적인 일이기 때문입니다.

ㅣ **논쟁** - 본문 설명, 예화, 권면 적용

본문 설명ㅣ 그런데 오늘의 말씀은 우리의 고정관념을 깨뜨리는 폭탄과 같은 선언입니다. 3절과 4절에 "내가 받은 것을 먼저 너희에게 전하였노니 이는 성경대로 그리스도께서 우리 죄를 위하여 죽으시고 장사지낸 바 되었다가 성경대로 사흘 만에 다시 살아나사." 바울은 예수님께서 죽음을 박차고 사망에서 일어나셨다고 흥분된 어조로 말하고 있습니다.

여러분, 믿어지지 않지요? 어떻게 죽은 사람이 살아날 수 있습니까? 그것도 무덤에 장사된 지 3일이나 지났는데 말입니다. 게다가 이미 2천여 년 전의 사건이라니 더욱 믿어지지 않습니다. 그 당시의 사람들도 우리처럼 처음에는 믿지 않았습니다. 무슨 거짓을 유포하느냐고, 말도 안 되는 소리 말라고 했습니다. 우리는 상식 밖의 일이라고 생각되는 것은 대체로 믿지 못합니다. 죽은 사람이 살아났다니, 얼마나 비상식적인 말입니까? 그런데 놀랍게도 이 비상식적인 일을 그 당시 사람들은 사실로 이해했고, 거짓으로 생각했던 것이 진실로 받아들여지게 되었습니다. 죽은 자는 부활할 수 없다는 고정관념의 틀이 깨지고 '그리스도가 정말 부활했구나.' 하고 감격하게 되었습니다. 특히 오늘 본문의 저자 바울도 처음에는 예수의 부활을 말도 안 되는 거짓으로 여겼던 사람이었습니다. 그럼에도 불구하고 그는 지금 예수님은 부활했다고, 흥분된 어조로 밝히고 있습니다.

생각해봅시다. 어떻게 해서 바울을 비롯한 당대의 사람들이 예수님의 부활을 믿게 되었을까요? 어떻게 해서 그들의 가슴 속에 그리스도는 분명히 부활했다는 믿음이 굳어지게 된 걸까요? 무엇이 그들로 하여금 비상식적인 것을 진리로 믿게 만들었을까요? 가장 명백한 사실은 그들이 부활하신 주님을 직접 목격했다는 것입니다. 구름 속으로 승천하시는 주님을 뵈었기 때문입니다. 직접 봤고, 만졌고, 생활했고, 직접 하늘로 오르시는 것을 봤기 때문에 믿을 수 있습니다.

여러분, 언제 흔들리지 않는 믿음이 생깁니까? 직접 만나고 볼 때입니다. 직접 사건을 체험할 때입니다. 그러면 예수님께서 부활하신 후에 제일 먼저 누구에게 나타나셨습니까? 마리아와 다른 여자 성도들이 주일 아침 무덤으로 찾아갔을 때 벗겨진 수의만 남긴 채, 주님은 사라지고 안 계셨습니다. 대신 천사가 나타났습니다. 그러나 그 이후부터는 다릅니다.

예수님이 십자가에서 죽었다는 소식에 실망하여 예루살렘을 떠나 엠마오로 향하던 글로바와 다른 제자에게도 부활하신 주님이 나타나셔서 그들을 위로하셨습니다. 또 십자가 사건 후에 실망하여 생업의 현장으로 돌아갔던 베드로와 여러 제자들에게 부활의 예수님께서는 직접 나타나셔서 말씀하셨고 격려하셨습니다. 얼마나 감동적이었을까요? 그 후 의심 많던 도마가 주님이 부활했다는 소식을 듣고도 믿지 않았을 때, 주님께서 나타나셨습니다. 그리고 "옆구리의 창 자국과 손과 발목의 못 자국을 만져보라."고 하셨습니다. 그 순간 도마는 그 자리에서 그대로 무릎을 꿇고 "나의 주시며 나의 하나님이여." 하고 고백했습니다. 그 후에도 주님은 지상에 계신 40일 동안 수많은 사람들에게 부활의 모습을 나타내시며 사람들을 감동시키셨습니다.

오늘 본문의 저자 바울도 그 누구보다 더 부활한 그리스도를 선명하게 목격하는 산 체험을 한 사람입니다. "장사 지낸 바 되었다가 성경대로 사흘 만에 다시 살아나사 게바에게 보이시고 후에 열두 제자에게와 그 후에 오백여 형제에게 일시에 보이셨나니 그중에 지금까지 태반이나 살아 있고 어떤 이는 잠들었으며 그 후에 야고보에게 보이셨으며 그 후에 모든 사도에게와 맨 나중에 만삭되지 못하여 난 자 같은 내게도 보이셨느니라"(고전 15:4-8). 바울은 지금 이 글을 쓸 당시에도 주님의 부활을 목격한 사람들이 태반이나 살아 있다고 증언하고 있습니다. 얼마나 생생합니까? 무엇보다도 바울은 사도행전에서 부활한 주님께서 다메섹 도상에서 자신에게 직접 나타나셨다는 것을 간증한 바 있습니다. 친구들과 자신이 직접 경험한 그리스도의 부활 앞에 흥분되고 감동한 모습을 감추지 않고 있습니다.

예화| 혹자는 "지금껏 주님의 부활에 대한 모든 증거가 성경에서 나오지 않았느냐. 성경이 지어낸 것인지 어떻게 아느냐?"고 하는 사람들도 있습니다. 성경의 권위 자체를 부인하는 발언입니다. 그런 사람들에게 꼭 밝히고 싶은 역사적인 사건이 있습니다. 예수님을 대제사장 군대에게 넘겨준 로마의 총독 빌라도가 예수님께서 부활한 후에 로마 황제 클라우디우스에게 쓴 장문의 편지가 있는데 지금은 외경인 베드로와 바울 행전에 기록되어 있습니다. 그 편지에서 예수님의 죽으심과 부활에 관해 쓴 부분만 간추려보면 다음과 같습니다.

"폐하, 저의 군인들이 예수의 무덤을 지키고 있는 동안 예수는 3일 만에 일어났습니다. 이 사실을 안 유대 종교지도자들이, 군대들에게 돈을 주어 예수의 제자들이 그 시신을 훔쳐갔다고 소문을 내도록 했으나 그 비밀이 지켜질 수는 없었습니다. … 제가 이 사실을 황제께 알리는 것은 유대인들이 황제께 거짓을 말할 때 그 거짓에 넘어가지 않도록 하기 위해서입니다…"[12]

로마 황제에게 보내는 공신력 있는 편지에서도 빌라도는 그리스도가 부활했다는 역사적인 사실을 밝히고 있습니다. 이처럼 예수님께서 죽은 자 가운데서 부활하셨다는 사실은 빌라도에게도 엄청난 충격으로 다가왔습니다. 그뿐만이 아닙니다. 주님이 부활하셨다는 사실 앞에서 그는 어떤 반응을 보였습니까? 전승(傳承)에 의하면 빌라도와 그의 부인은 자신의 손으로 십자가에 못박았던 예수님을 주님으로 영접했고, 죽은 자 가운데서 부활하신 그리스도를 증거하는 삶을 살았다고 하기도 합니다.

그리스도의 부활을 증명하는 사실은 이것만이 아닙니다. 오늘을 사는 우리들에게 주는 분명한 증거가 있습니다. 그것은 예수님의 무덤만은 지금도 비어 있다는 것입니다. 공자나 석가나 세계의 훌륭한 어떠한 현인들이라도 그들은 모두 죽었고 시신은 무덤 속에서 썩었습니다. 그러나 오직 예수님의 무덤만은 비어 있습니다. 지금도 세계에서 수많은 사람들이 빈 무덤을 방문하면서 얼마나 깊은 감동을 받는지 모릅니다.

권면 적용ㅣ 성도 여러분, 초대교회 성도들이 예수님의 부활을 보고 경험한 그 확신, 빌라도가 주님을 믿었다고 하는 그 부활의 확신, 그리고 주님의 빈 무덤이 말없이 그리스도의 부활을 입증하고 있습니다. 이 확신이 오늘을 사는 우리에게도 선명하게 다가올 수 있기를 바랍니다. 초대교회 성도들이 흥분할 수밖에 없었고 기뻐할 수밖에 없었던 예수님의 역사적 부활이, 우리에게 다시 한번 감동적인 확신으로 주어지기를 주의 이름으로 축원합니다.

| 논쟁의 결론에 대한 의미 부여 - 질문, 논쟁, 예화

질문| 그러면 예수님이 부활하신 진정한 이유는 무엇일까요?

논쟁| 주님이 죽은 자 가운데서 다시 살아나신 근본 이유가 무엇이냐는 것입니다. 하나님이 심심해서 아들을 죽게 하고 또 부활하게 하셨을까요? 아닙니다. 또 하나님만이 오직 그 일을 할 수 있다는 것을 인간에게 보여주기 위해서도 아닙니다. 죽음에 길들여진 모든 인간에게 영생의 소망을 주시기 위함입니다. 죽지 않고 영원히 사는 길을 터 놓기 위해서입니다.

예화| 제가 미국에 있을 때에 TV의 디스커버리 채널을 본적이 있습니다. 약 300여 년 만에 발견된 동굴에 관한 것이었습니다. TV 화면이 탐험대의 카메라를 따라 동굴로 들어가는데 갑작스레 사람이 사용하던 깨진 낡은 밥그릇들이 나뒹굴고 있는 것이 나왔습니다. 그리고 그 안에는 뼈만 남은 사람들의 시체가 여기저기 누워 있었습니다. 탐험대원이 실수로 뼈를 건드리자 뼈들이 흩어지면서 뿌연 먼지가 일어났습니다. 저는 생명도 없이 아무렇게나 나뒹굴고 있는 마른 뼈들을 보는 순간 오싹해졌습니다. '아! 인간의 생명이 저렇게 처참하게 끝나는구나! 40년, 50년 후에는 나도 저렇게 되겠지.' 하고 생각하니 갑자기 인생이 얼마나 허무하게 느껴지는지 몰랐습니다. 그렇습니다. 죽음은 인간에게 닥친 가장 가혹한 형벌이요 저주입니다.

적용-예화| 건장하던 육체가 쭈글쭈글해지고, 역기를 거뜬히 들어올리던 손이 숟가락 하나를 드는 데도 벌벌 떠는 모습으로 변하고 마는 모습을 볼 때 정말이지 병들어 죽는다는 것은 저주임에 틀림없다는 생각을 했습니다. 이 죽음 앞에서 아무리 꿈이 큰들 무슨 소용이 있으며, 아무리 화려한 부귀영화를 누린들 무슨 소용이 있습니까? 동서고금을 막론하고 어느 누구도 이 저주스런 죽음의 문제를 극복하지 못했습니다. 사도 바울의 고백이 생각납니다. "오! 이 사망의 몸에서 누가

나를 건져내라!" 죽음 앞에서는 아무것도 할 수 없는 나약한 인간, 바로 여기에 인간의 궁극적인 문제가 있습니다.

빌라도 이 문제에서 예외는 아니었습니다. 주님이 부활했다는 충격적인 사실 앞에, 빌라도는 자기가 십자가에 못박은 예수님을 주님으로 영접하게 됐습니다. 그리고 주님을 통해 부활을 얻고자 하는 소망으로 충만해졌습니다. 업신여기던 그리스도를 소중한 분으로, 무시했던 주님을 생애 가장 중요한 분으로 믿고 의지하는 사람이 되었습니다. 그가 왜 이처럼 바뀌었을까요? 그리스도가 죽은 자 가운데서 부활하신 것처럼 자신도 부활의 소망을 갖게 되었기 때문입니다.

우리가 알다시피, 예수님의 제자들은 예수님께서 십자가에서 못박혀 죽은 직후에 다들 어떤 반응을 보였습니까? 뿔뿔이 흩어졌습니다. 삼삼오오 모여서 문빗장을 걸어 잠그고 자신들의 미래가 어떻게 될지 두려워하며 벌벌 떨었습니다. 그대로 모든 것이 끝난 듯했습니다. AD 6년경 유다를 중심으로 잠시 생겨났다가 사라진 집단처럼 그리스도를 따르는 사람들도 잠시 나타났다가 그냥 사라지는 듯했습니다. 그러나 그리스도인들의 생명을 끊을 것만 같았던 로마와 유대 종교지도자들의 핍박에도 불구하고 그들의 신앙은 오히려 용수철처럼 뻗어서 튀어오르고 있었습니다. 사자의 밥이 되고 십자가를 거꾸로 지게 되는 고통을 당하면서도 그들의 신앙은 더 강해졌고, 더 빠른 속도로 믿음이 확산되어 갔습니다. 언제부터 이런 상황이 시작되었습니까? 그들이 주님의 부활을 목격한 뒤부터였습니다. 왜입니까? 부활의 소망에 불타 올랐기 때문입니다.

주님은 40여 일간을 제자들을 비롯한 주변의 수많은 사람들, 한 사람, 한 사람에게 부활한 모습을 보여주셨습니다. 주님이 부활하셨다는 사실은 입에서 입으로 퍼져서 단 며칠 만에 예루살렘뿐 아니라 온 유대와 사마리아에 퍼져나갔습니다. 그리고 그 부활의 예수님에 대한 소식을 들은 사람들은 제자들뿐 아니라 모두가 부활의 산 소망에 사로잡혀 살아가게 되었습니다. 심지어 예수님을 박대하고 적으로 간주했던 종교지도자들과 로마 군병들과 로마의 정치 지도자조차 주님을 믿었고 주님을 바라보며 살았습니다. 왜입니까? 부활의 산 소망에 사로잡혔기 때문입니다.

다시 한번 질문해보겠습니다. 예수님의 추종자들이 예수님이 부활했다고 하는 그 사실 앞에서 그토록 흥분하는 이유가 무엇일까요? 그들의 삶에 일대 변화가 일어난 이유는 무엇일까요? 초대교인들이 죽음의 위협 앞에서도 주님을 버리지 아니하고 주님을 믿는다고 고백하며 죽어간 이유는 무엇입니까? 우리에게 사망 권세를 이기고 영생의 소망을 누리게 하기 위함이 아닙니까? 예수님께서 부활하신 것같이, 예수님께서 죽지 않고 영생을 누린 것같이, 저주스런 죽음을 깨고 영원한 생명을 누리게 하시기 위함이 아니냐는 말입니다.

우리 주님은 십자가에 달리시기 전에 이미 자신이 부활하실 것을 예견하셨고, 부활의 주님을 믿고 의지할 때 믿는 자 모두가 죽지 않고 영원히 산다고 약속하셨습니다. "나는 부활이요 생명이니 나를 믿는 자는 죽어도 살겠고 무릇 살아서 나를 믿는 자는 영원히 죽지 아니하리니 이것을 네가 믿느냐"(요 11:25-26). 예수님께서는 부활하신 후에도 많은 사람들을 만날 때마다 아마 이렇게 말씀하셨을 것입니다. "너희가 나를 믿으면 내가 죽은 자 가운데서 부활한 것같이 너희도 죽음을 맛보지 아니하고 영원히 살리라."고 말입니다.

권면 적용 | 성도 여러분, 주님이 죽은 자 가운데서 살아나신 것같이 죽어도 죽지 않고 영원히 사는 이 영광스런 부활이 저와 여러분의 것이 되시길 바랍니다. 비록 우리가 어려운 IMF시대를 맞이해서 그 어떤 때보다 많은 고통을 겪고 있지만 주님이 주신 부활의 확신과 영광과 기쁨으로 넉넉히 이기는 저와 여러분이 되시기를 바랍니다. 중병을 앓

고 있거나 미래가 불안하다고 여기는 분이라도 장차 주어질 영원한 부활에 동참할 영광스러움으로 현재의 고통을 몰아내는 저와 여러분이 되시길 주의 이름으로 축원합니다.

순종으로의 적용 - 질문, 예화, 권면 적용

질문ㅣ 여러분, 초대교회 성도들은 부활의 소망을 지닌 후에 어떤 삶을 살았을까요? 물론 부활의 확신과 산 소망 가운데 살았습니다. 하지만 그것이 전부는 아니었습니다. 예수님께서 잡히시던 밤에 제자들의 반응은 어땠습니까? 다 달아나버렸습니다. 하지만 부활의 주님을 만난 후 그들은 모두 어떻게 되었습니까? 모두가 흥분하여 급격한 삶의 변화를 이루고, 부활의 소식을 전하려는 꿈에 사로잡혀 사는 일생을 살았습니다. 예수님께서 십자가에 달리시기 직전, 제사장의 앞뜰에서 베드로는 어떤 반응을 보였습니까?

예화ㅣ 주님을 모른다고 부인했고 나중에는 저주하기까지 했습니다. 크게 실망한 나머지 모든 꿈을 접고 옛날의 그 어부 생활로 되돌아갔습니다. 하지만 갈릴리 바닷가로 찾아오신 그리스도를 만난 직후, 베드로는 전혀 다른 사람처럼 변했습니다. 그리스도가 부활하시고 승천하신 것처럼 죽어도 죽지 않고 영원히 산다는 믿음이 생겼고, 후에 부활의 기쁜 소식을 전하려는 꿈에 사로잡혔습니다. 허약했던 믿음의 사람 베드로는 자신을 죽이려는 폭도들 앞에서나 5천 명이나 되는 사람들 앞에서 조금도 굴하지 않고 외쳤습니다. "너희가 십자가에 못박은 이 예수를 하나님은 주와 그리스도가 되게 하셨다. … 나는 너희에게 이 복음을 전하는 것을 부끄러워하지 않노라." 이렇게 베드로는 "너희가 죽인 예수님이 다시 살아났도다. 우리는 그의 부활의 증인이로다."라고 하며 담대히 외쳤습니다. 베드로는 복음을 증거하다가 십자가에 거꾸로 매달려서 죽어갔습니다.

바울은 어떠했습니까? 다메섹 도상에서 부활의 주님을 만난 직후 그 체험은 급격한 삶의 변화를 가져왔습니다. 그리스도를 믿는 자들을 색출하여 죽이는 데 앞장섰던 열심 있는 유대 종교 지도자에서 그리스도를 따르는 사람으로 변했습니다. 그가 어떻게 변했는지는 9절 이하를 보니 알 것 같습니다. "나는 사도 중에 지극히 작은 자라 내가 하나님의 교회를 핍박하였으므로 사도라 칭함을 받기에 감당치 못할 자로라 그러나 나의 나 된 것은 하나님의 은혜로 된 것이니 내게 주신 그의 은혜가 헛되지 아니하여 내가 모든 사도보다 더 많이 수고하였으나 내가 아니요 오직 나와 함께하신 하나님의 은혜로라"(고전 5:9-10).

바울은 부활의 주님을 만나고 겸손한 사람으로 변했습니다. 무엇보다 부활의 소망을 전하는 복음의 역군이 되었습니다. 그가 복음을 증거하다가 당한 고통은 이만저만 한 게 아니었습니다. 사람들에게 잡혀서 태장으로 맞은 것이 몇 번이며, 채찍으로 맞은 것이 몇 번이며, 죽을 뻔한 위기를 만난 것이 몇 번인지 헤아릴 수 없을 정도로 많은 고통이 있었습니다. 복음 때문에 험악한 삶을 살았습니다. 그럼에도 불구하고 복음 증거에 대한 불타는 열심은 전혀 변하지 않았습니다.

"나는 주님 옆구리의 창 자국을 만져보지 않고서는 믿지 못하겠다."던 도마가 부활의 주님을 만난 직후 어떻게 했습니까? 폭스가 지은 「순교자 이야기」(Foxe's Book of Martyrs)에 보면 도마는 인도의 칼라미나 도시에서 전도를 하다가 화살에 맞아 죽었다고 합니다. 마가는 이집트에서 복음을 증거하다가 결박된 채 불에 던져져 타죽었습니다. 바돌로메도 인도인들에게 복음을 전하며 마태복음을 번역했고, 아르메니아의 큰 도시 알비노 폴리스에서 매질을 당한 후 십자가에 처형되어 가죽이 벗겨지고 목이 잘리게 되었습니다.

성도 여러분, 이처럼 초대교회 성도들이 이방나라에서 처참하게 자신의 목숨을 내주면서까지 복음 증거를 멈추지 않았던 이유는 무엇입니까? 죽어도 죽지 않고, 주님처럼 영원히 살게 되는 부활의 영광을 믿었던 그들이 그 영광스런 부활 소식을 알리고자 함이었습니다.

권면 적용 | 여러분, 병자에게 가장 슬픈 소식이란 무엇입니까? 곧 죽게 된다는 것입니다. 사람에게 죽음이 임박했다는 사실보다 더 큰 충격은 없습니다. 역으로 말해볼까요? 죽어가는 사람에게 가장 기쁜 소식은 무엇입니까? 좋은 집을 얻게 되었다는 것이 아니고 좋은 차를 얻게 되었다는 것도, 회사가 번창한다는 것도 아닙니다. 죽어가는 자신의 생명이 살아나겠다는 소식입니다. 여러분, 지금 다들 자신이 죽어가고 있다는 절망감에 빠져 있지는 않으신지요? 그들에게 생애 최고의 기쁨을 얻을 수 있는 복된 소식, 부활의 소식을 전해야 하지 않겠습니까?

사랑하는 성도 여러분, 저와 여러분은 부활의 주님을 영접함으로써 이미 부활의 권세를 누리는 사람들이 되었습니다. 이 영광스런 부활의 소망에 사로잡혀 사시는 저와 여러분이 되시길 바랍니다. 부활의 복된 소식을 전하려는 열정적인 믿음으로 남은 생애를 살 수 있게 되기를 바랍니다. 부활의 확신으로 감사와 기쁨이 넘치는 삶, 어떤 역경도 이겨내는 저와 여러분이 되시길 바랍니다. 장차 주어질 이 부활의 소망과 영광에 대해, 아직도 이를 알지 못하는 이웃들에게 복음을 전하는 데 삶의 우선 순위를 두는 저와 여러분이 되시길 주의 이름으로 축원합니다.

3) 설교 예문 분석

우선 개요를 살펴보자.

    | 서론   문제를 제기한다 : 고정관념을 깨트리자.
    1. 논쟁 : 부활이냐 죽음이냐를 논쟁한다. 그리스도는 부활하셨다는 확신으로 결론을 맺는다.
    2. 논쟁의 결과 : 그리스도의 부활에 대한 의미를 밝힌다. 온 인류에게 부활의 소망을 주기 위해서다.
    3. 논쟁의 현실 적용 : 그러므로 성도는 부활의 기쁨을 누리고 부활의 사실을 알리도록 한다.
    | 결론

이제 내용을 살펴보자. 위의 설교는 서론에서 문제를 제기했다. 즉, 사람은 때때로 고정관념 때문에 진리나 사실을 깨닫지 못하는 수가 있다는 내용이었다. 둘째, 본론에서 그리스도의 죽음과 부활에 대해서 마음 문을 열어볼 필요가 있다고 제기했다. 그리고 그리스도의 부활을 증명하기 위해 객관성이 확보된 정황을 들으면서 논쟁을 계속해나갔다. 그 논쟁 속에서 그리스도의 부활을 설득력 있게 설명했고, 그 논쟁의 결과를 '그리스도는 부활하셨다.'는 쪽으로 결론내렸다. 세 번째에 가서 그러면 주님은 왜 부활하셨는가에 대한 질문에 답할 기회를 가졌다. 즉, 온 인류에게 소망을 주기 위해서라고 결론을 맺었다. 그리고 네 번째로, 소망을 얻기 위해서 우리 청중들이 부활의 주님을 믿고 그 부활의 사실을 전하며 살자고 권면하였다. 이런 전개과정을 통해서 청중이 부활의 주님께 헌신하고 삶을 하나님께 드리도록 권면하였다.

4) 설교구성법

이 방법은 논리 전개가 크게 세 부분으로 나뉘어진다. 첫째 단계는 논쟁하여 결론을 맺는 것이고, 둘째 단계는 논쟁의 결론에 의미를 부여하는 것이고, 셋째는 부여한 결론의 의미를 개인의 삶에 적용하는 것이다. 좀더 자세히 설명해보자. 우선 본론을 세 부분으로 나누어 설명하기 전에 서론을 밝힌다. 이때 서론은 논쟁에서 다룰 문제를 제기한다. 논쟁이란 항상 쌍방의 아이디어가 대립되는 것을 전제로 한다. 그러므로 본론에서 첫째는, 논쟁하게 될 두 아이디어의 주장을 팽팽하게 대립시킨다. 그런 다음 대립된 두 아이디어 중에 어느 한 쪽이 더 옳은가 하는 것을, 혹은 어느 한 쪽이 더 가치 있느냐는 사실을 밝힘으로써 논쟁의 결론을 맺는다. 물론 설교자가 원하는 아이디어나 가치로 결론을 맺는다. 그리고 둘째 단계로 가서, 논쟁의 결론에 의미를 부여한다. 즉, 이러이러한 결론이 독자나 청중에게 주는 의미가 무엇인가 혹은 이러한 결론이 독자들에게 상징하는 의미가 무엇인가에 대한 해답을 찾는다. 그 다음 셋째 단계로 가서 부여된 의미를 독자, 혹은 청중이 어떤 반응을 보여야 하는가 하는 질문에 답한다. 결국 이 세 번째 단계는 개인을 위한 적용이 되는 셈이다. 논쟁으로 시작한 이슈(issue)가 결국 결론에 가서 개인적인 적용으로 끝나게 된다. 논쟁으로 시작하니 처음에는 딱딱하게 느껴지지만 개인적 삶에 적용함으로 끝나는 결론은 '나를 위한 은혜로운 설교'가 된다.

조심해야 할 것이 있다. 그것은 논쟁의 출발이 불신자나 청중의 눈높이에서 시작해야 한다는 것이다. 즉, 모든 청중이 설교자의 의견에 쉽게 동의하지 못한 채 그저 설교를 듣고 있다고 가정해야 한다. 그래야 설교가 그들의 눈높이에서 시작되게 된다. 청중의 눈높이를 맞추지 못한 설교는 청중의 마음 문을 닫게 만든다. 그러면 설교 초반부터 설교가 전달되지 않는다. 청중의 눈높이에서 시작해야 청중을 위한 설교가 된다.[13] 이를 위해 청중의 가상적 주장의 허점을 조심스럽게 파헤쳐서 청중으로 하여금 동의를 끄집어낸다. 그리고 서서히 설교자의 주장을 설명함으로써 청중을 설득해나가도록 한다. 일단 여기까지 잘 진행하면 이제 그 다음 단계로 넘어간다. 두 번째 단계부터는 설교자가 자신의 주장을 마음껏 하고 성경 말씀을 들려줄 수 있는 기회를 갖게 된다. 이 구성법의 하이라이트는 초반 논쟁에 있다. 여기서 청중을 설득하면 나머지 단계에서는 쉽게 청중들을 설득할 수 있다.

예를 들어보자. '하나님의 창조'에 대해서 설교한다면 다음과 같이 할 수 있다.

첫째 단계에서는 논쟁을 한다. 즉, 진화론과 창조론의 두 이론을 대립시킨다. 진화론의 허구성을 밝히며 창조론의 타당성을 밝힌다. 결국 설교자는 창조론으로 결론을 맺는다.

두 번째 단계로 넘어가면서 설교자는 질문을 던진다. "그러면 하나님께서 왜 세상을 창조하였는가?" 즉, 창조의 이유 혹은 창조 목적이 무엇인가를 밝힌다. 그리고 하나님의 영광을 드러내기 위해서 혹은 하나님의 뜻을 이루기 위해서 하나님이 인간과 세상을 창조하셨다고 밝힌다.

그리고 마지막 단계에 가서 질문을 던진다. "그러면 당신은 지금 하나님의 영광을 위해서 살고 있는가?" 하는 질문이다. 결국 창조론에 대한 논쟁으로 시작해서 결론은 개인적인 적용, 즉 '내가 피조물로서 하나님을 위해 뭔가를 행하지 않으면 안 되겠구나!' 하는 강한 적용을 하도록 만든다.

위의 예에서 보듯이 비록 설교를 딱딱한 논쟁으로 시작했지만 결론은 자신의 삶의 태도를 자극하는 나를 위한 설교가 된다. 이때에 사용할 본문은 하나님이 인간을 창조한 목적을 다루고 있는 본문(예를 들어 이사야)이라든지, 하나님이 인간을 창조한 장면(창세기 등)이 될 수 있겠다. 결국 논쟁의 단계나 논쟁의 결론에 대한 의미의 단계, 혹은 개인적인 적용의 단계 중에 어느 한 부분만이라도 연결되는 본문이라면 설교의 본문으로 택하여 사용할 수 있다. '그리스도의 유일성'에 대한 주제로 위의 구성을 따라서 설교를 만들어보라.

5) 구성의 특징

이 설교의 특색은 지적인 능력이 있는 설교자가 사용하면 좋다. 즉, 치밀한 논리를 사용할 줄 아는 설교자라야 설교에 빛이 난다. 특히 1단계인 논쟁에서 상대 의견의 허점을 발견하고 설교자 자신의 주장이 왜 옳은지 선명하게 밝힐 줄 아는 논리성이 있어야 한다. 설교자의 주관적인 생각을 청중이 받아들일 준비도 되어 있지 않은데 설교자의 주관을 주입하게 되면 문제가 생긴다. 즉, 청중들은 '흥. 그것은 당신 생각이야!' 하면서 곧 마음 문을 닫게 된다는 것이다. 그러니 상대의 의견이나 생각 등에 자존심을 상하지 않게 하는 치밀하면서도 속도를 조절하는 논리 전개가 필요하다. 즉, 그들의 마음을 조금씩 조금씩 움직여서 열렸다 싶을 때 설득해나가야 한다는 것이다.

또 한 가지 주의해야 할 것은 설교자의 주장에 반대했던 사람들에게 패배감이 생기지 않도록 만들어야 한다는 점이다. 청중이 설교를 듣고 난 후에 '승자'라는 자신감을 갖도록 결론을 맺어야 한다. 물론 설교

'논쟁에서 시작해서 순종으로 끝맺으라' 구성의 개념도.

자가 생각하는 방향대로 설교하면서 그들을 굴복시킬 때는 패배감이 들지 않고 긍정적인 감정을 갖도록 만들어야 한다. 즉, '아하, 목사님의 설교(의견)도 매우 유익하구나. 받아들여볼 만한 것이구나.' 하는 긍정적인 반응을 보이도록 만들어야 한다는 것이다. 싸구려 설교는 청중을 배려하는 마음 없이 일방적으로 외쳐서 청중의 자존심을 구기며 설교자 자신만 승리하려 한다. 조심하도록 한다.

6) 구성의 원리

1. 기독교인은 수긍하나 불신자들에게는 논쟁의 표적이 되는 주제를 다룰 때 이 구성법을 활용하라.
2. 첫 단계인 논쟁에서 분명한 증명을 제시하며 귀결을 맺도록 하라. 만약 분명한 증명도 없이 쉽게 기독교적인 답변을 유도하면 설교의 힘이 약해진다.
3. 상대방의 주장의 허점을 정확히 들춰내라.
4. 설교자의 주장의 강점을 정확히 밝혀라.
5. 각 단계의 역할(2단계 - 의미부여, 3단계 - 순종을 위한 개인적 적용)에 충실하라. 가령 2단계에서는 논쟁 결과에 대한 의미를 부여하는 데 목적이 있다. 또 3단계에서는 논쟁의 의미를 개인적 적용으로 전환하게 된다. 각 단계의 목적과 역할을 잘 지켜야 본 구성법을 활용한 설교가 제 맛이 난다.
6. 논쟁으로 시작해서 감동을 주고, 도전을 주려는 의도가 선명하도록 만들라. 그렇지 못하면 설교가 논쟁으로 시작해서 딱딱한 논쟁으로 그냥 끝날 수 있다.
7. 1단계에서 논쟁을 했기 때문에 설교가 다소 딱딱해질 수 있다. 그러므로 2단계와 3단계에서는 예화를 사용하라.
8. 2단계와 3단계에서는 일반 적용 대신 권면 적용을 활용하라.

'문학 구성을 활용하라'는 말은

성경 문학의 특징을 활용하라는 뜻이다.

전개방식에 따른 문학의 활용이란 시의 특징이나

이야기 본문의 특징을 활용하는 것으로 생각할 수 있다.

하지만 이야기 본문의 특성을 살리는 '이야기 설교'는

그 범위가 너무 커서 한 권의 책으로 구상 중이며,

이 장에서 다루고자 하는 성경 문학 활용의 특징은

시의 특징을 살리는 설교 방식만을 생각해보기로 하겠다.

문학 구성을 활용하라

시적 특성을 살려라

문학적 감동 제시형 설교구성법

시의 특성을 살리며 설교를 만드는 방법에는 몇 가지 기억해야 할 것이 있다. 우선은 지금껏 공부한 구성법대로 본문을 분석하려 하지 말라는 것이다. 만약 여러 가지 분석 방법으로 본문을 이리저리 쪼개버리면 시의 특징인 파도를 타는 듯한 리듬이 깨질 수 있기 때문이다. 시의 리듬은 아름답다. 그 아름다운 선율을 깨지 말고 선율의 아름다움을 따라서 설교하는 것이 이 구성의 특징이다. 그러면 설교가 독특하며 신선해진다.

사람이 어떤 정보를 습득하게 될 경우 그 정보는 뇌로 간다. 뇌에서 정보를 분석하여 분석된 내용을 토대로 어떤 반응을 보일지는 뇌에서 결정한다. 그러나 어떤 독특한 정보는 마음으로 직접 가는 경우도 있다. 음악을 듣거나 시를 대할 경우이다. 이때는 감정이 정보를 받아들인다. 그래서 한 편의 시를 읽으면 머리보다 감정이 먼저 반응하게 된다. 논리나 체계적인 쪽으로 지적 자극을 받기보다는 마음이 움직이고 영상이 떠오른다. 그것은 바로 시의 특징이며 시만이 사람에게 전달할 수 있는 아름다움이다.

1) 구성의 필요성

시편은 산문이 아니고 운문, 곧 시다. 시의 목적은 논리적인 서술로 사상을 전달하려는 것이 아니라 감정에 호소해서 정서를 불러일으키려는 데 있다. 그러므로 지나친 분석으로 시 자체의 자발적이고도 선명한 인상을 침해해서는 안 된다. 오히려 시 자체가 정서적인 체험을 전달할 수 있도록 고요히 그리고 자연스럽게 받아들여야 한다.

둘째로 시는 내적인, 혹은 정신적인 체험을 구체적인 리듬이나 이미지 또는 상징으로 표현하고 있다는 것을 기억해야 한다. 그러므로 표면적 구조만을 가지고 시를 이해하려 하지 말고, 그 표면 구조 아래 숨은 속뜻이나 영원한 실재를 찾아내도록 해야 한다. 속뜻을 찾아내기 위해서 시의 특징인 시의 리듬이나 이미지, 또는 상징을 최대한으로 활용해야 한다. 만일 시편의 본문을 가지고 설교한다면 논리적인 전개, 즉 청중의 욕구 순서를 따른 전개, 혹은 이미 설정된 설교 전개법의 사용을 절제해야 한다는 것을 말한다. 왜냐하면 시의 특성인 리듬이나 이미지, 혹은 상징을 독특하게 드러내는 과정을 무색하게 할 위험이 있기 때문이다.

2) 설교 예문

시편의 리듬이나 이미지 또는 상징을 최대한으로 활용한 실례를 보자.

본문 : 시편 23:1-6
제목 : 여호와는 나의 목자시니.
문제 제기 : 성도들이 하나님의 속성을 이론적으로 혹은 피상적으로 알고 있는 것 같다.
설교 목적 : 성도들이 하나님의 속성을 알도록 하고 그 속성을 신뢰하게 한다.

설교자는 문학가이기도 하다.

| 문제 제기, 본문 설명, 적용

문제 제기 | 몇 년 전, 인기 있는 TV 주말 연속극에서 돈도 벌었고 인기도 누리는 여주인공이 인생을 이렇게 노래하는 장면이 있었습니다. "내 살아온 인생을 돌아보면 눈물뿐이니 당신들이 어이 알리요. 오십도 넘지 않았는데 어찌 삶이 이렇게 힘든가?" 주인공의 고백을 듣는 순간, 저는 가슴이 뭉클했습니다. 어떻게 보면 그것은 우리의 삶을 단적으로 대변하는 말이 아닙니까? 우리는 안식과 평안, 그리고 만족한 삶을 원합니다. 그러면서도 때때로 쉼이 없고 피곤하게 삶을 살아가고 있지는 않습니까?

생각해봅시다. 안식과 평화를 누리기 원하면서 그렇게 살지 못하는 이유는 무엇일까요? 좋은 학벌이 있으면 더 만족스러울 것 같고, 더 높은 지위에 오르고 더 많은 돈을 벌면 더 만족스럽고 더 많은 행복을 누릴 거라고 생각합니다. 하지만 현실은 그렇지 않습니다. 높은 지위에 오를수록 책임이 더 많아지고 더 골머리를 앓습니다. 커져만 가는 사업을 유지하기 위해서 스트레스는 한층 더 늘어납니다. 쉬지 못하는 것이죠. 무리해서 더 좋은 차를 사고 더 큰집을 장만하지만 만족은 일시적일 뿐입니다. 무엇이 우리를 진정으로 만족케 합니까? 우리의 삶이 끝나는 날, 나는 무엇 때문에 안식을 누리며 만족스런 삶을 살았다고 확신 있게 말할 수 있을까요?

본문 설명| 오늘 본문에서 다윗은 자신의 일생을 회고하면서, 만족과 평화와 안식을 누렸다고 고백하고 있습니다. 왕으로서 부귀와 권세를 얻고 누렸기 때문이 아닙니다. 모든 사람이 부러워하는 위치를 먼저 차지했기 때문도 아닙니다. 왕의 위치에서도 자신의 평정을 뒤흔드는 세상의 파도와 유혹이 있었고, 고난과 시련이 있었습니다. 하지만 이런 상황 속에서도 그가 부족함이 없었다고 고백할 수 있었던 것은, 그가 오직 하나님 한 분만을 따르는 삶을 살았기 때문입니다. 하나님 한 분만을 믿는 그 신앙생활 속에서 진정한 안식을 얻었고, 평화와 만족을 누렸다고 고백합니다. 하나님을 목자로 여기며 그분의 품안에 거하며 그분의 인도를 받는 삶 속에서 부족할 것이 없었다는 것입니다.

양은 목자 없이 살아갈 수 없는 동물입니다. 지난 80년대 초 프랑스의 알펜 지방에서 1,050마리의 양들이 낭떠러지에 떨어져 몰사한 적이 있었습니다. 양의 시력이란 겨우 5미터에서 7미터를 보는 정도라고 합니다. 그렇게 눈이 밝지 못하기 때문에 무조건 앞서 가는 양을 쫓아가다가 그만 모두 몰사하고 만 것입니다. 목자 없이 풀을 뜯다가 떼죽음을 당한 것입니다. 양은 목자 없이 살 수 없습니다. 우리도 이와 같습니다. 이처럼 우리도 목자를 잃으면 길을 잃습니다.

예화| 제가 전도사 시절, 고등부에서 저와 함께 신앙생활을 하던 젊은 여성이 있었습니다. 늘 맑고 밝았으며 매사에 자신감이 넘쳤습니다. 신앙생활도 열심이어서 칭찬이 자자했습니다. 그러던 어느 날, 직

장을 따라 서울로 올라가게 됐는데, 2년이 지난 어느 주일 저녁 누가 절 찾아왔다기에 나가보니 바로 그 처녀였습니다. 남루한 옷에 실내화를 신은 초라한 모습이었습니다. 그렇게 밝았던 사람이 폐인이 다 돼서 돌아온 것입니다. "어떻게 이럴 수가!" 너무 놀라 짧은 탄식만 나올 뿐이었습니다. 함께 이야기를 하기 위해 한적한 곳에 가서 그동안의 자초지정을 들었는데, 그 처녀는 서울로 올라간 후 직장에 얽매이면서부터 주님을 떠나 점점 죄에 빠지게 되었다고 했습니다. 결국 남에게 밝힐 수 없었던 사연까지 다 털어놓더군요. 20여 년이 지난 지금도 그녀의 마지막 음성이 생생합니다. "전도사님, 몸도 마음도 온통 상처뿐입니다. 이제 어떻게 살아야 할지 앞길이 막막해요." 그 말을 듣는 순간 생각나는 말씀이 있었습니다. "우리는 다 양 같아서 그릇 행하여 각기 제 길로 갔거늘"(사 53:6). 성도 여러분, 우리가 주님의 인도를 거부하거나 외면하면 길을 잃게 됩니다. 상처를 얻게 됩니다.

본문 설명 | 우리가 주님 품안에 거할 때 그분의 보호를 받을 수 있고, 그분이 주시는 양식을 얻으며 만족한 삶을 살 수 있습니다. 다윗은 "여호와는 나의 목자시니 내게 부족함이 없으리로다."(시 23:1)라고 말합니다. 하나님의 인도를 받는 삶 가운데 모든 부족이 채워졌다고 고백하고 있습니다. 여기서 다윗은 하나님을 '나의 목자'라고 말합니다. "여기에 목자가 있습니다."라고 하는 것과 "여기에 나의 목자가 있습니다."라고 하는 것은 분명히 다릅니다. '나의 목자'라고 말할 수 있는 것은 주님의 인도함을 받는 인격적인 만남이 있다는 뜻입니다. 그런 만남 속에 만족이 있고 안식이 있습니다. 여러분에게도 이러한 고백이 있습니까? "주님, 당신은 나의 인생을 인도하는 목자이십니다. 당신만을 신뢰하는 믿음 속에서 저는 진정한 만족과 안식을 누립니다." 여러분에게 이러한 고백이 있습니까?

성경은 "그가 나를 푸른 초장에 누이시며."(시 23:2)라고 말합니다. 목자는 양을 이끌고 매일 푸른 풀밭을 찾아갑니다. 이른 아침이면 이슬을 흠뻑 머금은 푸른 들판으로 나갑니다. 그곳에서 양들은 한나절 동안 이슬과 함께 맛있는 풀잎을 먹습니다. 목자가 옆에 있는지 확인하면서 주변에서 풀을 뜯습니다. 그리고 배불리 먹고 난 뒤 물을 먹습니다. 성경은 또 말합니다. 그는 "쉴 만한 물가으로 인도하시는도다"(시 23:2). 여기서 '쉴 만한 물가'란 영어로 'still'이란 뜻입니다. 즉, 고여 있는 조용한 물을 말합니다. 양은 수영을 못하기 때문에 흐르는 물 가까이로 가지 않습니다. 목자는 흐르는 물을 한 쪽으로 흘러 들게 하여 물을 고이게 합니다. 그러면 양은 목자가 마련한 고요한 물가로 다가가 목을 축입니다. 물을 마신 후 양들은 목자 옆에서 따스한 햇살을 받으며 잠을 청합니다. 얼마나 평화스럽고 만족스런 광경입니까?

본문 설명 | 미국에서 목회할 때의 일입니다. 당시 58세 되신 김 집사님이란 분이 한동안 신앙생활을 쉬다가 저희 교회에 나오게 되었습니다. 한 석 달 동안 열심히 교회생활을 하더니, 어느 가을날 제게 "목사님, 고백할 게 있습니다."라고 말머리를 꺼내었습니다. "하나님을 떠나 있는 지난 8개월 동안 저는 늘 불안하고 두려웠습니다. 저희 가게에 손님이 줄지는 않을까 늘 걱정이 됐고, 나성에 있는 딸네 가족의 안부가 늘 불안했고, 차를 타고 가면서도 무슨 일이 생기지 않을까 늘 두려웠습니다. 때로 밤잠을 이루지 못한 적도 한두 번이 아니었습니다. 하지만 이제 주님 곁에 다시 돌아오고 보니 불안과 염려가 사라지고 잠도 편히 자게 되었습니다." 이 말을 듣는 순간 성 어거스틴의 고백이 생각났습니다. "주여, 당신의 품안에 돌아오기까지는 내게 진정 안식이 없었나이다." 목자가 옆에 있는 것을 확인하고 풀밭에서 잠을 청하는 양처럼, 김 집사님도 참목자 되신 하나님의 품에 돌아왔을 때

진정한 안식을 누릴 수 있게 되었던 것입니다.

적용 | 여러분, 이 세상은 우리에게 결코 안식과 평안을 주지 못합니다. 첨예하게 대립되는 경쟁사회입니다. 초등학교부터 대학에 들어갈 때까지 불꽃튀는 경쟁을 해야 합니다. 어디 그뿐입니까? 직장에 들어가거나 사업을 해도 대립과 경쟁 속에서 이겨야 생존이 가능한 게 세상입니다. 제가 미국에서 돌아온 지 두 달 새, 중소기업 사장 두 명이 목숨을 끊었습니다. 이런 세상이라면 우리는 결코 안식을 누릴 수 없을 것입니다. 세상은 언제나 불안하고 쉼이 없는 공간입니다.

하지만 주님 품안에 있으면 아무리 첨예한 경쟁사회 속이라도 우리는 안식하고 평안을 누릴 수 있습니다. 이 험한 세상에서 천진하게 자라는 자녀를 보아도, 가정을 보아도, 직장과 사업장을 생각해보아도 편안할 수 없습니다. 그러나 이 불안한 시대에 우리의 가정과 일터와 자녀 위에 함께하시는 하나님의 임재를 느낀다면, 그분이 우리와 함께하시며 그가 나의 삶을 인도하고 계시다는 것을 기억한다면, 마치 암탉이 병아리를 품듯 주님이 우리를 늘 품어주신다는 것을 확신한다면, 우리는 안식을 누릴 수 있습니다. 불안한 시대지만 풀밭에서 쉴 수 있고 잠을 청할 수도 있습니다. 평안을 누릴 수 있습니다. "수고하고 무거운 짐진 자들아 다 내게로 오라 내가 너희를 쉬게 하리라"(마 11:28). 이 말씀이 저와 여러분의 것이 되기 바랍니다.

다윗은 그의 생애 가운데 역사하신 하나님의 손길을 돌아보며 이렇게 노래했습니다. "내 영혼을 소생시키시고 자기 이름을 위하여 의의 길로 인도하시는도다"(시 23:3).

본문 설명 | 양은 한 번 넘어져서 네 발이 모두 하늘을 향하게 되면 스스로 일어설 수 없다고 합니다. 버둥거리다보면 배에 가스가 차고 몸이 붓고 보통 3, 4시간 정도 지나면 죽고 맙니다. 어떤 경우에는 짐승이나 큰 새가 와서 양을 잡아먹기도 합니다. 누군가가 양을 도와주지 않으

면 그 양은 결코 살아날 수 없습니다. 그때 목자가 다가와 몸을 비벼줍니다. 부기를 빼고 양이 가까스로 회복되면 그제야 목자는 양을 품 안에 안고 집으로 돌아와 우리 안에 집어넣습니다. 온전하게 회복시키는 것입니다.

다윗도 그러했습니다. 간음죄를 숨기려고 살인까지 저지르게 된 다윗이었습니다. 순백의 종이에 떨어진 까만 잉크 얼룩처럼, 그의 신실한 양심을 까만 죄로 물들이고 말았습니다. 그 순간 그는 캄캄한 죄악 속에서 신음하는 영혼이 되었습니다. 기쁨과 감사가 사라지고 양심의 고통이 그를 짓눌렀습니다. 이 순간에 대해서 그는 시편 6편에서 이렇게 고백하고 있습니다. "여호와여 내가 수척하였사오니 긍휼히 여기소서 여호와여 나의 뼈가 떨리오니 나를 고치소서 나의 영혼도 심히 떨리나이다 … 내가 탄식함으로 곤핍하여 밤마다 눈물로 내 침상을 띄우며 내 요를 적시나이다 내 눈이 근심을 인하여 쇠하며 내 모든 대적을 인하여 어두웠나이다"(시 6:2-7). 자신이 지은 죄로 인해서 살과 뼈, 그리고 눈까지 쇠하여졌다고 고백합니다. 지은 죄로 인해서 그는 더 이상 견디기 힘든 상황에까지 이르렀습니다. 양이 네 발을 하늘로 향하고 일어서보려고 버둥거리듯, 다윗은 자신이 스스로 소생할 수 없음을 알고 하나님께 발버둥칩니다. 영적인 소생을 위해 하나님의 용서와 자비를 처절히 간구합니다.

우리도 알다시피, 다윗은 회복되었습니다. 넘어져서 죽어가던 양이 목자의 도움으로 살아난 것같이, 다윗은 하나님의 용서와 회복시키시는 은총을 통해 잃었던 감사와 기쁨과 양심을 되찾았습니다.

적용 |　　신앙생활을 하다보면 우리가 항상 성령이 충만하여 감사한 삶을 살 수만은 없습니다. 허물과 죄로 말미암아 지치고 곤고한 심령이 될 때가 있습니다. 낙심하여 넘어질 때가 있습니다. 기도의 영이 마르고 말씀을 듣고자 하는 간절한 마음이 말라버려, 세속적인 방식과 형

식적인 생활에 머물러서 신앙의 기쁨과 감격을 상실할 때가 있습니다. 이런 저런 이유로 영적인 침체 가운데 빠져 있을 때, 우리는 스스로 그 침체에서 벗어날 수가 없는 존재입니다. 그럴 때 나의 형편과 나의 기질과 나의 사정을 가장 잘 아시는 하나님을 의지하실 수 있기를 바랍니다. 그리고 상심한 내 영혼을 소생케 해달라고 간구할 수 있기를 바랍니다. "나의 문제점을 아시는 주여 나를 소생시켜주옵소서. 어디서부터가 문제인지 어떻게 그렇게 되었는지 깨닫게 하옵소서. 옛사랑, 옛날의 그 감격과 기쁨, 옛날의 감사를 되찾게 하옵소서." 이렇게 간구할 수 있기를 바랍니다. 그럴 때, 우리 주님은 넘어진 양을 회복시키시듯 넘어진 우리에게 다가오셔서 어루만지시고 일으키시는 줄 믿습니다. 곤고한 가운데서도 하나님을 의뢰하며 하나님의 얼굴을 찾을 때, 목자이신 하나님이 우리를 찾아오시고 우리를 다시 소생케 하시는 축복이 우리에게 임하길 바랍니다.

본문 설명 | 다윗은 또 이렇게 고백합니다. "내가 사망의 음침한 골짜기로 다닐지라도 해를 두려워하지 않을 것은 주께서 나와 함께하심이라 주의 막대기와 지팡이가 나를 안위하시나이다"(시 23:4). 다윗만큼 일생을 많은 위험 속에서 산 사람도 드뭅니다. 그는 젊어서부터 사울 왕의 계략으로 수많은 위협을 당했습니다. 또 왕이 된 후에는 위험한 전쟁을 많이 치러야 했고, 그의 아들 압살롬과 신하로부터 배반을 당해 급히 예루살렘 성에서 도망치는 일도 벌어졌습니다. 그의 일생은 늘 위험이 도사리고 있었습니다. 그렇지만 그는 자신의 인생을 회고하며 "내가 사망의 음침한 골짜기로 다닐지라도 해를 두려워하지 않을 것은 주께서 나와 함께하심이라."고 고백했습니다.

예화 | 어느 시인의 글을 읽은 적이 있습니다. 신실한 성도가 하늘나라에 올라가서 자기가 살아온 삶을 뒤돌아보게 되었습니다. 자신이 걸어온 발자국마다 늘 또 다른 발자국이 있었습니다. 주님께 물었습

니다. "주님, 이 발자국은 누구의 발자국입니까?" "그 발자국은 너와 동행했던 나의 발자국이란다." 그 성도는 감동했습니다. 그런데 자신이 가장 고통스러워했던 기간에는 한 사람의 발자국만이 있는 것이었습니다. 의아해진 그는 다시 물었습니다. "주님, 내가 가장 고통스러워하던 기간을 지날 때는 왜 발자국이 한 사람 것뿐입니까?" 그때 주님이 대답합니다. "네가 가장 어려웠을 때는 내가 너를 안고 걸었단다."

적용 | 하나님의 백성이라고 해서 고난을 피할 수는 없습니다. 하지만 여느 불신자와 다른 것은 인생의 고난 속에서도 우리와 함께하시는 하나님이 계시다는 것입니다. 때때로 우리가 험난한 인생 길에서 어찌해야 할지 모를 때, 눈물의 골짜기를 만났을 때, 슬픔의 골짜기를 지나고 위험한 골짜기를 지날 때도 하나님은 우리 옆에, 가장 가까이 계시다는 사실을 기억하시기 바랍니다. 우리가 슬프고 고통스럽던 그때에도, 주님은 가장 가까이서 우리를 위로하시고 격려하시고 일어설 힘을 더해주시며 우리를 도우시는 하나님이신 것을 믿음으로 보실 수 있기 바랍니다. 달려드는 이리를 막대기로 막아내는 목자같이, 하나님은 우리의 위험을 친히 막아주시는 분인 줄 믿습니다. 우리를 보호하시는 하나님의 은총을, 곤고한 삶 가운데서도 느끼시는 저와 여러분이 되시길 바랍니다.

주님의 은총은 그뿐이 아닙니다. 이 땅을 떠날 때 우리는 죽음의 순간을 지나게 됩니다. 그때에도 주님은 우리와 함께 계시다는 것을 기억하십시오. 어느 곳을 가든지, 이 땅에서나 혹은 이 땅을 떠나는 순간에도 우리와 동행하시는 하나님을 신뢰하며 담대하시기 바랍니다.

다윗은 이제 이렇게 고백합니다. "주께서 내 원수의 목전에서 내게 상을 베푸시고 기름으로 내 머리에 바르셨으니 내 잔이 넘치나이다 나의 평생에 선하심과 인자하심이 정녕 나를 따르리니 내가 여호와의 집에 영원히 거하리로다"(시 23:5-6).

본문 설명 | 이제 장면은 더 이상 풀밭이 아닙니다. 사망의 음침한 골짜기도 아닙니다. 하나님이 거하시는 곳, 꿈에 그리던 궁전에 와 있습니다. 삶의 갈등과 아픔의 기간이 다 지나고 행복한 결말의 장면입니다. 소설로 말하면 대단원입니다. 주님은 더 이상 목자가 아닙니다. 궁전의 주인으로 우리를 맞이하고 계십니다. 우리를 위해 크고 화려한 잔치를 베풀고 계십니다. 우리의 머리에 기름을 바르십니다. 빈 잔을 넘치도록 채워주십니다.

이 시를 쓴 다윗은 그야말로 파란만장한 생애를 살았습니다. 수많은 위험 속에서 죽음의 위기를 수없이 넘겼고, 지은 죄로 인해 한동안 뼈를 깎는 아픔도 겪었습니다. 큰아들과 믿었던 신하에게 배반과 치욕을 당하기도 했습니다. 숱한 비극과 실망, 좌절과 살이 찢기는 아픔을 겪었습니다. 그러나 주님이 베푸시는 연회 앞에서 모든 상처와 고통이 순식간에 아물어버렸습니다. "주의 베푸시는 은혜의 잔이 내게 넘치나이다."라고 고백합니다. 그리고 "나의 평생에 선하심과 인자하심이 정녕 나를 따르리니 내가 여호와의 집에 영원히 거하리로다."라고 외칩니다. 파란만장한 삶을 살았어도 하늘에서 베푸시는 위로의 상으로 모든 아픔을 잊고 영원한 안식을 누린다고 고백하는 것입니다. 이 땅에 있는 순간부터 죽음 너머 영원까지 하나님의 선하심과 인자하심이 함께하심을 고백합니다.

다윗은 오직 하나님만을 신뢰하며 의지하는 삶 속에서 변함없는 하나님의 위로를 경험했고 피난처를 만날 수 있었으며, 그 안에서 쉼을 누릴 수 있었습니다. 또 방패와 병기를 얻을 수 있었고 마침내 부족함이 없는 인생을 살 수 있었습니다.

권면 적용 | 사랑하는 성도 여러분, 저와 여러분도 다윗과 같이 오직 주님을 믿고 따르는 삶 속에서, 불안한 세상이 줄 수 없는 삶의 진정한 안

식과 평화, 그리고 만족을 누리시기 바랍니다. 그리고 이 세상을 떠나 주님의 품안에 안길 때 "주님의 베푸시는 잔이 내게 넘치나이다."라고 말하는, 감동과 승리의 주인공들이 다 되시길 주의 이름으로 축원합니다.

3) 설교 예문 분석

우선 개요를 보자.

| 서론
 1. 하나님은 우리가 참된 만족과 안식을 누리도록 하신다(1-2절).
 2. 하나님은 넘어진 우리의 영혼을 소생시키신다(3절).
 3. 하나님은 고난 속에 있는 우리와 동행하신다(4절).
 4. 하나님은 하늘나라에서도 우리와 영원히 함께하신다(5-6절).
| 결론

발견된 구성은 다음과 같다.

 1. 하나님은 우리가 참된 만족과 안식을 누리도록 하신다(1-2절).
    양과 목자와의 관계를 설명하면서, 다윗의 경험과 양과 목자와의 관계를 설명한다.
 2. 하나님은 넘어진 우리의 영혼을 소생시키신다(3절).
    양과 목자와의 관계를 설명하면서, 다윗의 삶의 경험을 양과 목자와의 관계로 설명한다.

3. 하나님은 고난 속에 있는 우리와 동행하신다(4절).
   양과 목자와의 관계를 설명하면서, 다윗이 경험했던 내용을 양과 목자와의 관계에서 설명한다.
4. 하나님은 하늘나라에서도 우리와 영원히 함께하신다(5-6절).
   다윗은 현실 세계에서 하늘나라로 옮겨 주님을 만날 것을 바라본다.

이제 설교의 내용을 분석해보자. 위의 시편 설교는 특별한 구성법을 취하지 않았다. 단지 그 시적 감각을 최대한으로 살리면서 설교를 전개했다. 또 분석을 통하여 논리성을 요하는 설교 전개를 하지 않았다. 단지 청중의 마음에 뭔가를 느낄 수 있도록, 그리고 마음에 와닿도록 만들려고 노력했다. 왜냐하면 시의 독특성을 살리고자 했기 때문이다. 시편의 많은 본문들을 가지고 이와같이 설교할 수 있다. 또 역사성을 다루면서 분석하는 방법으로 설교할 수도 있겠다. 알다시피, 위의 설교 개요는 마치 삼대지 설교의 형식과 같다. 대지를 밝히고 본문을 설명하고 권면 적용을 하는 순서가 반복되면서 동일하게 전개되고 있다. 그러나 시적 리듬을 타고 있다는 사실에 유의하라. 무엇보다 시적 기능인 메타포의 특성을 최대한 살리고 있음에 유의하기 바란다.

4) 설교구성법

시의 특성을 살리며 설교를 만드는 방법에는 몇 가지 기억해야 할 것이 있다. 우선은 지금껏 공부한 구성법대로 본문을 분석하려 하지 말라는 것이다. 만약 여러 가지 분석 방법으로 본문을 이리저리 쪼개

'시적 특성을 살려라' 구성의 개념도.

버리면 시의 특징인 파도를 타는 듯한 리듬이 깨질 수 있기 때문이다. 시의 리듬은 아름답다. 그 아름다운 선율을 깨지 말고 선율의 아름다움을 따라서 설교하는 것이 이 구성의 특징이다. 그러면 설교가 독특하며 신선해진다.

둘째로 시의 특징인 은유나 직유를 적극 활용하자는 것이다. 이미 시에서 그 역할이나 장점이 충분히 드러나 있기 때문에 설교에서도 그것을 그대로 살리는 게 좋다. 만약 시의 특징인 은유, 직유, 유사 등을 적극 활용하지 못하면 시편 설교의 특징과 장점이 사라지게 된다. 그러므로 시적 요소를 최대한 살려서 설교하려면 위의 화법을 적극 활용해야 한다. 결국 설교가 청중들에게 그림으로 그려질 수 있도록 신선한 설교가 되게 하자는 것이다.

그러나 시편을 설교하는 데 꼭 이와 같은 방법으로 설교를 만들어야 하는 것은 아니다. 시편이 형식은 시적이면서도 내용은 역사성을 띠고 있는 것이 많다. 이 역사성을 무시하면 설교의 깊이에 문제가 생길 수 있다. 역사성을 최대한 반영해야 시편 저자의 본래 의도를 설교 속에서 드러낼 수 있다. 형식은 시적인 모양을 따르고 내용은 역사성을 활용할 때에 그 설교는 독특하면서도 가치 있는 설교가 된다. 그러나 예외의 경우가 있다. 시적인 형식을 설교에 그대로 인용하지 않고 지금껏 공부한 다양한 구성법대로 설교할 수 있는 본문도 많다. 예를 들어, 시편 51편의 경우는 지금껏 배운 구성법 중의 하나를 선택해서 본문을 세분하여 개요를 완성할 수 있다. 즉, 그 개요의 순서가 논리에 기초한 분석 혹은 청중의 욕구 순서를 따르는 분석을 하여 설교해야 한다. 왜냐하면 본문의 길이가 길고 역사성을 다분히 포함하고 있기 때문이다. 이런 경우는 시적 선율을 활용하기보다 내용, 즉 역사성에 더 치중해서 설교해야 한다.

6) 구성의 원리

1. 본문의 시적 리듬 구조를 분석하라. 시적 리듬의 특성을 최대한 살려내어 설교하라.
2. 설교에 시의 역사적 배경을 활용하라.
3. 시의 리듬을 타면서 설교를 전개하라.
4. 시가 주는 의미를 최대한 살려내어 리듬 구조에 삽입하라.
5. 시적 리듬이 선명할 경우 지나친 논리로 시적 감각과 리듬 구조를 파괴하지 말라.
6. 적용에서는 권면 적용과 일반 적용을 동시에 활용하라.

논리가 복잡하면

논리가 복잡하면
설교도 복잡하다.

논리가 단순할수록

설교도 단순해지고

힘이 넘친다.

논리를 단순화하는 것

때론 필요하다.

논리로
단순화
하라

5부

17장 필요성, 중요성을 밝히고 해결책을 찾아라

필요성 강조형 설교구성법

사람은 자신의 필요를 느껴야 설교에 귀를 기울이기 시작한다. 만약 필요성을 느끼지 못한다면 설교에 매력을 느끼지 못하고 자기와 상관이 없다고 생각하며 설교를 듣지 않으려는 방어 심리를 유지하게 된다. 그러므로 '필요성'을 밝히는 것은 청중으로 하여금 자신의 필요가 무엇인지 절실히 느끼게 만들고 그 다음 자신의 필요를 채워 줄 뭔가를 기대하게 만드는 역할을 한다. 동시에 청중의 방어 심리를 허무는 역할도 한다.

1) 구성의 필요성

이 구성법은 서론에서 '필요성'을 제시하는 것이다. '필요성'이란 청중이 자신의 삶에 필요한 것을 느끼게 하는 역할을 말한다. 즉 청중이 서론을 들으면서 자신에게 필요한 것이 무엇인지를 느끼게 만드는 것이다. 가령 서론에서 사람은 뭔가에 두려워한다는 내용을 밝혔다고 해 보자. 그러면 이 말을 듣는 동안 사람은 마음의 안정을 필요로 한다. 또 '의심'에 대해서 말했다고 가정해 보자. 그러면 사람은 확신을 필요로 한다. 또 '자식을 잘못 키우면 훗날 후회한다'는 요지의 내용을 말했다고 해 보자. 그러면 청중은 자식을 잘 키워야겠다는 필요성을 절감하게 된다. 사람은 자신의 필요를 느껴야 설교에 귀를 기울이기 시작한다. 만약 필요성을 느끼지 못한다면 설교에 매력을 느끼지 못하고 자기와 상관이 없다고 생각하며 설교를 듣지 않으려는 방어심리를 유지하게 된다. 그러므로 '필요성'을 밝히는 것은 청중으로 하여금 자신의 필요가 무엇인지 절실히 느끼게 만들고 그 다음 자신의 필요를 채워 줄 뭔가를 기대하게 만드는 역할을 한다. 동시에 청중의 방어심리를 허무는 역할도 한다.

'필요성'의 역할을 충실히 하기 위하여 꼭 필요한 전제가 하나 있다. 그것은 필요성이 항상 부정적인 내용이어야 한다는 것이다. 사람은 불안, 두려움, 고통을 느낄 때 마음의 문을 열고 그 다음 답변을 기대한다. 그러므로, 서론에서의 '필요성'은 반드시 부정칼라여야 한다는 사실을 기억해야 한다.

자, 이제 필요성을 느끼게 하였으면 그 다음 내용은 바로 '중요성'이다. 여기서 말하는 '중요성'은 '필요성'을 들으며 불안을 느끼던 청중이 '그래 맞아! 바로 이것이야!' 할 수 있는 긍정적이며 희망찬 내용을 말한다. 자신의 삶에 '이런 결과가 주어지면 참 좋겠다'고 느낄 수 있는 활기차고 소망적이며 확신에 찬 내용들을 말한다. 청중의 감정이 기쁨과 감사, 확신으로 차오르게 만드는 순간이 되는 것이다. '중요성'이 강할수록 설교는 더 강력해진다. '중요성'의 분량은 '필요성'에 비해 두 배 이상 길어야 한다. 왜냐면 청중의 마음에 안정을 가져오는 내용이 길수록 설교는 긍정 효과를 가져오게 되며 청중이 듣고 싶은 설교가 되기 때문이다. 만약 '필요성'을 언급하는 데에 1페이지를 차지했다면 '중요성'은 적어도 2페이지 내지 3페이지 정도는 되어야 한다. 그래야 청중이 심리적으로 안정을 취한다. 마지막으로 '필요성'과 '중요성'과의 관계가 중요하다. '필요성'이 부정적인 내용이라면 '중요성'은 긍정적인 내용이 되어야 한다. 반대 개념이 되는 것이다. 이 사실을 기억하면 좋다.

이제 '중요성'을 밝혔으면 그 다음엔 청중이 '중요한 것'을 취하고 싶어 할 것이다. 그래서 설교자는 '어떻게?'로 중요하고도 유익한 것을 취할 것인가?를 밝힌다. 즉 해결책을 밝히는 것이다.

2) 설교 예문

이제 '필요성, 중요성을 밝히고 해결책을 찾아라'의 구성으로 만들어진 설교 예문을 함께 보자.

본문 : 요한복음 13:1
제목 : 그는 진실하셨다

| **문제제기** 진실의 필요성 - 진실하지 못한 인간.

　초등학생이 엄마와 함께 예술 관람을 갔습니다. 엄마는 행사장 입구에서 딸에게 "몇 살이냐고 물으면 6살이라고 대답하라"고 합니다. 아이는 "왜요?" 물었지만 엄마는 "그냥 그렇게 대답해!" 합니다. 딸은 입구에서 나이를 묻는 어른의 질문에 "6살이요!" 하고 통과를 합니다. 그리고 나서 혼자 중얼거립니다. "난 8살인데…."
　세상 사람들아 몇 푼의 이득 때문에 거짓말을 가르치고 거짓말을 합니다. 수치를 모면하거나 손해를 면하기 위하여 거짓말을 합니다. 문제 발생을 억제하거나 허풍을 떨거나, 약속을 파기하기 위하여 거짓말을 합니다. 또 사실을 왜곡하거나 본질을 흐리려고 거짓말을 합니다. 화장실 갈 때와 나올 때의 마음이 달라지듯이 마음이 변해서 거짓말을 합니다.
　사람들이 하도 거짓말을 많이 하기에 이 땅은 거짓말에 만연되어 있어요. 거짓말, 거짓 행동, 거짓 마음으로 인하여 이 세상은 썩은 냄새로 진동합니다. 이 거짓은 어디로부터 옵니까? 스캇 펙은 그의 저서 『거짓의 사람들』(비전과 리더십 역간)에서 모든 거짓은 사단으로부터 옴을 가르칩니다. 악마로부터 오는 것이지요. 보세요. 사단의 힘이 얼마나 센지 도처에 거짓이 미치지 않은 곳이 없어요.

성경에 보면 사단에 넘어간 거짓의 사람들이 많습니다. 아나니아와 삽비라가 집을 팔아 헌금을 하겠다고 약속을 했습니다. 그런데 막상 팔고나니 욕심이 생겨 일부를 감추고 베드로에게 "이것이 전부요" 합니다. 결국 하나님은 두 부부를 그날로 데려가셨습니다. 욕심이 약속을 파기했고 거짓을 불러일으켰으며 죽음을 가져왔습니다. 하나님은 이렇게 거짓을 싫어하십니다.

사람들이 병환 중에 있을 때 "하나님 낫게만 해주시면 열심히 신앙생활 하겠습니다" 합니다만 회복된 후 여전히 엉터리로 신앙생활합니다. 거짓말 한거지요. 수입이 없을 때 "하나님 수입을 주시면 헌금생활 잘 하겠습니다." 하지만 훗날 수입이 생겨도 헌금하지 않습니다. 하나님께 거짓말한 거지요. 다만 이렇게 기도합니다. "하나님 저를 축복해 주세요…." 여러분, 축복해 달라고 간구하기 전에 거짓말부터 고쳐야지요. 그렇잖습니까? 어떤 성도가 거짓말로 돈을 벌었는데 양심이 괴로워서 하나님께 용서받고자 헌금하였습니다. 그 사실을 안 목사님은 돈을 돌려주며 그랬답니다. "하나님이 헌금을 기쁨으로 받으시게 하려면 먼저 거짓말을 중단하십시오. 그리고 진실하십시오…."

진실한 사람 찾기가 어렵습니다. 진실한 말을 들어보기가 어렵습니다. 진실하면 좋을 텐데, 말이 진실하고 생각이 진실하고 뜻이 진실해서 모든 것이 진실 위에서 이뤄지면 좋을 텐데… 여기에 아쉬움이 있어요.

진실하지 않을 때 양심이 마비됩니다. 옳고 그름에 대한 판단력이 생기질 않아요. 고통, 실망, 불신을 가져옵니다. 사람과의 관계가 파괴됩니다. 하나님을 실망시킵니다. 신앙이 성장하지 않습니다. 기도를 하거나, 찬양을 하거나, 예배를 드리거나, 헌신을 하여도 하나님이 받지 않습니다. 사랑도, 우정도, 사람과의 관계도 발전할 수 없어요. 모든 것에 문제를 가져와요. 거만해져요. 위선자가 돼요. 그래서 여러분, 진실해야 해요.

| **진실의 중요성** - 예수님의 진실의 본질을 밝힘으로써 긍정효과를 얻는다.

진실하면 유익이 많아요. 장양창씨는 그의 저서 『진실의 힘』(세종출판사 간)이란 책에서 진실은 사람에게 에너지를 공급하는 힘이라고 했습니다. 거짓은 불신을 주지만 진실은 믿음과 신뢰를 줍니다. 거짓은 사람관계를 깨뜨리지만 진실은 관계를 튼튼하게 만들어요. 거짓은 늘 불안합니다. 얇은 얼음판에 서 있는 것 같아요. 하지만 진실은 단단한 바위 위에 서 있게 합니다. 겸손한 사람을 보세요. 진실합니다. 순수한 사람을 보세요. 진실합니다. 진실이 이렇게 좋은 겁니다. 그러나 진실에도 문제가 발생합니다. 진실을 밝히면 상대에게 자존심을 자극하거나 아픔을 줄 수 있어요. 그렇지만 진실은 사람을 감동시키고 변화시키는 힘이 있습니다. 그러고 보면 진실은 인간이 소유하고 있는 재산 중에 최고의 재산입니다. 여기에 진실의 가치가 있습니다.

우리 주님의 생애를 연구하면서 깜짝 놀란 것이 있었습니다. 주님은 단 한 번도 거짓되거나 가식되거나 위선적인 모습을 보이신 적이 없었다는 것입니다. 말, 행동, 의지, 생각이 진실하셨습니다. 예수님은 평소에 이런 말씀을 하셨습니다. 내가 온 것은 섬김을 받으려 함이 아니요 도리어 섬기려 하고 많은 사람을 위하여 대속물로 주려함이라. 이 말씀을 하시고 난 후나 하기 전이나 항상 십자가에 못 박히실 것을 의식하셨습니다. 그리고 정말로 십자가에 못 박히셨습니다. 섬기겠다고 작정하신 것을 그대로 지키셨어요. 사람들은 그럴듯하게 말하지만 손해 본다 싶으면 말을 뒤집는 경우가 많아요. 그러나 주님은 죽음의 위기에 닥쳤어도 말씀한 대로 지키셨어요. 여기에 주님의 진실함이 있어요.

예수님께서 겟세마네 동산에서 기도하신 후에 대제사장의 처소에 끌려갔을 때에 사람들 앞에서 대제사장이 묻습니다. "네가 찬송 받을 자의 아들 그리스도냐?" 자, 여기서 아니라고 하였으면 풀려났을 겁니다. 하지만 주님은 "내가 그니라. 인자가 권능자의 우편에 앉은 것과 하늘 구름을 타고 오는 것을 너희가 보리라" 하셨어요. 죽음의 위협 앞에서도 사실을 사실대로 밝혔어요. 아! 죽음의 위협 앞에서도 거짓이 없으신 주님, 여기에 주님의 진실함이 있습니다. 돈 몇 푼 때문에 사실을 왜곡하고 거짓을 일삼는 인생들과는 얼마나 다른지요. 그래서 고개가 숙여집니다.

미국의 텔레비전 전도자인 지미 스와거트 목사님이 있습니다. 그의 전도집회는 수천수만 명이 몰려들곤 했으며 아프리카의 집회에선 수십만 군중도 모이는 대단한 집회였어요. 저는 미국에 있는 동안 이 분의 부흥집회 인도를 즐겨 들었던 기억이 있습니다. 그런데 어느 날 이 목사님에게 여성편력이 있다는 청천벽력같은 말이 들립니다. 중재위원 목사님들이 성도들과 텔레비전 시청자 앞에서 "목사님, 여성편력이 사실입니까?" 하고 물었습니다. 사실 그 자리는 목사님에게 변명할 기회를 주기 위함이었습니다. 하지만 목사님은 짧고 담백하게 말합니다. "제가 죄를 지었습니다. 아내에게 죄를 지었으며 사랑하는 하나님께 죄를 지었습니다. 저는 오늘 이후로 모든 직함을 내려놓겠습니다" 하고 모든 직함에서 떠났어요. 미국 전역이 발칵 뒤집혔어요. 수천 수조 원의 재산과 예산을 집행하는 권한을 포기했어요. 그리고 사역의 현장을 떠났습니다. 그런데 놀라운 사실은 성도들은 그를 기다렸습니다. 얼마 되지 않아서 성도들은 그를 다시 받아들였어요. 그는 더 이상 두려워하지 않아요. 당당합니다. 새롭게 사역을 시작하며 또 다시 미국에 영향을 미치는 사람이 되었어요. 그는 자신에게 닥칠 엄청난 손해, 모욕, 수치를 알면서도 진실을 밝혔어요. 이러한 진실이 사람들에게 받아들여졌어요. 여러분, 진실할 때 솔직해지고 담백해집니다. 진실할 때 사람의 마음을 움직이며 용서를 불러옵니다. 여기에 진실의 힘이 있어요.

여러분, 하나님은 우리가 진실하길 원하십니다. 솔직한 사람이 되길 원하세요. 진실한 사람을 축복하시고 진실한 사람의 앞길을 여십니다. 잘못했으면 담백하게 인정할 줄 아는 진실한 사람이 되십시오. 수치스럽다 할지라도 진실함을 보이십시오. 사실을 왜곡하지도 말고 시시하게 변명하지 마십시오. 그래야 더 당당해지고 자랑스러운 사람이 됩니다.

요한복음 13장에 보면 예수님께서 가룟 유다가 자신을 배반할 것이라는 사실을 아셨습니다. 그럼에도 불구하고 1절 말씀은 이렇게 증언합니다. "세상에 있는 자기 사람들을 사랑하시되 끝까지 사랑하시니라…"(13:1). 배반할 사람, 자기에게 칼을 겨누는 사람을 끝까지 사랑하십니다. 주님은 택한 제자를 사랑하기로 작정하셨거든요. 그래서 끝까지 사랑하십니다. 여기에 주님의 진실함이 있습니다. 진실은 변질되지 않습니다.

결혼한 지 10여 년이 되었을까요? 어느 젊은 여성에게 결혼 때부터 조금씩 돌출되었던 피부의 혹이 더 커져 밤톨만한 혹이 몸에 수십 개요 콩 크기만한 혹이 수백 개입니다. 얼굴부터 온 몸에 나지 않은 곳이 없어요. 제가 봐도 징그러워요. 그런데 그 아내를 남편이 얼마나 끔찍이 사랑하는지 아세요? 한번은 기자가 물었어요. "이런 부인 괜찮으세요?" 이런 부인하고 어떻게 사느냐는 질문이었어요. 그 때 남편 왈, "사랑하기로 했으니까 끝까지 사랑해야지…." 남편의 진실이 담긴 끔찍한 사랑에 아내는 당당하게 사회 생활을 합니다. 남편의 진실한 사랑이 얼마나 감동적인지 제게 눈물이 나더라구요.

사람들은 사랑에 있어서 조건을 달아요. 그래서 불안하고 여차하면 배반의 징조를 나타냅니다. 사랑한다고 말했다가도 수틀리면 변심합니다. 왜 이런 일이 생기나요? 진실의 문제입니다. 진실하지 못하니 사랑이 변질되는 거지요. 주님은 사랑뿐 아니라 모든 면에서 진실하셨어요. 그래서 변질이 없었어요.

여러분, 한번 말한 것 지키세요. 그것이 하나님이 원하시는 겁니다. 마음을 변질시키지 말고 한번 말한 것 끝까지 지키십시오. 사랑하겠다고 말했으면 끝까지 사랑하십시오. 섬기며 살겠다고, 충성하며 살겠다고, 겸손하게 살겠다고 한번 말했으면 끝까지 지키십시오. 진실하게 살겠다고 결단했으면 끝까지 진실하십시오. 그래야 하나님이 축복하십니다. 할렐루야!

예수님은 무슨 말씀을 하실 때 '진실로 진실로' 두 번씩이나 반복해서 말씀하실 때가 많았어요. 요한복음 6:47에서 "진실로 진실로 너희에게 이르노니 믿는 자는 영생을 가졌나니…." 또 요한복음 8:51에서 "진실로 진실로 너희에게 이르노니 사람이 내 말을 지키면 영원히 죽음을 보지 아니하리라…." 그러고 보면 예수님은 진실에 대하여 관심이 많으셨어요. 무슨 말씀을 하실 때 진실한 말임을 강조하려고 애를 쓰셨어요. 사람들은 책임지지 못하면서 쉽게 말하지요. 진실의 무게가 실리지 않아서 그래요. 그러나 주님의 모든 말에는 진실의 무게가 실렸어요.

백여 명이 모이는 교회에서 육백 평 정도의 건물을 이십억 빚으로 지었어요. 성도들이 빚을 갚아나가기로 서약했는데 짐이 무거워지자 중진들은 겁을 먹고 하나 둘 떠났습니다. 재정 형편이 더 어려워졌습니다. 교회가 경매로 넘어가자 성도들의 마음은 더 심란해진 가운데 교회 문제를 해결하자며 새벽기도하러 나옵니다. 그런데 평소에 조용하던 분이 새벽예배에 참석하면서 어느 날 집을 팔아 삼억 원의 헌금을 드렸습니다. 아무도 예측하지 못했던 일입니다. 눈물로 기도하던 몇십 명의 성도들이 큰 감동을 받았고 십시일반으로 헌금에 동참하더니 위기를 넘겼습니다. 기적이 일어난 거지요. 지금은 성도들이 신나게 신앙생활합니다. 얼마 전 담임목사님의 활짝 웃는 사진이 큼지막하게 신문에 나왔어요. 참 좋아 보이더라구요. 한 사람의 진실한 마음과 성도들의 진실어린 눈물이 교회를 살렸고 목회자에게 위로를 주었으며 하나님의 영광을 나타냈습니다. 지방에 있는 모 교회 이야기입니다.
　여러분, 교회의 재정적인 문제는 믿음 있는 한 사람의 헌신만 있어도 해결됩니다. 문제는 진실함이 있느냐는 것이지요. 하늘이 두 쪽이 나도 한번 작정한 것을 지키는 진실한 헌신이 있을 때 하나님은 그 사람을 들어 쓰십니다.
　여러분, 이런 집사님이 되십시오. 필요할 때 변명하며 피해봤자 더 추해집니다. 그렇잖습니까? 주님이 십자가 위에서 죽으시겠다고 한번 말씀하시고 이런 저런 변명을 내세우며 차일피일 미루다가 결국 십자가를 지시지 않았다면 여러분, 신뢰할 수 있겠습니까? 한번 말한 것을 지키는 사람, 상황에 진지하게 반응하는 사람이 진실한 사람입니다. 그렇지요? 하나님은 우리가 이런 사람이 되길 원하세요. 믿을 만한 사람, 진실한 사람이 되십시오. 하나님은 이런 사람을 축복하십니다.

주님이 이런 말씀을 하셨어요. "이 백성이 입술로는 나를 존경하되 마음은 내게서 멀도다." 무슨 뜻이냐 하면 말로는 주님을 사랑한다고 하나 마음에선 실제로 사랑하지 않는 것이지요. 마음과 말이 일치하지 않는 것을 말합니다. 누가 그렇다는 겁니까? 오늘 우리가 그렇다는 겁니다.

성경주석의 권위자이신 박윤선 박사님을 잘 아시지요? 한번은 박 박사님이 지나가시는데 학생들이 인사를 하더랍니다. 그런데 박 박사님이 인사를 받고 가시다가 다시 와서 하는 말씀, "학생들, 자네들의 인사를 내가 건성으로 받았네. 미안하네. 앞으론 이런 일이 없도록 할 걸세." 가식적으로 인사를 받았던 것이 마음에 걸려 다시 와서 사과하였던 것이지요. 인사를 다시 받은 신학생은 박 박사님의 진실함에 오랫동안 충격을 받았다고 합니다. 한순간도 겉과 속을 다르지 않게 하려고 애를 쓰셨던 분이었습니다. 여기에 그 분의 진실이 있어요. 진실이 있는 곳에 감동의 여운이 오래갑니다.

주님의 말씀은 진실이었어요. 주님의 눈물은 진실이었어요. 주님의 태도는 진실 그 자체였어요. 여러분, 이런 삶을 살아야 하나님이 축복하시는 거에요. 이런 삶을 살아야 쓰임 받는 겁니다. 주님의 진실한 삶이 저와 여러분의 삶이 되시길 주님의 이름으로 축복합니다.

| **진실해지는 방법** – 하나님을 상대하는 믿음을 소유할 때 가능하다.

여러분, 주님의 진실의 힘은 어디서 오는 것입니까? 주님의 생각, 마음, 의지를 진실하도록 만든 힘이 어디서 온 것입니까? 끝까지 진실하셨던 그 힘이 어디서 온 것입니까? 요한복음 8:29을 보세요. "나를 보내신 이가 나와 함께 하시도다. 내가 항상 그의

기뻐하시는 일을 행하므로 나를 혼자 두지 아니하셨느니라." 주님은 항상 아버지 하나님과 동행하셨습니다. 아버지 하나님을 상대하셨어요. 하나님 아버지 앞에서 숨을 쉬셨고 아버지 앞에서 말씀하셨고 아버지 앞에서 행동하셨습니다. 사람을 상대하는 것이 아니라 하나님을 상대하셨어요. 자신의 머리털까지 세신 바 되고 앉고 일어섬을 아시는 하나님 앞에 있음을 항상 의식했어요. 이런 믿음은 거짓말, 거짓 행동을 할 수가 없게 만들었어요. 우리 주님은 거룩하시고 진실하시며 선하신 하나님이 항상 자신을 지켜보고 계신다는 믿음으로 사셨어요. 이런 하나님을 상대하는 믿음으로 사셨기에 주님은 끝까지 진실할 수 있었고 끝까지 신실할 수 있었습니다.

요셉이 보디발의 집에 노예로 끌려갔을 때에 젊고 아름다운지라 주인집 아내가 간통하자고 졸라댔습니다. 요셉은 피 끓는 젊은이라 정욕도 채우고 노예생활을 편안하게 할 수 있는 길이 주어졌다고 생각할 수도 있어요. 그러나 요셉은 진실했어요. 요셉은 간통하자고 졸라대는 주인의 부인을 뿌리치며 이렇게 말합니다. "내가 어찌 하나님 앞에서 득죄하리이까?" 죄의 유혹의 현장에서도 요셉은 자신을 지켜보시는 하나님을 의식했습니다. 하나님을 상대하는 믿음을 소유하고 있었던 것이지요. 여기에 그가 진실할 수 있었던 비결이 있어요. 어떤 상황에서도 하나님을 의식하며 하나님을 상대하는 믿음으로 살았기에 그는 언제나 진실할 수 있었던 겁니다.

우리 교회 안에 이런 성도를 보았어요. 교회 온 지 얼마 되지 않아 신앙이 참 잘 자랍니다. 기도도 잘 하고 예배드리는 태도와 성경공부 태도가 진지합니다. 교회에서 무슨 행사를 하자고 하면 매사에 열심입니다. 교회 다닌 지 오래된 사람 가운데는 거만이 목에 까지 찬 사람들이 있지요. 그래서 교회 행사를 우습게 생각하고 협조하지 않는 사람이 있지요. 그런데 이 성도는 신앙생활을 얼마나 예쁘게 하는지 "자신은 아무것도 모르니 잘 좀 가르쳐 주십시오" 합니다. 말하는 것도 아기같이 천진난만합니다. 순수합니다. 신앙이 잘 자랍니다. 저는 그분을 관찰해 보니 결론은 하나였습니다. 그분은 매사에 진실했어요. 말하는 것도 행동하는 것도 성경공부에 임하거나 예배를 드리는 것도 진실했어요.

한번은 어떻게 그렇게 진실할 수 있느냐고 물었더니 그분 왈 "목사님, 하나님이 저를 보고 계시다고 생각하니 진실하지 않을 수가 없어요. 제 생각을 아시고 마음을 아시는 데 어떻게 진실하지 않을 수가 있어요?" 그분의 진실의 힘은 바로 하나님을 의식하는 믿음 때문이었어요. 바로 이 믿음이 그를 진실하게 만들었고 그의 영혼을 아름답게 성장시켜 갔던 거예요.

거짓의 힘은 사단에서 옵니다. 사단은 우리가 사람만을 상대하며 속이라고 부추깁니다. 여러분, 사람만을 상대하며 사람을 속이는 것은 쉬운 일이에요. 사람 앞에서 사실을 왜곡하고 본질을 흐려놓는 것 역시 쉬운 일입니다. 그러나 하나님 앞에서는 그 어느 것도 통하지 않습니다. 하나님이 모든 것을 아시기 때문이지요. 어느 거짓도, 어느 가식도, 어느 위선도 통하지 않아요. 하나님 앞에서는 다만 진실만 통하고 진실만 인정받을 뿐입니다. 그래서 하나님을 상대하는 믿음의 사람은 진실할 수 밖에 없는 거예요. 사랑하는 성도 여러분, 진실하려면 하나님을 상대하는 믿음을 잃지 마십시오. 하나님이 지켜보고 계심을 잊지 마십시오. 훗날 우리의 삶에 대하여 심판하시는 하나님을 잊지 마십시오. 진실의 힘을 키우세요. 하나님을 상대하는 믿음을 키우시길 바랍니다.

| 어떤 사람이 하나님을 상대하는 믿음을 가질 수 있나?

어떤 사람이 하나님만을 상대하는 믿음을 가질 수 있나요? 하나님과 깊은 교제를 나눌 때 가능합니다. 매일 매일 하나님의 음성을 들을 때입니다. 하나님의 마음을 헤아리려고 애쓸 때입니다. 하나님의 임재를 체험하며 하나님과 대화를 나눌 때 가능합니다. 신앙생활이 깊어지면 하나님을 상대하는 신앙이 되고 어린아이처럼 순수해집니다. 결국 무엇에든지 참되고 무엇에든지 옳으며 무엇에든지 사랑할만하며 무엇에든지 경건하며 무엇에든지 덕을 쌓게 됩니다. 말, 생각, 마음, 의지가 항상 깨끗합니다. 참된 경건, 진실함에 이르면 거짓은 멀어집니다. 삶의 모든 영역에서 거짓은 사라집니다. 그리고 진실함만 남지요.

하나님은 우리가 바로 이렇게 살길 원하세요. 무엇에든지 참되고 무엇에든지 진실하고 무엇에든지 겸손하고 무엇에든지 덕을 세우는 삶을 살길 원하십니다. 여러분, 오늘 이후부터 거짓의 껍질을 벗고 진실의 옷을 입읍시다. 진실의 뿌리를 깊숙이 내립시다. 그리고 진실의 힘을 키웁시다.

"그는 진실하셨다." 오늘 이 말씀이 오랫동안 우리의 가슴 속에 남아 우리를 진실한 사람으로 만들어 가는 힘이 되길 주님의 이름으로 축원합니다.

3) 설교 예문 분석

지금까지의 내용을 예를 들어 정리해 보자. '그는 진실하셨다'란 주제로 설교할 때 우선 서론인 '필요성'에서 '인간의 거짓'을 드러낸다. 그 다음 '중요성'에서 '예수님의 진실성'을 드러낸다. 그리고 우리도 예수님의 진실성을 닮아가자고 호소한다. 마지막 '해결책'에선 어떻게 예수님의 진실함을 닮아갈 수 있는지 그 방법을 말한다. 이렇게 되면 설교의 흐름이 자연스럽다. 절정을 향해 가는 설교가 된다.

4) 구성의 특징

이 구성법은 설교의 흐름이 자연스럽다는 데에 있다. 그 이유는 설교가 인간의 심리의 흐름에 맞춘 설교이기 때문이다. 즉 인간에겐 불안한 심리와 확신하고 싶은 심리등이 있는데 이러한 심리를 적극 활용한 구성법이다. 성경 본문의 흐름을 따르지 아니하고 인간 심리의 흐름을 따라 설교하면 설교가 편안하고 자연스러우며 절정을 향해 가는 데에 무리가 없다. 여기에 이 구성법의 강점이 있다.

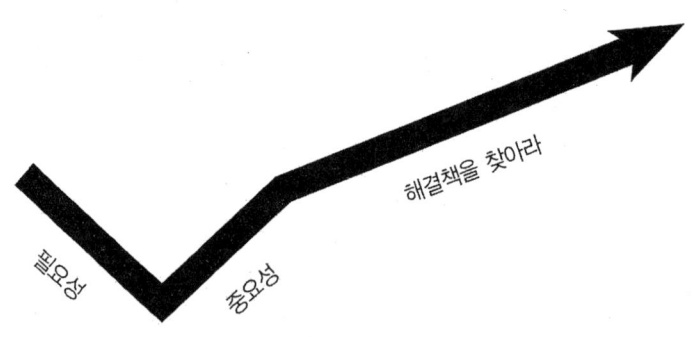

'필요성, 중요성, 해결책을 찾아라' 구성의 개념도.

5) 구성의 원리

1. 설교 주제를 위해서 삶 속에서 '필요한 것'을 찾아내라.
2. '필요성'에서 충분히 다루어라.
3. '필요성'에서 '중요성'으로 넘어가는 과정을 자연스럽게 만들라.
4. '중요성'에서 청중의 마음이 뜨거워지도록 만들라.
5. '해결책'에서 구체적인 방법론을 제시하라.
6. '해결책'에서 좋은 예화를 반드시 사용하라.

18장 중요성, 필요성을 밝힌 후 해결책을 찾아라

중요성 강조형 설교구성법

'중요성 강조형 설교구성'은 '중요성과 필요성을 밝힌 후에 해결책을 찾는 구성'이다. 서론격인 '중요성'은 주제의 긍정적인 면을 언급하는 것이다. 청중들이 소유하고 싶고 닮아가고 싶은 긍정적인 내용을 언급하는 것이다. 물론 이 긍정적인 내용들은 주제와 연관된 것들임을 기억해야 한다.

1) 구성의 필요성

'필요 강조형'은 '필요성을 밝히고 중요성을 밝힌 후에 해결책을 찾아가는 구성'이었다. 여기서 '필요성'은 서론에 해당되며 주제에 관련된 내용을 부정적으로 접근하는 것을 말한다. 청중의 평정을 흔들고 경각심을 일깨우기 위한 목적에서 부정적인 접근을 한다. 그 다음 본론의 일부인 '중요성'을 언급하는 것이다. 여기서의 '중요성'이란 설교할 주제에 관련된 내용을 긍정적인 측면에서 언급하는 것이며 이는 본론의 전반부에 해당된다. 그리고 '중요성'에 이어서 '해결책'을 제시하면 되었다.

여기서는 그와 반대의 형태인 '중요성 강조형 설교구성'을 살펴보자. '중요성 강조형 설교구성'은 '중요성과 필요성을 밝힌 후에 해결책을 찾는 구성'이다. 서론격인 '중요성'은 주제의 긍정적인 면을 언급하는 것이다. 청중들이 소유하고 싶고 닮아가고 싶은 긍정적인 내용을 언급하는 것이다. 물론 이 긍정적인 내용들은 주제와 연관된 것들임을 기억해야 한다. 이 '중요성'은 중요하기 때문에 길이도 A4 2장 정도로 길면 좋겠다. 그 다음 '필요성'을 언급하는데 '중요성'에서 언급한 반대개념을 설명하는 것이다. 길이는 A4 1장 정도, 혹은 그 이하면 좋겠다. 부정적인 내용을 길게 설명하면 청중들은 짜증을 낼 수 있다. 그래서 가급적 길지 않으면 좋겠다. '중요성과 필요성'을 언급한 후에 이제 본론의 절정인 '해결책'을 찾아가는 것이다. 해결책에서 성도의 마음을 끌어올리면 되겠다.

2) 설교 예문

본문 : 신명기 8:1-8
제목: 순종하라

| 순종의 중요성 - 긍정

요즘 몽골 선교사이며 베스트셀러 저자인 이용규 선교사님이 유명하지요? 그가 지은 『내려놓음』(규장 간)이란 책에 감동적인 내용이 나옵니다. 선교사님은 몽골 사람들에게 하나님이 누구인지를 가르치고 하나님이 기뻐하시는 일이라면 최우선적으로 행하라고 가르쳤어요. 순박한 몽골 사람들이 그분의 가르침을 순도 높게 받아들인답니다.

한번은 소녀가 주일 날 소를 잃어버렸어요. 한참 동안 찾을 수가 없자 걱정이 커졌어요. 예배시간이 다가오자 소녀는 소를 계속 찾을까 예배를 드릴까 갈등하다가 선교사님에게 배운 데로 하나님께 먼저 예배를 드려야겠다 싶어 교회로 갔습니다. 태산 같은 걱정 속에 예배를 마쳤어요. 소녀는 소를 찾고자 급히 교회 문을 나섰습니다. 그런데 보세요. 이게 웬일입니까? 소가 교회 문 앞에 떡 하니 와 있는 겁니다. 얼마나 기뻤겠어요? 얼마나 감동이 되었겠어요? 말할 수 없는 진한 감동이 밀려왔습니다. 할렐루야!

　이 이야기 속에서 우리는 몇 가지 진리를 깨닫습니다. 첫째, 하나님께 영광돌리는 일에 최선을 다하는 사람에게 하나님은 보상하신다는 겁니다. 하나님은 소 찾는 것을 포기한 소녀에게 그냥 계시지 않으셨습니다. 근심 걱정이 말끔히 씻겨지도록 최상의 선물로 응답하셨습니다. 둘째, 소녀의 행동을 분석해 볼 때 소녀는 말씀을 배운 대로 실천하는 담백한 믿음을 가졌습니다. 우선적으로 하나님을 예배하라는 선교사님의 가르침에 소녀는 순수하게 반응했어요. 이 세상에는 성경의 가르침을 알고 있지만 실천하지 못하는 사람들이 얼마나 많습니까? 자신의 형편을 먼저 생각하느라 예배를 뒷전으로 미루는 사람들이 많아요. 그들에 비하면 소녀의 믿음은 참 담백해요. 여러분, 믿음이 담백해야 하나님의 가르침을 따를 수 있습니다. 셋째, 이 소녀의 믿음 속에는 하나님을 기쁘시게 하려는 의지가 강했어요. 소를 찾는 기쁨보다도 창조주 하나님을 기쁘게 하려는 믿음이 더 강했습니다. 그래서 실천할 수 있었던 겁니다. 비록 가진 것도 지식도 없었지만 자신의 기쁨보다 하나님의 기쁨을 먼저 생각했습니다. 그래서 예배당으로 향할 수 있었고 선교사님의 가르침에 순종할 수 있었던 겁니다. 담백한 믿음, 하나님을 기쁘시게 하려는 믿음이 순종을 낳았고 결국 하나님의 축복을 체험하였던 겁니다.

　여러분, 사람이 언제 하나님의 축복을 받나요? 하나님께 순종할 때입니다. 하나님이 언제 기뻐하시나요? 우리가 하나님 말씀을 듣고 순종할 때입니다. 순종하는 사람에게 하나님이 어떻게 축복하시는지 오늘 하나님 말씀 신명기 8:7, 8을 보세요. 하나님이 이스라엘 백성을 향해 "네 하나님 여호와께서 너를 아름다운 땅에 이르게 하시나니 그 곳은 골짜기에든지 산지에든지 시내와 분천과 샘이 흐르고 밀과 보리의 소산지요 포도와 무화과와 석류와 감람들의 나무와 꿀의 소산지라." 땅이 없고 미래가 불안한 이스라엘 백성들에게 하나님은 장차 땅이 주어지며 그곳에서 엄청난 열매를 맺으며 축복 속에 살 것을 약속하고 계신 거예요. 놀라운 축복의 말씀이지요? 그런데 이 축복을 그냥 약속하신 것이 아닙니다. 조건이 있어요. 1절을 보세요. "내가 오늘날 명하는 모든 명령을 너희는 지켜 행하라. 그리하면 너희가 살고 번성하고 너희가 원하는 땅을 얻으리라…." 하나님 말씀을 지켜 행할 때 축복하시겠다는 약속이에요. 즉 순종하는 사람에게 하나님이 현재뿐 아니라 미래를 약속하신 거예요.

그런데 여러분, 순종하는 이스라엘 백성을 하나님이 광야에서 어떻게 축복하셨는지를 상기하게 하십니다. 이스라엘 백성들이 출애굽할 때 그들이 가지고 나온 물품 중에 신발을 만들려고 가지고 나온 물개 가죽이 있었어요. 그런데 하나님은 그들에게 물개 가죽을 하나님 앞으로 가져오라고 명령하셨습니다(출 25장). 왜냐면 성막 지붕 만드는데 필요했거든요. 성막 천장을 덮는데 4가지 재료가 필요했는데 첫째는 천, 둘째는 염소털, 셋째는 양가죽, 그리고 마지막으로 위에 덮는 것이 가장 튼튼한 물개 가죽이었습니다. 이스라엘 백성들은 하나님이 물개 가죽을 원하시자 아낌없이 드렸어요. 자신들에게 꼭 필요했지만 하나님께 다 드렸어요. 여기에 순종의 믿음이 있어요. 자, 그렇게 순종하고 난 뒤에 40년이 지났어요. 하나님은 그들을 어떻게 축복하셨는지 신명기 8:4

를 보세요. 이 40년 동안에 "네 의복이 헤어지지 아니하였고 네 발이 부르트지 아니하였느니라." 하나님이 순종한 사람의 발을 40년 동안 지켜 주신 거예요. 할렐루야! 그들이 소원하던 가나안 땅에 들어가게 하실 것이고 들어갈 때까지 그 발을 보호해 주신 거예요. 하나님은 진실하게 순종하는 그들을 반드시 책임지셨고 축복하셨습니다. 그러니 가나안에 들어가서 순종하면 지속적으로 축복하실 것을 말씀하시고 있는 겁니다. 여기에 은혜가 있어요. 순종도 해본 사람이 합니다. 순종하고 축복을 맛본 사람이 또 순종합니다. 여기에 순종의 축복이 있습니다.

순종의 필요성 - 부정

순종하는 삶이 이렇게 복됩니다. 하지만 불순종하여 하나님의 축복을 체험하지 못하는 사람이 있습니다. 이스라엘 백성들이 그러하였습니다. 그들에겐 양면성이 있었습니다. 물개 가죽을 바치며 하나님 말씀에 순종하고 그로 인하여 발이 부르트지 않는 축복을 체험하였지만 한편으론 불순종 했습니다. 모세가 그들을 인도하는 동안 그들은 먹을 것, 입을 것, 마실 것이 부족하다며 모세와 하나님을 원망하며 모세의 지도력을 따르지 않았습니다. 하나님 중심의 삶을 살 것을 말씀하였지만 그들은 여전히 우상을 섬기던 습관과 노예 습성으로 살았습니다. 이런 불순종 때문에 그들은 한 달 걸릴 광야 여정이 40년이나 걸렸던 것입니다. 이런 불순종의 삶을 하나님은 끊임없이 시험하셨던 것입니다(2절). 결국 그들이 하나님의 시험을 이기는 데에 가장 필요한 것은 하나님의 말씀이며 이 말씀에 순종해야 함을 말씀합니다. "사람이 떡으로만 사는 것이 아니요 여호와의 입에서 나오는 모든 말씀으로 사는 줄을 너희로 알게 하려 하심이니라"(3절). 할렐루야! 하나님은 말씀 순종보다 더 중요한 것은 없다고 말씀합니다. 그럼에도 불구하고 그들은 말씀대로 순종하지 않았습니다.

여러분, 하나님의 말씀에 순종하지 않는 사람이 많습니다. 예를 들어 아간이 그렇습니다. 아간은 여리고를 점령한 후에 전리품을 다 불태우거나 하나님께 드리라는 하나님의 말씀을 듣고도 전리품들을 숨겨 두었어요. 말씀이 먼저가 아니에요. 자기 생각이 먼저에요. 자기 하고 싶은 것이 먼저입니다. 결국 이 일 때문에 나중에 죽임을 당했어요. 자, 보세요. 하나님 말씀은 분명 임했어요. "이렇게 이렇게 행하며 살라…." 여러분, 이럴 때 하나님 말씀대로 따르면 얼마나 좋아요? 아간은 말씀을 분명히 들었으나 거부했어요. 자기 생각대로 행했어요. 듣고도 행치 않는 성도들이 지금도 많습니다. 여기에 문제가 있습니다.

두 번째 성도는 하나님 말씀을 듣고 순종하되 부담되지 않는 범위 내에서만 순종하는 사람입니다. 순종의 범위와 경계선을 정해 놓고 그 안에서만 순종합니다. 결국 존중 받아야 하고 높임 받아야 할 하나님의 말씀이 인간의 나약한 신앙에 의하여 제약을 받거나 거부를 당하는 거예요.

말라기를 보세요. 하나님께서 "이스라엘 백성들에게 흠 없는 짐승을 잡아서 제사를 드려라" 했어요. 그런데 그들이 병든 것을 잡아서 제사를 드리며 "우리는 하나님 말씀에 충실히 따랐습니다" 합니다. 하나님의 말씀을 자기들의 생각으로 변형시킨 거예요. 흉내만 냈지 진정으로 순종하지 않았어요. 그것은 명백한 불순종이었어요. 여기에 문제가 있어요. 그래서 하나님이 진노하셨고 축복 받을 수 없음을 말씀하셨어요. 지금도 이런 성도들이 참 많아요. 어떻게 보면 순종하는 것 같은데 어떻게 보면 순종하지 않아요. 부분적인 순종이요 얄팍한 순종일 뿐 깊고도 진정한 순종이 없었던 거예요. 진실한 순종이 없는 신앙생활, 여기에 현대 성도들의 문제가 있어요.

| 어떻게 순종할 것인가?

　존 비비어는 그의 저서 『순종』(두란노 역간)이란 책에서 99%의 순종은 순종이 아니라 불순종이라고 했어요. 하나님 말씀을 온전히 따르지 않으면서 자신을 괜찮은 성도라고 생각하면 어리석지요. 그렇잖아요? 이렇게 하나님 말씀을 따르지 않으려는 태도로 굳어진 성도들이 많습니다. 신앙생활은 오래 했지만 굳은 땅처럼 불순종으로 마음이 굳어진 사람들이 있어요. 여기에 안타까움이 있어요. 여러분, 부분적으로 순종하는 사람은 좀더 폭넓게 순종하려는 마음으로 바뀔 필요가 있어요. 하나님으로부터 새 마음을 받아 새롭게 되어 온전한 순종의 길로 나갈 필요가 있습니다. 마음을 다하고 뜻을 다하고 정성을 다하는 순종의 길로 나가야 합니다.

　가끔 감동을 주는 성도들이 있지요. 사람보다 하나님을 기쁘시게 하고 하나님이 말씀하시면 한마디 대답 "예" 하며 순종하는 모습을 보면 참 감동이 돼요. 그렇잖습니까?

　광명시 하안동에서 목욕탕을 하시는 집사님이 있습니다. 이분이 근근이 살다가 여관을 인수하고 담임목사님을 초청하여 축복기도를 요청했어요. 그런데 목사님은 죄 짓는 여관 업종에 축복해 줄 수 없다 하셨어요. 이분이 가만히 생각해 보니 맞는 말씀이거든요. 신앙이 시원찮은 사람들은 이럴 때 목사님께 시험이 들기도 하지요. 그러나 이 집사님은 목사님의 제안을 믿음으로 받아들였고 여관을 팔려고 내 놓았어요. 그러나 안 팔려요. 그러자 목욕탕으로 개조해서 "목사님 예배 좀 드려 주세요" 했더니 목사님은 주일 날 문 닫는다고 약속하면 축복 기도해 주겠다는 겁니다. 그래서 또 한번 순종하겠다고 약속을 했어요. 그리고 목욕탕 사업을 시작했는데 문제는 주일 날 문을 닫으니 손님들이 끊깁니다. 결국 사업이 점점 안돼요. 나중엔 지독히 안돼요. 그래서 수돗물이라도 아껴보려고 지하수를 팠는데 아, 글쎄 광물질이 든 온천수가 터졌어요. 이것이 소문이 나서 사람들이 구름 떼처럼 몰려옵니다. 경향교회 이충섭 장로님 이야기입니다. 그분의 승리의 간증, 하나님 말씀대로 살면 하나님이 책임지신다는 살아있는 간증이 전국에 알려졌어요. 말씀대로 순종하며 살면 하나님의 축복이 임함을 보여주었습니다. 심는 대로 거두는 거예요. 온전한 순종을 심으면 온전한 축복이 임하는 겁니다.

다시 말씀드립니다. 심는 데로 거둡니다(갈 6:7). 온전히 순종하면 하나님의 축복도 온전히 다가오는 것입니다. 고린도후서 9:10에 "심는 자에게 씨와 먹을 양식을 주시는 이가 너희 심을 것을 주사 풍성하게 하시고 너희 의의 열매를 더하게 하시리니." 온전하고도 깊은 순종을 심을 때 하나님은 풍성한 축복을 주십니다. 여러분, 온전한 순종을 심으시길 주님의 이름으로 축복합니다.

온전한 순종을 위한 중요한 또 다른 하나는 성령의 음성에 민감하게 반응해야 합니다. 사도행전은 성령의 행전이라고 할 만큼 성령의 역사가 강했습니다. 사도행전 8장에 보면 하나님의 사람 빌립이 길을 가는데 성령께서 갑자기 에디오피아의 내시에게 말씀을 가르치라 말씀하십니다. 그때에 빌립은 즉각 다가가 말씀을 가르쳤고 그가 은혜를 받았으며 침(세)례까지 주었으며 구원받게 하셨습니다. 순종할 때 하나님이 하나님의 뜻을 이루십니다. 그리고 순종하는 자를 축복하시는 거지요.

워치만 니가 지은 『세상을 사랑하지 말라』(생명의 말씀사 역간) 라는 책에 보면 자기의 고백이 담겨 있어요. 그는 선교사로 나가라는 하나님의 음성을 듣자 순종하겠다고 결단했어요. 그럴 즈음 자기가 사랑하는 발레리나인 여성이 있었는데, 얼마나 아름답고 예쁜지 결혼하고 싶어 죽겠어요. 결혼하여 선교지에 같이 가자고 조르니 이 여성이 조건을 내걸었어요. 선교사로 가지만 않는다면 결혼하겠다는 겁니다. 고민이 생겼지요. 설상가상으로 그 여성의 아버지는 워치만 니가 크리스천이기에 결혼을 허락할 수 없다는 겁니다. 크리스천을 포기하면 허락하겠다는 거지요. 그는 고민하고 있는데 성령께서 선교사로 가라고 하십니다. 결국 성령의 음성에 순종하기로 하고 선교사로 떠났습니다. 그리고 몇 년 만에 돌아왔는데 보세요. 자기가 그토록 사랑했던 여인이 훌륭한 크리스천으로 변해 있었어요. 그 여인의 아버지도 호의적으로 변해 있었어요. 할렐루야! 성령의 음성에 민감한 반응을 보이며 순종할 때 하나님의 축복은 임하는 겁니다. 기도가 응답됩니다. 길이 열리는 겁니다. 여기에 하나님의 은혜가 있어요.

우리는 하나님께 순종하기 위하여 이렇게 기도할 수 있어야 합니다. "하나님, 왜 제게 물질을 부어 주십니까?" 여러분, 물질이 생기면 아무 데나 자기 쓰고 싶은데 쓰는 사람이 있지요? 그러지 말아야 합니다. "하나님 왜 물질을 부어 주십니까? 어디에 쓰라고 주시나요?" 그렇게 기도해야 합니다. 그러면 성령의 음성에 훨씬 민감해질 수 있습니다. "하나님, 왜 제게 달란트를 주셨나요? 왜 제게 요즘 시간을 주셨나요? 왜 제게 일해야 할 부분이 보이게 하시나요?" 이렇게 기도하며 성령과 대화해야 합니다. 그러면 성령이 가르치시고 성령이 길을 여십니다. 그리고 성령의 가르침을 좇아서 순종하며 살아가게 되는 것입니다. 이것이 성령의 인도를 따라 사는 거예요. 하나님의 축복을 체험하는 겁니다. 저와 여러분이 이렇게 살 수 있기를 바랍니다. 할렐루야!

| 순종의 정의 및 의미

　순종한다는 말은 하나님의 권위를 인정하는 것을 말합니다. 하나님의 말씀의 권위가 드러나게 하는 것을 말합니다. 하나님의 기뻐하시는 일과 하나님의 뜻에 최우선적으로 따른다는 것을 말합니다. 우리가 순종할 때 하나님의 하나님 되심이 나타나는 거예요. 우리가 순종할 때 그분의 영광이 나타나는 겁니다. 우리가 순종할 때 그분의 위엄이 나타나고 그분의 뜻이 이뤄지는 겁니다. 그러나 우리가 순종하지 않으면 하나님의 영광이 가려지고 하나님의 선하심이 가려지고 하나님은 하나님의 일을 행하실 수가 없습니다.
　여러분, 순종은 이해가 되지 않더라도 순종해야 합니다. 내 생각과 다르더라도 순종해야 합니다. 더하거나 빼지 아니하고 순종해야 합니다. 감당하기 어렵다 할지라도 순종해야 합니다. 한 두 번의 순종이 아닌 묵묵히 언제나 끝까지 변함없이 순종해야 합니다. 이것이 하나님의 뜻이에요. 여기에 진정한 순종의 믿음이 있고 하나님의 축복이 있어요.

| 누가

　여러분, 누가 성령의 음성에 민감한 온전한 순종을 할 수 있습니까? 6절에 보면 "네 하나님 여호와의 명령을 지켜 그 도를 행하며 그를 경외할지니라"고 하나님의 명령을 지키는 순종과 경외가 동격으로 쓰였습니다. 하나님을 정말로 경외하는 사람, 하나님을 정말로 존경하는 사람은 하나님 말씀을 순종합니다. 하나님의 영광과 위엄을 드러내길 원하는 사람, 하나님을 깊이 존경하는 사람은 성령의 음성에 '아멘' 하며 묵묵히 온전히 따라 갑니다.

하나님은 오늘 우리가 이런 깊은 순종의 신앙에 이르길 원하십니다. 그런 사람을 축복하실 것입니다. 이 깊고도 온전한 순종을 심어 하나님의 넉넉하신 축복을 덧입는 저와 여러분 되시길 주님의 이름으로 축원합니다.

3) 설교 예문 분석

서론에서 순종의 중요성, 즉 순종의 긍정적인 면을 언급했다. 그리고 청중에게 이런 순종의 태도를 수용할 것을 은근히 강조했다. 그런데 그 이면에 청중들이 진정한 순종에 이르지 못하는 뼈아픈 부분을 언급했다. 순종하지 못하는 부분을 언급할 때 청중은 자신의 순종하지 않는 실체를 보았고 느꼈을 것이다. 바로 이때 청중은 느낀다. 즉 어떻게 해야 진정한 순종에 이를 수 있는지. 이 요청에 따라 설교자는 자연스럽게 순종하는 방법을 제시한다.

4) 설교구성법

이 구성법으로 설교 구성을 해 보자. '서로 사랑하라' 는 주제로 설교한다고 가정할 때 서론격인 '중요성' 에서는 '인간이 사랑하는 것이 얼마나 아름답고 고귀한 지'를 언급한다. 즉 인간이 사랑할 때 사랑을 베푸는 자나 받는 자가 얼마나 큰 유익을 얻는가를 보여준다. 사랑의 가치, 본질 등을 강조하는 것이다. 그 다음에는 '중요성' 의 반대인 '필요성' 에서는 인간의 사랑이 한편으론 얼마나 연약하고 믿을 수 없는 것인지를 언급한다. 즉 거짓된 인간의 사랑으로 인하여 인간의 삶에 얼마나 많은 문제가 발생하는지를 보여준다. 그러면 청중은 여기까지 설교를 듣게 되면 마음이 매우 무겁다. 그리고 문제없는 사랑을 갈망하게 된다. 바로 이때에 참 사랑을 행할 수 있는 해결책을 제시한다. 즉 인간이 어떻게 사랑을 해야 유익하고 축복받는 삶을 살 수 있는지를 밝힌다. 진실하고 신실한 사랑을 나누는 방법을 언급한다. 참된 사랑의 방법을 알게 될 때 청중들은 비로소 마음이 놓이고 행복해 한다. 이렇게 전개하면 '중요성 강조형 설교구성'이 된다.

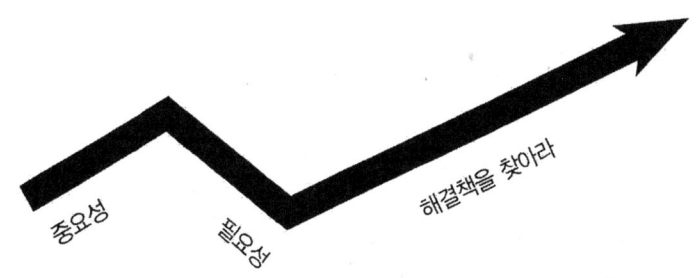

'중요성, 필요성, 해결책을 찾아라' 구성의 개념도.

5) 구성의 원리

1. '중요성'을 위해서 서론에서 주제에 관련된 가장 긍정적인 면을 언급하라.
2. '필요성'에서 청중의 부족한 면을 찾아내라.
3. '중요성'이 '필요성'보다 지면이 많게 하라.
4. '해결책'에서 비중있고 시원스러운 답변을 찾아내라.

19장. 부정 문제 제기, 원인, 반대 개념 및 유익들, 해결책을 찾아라

'반대 논리 발전형' 구성은 우선 서론에서 부정 문제 제기를 한다. 부정 문제 제기는 항상 그렇듯이 청중의 평정을 흔드는 역할을 한다. 쇼킹한 사건이라든지 어떤 심각한 문제를 제기함으로써 청중들의 마음에 충격을 주고 그로 인하여 마음 문을 열게 만든다.

반대 논리 발전형 설교구성법

1) 구성의 필요성

'방송 뉴스 보도형' 설교는 부정 문제를 제기하고 원인을 찾아낸 후 해결책을 찾는 것이다. 모든 방송 뉴스가 이 순서를 따르는데 설교도 이 구성을 따라 만들면 청중의 심리 욕구 순서를 자연스럽게 따른다는 장점이 있다. 즉 청중이 알고 싶은 심리 순서를 따라 설교를 진행하면 설교가 자연스럽다. '반대 논리 발전형 구성법'도 마찬가지다. 이 구성법을 따르면 청중심리의 욕구 흐름 순서와 일치되어 자연스럽게 흐른다.

'반대 논리 발전형' 구성은 우선 서론에서 부정 문제 제기를 한다. 부정 문제 제기는 항상 그렇듯이 청중의 평정을 흔드는 역할을 한다. 쇼킹한 사건이라든지 어떤 심각한 문제를 제기함으로써 청중들의 마음에 충격을 주고 그로 인하여 마음 문을 열게 만든다. 청중이 마음 문을 열 때는 두 종류의 경우에 가능하다. 첫째는 지금처럼 부정적인 문제를 제기할 경우이고, 다른 하나는 긍정적인 사건이나 흥미로운 일을 밝힐 때다. 여기서는 반드시 부정적인 내용의 문제만을 제기해야 한다. 왜냐면 문제 원인을 밝히는 과정이 뒤따르기 때문이다. 원인을 밝힐 때는 원인이 객관성을 띠어야 한다. 원인에 그럴듯함(plausibility)과 개연성(probability)이 있어야 한다. 설교자에 의해 분석된 '원인'을 누가 보아도 공감할 수 있어야 한다. 행여 말도 안 되는 '원인'을 찾아내면 청중이 동의하기 어렵고 결국 설교는 전달되지 않는다. 그러므로, 충격적인 사건에 대하여 객관성이 담긴 '원인'을 제시해야 한다. 그러면 청중의 마음은 더욱 침통하다. 이때에 청중의 마음에 반전을 일으키는 '반대 개념'이 필요하다. 즉 청중의 마음에 기쁨, 확신을 줄 수 있는 길로 이끌어야 하는데 이를 위하여 '반대 개념' 제시가 필요하다. 정확한 '반대 개념'이 제시되면 청중의 마음은 새로워진다. 그리고 청중의 마음이 뜨거워졌을 때 유익까지 언급하고 설교 절정에 이르게 하기 위하여 해결책을 마지막으로 언급한다.

2) 설교 예문

본문 : 창세기 37:1-11
제목 : 비전을 품은 인생

| **문제제기** - 인생을 낭비하는 사람.

가난한 환경에서 자랐고 커서도 무일푼인 한 젊은이가 살아보려고 애를 썼습니다만 제대로 되는 일이 없었어요. 젊은이는 절망하였고 세상을 부정적으로 보기 시작하였으며 가진 자에 대한 분노가 커졌어요. 감옥에 들어갔을 때는 이혼을 요구하는 아내로 인

하여 여자에 대한 증오심을 키웠어요. 세상에 대한 적개심으로 가득했던 그는 출소한 후에 무작위로 20여 명의 부자와 여자를 죽였어요. 경찰에 체포된 직후 그의 첫 반응은 살고 싶지 않으니 빨리 죽여 달라는 것이었어요. 반성도 없이 생명을 포기하였어요. 아무도 접근할 수 없었던 2년의 세월이 지난 어느 날 심경의 변화를 일으켜 속마음을 털어놨어요. "저는 20여 명의 희생자와 가족들에게 씻을 수 없는 상처와 고통을 안겼습니다. 지옥에 가서라도 대가를 달게 받겠습니다…." 자신의 행동의 실체를 깨달은 것이지요. 그리고 "아버지가 연쇄 살인범이라는 짐을 아들에게 평생 동안 떠맡긴 것이 가슴이 찢어지도록 고통스럽다"고 했어요. 그의 최근 고백은 더 진실합니다. "나는 왜 닥치는 대로 살았나?, 왜 타락의 길을 선택했나? 왜 더럽고 추악한 삶으로 세월을 보냈나?, 내게 주어진 시간, 생명을 왜 불행하게 보냈는지 참으로 후회스럽다"고 하였어요. 연쇄 살인범 유영철의 이야기입니다.

| **인생 낭비의 원인** - 비전이 없이 살기 때문.

유영철이 인생을 쉽게 포기한 이유가 무엇인가요? 경제적인 고난이나 가정문제 때문이 아니라 잘 살아 보려는 비전이 없었기 때문이에요. 비전이 없을 때 사람은 인생을 무의미하게 살아가요. 말도 못하고 듣지도 못하고 보지도 못하는 헬렌 켈러, 하지만 세상에 가장 큰 감화력을 끼친 그녀에게 누군가 물었어요. "보지 못하는 맹인과 듣지 못하는 농인 중 누가 더 불쌍한 사람입니까?" 그때 헬렌 켈러가 답합니다. "맹인도, 농인도 아닌, 시력과 청력은 있으되 비전이 없는 사람입니다…." 비전이 없으면 불쌍한 사람이에요. 비전이 없으면 어려움 앞에서 쉽게 포기하고 이겨 낼 용기도, 살아갈 의욕도 발휘하기 어려워요.

불행한 과거를 자주 말하는 사람을 보세요. 과거에만 집착하는 비전이 없는 사람이에요. 특히 불행한 과거만을 기억하며 불행의 원인을 남의 탓으로 돌립니다. 생산적이며 긍정적인 마음이 없어요. 삼손은 재능이 있었으나 비전이 없었고 사울 왕은 비전을 펼칠 수 있는 위치에 있었으나 비전이 무엇인지 조차 몰랐어요. 그래서 재능과 직분을 낭비했고 끝을 불행으로 만들었어요. 여기에 비전이 없는 사람의 안타까움이 있어요.

| 반대 개념 및 유익

1. 그러나 비전을 품은 사람은 달라요. 비전을 품은 사람은 미래지향적이에요. 매사에 의욕적이며 적극적이에요. 아브라함은 75세에 하나님이 주신 비전을 품었고 비전을 따라 의욕적으로 살았으며 그 결과는 축복이었어요. 대학에 다니던 시절 중, 고등학생 과외를 한 적이 있어요. 한 학생은 열심히 공부를 하는데 한 학생은 도통 공부를 하지 않아요. 그래서 커서 뭐가 될거냐고 묻자 공부 열심히 하는 학생은 "저는 커서 이런, 이런 사람이 될래요" 하고 비전을 말했어요. 그런데 공부하지 않는 학생은 "글쎄요. 잘 모르겠어요"라고 하였어요. 30여 년이 지난 지금 비전을 품었던 학생은 고급 공무원이 되었고 비전이 없었던 학생은 지금도 부모에게 용돈 타 쓰고 있어요. 여러분, 비전이 없는 사람은 시간을 낭비하지만 비전의 사람은 알차게 살아갑니다. 여기에 비전을 따라 산 사람의 행복이 있어요.

2. 비전을 품은 사람의 또 다른 축복은 능력개발이에요. 비전을 따라 살면 자신의 능력, 성품이 개발되고 비전을 수행할 능력을 갖추게 돼요. 비전이 사람을 만들어가요.

일제시대 말기에 전라북도 청웅에서 태어난 소년은 어린 시절 머슴살이를 할 만큼 가난하였어요. 소년은 온갖 고생 끝에 18살에 중학교를 졸업하고 무작정 상경하여 신문팔이, 구두닦이를 하면서도 고향에서처럼 교회를 열심히 나갔어요. 예배드리는 중에 가난한 한국을 농업혁명으로 살리겠다는 비전을 품었어요. 청년은 농업이 발달한 덴마크에서 공부하고 싶어 덴마크 국왕에게 무작정 편지를 보냈어요. 무모한 도전이었으나 놀랍게도 덴마크 국왕으로부터 모든 유학 비용을 대겠다는 답장을 받았어요. 그는 홀로 덴마크로 건너가 유학을 마쳤고 그 뒤 농업으로 유명한 이스라엘로 건너가 박사학위를 받았어요. 결국 가난한 농부의 아들이 한국 학계의 거두가 되었어요. 건국 대학교 총장이었던 유태영 박사 이야기입니다.

그에게 비전이 없었더라면 머슴살이로 끝났으며 그의 능력이 개발되지 않았을 겁니다. 비전을 품었기에 발전이 있었어요. 찰스 알렌이 지은 『변화』(요단 역간)라는 책을 보면 이 세상에서 가장 위대한 삶이란 위대한 꿈을 꾸는 것인데 그 위대한 꿈은 비전을 품기 시작할 때 주어진다고 하였어요. 비전이 사람을 위대하게 만들어 갑니다. 여러분, 비전이 능력을 개발시키고 사람을 만들어갑니다. 비전이 사람의 생각을 구체화해 나가고 생각과 신념을 강하게 만들며, 새로운 습관을 형성합니다. 여기에 축복이 있어요. 여러분, 비전 없이 살았습니까? 이제 비전을 품어 자신을 개발하세요. 비전을 통하여 하나님의 사람으로 성장하세요. 비전의 사람이 되시길 주님의 이름으로 축복합니다.

3. 비전을 품은 사람의 축복은 또 있어요. 쉽게 지치지 않는다는 겁니다. 이루어야 할 목표가 가슴 속에서 불타고 있기에 쉽게 좌절하지 않아요. 불행하게도 노인처럼 사는 젊은이가 있어요. 그러나 젊은이처럼 사는 노인이 있어요. 비전이 있으면 나이가 많아도 젊은이요 비전이 없으면 젊은이라도 노인이에요. 여호수아는 나

이가 많았지만 쉽게 지치지 않았어요. 열정적이었어요. 왜냐면 그의 눈은 비전을 보았고 그의 가슴은 비전으로 불타고 있었어요. 그 결과 그는 한 시대를 움직이는 사람이 되었어요. 비전이 없는 사람은 자기가 어디로 가고 있는지 몰라요. 표류하는 배와 같아요. 하지만 비전이 있는 사람은 자기가 어디로 가고 있는지 무엇을 향하는지를 알아요. 목표가 분명하기에 피곤할 겨를이 없어요. 여기에 비전을 품은 자의 축복이 있어요.

잭 웰치는 비전을 품을 때의 장점에 대하여 이렇게 말합니다. "비전은 미래에 대한 꿈과 희망을 제공하고 가치 판단의 기준을 제공해 줍니다. 또한 열과 성을 다하여 헌신할 수 있도록 동기를 부여합니다…." 비전을 품을 때 소망이 생기고 비전을 품을 때 살아갈 용기가 생겨요. 그래서 우리는 비전을 품어야 합니다.

4. 비전을 품으면 또 다른 축복이 있어요. 신나는 인생이 됩니다. 지금도 선명해요. 제가 대전의 모교회에서 전도사로 있을 때 친구 아버님이 70세에 교회에 나오셨는데 교회에만 왔다 갔다 하던 분이었어요. "늙으면 죽어야지" 하며 의욕 없이 살던 분이 은혜를 받더니 비전을 받았어요. 하나님이 전도하도록 부르셨다며 사람마다 전도지를 나눠주는 거예요. 그 점잖은 분이 얼마나 열심히 전도하는지 열정적이에요. 모든 예배를 적극적으로 참석하며 은혜를 받아요. 예배가 즐겁고 성도들이 사랑스럽고 교회생활이 신납니다. 신앙생활이 이렇게 좋은 줄 몰랐다는 거예요. 제가 그 집에서 몇 달을 있었는데 식탁에만 앉으시면 교회 사랑 얘기, 하나님 사랑 얘기 뿐이에요. 마치 어린아이와 같아요. 삶이 기쁨으로 충만해졌어요. 가족에게 아주 멋진 모습을 보였어요. 그렇게 한 10여 년 흘렀을까요. 제가 미국에 있는 동안 돌아가셨다란 말을 들었어요. 그때 전 "아 인생을 저렇게 살다가 가야 할텐데…"

하였습니다. 비전을 따라 참 멋지게 사셨어요.

여러분 비전을 따라갈 때 미래가 열립니다. 가치있게 살게 됩니다. 사랑하는 성도 여러분, 비전을 따라 사시길 바랍니다. 미래를 향한 비전, 가족을 향한 비전, 교회를 향한 비전을 따라 그 비전으로 충만하여 살아가시는 성도가 되시길 바랍니다.

| 비전의 정의

비전이란 무엇입니까? 비전은 글자 그대로 보는 거예요. 보이지 않는 것을 보는 거예요. 남이 보지 못하는 것을 보고 남들보다 더 깊이 멀리 보는 거예요. 순수한 영혼으로 미래를 향해 눈을 여는 거예요. 신념과 믿음으로 보는 겁니다. '믿음은 바라는 것들의 실상이요 보지 못하는 것들의 증거라." 하나님이 보여 주시는 것을 보는 거예요. 그래서 하나님의 뜻, 하나님의 생각이 담긴 것이 비전이에요. 이 비전은 현실성 있고 믿을 만하며 매력 있는 자신의 미래상, 하나님의 꿈을 드러내는 거예요. 비전은 우리가 도달해야 할 종착역이에요. 그래서 비전은 믿음으로 하나님의 뜻을 보며 그 뜻을 좇아 삶의 방향을 설정하고 목표를 세우는 거예요. 이루고자 하는 삶의 목적을 정하여 나아가는 거예요.

권면 | 여러분 이런 비전을 품으시길 바랍니다. 이런 비전의 주인공이 되어 가정, 직장, 교회를 살아나게 하는 사람이 되시길 주님의 이름으로 축복합니다.

| 해결책 – 비전을 성취하는 길.

1. 비전 성취는 나의 비전이 아니라 하나님의 비전을 품을 때 가능합니다.

비전을 품는 것도 중요하지요. 하지만 비전을 성취하는 것은 더 중요합니다. 많은 사람이 비전을 품기만 하고 이루지 못하고 후회스럽게 끝날 때가 있습니다. 소위 성령으로 시작하였다가 육체로 마치고 은혜로 시작하였다가 후회로 마칠 수 있어요. 자신의 욕심을 이루려고 하기 때문입니다. 비전을 품고 성취하려면 하나님이 주시는 비전을 받아야 합니다. 내 비전이 아닌 하나님의 뜻이 담긴 비전을 성취하기 위하여 살아가야 합니다. 하나님이 주시는 비전만이 우리 삶을 부요하게 만들어요. 이런 비전을 따라 살아갈 때 인생을 잘 사는 사람이 되고 하나님께 영광 돌리게 됩니다.

요셉은 사람들을 이롭게 하는 지도자의 비전을 하나님으로부터 받았어요. 6절 이하를 보세요. "우리가 밭에서 곡식을 묶더니 내 단은 일어서고 당신들의 단은 내 단을 둘러서서 절하더이다." 9절에 보니 "요셉이 다시 꿈을 꾸고 그 형들에게 고하여 가로되 내가 또 꿈을 꾼즉 해와 달과 열한 별이 내게 절하더이다."

12형제 중에 11번째로 태어난 요셉은 지도자가 되기에는 너무도 열악한 환경이었어요. 하지만 하나님으로부터 지도자가 될 비전을 따라 살았고 그 비전을 성취하였어요. 놀라운 일이지요. 마치 시장에서 청소하던 청년이 이명박 대통령이 되듯 청년 시절에 품은 비전을 요셉은 정말로 성취하였어요. 비전을 성취한 요셉은 가족과 주변 사람들에게 자랑거리가 되었으며 하나님의 영광을 나타냈어요. 그의 비전 성취는 그의 노력이나 성실함 때문만은 아니었어요. 그의 순수하고 신실한 믿음 때문만도 아니었어요. 하나님의 도우심이 있었어요. 여기에 축복이 있어요. 요셉이 비전을 성취한 후에 형제들에게 하나님의 시작하심과 개입하심에 대해서 고백합니다. "당신들은 나의 꿈을 방해하였으나 하나님은 나를 도우사 오늘과 같이 만민의 생명을 구원하게 하시었다…(창세기 50:20). 그의 비전 성취는 하나님이 도와 주셨기 때문에 가능했던 거예요. 할렐루야! 여기에 축복이 있어요.

애굽의 왕자로 있던 모세는 자신의 힘으로 민족을 구원하려는 꿈을 꾸었고 실행에 옮기려다 살인죄를 짓고 광야로 도망갔어요. 자기 힘으로 뭔가를 하고 싶었지만 그는 아무것도 이루지 못했어요. 실패자요 꺾인 인생이 되었어요. 미디안 광야에 피신해 있는 동안 분통과 원망 속에 황혼의 인생을 끝내갈 때 하나님이 그에게 민족을 구원하라는 비전을 주셨어요. 모세는 이 비전을 품었고 가슴에 새겼으며 비전 성취를 위하여 순종하였어요. 그렇게 사는 동안 그는 건강을 유지합니다. 기력이 쇠하지 아니하고 눈이 흐리지 아니하였어요. 비전을 붙들고 가는 동안 하나님이 그와 동행하셨어요. 위기 때마다 숱한 기적으로 도와주셨어요. 결국 하나님이 주신 비전을 성취했습니다. 비전을 받기 전까지 모세는 우울하고 쓸쓸했으나 비전에 붙들려 산 후반기 인생은 아름다웠고 찬란했어요. 여기에 축복이 있어요.

여러분, 우리가 남은 인생 건강하고 의미있게 살려면 인간의 욕심이 아니라 하나님이 주시는 비전을 품을 수 있기를 바랍니다. 그러면 하나님의 비전이 우리 삶을 통하여 성취하도록 역사하실 거예요. 성령님께 의탁하며 부르짖으세요. "하나님 나에게 비전을 주십시오" 하며 기도하십시오. "흔들릴 수 없고 변질될 수 없는 하늘의 비전을 주십시오" 하는 기도 속에서 비전을 받고 비전을 따라 사시길 바랍니다. 오늘 이후부터 내 생각, 내 신념이 아닌 하나님이 주신 거룩한 비전에 붙들려 제 2의 축복된 인생으로 살아가시길 주님의 이름으로 축원합니다.

2. 비전을 성취하는 데에 중요한 사실은 고난을 이겨내야 한다는 사실입니다. 어떤 비전도 쉽게 이뤄지는 것은 없으며 어떤 비전도 저절로 이뤄지는 것은 없습니다. 비전이 클수록 고난도 비례

합니다. 그러므로 비전을 성취하려면 반드시 고난을 이겨내야 합니다.

오늘 본문에 나오는 요셉은 비전을 품은 후에 유영철보다 훨씬 심한 고난을 겪었어요. 길고도 깊고 큰 고난과 역경을 겪었어요. 적어도 13년 이상이나 죽을 뻔한 위기를 여러 차례 경험하였고 억울한 누명을 쓰기도 하였고 한번 들어가면 빠져 나오기 힘든 지하 감옥에 갇히며 온갖 슬픔, 외로움, 실망, 좌절, 역경, 시험과 유혹을 만났어요. 사람이 이쯤 되면 삶을 포기하거나 정신이 탈진하지 않겠습니까? 하나님을 원망하며 비전을 버리지 않겠습니까?

그러나 요셉은 포기하거나 실망만 하고 있지 않았어요. 고통이 닥칠 때 온 몸으로 받았어요. 길이 막히면 인내하며 열릴 때를 기다렸어요. 결국 그는 온갖 고난을 이겨냈고 노예의 신분에서 애굽의 이인자가 되었어요. 그는 모든 고난을 잊을만큼 축복된 인생을 살았어요. 그가 이렇게 고난을 견뎌내고 승리할 수 있었던 것은 다른 것이 아니에요. 그에게 닥친 고난의 길을 묵묵히 걸었고 믿음과 신실함으로 이겨냈어요. 하나님의 도우심을 바라보며 견뎌냈어요. 그러자 고통의 터널도 끝이 났고 마침내 그의 비전이 이뤄지도록 하나님이 도와 주셨던 겁니다. 하나님은 우리가 비전을 이루기까지 고난의 터널을 통과하게 하십니다. 그 고난을 견딜 때 비전이 반드시 이뤄지게 하십니다. 고난이 없는 비전 성취는 없어요. 고난은 반드시 있고 고난을 이겨야 해요. 그래야 비전이 성취됩니다.

사랑하는 성도 여러분, 지금 비전 속에서 고난을 겪고 있나요? 고난을 피하거나 외면하지 마시고 정면으로 부딪쳐 이겨 내시길 바랍니다. 하나님이 함께 하시며 도와주실 것입니다. 하나님이 축복하실 것입니다. 이제 무릎을 꿇으십시다. 한번 뿐인 우리의 삶이 불꽃처럼 타오르게 할 비전을 품게 해 달라고 비전을 찾으십시다. 비전을 이루기 위해 시간과 물질을 투자하며 기도하며 나아가 우리 인생이 하나님이 주신 비전에 붙들려 남은 생애 보람차게 살아가시길 주님의 이름으로 축원합니다.

3) 설교 예문 분석

I. 문제제기-이 세상에는 인생을 낭비하는 사람이 있다.
II. 인생 낭비의 원인-비전이 없이 살기 때문이다.
III. 반대 개념 및 유익-그러나 비전을 따라 살면 삶을 낭비하지 않고 유익들이 있다.
   1. 비전을 좇아 살면 미래지향적이 된다.
   2. 능력이 개발된다.
   3. 지치지 않는 힘이 생긴다.
   4. 소망 가운데 살게 된다.
IV. 비전의 정의.
V. 해결책-비전을 성취하는 길.

4) 설교구성법

'반대 논리 발전형' 구성의 설교 예를 들어 보자.

   I 문제 제기   사울 왕은 하나님 말씀에 보면 하나님으로부터 버림을 받습니다.

참 슬픕니다….

| 문제 원인　　한때 놀랍게 쓰임을 받았던 사울이 이렇게 버림을 받은 이유가 무엇일까요? 그가 하나님의 말씀에 불순종했기 때문입니다. 불순종은 하나님으로부터 버림받을 수 있습니다. 삼손이 그러하였고 솔로몬이 그러하였습니다… 불순종하면….

| 반대 개념　　그러나 순종하면 다릅니다. 순종하면 하나님으로부터 오히려 축복을 받습니다. 순종하면….

자, 위와 같이 '문제 원인'에서 반전을 위한 '반대 개념'을 설명하면서부터 새로운 힘, 확신, 기쁨이 청중에게 솟아오르게 한다. 이때에 '반대 개념의 유익'을 밝힌다. 그러면 이미 시작된 청중의 기쁨과 확신이 증폭되고 구체화 된다.

| 반대 개념 유익　　순종하면 첫째, 하나님의 축복을 받습니다…노아는 순종하여…. 둘째, 순종하면 하나님은 하나님의 뜻을 이루게 하십니다…. 셋째, 순종하면 그 사람에게 하나님이 말할 수 없는 위로를 주십니다….

그러므로, 순종하며 사시길 바랍니다.

여기까지가 '반대 개념 유익'이다. 특별히 어려운 가운데 순종의 믿음을 훌륭히 선보인 경우를 밝히는 것이 중요하다. 그리고 이제 그 다음은 해결책이다.

| 해결책　　그러면 어떻게 해야 순종을 잘 할 수 있을까요? 순종을 잘 하려면 오늘 말씀에 보니….

저와 여러분은 하나님 말씀에 부분적이 아닌 온전한 순종으로

하나님께 영광 돌리시길 바랍니다.

결국 '해결책'에서 훌륭하게 순종하는 믿음의 길을 제시하면 된다. 그러면 설교는 완성된다. '해결책'의 개념은 앞서 밝힌 여러 구성방식의 해결책과 같은 내용이기에 여기서는 설명을 생략한다.

어쨌든 '반대 논리 발전형' 구성법은 철저히 논리의 흐름을 따라간다. 논리를 따라갈 때의 장점은 설교가 치밀하게 구성된다는 데에 있다. 논리는 항상 청중 심리에 긴장감을 불러일으키도록 진행한다. 그래서 이와 같은 구성은 설교 전체에 청중에게 힘이 있고 긴장감을 준다. 이렇게 전개하면 '반대 논리 발전형 구성'이 된다.

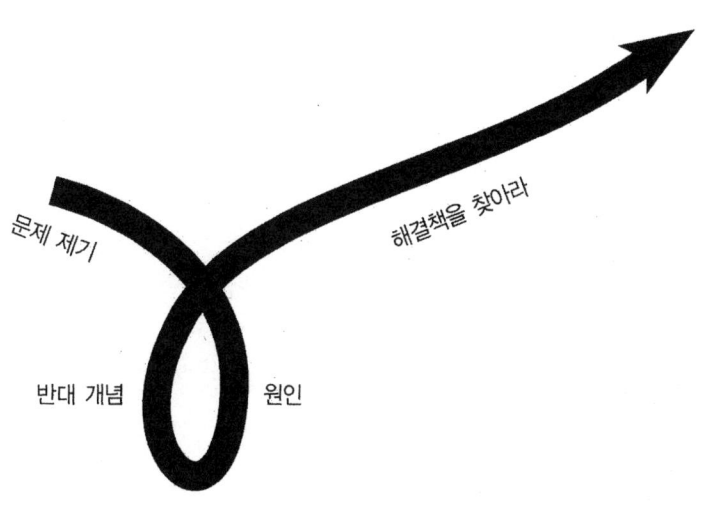

'문제 제기, 원인, 반대 개념 해결책을 찾아라' 구성의 개념도.

5) 구성의 원리

1. 문제를 제기하는 서론을 만들되 반드시 예를 들어 설명하라.
2. 예를 통해서 원인을 찾아내는 질문을 던지고 설교 주제에 해당되는 원인을 밝혀라.
3. 원인을 언급하는 동안 청중의 마음이 가라 앉게 될 때, 힘이 생기는 반대 개념을 찾아내라. 한 가지 혹은 서너 가지까지 가능하다. 그 이상 다섯 가지 이상은 곤란하다. 왜냐면 너무 많으면 청중이 잊기 때문이다.
4. 해결책을 찾을 때는 반드시 좋은 예화도 곁들여야 함을 기억하라.

설교자가 좋은 설교를 위해 꼭 기억해야 할 사항

첫째, 설교는 어렵지 않고 쉽게 전달되어야 한다.

둘째, 설교는 복잡하지 않고 단순하게 전달되어야 한다.

셋째, 설교는 애매모호하지 않고 명료하게 전달되어야 한다.

넷째, 설교는 얄팍하게 만들지 말고 깊게 만들어 전달해야 한다.

우리의 설교는 어렵지 않고 쉽게 전달되어야 한다. 만약 설교가 어려우면 청중이 이해할 수 없고 그 결과 설교는 전달되지 않는다. 그러므로 설교는 쉬워야 한다. 지성인이 들어도 쉽고 교육 배경이 없는 성도가 들어도 쉬워야 한다. 둘째, 설교는 복잡하지 않고 단순하게 전달되어야 한다. 설교가 복잡하면 청중은 헷갈리고 깨닫기도 어렵고 감동 받기도 어렵다. 그러므로 설교는 단순해야 한다. 설교를 단순하게 만들려면 설교 주제가 여러 개가 아닌 하나이어야 한다. 또 복잡한 본문일 경우 복잡한 본문 내용을 다 전하려 하지 말고 본문을 단순화시켜야 한다. 한 본문 안에서 여러 개의 주제가 나온다면 한 주제씩 여러 번에 걸쳐서 설교하는 것이 바람직하다. 설교가 복잡하면 어렵게 들리지만 단순하면 쉽게 전달됨을 잊지 말아야 한다. 셋째, 설교는 애매모호하지 않고 명료하게 전달되어야 한다. 설교 주제가 선명하지 않을 때 청중은 듣고도 이해하기 어렵다. 머리에 남는 것이 없다. 선명하게 전달하려면 설교자가 우선 무엇을 전할 것인가 먼저 설교자 자신의 머리에 정리가 되어야 한다. 설교자 자신에게 선명하게 인식되어야 설교도 청중에게 선명하게 전달된다. 마지막으로 설교는 얄팍하게 만들지 말고 깊게 만들어 전달해야 한다. 설교가 단순하고 쉽고 선명하기만 하다면 그것은 미완성에 불과하다. 쉽고 단순하며 선명하되 깊이 있는 내용이어야 한다. 그러므로 청중의 영혼을 만져주는 깊이 있는 설교를 하되 쉽고도 단순하게 그리고 선명하게 전달해야 한다.

  오늘도 나는 이렇게 설교하려고 애를 쓰고 있다. 나와 함께 이렇게 설교를 만들어 갈 수 있도록 함께 노력하실 수 있기를 바란다.

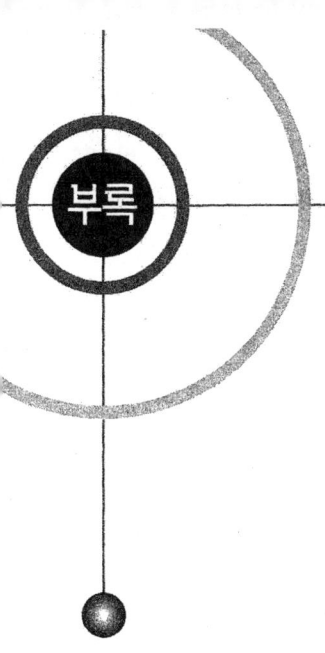

부록

그 외의 평이한 구성들

19가지 외의 전개 방법은 청중의 욕구 순위를 따르지 않는 평범한 전개방식이 있다. 즉, 각 개요에서 절정을 향하는 점진적인 전개가 이뤄지지 않고 수평적으로 진행된다. 그러므로 설교의 구성법만 생각할 때 이런 구성은 효과면에서 다소 떨어진다고 하겠다. 하지만 설교자의 능력에 따라 설교의 질은 얼마든지 달라질 수 있다.

우리는 지금까지 설교에서 자주 사용하는 19가지 구성법을 함께 공부했다. 그 구성법은 청중의 욕구 순서를 따르는 전개로 자연스런 흐름을 가지고 있다. 이 구성을 자유자재로 활용하여 설교하면 유용하리라 생각된다. 그러나 위의 19가지 구성법만으로 설교할 수 있는 것은 아니다. 비록 일정한 형식은 아니지만 본문의 독특성을 살려 설교할 수 있는 방법이 몇 가지 더 있다. 하지만 한 가지 알아두어야 할 사실은, 아래의 전개 방법은 청중의 욕구 순서를 따르지 않는 평범한 전개방식이라는 점이다. 즉, 각 개요에서 절정을 향하는 점진적인 전개가 이뤄지지 않고 수평적으로 진행된다. 그러므로 설교의 구성법만 생각할 때 아래의 구성은 효과 면에서 다소 떨어진다고 하겠다. 하지만 설교자의 능력에 따라 설교의 질은 얼마든지 달라질 수 있다.

첫째, 단어를 중심으로 설교를 전개하는 방식이 있다. 이 전개방식은 단어나 독특한 문장을 중심으로 설교를 전개해나가는 방식인데, 그 예를 들어보자. 출애굽기 3:6-10의 본문에서 " 또 이르시되 나는 네 조상의 하나님이니 아브라함의 하나님 이삭의 하나님 야곱의 하나님이니라… 이제 이스라엘 자손의 부르짖음이 내게 달하고 애굽 사람이 그들을 괴롭게 하는 학대도 내가 보았으니 이제 내가 너를 바로에게 보내어 너로 내 백성 이스라엘 자손을 애굽에서 인도하여 내게 하리라"고 하였다. 이 본문을 설교한다고 가정해 보자.

이때 설교자는 개요를 만들 때 첫째, 아브라함의 하나님은 어떤 하나님이었나를 설명한다. 둘째, 이삭의 하나님이 어떤 하나님이었나를 설명한다. 셋째, 그리고 야곱의 하나님이 어떤 하나님이었나를 설명하는 순서를 택할 수 있다. 즉, 첫 번째 개요에서는 아브라함에게 나타나신 하나님의 특성이 무엇이었나를 밝힌다. 이런 식으로 두 번째, 이삭의 하나님의 특성과 세 번째, 야곱의 하나님의 특성을 밝히면서 각 개요마다 차별화한다면 하나님의 인격과 속성에 대해서 충분히 알게 된다. 결국 이런 식으로 세 개의 개요를 만들어 설교를 완성하게 된다. 이것은 청중의 욕구 순서와 별 상관없이 개념(하나님을 설명)을 하나하나 설명해나가는 방식이다.

두 번째 전개방식은 설교의 흐름을 연대기적인 순서를 진행하는 것이다. 예를 들어보자. 예수님께서 십자가에 달리시기까지의 과정을 보면 예수님은 첫 번째, 대제사장의 군대에게 잡히셨다. 두 번째, 빌라도에게 잡혀가셨다. 세 번째, 다시 대제사장의 군대에 잡히셨다. 이것은 시간적인 순서에 따라서 전개하는 개요이다. 이 전개방식도 설교구성의 하나로 쓰일 수 있다. 성경에는 이처럼 시간의 순서를 따라서 설교를 전개할 수 있는 본문이 참으로 많다.

세 번째 전개방식은 메타포(metaphor)의 기능을 살리며 발전하는 구성이다. 메타포란 말은 '이미지로 강한 인상을 주는 것'을 말한다. 예를 들어 시편의 말씀 중에서 "주의 말씀은 내 발에 등이요 내 길에 빛이니이다"(시 119:105)라는 표현은 하나님의 말씀이 등이며 빛이라는 이미지를 강하게 풍긴다. 사람들은 이미지로 받아들일 때 그것을 오래 기억하게 된다. 또 삶의 변화도 강력하게 이뤄진다는 것을 알 수 있다. 그래서 설교도 가능한 한 강력한 이미지를 활용해야 좋다.

좌우간 메타포의 기능을 살리는 방식의 설교 전개를 생각해 보자. 예를 들어서 '등대로서의 교회'란 제목으로 설교를 한다면 '첫째, 교회는 세상을 향해 위험을 알린다.' 둘째, '교회는 세상에 길을 제시한다.' 셋째, '교회는 세상이 캄캄할수록 선명히 빛난다'고 개요를 만들 수 있을 것이다. 이때의 개요는 물론 점진적인 전개방식이 아니다. 모든 개요는 독립적이며 수평적인 전개를 이루고 있을 뿐 점진적으로 이루어지지 않고 있다. 이와 같이 메타포 기능의 전개방식은 많이 있다. 예를 들어, 예수님을 포도나무, 생수, 빛, 떡, 목자 등으로 밝히는 것이다. 이 외에도 성경에서 밝히는 메타포 기능을 나타내는 것들은 매우 많다. 그 메타포 기능을 설교의 재료로 적극 활용할 수 있다.

네 번째 구성은 삼분법적인 설교다. 이에 관해 자세한 내용은 나의 책 『설교자가 꼭 명심할 9가지 설득의 법칙』(요단 간)을 참조하라.

다섯 번째, 이 외에도 편지 형태의 전개방식이나 유형별(예를 들면, 청년층, 장년층, 노년층 혹은 하나님을 사랑하는 사람, 하나님을 반대하는 사람, 하나님을 반대도 긍정도 하지 않는 사람)로 설교할 수 있다.

여섯 번째는 이야기 설교다. 이 이야기 설교는 방대한 설명이 필요하기 때문에 여기서 간단히 설명할 수는 없다. 현대인에게 꼭 필요한 설교 방식인 이야기 설교에 대해서는 차후 논의할 것을 기약하도록 하자.

■ 에필로그

자연스런 전개방식이 널리 활용되기를

　나는 이미 『설교가 전달되지 않는 18가지 이유』에서 '설교를 자연스럽게 전개하라' 는 장(章)을 다룬 적이 있습니다. 그렇지만 그 내용은 기본 원칙만 간단히 다룬 한정된 것이었습니다.
　하지만 본서는 설교를 자연스럽게 전개하기 위한 구성법을 소개하는 구체적인 설명과 사례들로 가득 차 있습니다. 자연스런 전개방식의 다양성을 분명히 밝히고자 했기 때문입니다.
　만약 내가 여기서 제시한 19가지 구성 방법을 자연스럽게 활용할 수 있게 된다면, 청중들이 설교자의 설교를 지루해하거나 단조롭다고 느끼는 일을 단숨에 피할 수 있다고 자신합니다.
　이런 수준에 이르려면 독자 자신이 스스로 많은 노력을 기울여야 합니다. 하나하나의 구성 방법을 일일이 체득하는 과정을 거쳐서 몸에 배게 만들면, 본문의 특색을 살리는 다양한 구성법을 구사하여 청중들의 가슴에 자연스럽게 와 닿도록 설교를 전개할 수 있게 될 것입니다.
　아무쪼록 부족한 이 책이 동역자들께 조금이라도 보탬이 된다면 더할 나위없는 기쁨이 되겠습니다.

■ 각주

1) David Buttrick, Homiletics: Moves and Structures (Philadelphia: Fortress Press, 1987), 91.

2) 부정적인 색채의 본문들에 관한 자세한 내용은 1장의 '부정적 문제를 제기한 후에 해결책을 찾아라 구성의 필요성'과 '부정적 문제를 제기한 후에 해결책을 찾아라 구성의 특색' 부분을 참조하라.

3) 휜들리 에지, 「기독교의 생명력」, P. 13.

4) 헨리 블랙가비 클로드 킹, 「하나님과의 신선한 만남」(26).

5) Ibid.

6) 원인 혹은 이유에 대한 분석에는 적어도 세 가지가 있다. 첫째는 인과적인 분석이다. 이것은 어떤 사건이 발생했으면 발생하게 된 분명한 이유가 있다는 것이다. 예를 들어 '게하시가 나아만 장군 일생을 속인 사건이 있었다. 그 이유는 물질이 탐이 나서였다'(왕하 6장 이하).
　　둘째, 기능적인 분석이다. 내면을 관찰하면서 그 기능을 분석한다. 예를 들어 성령이 우리 속에 들어오면 어떤 현상이 일어나는가? '우선 옛날의 나와 새로워진 나와의 충돌이 자주 일어난다.', '그 다음에는 진리를 좇고자 하는 강렬한 열망을 갖게 된다.', '그리고…' 등등이다. 위의 분석은 기능적 분석이다.
　　마지막 분석은 연대기적인 분석이다. '예수님께서 잡히시던 날 밤에 대제사장의 집에서 어떤 일이 일어났는가?', '둘째로, 빌라도 법정에서 어떤 일이 일어났는가?', '셋째로, 다시 대제사장의 집에서 무슨 일이 일어났는가?' 하는 질문에 차례로 답하는 것이 연대기적 분석이다.

7) 릭 워렌의 설교는 다음에서 발췌하였다. 「그말씀」, 1997. 10.

8) 존 스톤, 「가장 멋있는 그리스도인의 생활」.

9) 곽선희, 「참회의 은총」.

10) 이중표, 「목회 발전을 위한 인격개발」.

11) 이동원,「지금은 다르게 살 때입니다」. 위의 개요는 '결과를 밝히고 이유를 찾아가라'의 구성이기도 하다.

12) William Barclay, The Gospel of Matthew vol. 2 (Philadelphia, The Westminster Press, 1975).

13) 청중의 눈높이에서 설교를 시작하는 것의 효과와 그 방법들에 관한 참고로는 Chaim Perelman and L. Olbrechts-Tyteca의 The New Rhetoric: A Treatise on Argumentation(Notre Dame: University of Nortre Dam Press)를 참조하라.

요단 사역정신

"그러므로 너희는 가서 모든 민족을 제자로 삼아 아버지와 아들과 성령의 이름으로
침(세)례를 베풀고 내가 너희에게 분부한 모든 것을 가르쳐 지키게 하라
볼지어다 내가 세상 끝날까지 너희와 항상 함께 있으리라 하시니라"

1. For God and Church
   하나님의 영광과 그의 몸 된 교회의 영적 성장과 성숙을 위한 도서를 엄선하여 출판한다.

2. Prayer-focused Ministry
   기획·편집·제작·보급의 전 과정을 기도 가운데 진행한다.

3. Path to Church Growth
   건강한 교회를 세우는 축복의 통로로 섬긴다.

4. Good Stewardship and Professionalism
   선한 청지기와 프로정신으로 문서 사역에 임한다.

5. Creating a Culture of Christianity by Developing Contents
   각종 문화 컨텐츠를 개발함으로 기독교 문화 창달에 기여한다.